Großer Lernwortsc...
Portugiesisch

15 000 Wörter zu 150 Themen

Nair Nagamine Sommer
Armindo José Morais

Max Hueber Verlag

Unser Dank gilt Bernd Weidmann und Angela Marques für ihre Hinweise und wertvolle Beratung bei Kapitel 6.8, *O direito e a polícia*, sowie Elizabete Königer und Isabel Kessler für die geduldige Durchsicht der Kapitel.

Dieses Werk folgt der seit dem 1. August 1998 gültigen Rechtschreibreform.

4. 3. 2. 1. | Die letzten Ziffern bezeichnen Zahl und Jahr
2005 04 03 02 01 | des Druckes.
Alle Drucke dieser Auflage können, da unverändert, nebeneinander benutzt werden.
1. Auflage

Umschlaggestaltung: Braun & Voigt, Heidelberg
Zeichnungen: Karl Bechloch u. Katja Lechthaler
Redaktion: Lutz Rohrmann, Edingen-Neckarhausen
Layout: Markus Dockhorn, München
Satz: E. Geithner, Erding
Druck und Bindung: Ludwig Auer, Donauwörth
Printed in Germany
ISBN 3-19-006380-X

Vorwort

Mit dem *Großen Lernwortschatz Portugiesisch* steht Ihnen ein neuartiges Lern- und Nachschlagewerk zur Verfügung, das in mehrjähriger Arbeit entwickelt wurde.

Ob Portugiesisch für Sie Hobby oder berufliche Notwendigkeit ist, ob Sie die Sprache an der Schule, an der Sprachenschule oder Hochschule studieren – immer wird sich dieses Standardwerk als umfassendes, informatives, aktuelles und dabei unterhaltsames Hilfsmittel bewähren.

- Sie unterhalten sich gerne über Literatur oder Kunst, Film oder Musik? Kapitel 11 hilft Ihnen mit dem erforderlichen Vokabular weiter.
- Sie haben Geschäftspartner/-innen in Portugal oder Brasilien? Kapitel 20 versorgt Sie mit dem wichtigsten Vokabular.
- Sie möchten gerne selbstständig in Lissabon oder São Paulo einkaufen gehen? Die Unterkapitel 3.1 und 12.7 helfen Ihnen dabei.
- Sie interessieren sich für die Sozialordnung, das politische System oder die Parteienlandschaft Portugals oder Brasiliens? Kapitel 6 liefert Ihnen die sprachlichen Mittel dazu.
- Sie wollen einen Aufsatz über soziale Probleme wie Arbeitslosigkeit, Armut oder Kriminalität schreiben? In Kapitel 7 finden Sie den Wortschatz dafür.
- Sie möchten über Umweltprobleme diskutieren? Unterkapitel 14.8 hilft Ihnen mit dem einschlägigen Vokabular.
- Auch zum Bereich der Medien und neuen Medien finden Sie im Kapitel 18 die wichtigsten Fachbegriffe.

Dieser *Lernwortschatz* hilft Ihnen, sich in eine Vielzahl von Themen einzuarbeiten, von Medizin und Gesundheitswesen bis gesellschaftlicher Umgang, Sportarten und öffentlicher Nahverkehr.

Der *Große Lernwortschatz Portugiesisch* bietet Ihnen jedoch noch viel mehr als eine unübertroffene Anzahl von Begriffen und ihre Übersetzung. So werden Ihnen zahlreiche Wörter in Anwendungsbeispielen oder kleinen Phrasen geboten, die Ihnen aufzeigen, mit welchen Präpositionen oder anderen Wörtern sie typischerweise zusammen gebraucht werden.

Sie finden in diesem Buch auch eine große Anzahl von „Extras" – das sind eingerahmte Hinweise zum Sprachgebrauch, d.h. zu Idiomatik und Umgangssprache, zu speziellen Wortfamilien und Begriffsfeldern (gepunktet), zu Grammatik und sprachlichen Besonderheiten (gestrichelt) sowie zur Landeskunde, d.h. zur Struktur, Kultur und Lebensart in Portugal und Brasilien (gezackt).

Schließlich werden die Unterkapitel mit witzigen oder herausfordernden, in jedem Falle zum Nachdenken anregenden Sprichwörtern oder Aphorismen eingeleitet, an denen Sie sicher Ihre Freude haben werden. Für den Gebrauch im Unterricht ist darin so manches schöne Aufsatz- oder Diskussionsthema enthalten.

Europäisches und brasilianisches Portugiesisch werden in diesem *Großen Lernwortschatz* gleichermaßen berücksichtigt. Eine Aussprache-Übersicht mit Hinweisen zum Unterschied zwischen der europäischen und brasilianischen Variante finden Sie am Ende des Buches. Hier sind auch die wichtigsten unregelmäßigen Verben aufgelistet.

Die Benutzungsmöglichkeiten dieses faszinierenden sprachlichen Werkzeugs sind vielfältig: Zunächst einmal können Sie das gewünschte Sachkapitel über das Inhaltsverzeichnis aufsuchen, zum Beispiel Oberkapitel „Gesundheitspflege“ (Kapitel 4) und Unterkapitel „Krankheiten und Symptome“; von dort aus können Sie Ihre Kenntnisse über die Querverweise zu Kapitelbeginn vervollständigen, die auf zusätzliche Einträge in anderen Kapiteln hinweisen. Sie können aber auch den Weg über das Register einschlagen, in das sämtliche fett gedruckten Oberbegriffe (zu den darunter aufgeführten sachverwandten Begriffen und Phrasen) Eingang gefunden haben.

Wir hoffen, dass Ihnen der *Große Lernwortschatz Portugiesisch* zu einem ebenso unentbehrlichen wie unterhaltsamen Begleiter wird.

Verfasser und Verlag

Inhaltsverzeichnis

O ser humano
Der Mensch

1 Dados pessoais
Angaben zur Person

Os homens não se medem aos palmos.

chamar-se	heißen
Como te chamas? P./B. Como você se chama?	Wie heißt du?
Chamo-me P./B. (Eu) me chamo Sônia.	Ich heiße Sonia.

Chamar als reflexives Verb bedeutet heißen / sich nennen (*chamar-se*), als nichtreflexives Verb an- / aufrufen; be- / ernennen.

nome *m*	Vorname
Sabes qual é o nome dela?	Weißt du, wie sie heißt?
apelido *m* P./B. **sobrenome** *m*	Name; Familienname
diminutivo *m* P./B. **apelido** *m*	Kosename
Ele chama-se José, mas o diminutivo / apelido dele é Zezé.	Er heißt José, aber sein Kosename ist Zezé.
apelido *m* / P. *auch* **alcunha** *m*	Spitzname

In Portugal und Brasilien werden normalerweise zwei Familiennamen verwendet. Der erste stammt von der Mutter und der zweite vom Vater: *Helena Pereira Borges*. Bei der Heirat ist es üblich, dass die Ehefrau mit der Übernahme des Nachnamens des Ehemannes drei Nachnamen hat, nämlich von der Mutter, vom Vater und vom Ehemann: *Helena Pereira Borges Silva*. Ihre Kinder erhalten aber normalerweise nur den Namen vom Vater und vom Ehemann: *Marcos Borges Silva*.

assinatura *f*	Unterschrift
data *f* de **nascimento**	Geburtsdatum
nascer (-ço; -ça > -ce; -ci)	geboren sein
Ela nasceu a/em vinte e três de Outubro de mil novecentos e cinquenta e nove (23 de Outubro de 1959).	Sie ist am dreiundzwanzigsten Oktober neunzehnhundertneunundfünfzig (am 23. Oktober 1959) geboren.
aniversário *m*	Geburtstag
O aniversário dela é amanhã.	Ihr Geburtstag ist morgen.
fazer (irr.) **anos** *pl*	Geburtstag haben
Ela faz anos na próxima segunda.	Sie hat nächsten Montag Geburtstag.
idade *f*	Alter
Que idade tem? / Quantos anos tem?	Wie alt sind Sie?
com a idade de 10 anos	im Alter von 10 Jahren
De onde é? / P. *auch* Donde é?	Wo kommen / sind Sie her?
descendência *f*	Abstammung
descendente	abstammend – Nachfahre

Ela é descendente de portugueses.	Sie ist portugiesischer Abstammung.
ser (irr.) de / **(natural)** de	geboren in / (gebürtig) aus
Ele é (natural) de São Paulo.	Er ist aus São Paulo.
local *m* / **lugar** *m* de **nascimento** / **naturalidade**	Geburtsort
residência *f* – **domicílio** *m*	Wohnort – Wohnsitz
residente em	ansässig / wohnhaft in
nacionalidade *f*	Nationalität / Staatsangehörigkeit
estrangeiro/**-a**	Ausländer/-in; Fremde/-r
emigrante *m f*	Auswanderer / Auswanderin
imigrante *m f*	Einwanderer / Einwanderin
estado *m* **civil**	Familienstand
Casado, **solteiro** ou **divorciado**?	Verheiratet, ledig oder geschieden?
sexo *m*: **masculino** – **feminino**	Geschlecht: männlich – weiblich
altura *f* – **peso** *m*	Größe – Gewicht
Qual é a sua altura? / Quanto mede?	Wie groß sind Sie?
Qual é o seu peso? / Quanto pesa?	Was wiegen Sie?
religião *f*	Religion
confissão *f* **religiosa**	Religionszugehörigkeit
endereço *m* / P. *m us* **direcção** *f* / **morada** *f* P.	Adresse
Qual é a tua direcção / o teu endereço?	Welches ist deine Adresse?
profissão *f*	Beruf
Qual é a sua profissão?	Was sind Sie von Beruf?
desempregado/**-a**	Arbeitslose/-r
aposentado/**-a** P. *p us*	Rentner/-in
reformado/**-a**	P. Rentner/-in / B. Militär im Ruhestand
bilhete *m* **de identidade** P./B. **carteira** *f* **de identidade**	Personalausweis
passaporte *m*	(Reise-)Pass
O seu passaporte perdeu a validade.	Ihr Pass ist ungültig.
autorização *f* **de residência**	Aufenthaltserlaubnis

Partes do corpo
Körperteile

→ 4.1 Doenças e sintomas, 4.4. No médico

Em terra de cegos quem tem olho é rei.

Bei den Körperteilen verwendet man im Portugiesischen – im Gegensatz zum Deutschen oder Englischen – in der Regel den bestimmten Artikel und nicht das Possessivpronomen, da die Bezugsperson aus dem Zusammenhang hervorgeht.

cabeça *f*	Kopf
dos pés à cabeça	von Kopf bis Fuß
crânio *m* – **caveira** *f*	Schädel – Totenschädel
cérebro *m* – **cerebral**	Gehirn – Gehirn-
O João morreu de um derrame cerebral.	João starb an einem Gehirnschlag.
cabelo *m*	Haar
cara *f* / **rosto** *m* / **face** *f lit*	Gesicht
testa *f*	Stirn
sobrancelha *f*	Augenbraue
olho *m*	Auge
de olhos fechados	blindlings
pestana *f*	(Augen-)Wimper
nariz *m*	Nase
bochecha *f*	Wange / Backe
boca *f*	Mund / Maul
dente *m* – **molar** *f*	Zahn – Backenzahn
língua *f*	Zunge; Sprache
lábio *m*	Lippe
queixo *m*	Kinn
orelha *f* – **ouvido** *m*	Ohr (*äußeres*) – Gehör; Ohr (*inneres*)
uma otite / inflamação de ouvido	eine Mittelohrentzündung
pescoço *m*	Hals (*von außen gesehen*)
garganta *f*	Kehle; Hals (*von innen gesehen*)
nuca *f*	Genick
fra(c)turar a nuca / o pescoço	das Genick / den Hals brechen
ombro *m*	Schulter; Achsel
Ela encolheu os ombros.	Sie zuckte nur mit den Achseln.
costas *f pl*	Rücken
vértebra *f* – **coluna** *f* **vertebral**	Wirbel – Wirbelsäule
costela *f*	Rippe
região *f* **lombar**	Lendengegend
cintura *f*	Lende; Taille
peito *m* – **seio** *m* / **mama** *f*	Brust – Busen
amamentar	die Brust geben / stillen

barriga *f* / **ventre** *m* / **abdómen** *m* [abdômen]	Bauch
ter barriga	einen Bauch haben
pança *f pop*	Wanst
quadril *m* / **anca** *f* – **bacia** *f*	Hüfte – Becken
braço *m* – **antebraço** *m*	Arm – Unterarm
andar de braço dado	Arm in Arm gehen
abraçar (-ço; -ça > -ce)	umarmen
cotovelo *m*	Ell(en)bogen
pulso *m*	Handgelenk
mão *f* – **palma** *f* **da mão**	Hand – Handfläche
dedo *m* da mão – **dedo** do pé	Finger – Zehe
unha *f*	(Finger-)Nagel
perna *f* – **barriga** *f* **da perna**	Bein – Wade
Preciso (de) esticar as pernas.	Ich muss mir die Beine vertreten.
coxa *f*	(Ober-)Schenkel
joelho *m* – **ajoelhar-se**	Knie – knien
tornozelo *m*	(Fuß-)Knöchel
pé *m*	Fuß
estar / ficar de / em pé	stehen
ir / andar a pé	zu Fuß gehen
calcanhar *m*	Ferse

***Frases com expressões idiomáticas referentes a partes do corpo* (= Redewendungen mit Körperteilen)**

A notícia anda de ***boca*** *em* ***boca.*** (= Die Nachricht geht herum / von Mund zu Mund.) • *Ficar com água na* ***boca***. (= Mir läuft das Wasser im Mund zusammen.) • *Foi apanhado com a* ***boca*** *na botija.* (= Er wurde auf frischer Tat ertappt / in flagranti erwischt.) • *Ele não abriu a* ***boca***. (= Er hat den Mund nicht aufgemacht. / Er hat nichts gesagt.) • *Cala a* ***boca***! (= Halt den Mund!) • *Ela ficou de* ***boca*** *aberta.* (= Sie schaute mit aufgesperrtem Mund.) • *Ele não dá o* ***braço*** *a torcer.* (= Er hält daran fest.) • *Ele diz o que lhe vem à* ***cabeça***. (= Er redet, wie ihm der Schnabel gewachsen ist.) • *Ele é um* ***cabeça*** *dura.* (= Er ist ein Dickschädel.) • *Ela fez-me perder a* ***cabeça***. (= Sie hat mich aus der Fassung gebracht.) • *Isso não me sai da* ***cabeça***. (= Das geht mir nicht aus dem Sinn.) • *O que é que te passou pela* ***cabeça***? (= Was ist in dich gefahren / dir durch den Kopf gegangen?) • *É um* ***cabeça*** *no ar.* (= Er ist immer mit den Gedanken woanders.) • *Sempre me atiras isso à* ***cara***. (= Du wirfst es mir immer vor.) • *Tem vergonha na* ***cara***! (= Schäm dich!) • *Ele não tem* ***cara*** *de fazer isso.* (= Er sieht nicht danach aus, als ob er so etwas täte.) • *Ele é um* ***cara*** *sem vergonha.* B. (= Er ist ein schamloser Kerl.) • *O teu amigo fala pelos* ***cotovelos.*** (= Dein Freund redet wie ein Buch.) • *Tu tens dor de* ***cotovelo***. (= Du bist neidisch / eifersüchtig.) • *Digo-te isto com o* ***coração*** *na* ***mão***. P. (= Das sage ich dir ganz ehrlich.) • *Fiquei com o* ***coração*** *na* ***mão***. B. (= Ich war bekümmert.) • *Isso corta-me o* ***coração***. (= Das schneidet mir ins Herz.) • *de todo o* ***coração*** (= von Herzen / herzlich gern / von ganzem Herzen.) • *Tem que se fazer das* ***tripas coração***. (= Man muss aus der Not eine Tugend machen.) • *Só demos dois*

dedos** de conversa.* (= Wir haben nur ein paar Worte getauscht.) • *Ele ficou a chuchar no **dedo P./B. *chupando o **dedo.*** (= Er hat nichts davon bekommen. / Er wurde nicht ausgewählt.) • *Isso foi escolhido a **dedo**.* (= Das wurde sorgfältig ausgewählt.) • *não mexer / levantar um **dedo*** (= keinen Finger rühren) • *Ele pôs o **dedo** na ferida.* (= Er hat den Finger auf die Wunde gelegt.) • *Ele deu com a **língua** nos **dentes**.* (= Er hat alles ausgeplaudert. / Er konnte den Mund nicht halten.) • *Ela defendeu-se com **unhas** e **dentes**.* (= Sie hat sich mit Zähnen und Klauen verteidigt.) • *Tenho-o na ponta da **língua**.* (= Es liegt mir auf der Zunge.) • *Ele não tem papas na **língua**.* (= Er nimmt kein Blatt vor den Mund.) • *Podes dar-me uma **mão?*** (= Kannst du mir helfen?) • *Apanharam-no com a **mão** na massa.* (= Sie ertappten ihn auf frischer Tat.) • ***Mãos** à obra!* (= Ans Werk!) • *Ele ficou de **mãos** a abanar* P./B. de **mão abanando**. (= Er ist leer ausgegangen.) • *Ele teve um acidente porque ia fora de **mão*** P./B. *ia na **contramão**.* (= Er hatte einen Unfall, weil er auf der falschen Staßenseite fuhr.) • *Eu ponho as **mãos** no fogo por ele.* (= Für ihn lege ich meine Hand ins Feuer.) • *torcer o **nariz*** (= die Nase rümpfen) • *Não metas o **nariz** onde não és chamado.* (= Steck nicht die Nase in anderer Leute Angelegenheiten.) • *Tenho os **nervos** em franja.* P. (= Ich bin sehr aufgeregt.) • *Estou com os **nervos** à flor da **pele**.* (= Ich bin sehr nervös.) • *Não preguei **olho** toda a noite.* (= Ich habe die ganze Nacht kein Auge zugetan.) • *Tudo isso custa os **olhos*** P./B. *o **olho** da **cara**.* (= All das kostet ein Heidengeld.) • *Tens mais **olhos** que **barriga**.* P. (= Bei dir sind die Augen größer als der Mund.) • *Ela arregalou os **olhos**.* (= Sie hat große Augen gemacht.) • *Fiz tudo num abrir e fechar de **olhos**.* (= Das alles hab ich im Nu gemacht.) • *És só **ossos**!* (= Du bist ja nur noch Haut und Knochen!) • *Eu meti a **pata** na poça.* fam P. (= Ich bin ganz schön ins Fettnäpfchen getreten.) • *Fiquei com os cabelos em **pé**.* (= Mir standen die Haare zu Berge.) • *Ela entrou com o **pé** direito.* (= Sie hat einen guten Anfang gemacht.) • *Ele acordou com o **pé** esquerdo.* (= Er ist heute missgelaunt.) • *Eu ainda estou de **pé** atrás.* (= Ich bin noch auf der Hut.) • *Ele leva a coisa a **peito**.* B. (= Er interessiert sich für die Sache.)

tórax *m* / **peito** *m*	Brustkorb
coração *m*	Herz
pulmão *m*	Lunge
pâncreas *m*	Pankreas / Bauchspeicheldrüse
fígado *m*	Leber
rim *m*	Niere
um transplante de rins	eine Nierentransplantation
estômago *m*	Magen
com o estômago vazio	auf nüchternen Magen
baixo-ventre *m*	Unterleib
prisão *f* **de ventre**	Verstopfung
intestino *m* **grosso** – **delgado**	Dickdarm – Dünndarm
evacuação *f* – **evacuar**	Stuhl(gang) – Stuhlgang haben
fezes *f pl* / **excremento** *m*	Kot
Deu sangue nas fezes.	Es hat Blut im Stuhl gegeben.
traseiro *m fam*	Hintern / Hinterteil

bunda f *fam* / P. auch **rabo** *m fam*	Arsch / Po
cu *m fam*	Arsch / Hinterteil
nádegas *f pl* / P. *auch* **nalgas** *f pl*	Gesäß / Gesäßbacke
ânus *m*	After / Anus
re(c)to *m* – **re(c)tal**	Rektum / Mastdarm – rektal
bexiga *f*	Blase
urinar – **urina** *f*	urinieren – Urin / Harn
vias *f pl* **urinárias**	Harnwege
orgãos *m pl* **genitais** / **sexuais**	Geschlechtsteile
vagina *f*	Vagina / Scheide
ovário *m*	Eierstock
útero *m*	Uterus / Gebärmutter
pénis *m* / [pênis]	Penis
testículo *m*	Hoden
próstata *f*	Prostata / Vorsteherdrüse

Euphemismen
Für bestimmte Körperteile, Ausscheidungen usw. werden häufig Euphemismen (= beschönigende / verhüllende Ausdrücke) gebraucht. Beispiele: ***rabo***: *traseiro / tutu / rabiosque* P./B. ***bunda***: *bumbum* • ***peito***: *busto / colo* • ***defecar*** (= Kot ausscheiden) • *fazer cocó* [*cocô*] (= Stuhlgang haben) • ***genitais***: *partes íntimas / baixas* • ***pénis*** [pênis]: *membro / sexo* • ***urinar***: *fazer chichi / pipi*

circulação *f* sanguínea	Kreislauf
A má circulação provoca varizes.	Krampfadern werden durch schlechte Durchblutung verursacht.
sangue *m*	Blut
dador/-a P./B. doador/-a de sangue	Blutspender/-in
manter / não perder o sangue frio	die Fassung behalten / nicht die Nerven verlieren
veia *f* – **artéria** *f*	Vene – Arterie
esqueleto *m*	Skelett
medula *f* **óssea**	Knochen- / Rückenmark
osso *m*	Knochen
articulação *f*	Gelenk
dores nas articulações	schmerzende / geschwollene Gelenke
pele *f*	Haut
músculo *m*	Muskel
secreções *f* / **humores** *m*	(Körper-)Flüssigkeiten
tecidos *m* **do corpo**	Gewebe
glândula *f* – **glandular**	Drüse – Drüsen-
gânglio *m* **linfático**	Lymphknoten
sistema *m* **nervoso central**	Zentralnervensystem
nervo *m* – **nervoso**	Nerv – nervös; Nerven-
ter nervos de aço	Nerven wie Stahl haben
perder os nervos	die Nerven verlieren
uma depressão nervosa.	ein Nervenzusammenbruch.

Aparência
Äußere Erscheinung

Quem ama o feio, bonito lhe parece.

alto – **baixo**	groß – klein
Ela era alta. Tinha 1.80 m.	Sie war groß. Sie war 1,80 m groß.
baixote / **baixinho**	eine kleine Person
grande – **pequeno**	groß – klein
magro – **gordo**	dünn / mager – dick
esbelto / **delgado** / **esguio**	schlank
seco P./B. **enxuto**	schlank
magricela / B. *auch* **magrelo**	dürr
esquálido	abgemagert
mirrado	sehr dürr
franzino	schmächtig
um mocinho franzino de treze anos	ein schmächtiger Dreizehnjähriger
esquelético	ausgemergelt
exausto / **extenuado (de cansaço)**	abgespannt
esgotado	erschöpft
musculoso	muskulös; drahtig
forte	gesund; stark; kräftig; tatkräftig; rüstig
um bebé [bebê] forte	ein gesundes, kräftig gebautes Baby
uma velha forte	eine rüstige Alte
um homem forte e musculoso	ein kräftiger und muskulöser Mann
robusto	stramm
elegante	elegant
chique – **dinâmico**	chic – dynamisch
a(c)tivo	aktiv / unternehmungslustig
ousado	verwegen / frech
audaz / **audacioso**	kühn
resoluto	tatkräftig
espadaúdo / **de ombros largos**	breitschultrig
troncudo	stämmig
atarracado (pessoa baixa e gorda)	untersetzt
corpulento	korpulent
excesso *m* **de peso**	Übergewicht
abaixo do peso normal	Untergewicht
obeso	beleibt / fettleibig
gordinho – **cheiinho** – **roliço**	rundlich – mollig – pummelig
gorducho	eine dickliche Person
encurvado	(*vom Alter*) gebeugt
pele branca – **preta**	weiße – schwarze Haut
pele morena / **escura**	braune / dunkle Haut

***Descrição* (= Beschreibung)**
atraente: *esbelto e* atraente (= schlank und attraktiv)
belo: *belos olhos azuis* (= wunderschöne blaue Augen)
bem torneado: *Ela tem as pernas bem torneadas.* (= Sie hat wohlgeformte Beine.)
bonito: *um homem bonito* (ein gut aussehender Mann)
bonita: *uma menina* bonita (= ein hübsches junges Mädchen)
elegante: *uma mulher elegante* (= eine elegante Frau)
engraçadinho / ***fofinho***: *Que bebé* [bebê] *mais fofinho!* (= Was für ein niedliches Baby!)
encantador / ***encanto***: *uma moça encantadora* / *um encanto de moça* (= ein reizendes junges Mädchen)
Uma fofura! / ***Um encanto!*** (= Entzückend!)
esbelto: *um homem elegante e esbelto* (= ein schicker Mann von schlankem Wuchs)
giro P.: *uma garota gira* (= ein hübsches Mädchen)
lindo: *Ela tem um rosto lindo.* (= Sie hat ein schönes / bildhübsches Gesicht.)

feio: *um homem feio* (= ein hässlicher Mann)
pouco atraente: *uma mulher pouco atraente* (= eine wenig attraktive Frau)
com / ***de mau aspecto***: *um homem com / de mau aspecto* (= ein unansehnlicher Mann)
esquisito: *um homem de aparência esquisita* (= ein eigenartig aussehender Mann)

Wenn man eine Eigenschaft betonen will, wird häufig der Superlativ, z.B. *lindíssimo, belíssimo* (= sehr schön, wunderschön), oder die Wiederholung des Adjektivs, z.B. *lindo, lindo, lindo* (= schön, schön, schön), benutzt.
Expressões idiomáticas: *mais feio que o diabo* (= hässlicher als der Teufel) • *feio que nem um bode* (= hässlich wie ein Ziegenbock) • *feia como a noite* (hässlich wie die Nacht) • *um pêssego* P./B. *um pão* (= ein sehr gut aussehender Mann) • *uma brasa* P./B. *uma mulher nota 10* (= eine wunderschöne Frau)

rosto *m* / **cara** *f* / **face** *f lit*	Gesicht
rosto oval / redondo	ovales / rundes Gesicht
olho *m*	Auge
olhos escuros – claros	dunkle – helle Augen
Era pálido e de olhos fundos.	Er war bleich und hohläugig.
pele *f* **do rosto**	Gesichtshaut
tez *f lit*	Gesichtsfarbe
uma tez rosada / pálida	eine rosige / bleiche Gesichtsfarbe
radiante	strahlend; leuchtend
Ela estava radiante de alegria.	Sie strahlte vor Freude.
ruga *f* – **enrugado**	Falte – runzlig / faltig
o rosto enrugado da velha senhora	das runzlige Gesicht der alten Frau

Zur Beschreibung des Haares

cabelos brilhantes / sedosos / sebosos / P. auch *gordurosos* (= leuchtende / seidige / fettige Haare)
cabelos loiros / pretos / castanhos (= blonde / schwarze / braune Haare)
morenas / loiras / ruivas (= Brünette / Blondinen / Rothaarige)
uma mulher de cabelos brancos / grisalhos (= eine weißhaarige / grauhaarige Frau)
Os cabelos vão ficando grisalhos. (= Die Haare werden grau.)
cabelos lisos / crespos (= glatte / krause Haare)
cabelos ondulados / encaracolados (= wellige / lockige Haare)
cabelos em cachos P./B. *cacheados* (= lockige Haare)
cabelos curtos – médios (= kurze – mittellange Haare)
cabelos compridos / longos (= lange Haare)
Ele tem um rabo-de-cavalo. (= Er trägt einen Pferdeschwanz.)
uma menina com franja e tranças (= ein Mädchen mit Pony und Zöpfen)
O cabelo dela está a tornar-se ralo P./B. *está raleando.* (= Ihr Haar lichtet sich langsam.)
Ela usa peruca. (= Sie trägt eine Perücke.)
Ele está ficando calvo / careca. (= Er bekommt langsam eine Glatze.)
Ele tem uma careca. (= Er hat eine Glatze.)
escovar – pentear o cabelo (= das Haar bürsten – kämmen / frisieren)
cortar o cabelo – um corte de cabelo (= das Haar schneiden – ein Haarschnitt)
pintar / tingir os cabelos (= die Haare färben)
lavar a cabeça (= die Haare waschen; wörtlich: den Kopf waschen)

roupa *f*	Kleidung
vestido *m*	Kleid; Frauenkleid
vestir (irr.) – **vestido**	anziehen / kleiden – angezogen / gekleidet
bem vestido / vestido elegantemente	gut gekleidet / elegant gekleidet
andar sempre **chique** / **elegante**	immer schick / elegant gekleidet sein
andar na moda	modisch gekleidet sein
usar uma blusa e uma saia	eine Bluse und einen Rock tragen
bem arranjado P./B. **arrumado** / **cuidado**	gepflegt
desarranjado P./B. **desarrumado**	unordentlich
descuidado	vernachlässigt / nächlässig
desleixado / **relaxado** / **desmazelado**	ungepflegt
decadente	schmuddelig / vergammelt
sujo – **limpo**	schmutzig – sauber
esfarrapado	zerrissen
maltrapilho	zerlumpt
um fato P./B. terno **surrado**	ein abgetragener Anzug
um vestido **amarrotado**	ein zerknittertes Kleid

Infância e juventude
Kindheit und Jugend

→ 2.3 Pais e filhos

Tal pai, tal filho.

o/a **recém nascido**/**-a** – **recém nascido**	Neugeborenes – neugeboren
bebé *m* [bebê]	Baby
carrinho de bebé [bebê]	Kinderwagen
chupeta *f*	Schnuller
babá *f* B.	Babysitter/-in; Kindermädchen
ama (seca) *f* P.	Tagesmutter; Kinderfrau
berço *m*	Wiege
do berço à sepultura	von der Wiege bis zur Bahre
infância *f*	Kindheit
Ele teve uma infância feliz.	Er hatte eine glückliche Kindheit.
infantil	Kinder-; kindlich; kindisch
roupa *f* infantil	Kinderbekleidung
criança *f* – **crianças**	Kind – Kinder
criança pequena	kleines Kind
cama de criança	Kinderbett
menino *m* – **menina** *f*	Junge – Mädchen
filho/**-a** – **filhos**/**-as**	Sohn / Tochter – Söhne / Töchter – Kinder
Tenho dois filhos, um menino e uma menina.	Ich habe zwei Kinder, einen Jungen und ein Mädchen.
Ela é filha única.	Sie ist ein Einzelkind.
berçário *m*	Kinderkrippe für Säuglinge
creche *f*	Kinderhort / Kindertagesstätte
jardim *m* **de infância** / P. auch **jardim escola**	Kindergarten
pré-primária *f* P./B. **pré-primário** *f*	Vorschule
brincar (-co; -ca > -que) – **brinquedo** *m*	spielen – Spielzeug
carrinho de brincar P./B. de brinquedo	Spielzeugauto

Für spielen gibt es die Verben jogar, brincar und tocar: jogar futebol (= Fußball spielen); brincar com o filho / com a boneca (= mit dem Sohn spielen / mit der Puppe spielen); tocar piano (= Klavier spielen).

Spielen und Dinge, mit denen sich Kinder beschäftigen
jogar à bola P./B. *jogar bola* (= Ball spielen) • *jogar cartas* (= Karten spielen) • *brincar aos polícias e ladrões* P./B. *de bandido e mocinho* (= Räuber und Gendarm spielen) • *brincar aos papás e às mamãs* P./B. *de casinha* (= Vater und Mutter spielen) • *boneca* f (= Puppe) • *carrinho* m *de boneca(s)* (= Puppenwagen) • *casa* f *de boneca(s)* (= Puppenhaus / -stube) • *boneco*

m P./B. *bichinho* m *de pelúcia* / P. auch *peluche* / *de pano* (= Plüschtier / Stofftier) • *urso* m *de pelúcia* / P. auch *peluche* (= Teddybär) • *fantoche* m / *marioneta* f (= Handpuppe) • *cavalo* m *de pau* (= Holzpferd) • *cavalo de baloiço* P./B. *balanço* (= Schaukelpferd) • *caixa* f *de construções* / *lego*™ m (= Baukasten / Lego) • *cubos* m *de madeira* / *peças* f P./B. *tijolos* m *de madeira* (= Bauklötzchen) • *berlinde* m P./B. *bola* f *de gude* (= Murmeln) • *pista* f *de comboios* P. (= Modelleisenbahn) • *modelo* m *de avião* P./B. *avião* m *em miniatura* (= Modellflugzeug) • *banda desenhada* P./B. *história* f *em quadrinhos* (= Comic-Hefte) • *conto* m *de fadas* (= Märchen) • *livro* m *para colorir* / *pintar* (= Malbuch) • *caixa* f *de tintas* (= Mal- / Tuschkasten) • *lápis* m *de cores* (= Buntstifte) • *lápis* f *de cera* (= Wachsmalstifte) • *tinta* f (= Farben) • *aguarela* f P./B. *aquarela* f (= Wasserfarben) • *jogo* m *de salão* (= Gesellschaftsspiel) • *jogo* m *de tabuleiro* (= Brettspiel) • *charada* f / *adivinha* f (= Rätsel) • *quebra-cabeça* m (= Puzzle / Puzzlespiel) • *soltar papagaio* m / *pipa* f B. (= einen Drachen steigen lassen) • *parque* m P./B. *cercado* m *de areia* (= Sandkasten) • *balde* m e *pá* f (= Eimerchen und Schaufel) • *gangorra* f P. p us / *balancé* m P. (= Wippe) • *baloiço* m P./B. *balanço* m (= Schaukel) • *patins* m *de rodas* (= Rollschuhe) • *patins* m (*de gelo*) (= Schlittschuhe) • *skate(board)* m (= Skateboard) • *bicicleta* f (= Fahrrad) • *triciclo* m/ B. auch *velocípede* m (= Dreirad) • *trenó* m (= Schlitten) • *patins em linha* (= Inlineskates)

jovem *m f*	jung; Jugendliche/-r – Jugend
gente jovem	junge Leute
jovens	Jugendliche/-r

Männliche Kinder sind *meninos, garotos, petizes, guris* B., *miúdos* P.
Weibliche Kinder sind *meninas, garotas, gurias* B., *miúdas* P.
Mit negativer Konnotation: *pixote* m, *fedelho* m, *pirralho* m

Männliche Jugendliche sind *moços, rapazes, brotinhos* B., *garotos* B.
Weibliche Jugendliche sind *garotas, moças, brotinhos* B., *raparigas* P.
Mit negativer Konnotation: *pivete* m, *moleque* m B., *rapazola* m

juventude *f*	Jugend(zeit)

Passei a minha juventude em Salvador. (= Ich habe meine Jugend in Salvador verbracht.)
A *juventude é um período emocionante da vida.* (= Die Jugend ist eine leidenschaftliche Zeit im Leben.)
A juventude é o(p)timista. (= Die Jugend ist optimistisch.)
Os jovens de hoje têm seus próprios problemas. (= Die heutige Jugend hat ihre eigenen Probleme.)

criancice *f* / **travessura** *f* **de criança** / **molecagem** *f* B. *con neg*	Kinderei / Kinderstreich
pirralho/**-a**	Balg

criança *f* **irrequieta** / **traquinas** *pl m f*	Zappelphilipp / Zappelhans
garota / **rapariga** P. **petulante**	Gör(e)
maroto / **rapazote espertalhão e atrevido**	Schlingel / Bengel / Lausbub
diabrete *m f*	kleiner Strick
malcriado/**-a**	Flegel
criança *f* **impertinente** / **fedelho**/**-a**	Rotznase
idade das travessuras / **do armário** P. / **da prateleira** P.	Flegelalter / -jahre
atrevido	dreist; unverschämt
mimado	verwöhnt
aluno/**-a**	Schüler/-in
adolescente *m f*	Heranwachsende/-r
adolescência / **puberdade**	Pubertät
meninos de rua	Straßenkinder
menor *m f* **(de idade)**	Minderjährige/-r; Jugendliche/-r; Kind
exploração – mau trato / abuso de menores	Kinderausbeutung – Kindesmisshandlung
tribunal de menores	Jugendgericht
estabelecimento corre(c)cional de menores	Jugendstrafanstalt
interdição a P./B. proibição para menores	Verbot für Minderjährige
maior *m f* **(de idade)**	Volljährige/-r; Erwachsene/-r
ser maior (de idade)	volljährig / mündig sein
adquirir **a maioridade** *f*	volljährig werden

Ein paar negative Dinge, die Kinder und Jugendliche manchmal tun

Eles molestam / chateiam outras crianças (= Sie schikanieren andere Kinder.)
Brigam / Lutam com outras crianças. (= Sie streiten mit anderen Kindern.)
Tiranizam outras crianças. (= Sie tyrannisieren andere Kinder.)
Faltam P./B. *Matam às aulas.* (= Sie schwänzen die Schule.)
Abandonam a escola. (= Sie brechen die Schule ab.)
Fogem de casa. (= Sie laufen von zu Hause weg.)
Fumam / Tomam drogas. (= Sie rauchen / Sie nehmen Drogen.)
Entram em atritos com a polícia. (= Sie kriegen Ärger mit der Polizei.)

juvenil	jugendlich; Jugend-
clube *m* juvenil – **albergue** *m* da juventude	Jugendclub – Jugendherberge
delinquente *m f* [delinqüente] juvenil	jugendliche/-r Straftäter/-in
delinquência *f* [delinqüência] juvenil	Jugendkriminalität
organização *f* juvenil	Jugendorganisation

Violência f (= Gewalt)
Por que lhe deste um pontapé / um chute? B. (= Warum hast du ihn getreten?)
Papá! O Pedro está sempre a bater-me! P./B. *Papai! Pedro está sempre me batendo!* (= Papi! Peter haut mich immer!)
Ele deu-lhe um soco no estômago. (= Er schlug sie/ihn in den Magen.)
Parem senão vão levar uma palmada – surra / uma sova. (= Hört auf, sonst kriegt ihr einen Klaps – eine Tracht Prügel.)
pôr de castigo / castigar (= bestrafen)

adulto/-a	erwachsen; Erwachsene/-r
crescer (-ço; -ça > -ce; -ci)	erwachsen werden
Têm dois filhos crescidos / adultos.	Sie haben zwei erwachsene Söhne.

„Tens a certeza que é teu filho?"

Maturidade e velhice
Mittlere Jahre und Alter

Enquanto há vida, há esperança.

idade *f* **madura**	das mittlere Lebensalter (ca. 40–65)
maturidade *f*	Reife
maduro – **imaturo**	(*körperlich, geistig*) reif – unreif
uma pessoa madura	ein reifer Mensch
de meia idade	mittleren Alters
crise *f* da meia idade	Midlife-Crisis
nos (seus) melhores anos	in den besten Jahren
expectativa *f* **de vida**	Lebenserwartung
menopausa *f* / **climatério** *m*	Wechseljahre
princípio / começo da menopausa	das Einsetzen der Wechseljahre
envelhecimento *m*	das Altwerden / das Altern
envelhecer (-ço; -ça > -ce; -ci) / **ficar** (-co; -ca > -que) **velho**	alt werden / altern
ficar (-co; -ca > -que) **grisalho**	ergrauen
velho/**-a** – **idoso**/**-a**	alt; alte/-r Mann / Frau – Alte/-r
asilo de idosos / lar da terceira idade	Altersheim / Altenheim
velhice *f* / **a terceira idade**	das Alter
ancião / **anciã**	Greis/-in
ser (irr.) **velho** – **estar** (irr.) **velho**	alt sein – alt wirken / aussehen
Não é velho, mas parece.	Er ist nicht alt, sieht aber so aus.
veterano *m* **de guerra**	Kriegsveteran
idade *f* **de reforma** P./B. **aposentadoria**	Renten- / Pensionsalter
receber reforma / aposentadoria	Pension / Rente bekommen
aposentado/**-a** / P. *auch* **reformado**/**-a**	Rentner/-in
um funcionário aposentado / reformado	ein pensionierter Beamter
aposentar-se / P. *auch* **reformar-se**	in den Ruhestand treten / aus dem Arbeitsleben ausscheiden
um militar **reformado**	ein Militär im Ruhestand
um professor **jubilado**	ein Professor im Ruhestand
pensão *f*	Rente / Pension
receber uma pensão de viúva	eine Witwenrente erhalten
de idade avançada	in vorgerücktem Alter
uma pessoa de idade avançada	eine sehr alte Person

Wenn von *velhice* oder von *velhos* die Rede ist, werden oft Euphemismen verwendet: *um homem de idade avançada* (= ein Mann in fortgeschrittenem Alter) • *um homem entrado nos anos* (= ein älterer Mann) • *mulheres de meia idade* (= Frauen in mittleren Jahren) • *o outono da vida / o inverno da vida / o crepúsculo da vida* (= das Alter) • *residência para a terceira idade / lar da terceira idade* (= Altersheim)

longevidade *f*	Langlebigkeit
decadência *f*	Verfall
decadência física	nachlassende körperliche Energie
nos seus últimos anos	in seinen/ihren letzten Lebensjahren
debilitado pela idade / **decrépito**	altersschwach
um ancião decrépito	ein schwacher Greis

Weitere Adjektive, die Schwäche (= *debilidade / fraqueza / enfraquecimento*) bzw. Gebrechlichkeit (= *fragilidade*) ausdrücken:
fraco (= schwach) • *debilitado / enfraquecido* (= matt / geschwächt) • *frágil* (= schwach / gebrechlich / zart) • *adoentado / a definhar-se* (= kränklich / siechend) • *fragilizado* (= schwächlich / zerbrechlich)

senilidade *f* – **senil**	Senilität – senil
mal *m* / **doença** *f* **de Alzheimer**	Alzheimer-Krankheit
sofrer / padecer da doença de Alzheimer	an Alzheimer leiden

Unfreundliche, diskriminierende Ausdrücke, die auf ältere Menschen angewandt werden: *estar esclerosado* B. / *ser um fóssil* (= verknöchert / verkalkt sein) • *pueril / senil / gagá / caduco* (= kindisch vor Alter / senil / vertrottelt / vergesslich) • *trémulo* [*trêmulo*] (= tatterig) • *tornar-se criança / ficar xexé* P./B. *virar criança* (= vertrotteln / trottelig werden) • *delirar / dizer disparate(s)* P. / *não dizer* / B. auch *falar coisa com coisa* (= faseln) • *estar no fim / estar nas últimas / estar com os pés para a cova* P./B. *na cova* (= es nicht mehr bringen / dem Ende nahe sein)

estar (irr.) **mal de saúde**	bei schlechter Gesundheit sein
serviço *m* **de refeições ao/a domicílio**	Essen auf Rädern
asilo *m* / **lar** *m*	Pflegeheim
Foi internada num asilo.	Sie wurde in ein Pflegeheim eingeliefert.

Brasilien ist ein Land der jungen Leute. Der Anteil der jungen Bevölkerung, die nicht erwerbstätig ist, ist ziemlich hoch. Mit der Verbesserung des Lebensstandards und der medizinischen Versorgung leben die Brasilianer aber länger. Das Durchschnittsalter ist im Vergleich zu den industrialisierten Ländern immer noch sehr niedrig, aber das Land wird demnächst auch mit den Problemen des Altwerdens seiner Bevölkerung konfrontiert sein. So wachsen z.B. die Probleme der Rentenversicherung, die schon jetzt ein großes Defizit in den öffentlichen Haushalten verursacht.

Personalidade e comportamento
Persönlichkeit und Verhalten

Diz-me com quem andas, dir-te-ei quem és.

comportar-se / **portar-se**	sich benehmen / verhalten
Ela comportou-se bem – mal.	Sie hat sich gut – schlecht verhalten / aufgeführt.
personalidade *f*	Persönlichkeit
Ele tem uma personalidade simpática.	Er besitzt ein sympathisches Wesen.
cará(c)ter *m*	Wesen; Charakter
Ele tem um cará(c)ter forte.	Er hat einen starken Charakter
maneira *f* / B. *auch* **jeito** *m* **(de ser)**	Art und Weise
Ele tem uma maneira de ser P./B. um jeito agradável.	Er hat eine angenehme Art.
temperamento *m*	Temperament
temperamento colérico	cholerisches / reizbares Temperament
temperamento vivo / alegre	munteres / fröhliches Temperament
temperamental	temperamentvoll
génio [gênio] *m*	Naturell; Wesensart; Veranlagung
ter bom génio [gênio]	gutmütig sein / eine gute Wesensart haben
ter mau génio [gênio] / B. *auch* ser **genioso**	jähzornig sein
humor *m* – **humorado**	Laune – gelaunt
ter bom – mau humor	gute – schlechte Laune haben
estar de bom – mau humor	in guter – schlechter Laune sein
estar bem-humorado / mal-humorado	gut – schlecht gelaunt sein
humor de cão	üble Laune
estado *m* **de ânimo**	Stimmung
estado *m* **de espírito**	Verfassung

Adjektive, die menschliche Eigenschaften ausdrücken
Die Antonyme/Gegensatzwörtern werden durch die Vorsilben *des-*, *in-*, *im-*, *i-* oder *a-* gebildet.

contente (= zufrieden) – *descontente* (= unzufrieden) • *inibido* (= gehemmt) – *desinibido* (= ungehemmt) • *interessado* (= aufmerksam / Anteil nehmend) – *desinteressado* (= uninteressiert – uneigennützig / selbstlos) • *interessante* (= interessant) – *desinteressante* (= uninteressant) • *atencioso* (= aufmerksam / rücksichtsvoll) – *desatencioso* (= achtlos / rücksichtslos) • *grato* (= dankbar) – *ingrato* (= undankbar) • *cortês* (= höflich) – *descortês* (= unhöflich) • *honesto* (= ehrlich) – *desonesto* (= unehrlich) • *leal* (= loyal / treu) – *desleal* (= illoyal / treulos / untreu) • *fiel* (= treu) – *infiel* (= untreu / treulos) *maduro* (= reif) – *imaturo* (= unreif) • *decente* (= anständig) – *indecente* (= unanständig) • *discreto* (= taktvoll) – *indiscreto* (= taktlos) • *capaz de*

(= zu etwas fähig) – *incapaz de* (= zu etwas unfähig) • *experiente* (= erfahren) – *inexperiente* (= unerfahren) • *flexível* (= flexibel) – *inflexível* (= unflexibel) • *tolerante* (= duldsam) – *intolerante* (= unduldsam) • *culto* (= kultiviert / gebildet) – *inculto* (= unkultiviert / ungebildet) • *civilizado* (= gebildet / zivilisiert) – *incivilizado* (= ungebildet / unzivilisiert) • *justo* (= fair / gerecht) – *injusto* (= unfair / ungerecht) • *sensato* (= vernünftig / besonnen) – *insensato* (= unvernünftig / töricht) • *seguro (de si mesmo)* (= sicher / selbstbewusst) – *inseguro* (= unsicher) • *paciente* (= geduldig) – *impaciente* (= ungeduldig) • *parcial* (= parteiisch) – *imparcial* (= unparteiisch) • *prudente* (= vorsichtig) – *imprudente* (= unvorsichtig) • *púdico* (= schamhaft) – *impúdico* (= schamlos / hemmungslos) • *puro* (= keusch / züchtig) – *impuro* (= unkeusch / unzüchtig) • *responsável* (= verantwortungsbewusst) – *irresponsável* (= verantwortungslos) • *respeitoso* (= ehrerbietig / rücksichtsvoll / mit Anstand) – *desrespeitoso* (= nicht ehrerbietig / respektlos) • *moral* (= moralisch) – *imoral* (= unmoralisch; unsittlich) • *moral* (= moralisch) – *amoral* (= amoralisch) • *normal* (= normal) – *anormal* (= anormal / abnormal) • *compreensivo – incompreensivo / pouco compreensivo* (= verständnisvoll – verständnislos) • *sensível – insensível / pouco sensível* (gefühlvoll – gefühllos)

Antonyme können auch mit *bem* oder *mal* gebildet werden:
agradecido (= dankbar) – *mal-agradecido* (= undankbar) • *bem-humorado* (= gut gelaunt) – *mal-humorado* (= schlecht gelaunt) • *bem-educado* (= gut erzogen) – *mal-educado* (= ungezogen, schlecht erzogen)

Oft kann man im Portugiesischen mit *pouco* (= wenig) beschönigend auf den Mangel einer Eigenschaft hinweisen. Auf indirekte Art meint man in diesem Fall aber genau das, was das Antonym bedeutet:
eficiente – ineficiente / pouco eficiente (= effizient – ineffizient) • *corre(c)to – incorre(c)to / pouco corre(c)to* (= korrekt – inkorrekt) • *interessante – desinteressante / pouco interessante* (= interessant – uninteressant)

Oft gibt es kein Antonym, oder das entsprechende Antonym ist nicht gebräuchlich:
ajuizado – pouco ajuizado (= weise / klug – unklug) • *cooperativo – pouco cooperativo* (= entgegenkommend – nicht entgegenkommend) • *exigente – pouco exigente* (= anspruchsvoll / unbescheiden – anspruchslos / bescheiden) • *razoável – pouco razoável* (= vernünftig / angemessen – unvernünftig) • *prestativo – pouco prestativo* (= hilfsbereit – nicht hilfsbereit) • *ser de confiança – não ser de confiança* (= vertrauenswürdig – nicht vertrauenswürdig)

bom/boa – mau/má	gut – schlecht
bondoso – maldoso	gütig – boshaft
um vizinho maldoso	ein boshafter Nachbar
benévolo – malévolo	wohlwollend – böswillig / übel gesinnt
misericordioso – cruel	barmherzig – unbarmherzig

Ausspr.?

compassivo – sem piedade	mitfühlend – mitleidlos
Ele aproveita-se dos outros sem piedade.	Er nutzt andere erbarmungslos aus.
dó *m* – **ter** (irr.) **dó (de)**	Mitleid – Mitleid haben
Tenho muito dó dele.	Ich habe Mitleid mit ihm.
coitado	bedauernswert
Ele é um coitado.	Er ist eine bedauernswerte Person.
Coitado! Fra(c)turou o braço.	Der Ärmste! Er hat den Arm gebrochen.
caloroso – frio	herzlich – kalt
Ela é uma pessoa calorosa / fria.	Sie ist eine herzliche / kalte Person.
honesto / corre(c)to – corrupto	ehrlich / rechtschaffen – korrupt

Viele Adjektive werden durch Anhängen von *-mente* an die weibliche Form des Adjektivs zu Adverbien:
A(c)tuou insensatamente / ineficientemente / desinteressadamente / irresponsavelmente. (= Er / Sie handelte töricht / ineffizient / selbstlos / verantwortungslos.)
Ele comportou-se discretamente / ajuizadamente / valorosamente / sensata mente. (= Er verhielt sich taktvoll / klug / mutig / vernünftig.)

aplicado / trabalhador – preguiçoso	fleißig – faul
educado – mal-educado / grosseiro	höflich – unhöflich / grob
inteligente / astuto – parvo / burro / idiota	klug / listig – dumm
colérico / irrascível – equilibrado	leicht erregbar – ausgeglichen
conservador – progressista	konservativ – progressiv
generoso / B. *auch* **desprendido – mesquinho**	großzügig – engherzig / kleinlich
tolerante / liberal – estreito de visão	tolerant / liberal – engstirnig
egocêntrico – altruista	ichbezogen – altruistisch / selbstlos
avaro / avarento	geizig
sovina / forreta B. *pc us*	knauserig
desleixado / relaxado – meticuloso	liederlich / nachlässig – pingelig
relaxado	enstspannt / locker
ansioso	ängstlich
tenso – descontraído	gespannt – lässig / entspannt
preocupado – despreocupado	besorgt – unbesorgt

Das vollkommene Fehlen einer Eigenschaft kann durch *sem* oder *desprovido/-a de* ausgedrückt werden:
É uma pessoa sem/desprovida de ambição / coragem / charme / humor / compaixão / talento. (= Ihm / Ihr mangelt es vollkommen an Ehrgeiz / Mut / Charme / Humor / Mitleid / Talent.)

encantador / charmoso – sem charme	charmant – ohne Charme
o(p)timista *m f*	optimistisch; Optimist/-in
pessimista *m f*	pessimistisch; Pessimist/-in
extrovertido – introvertido	extrovertiert – introvertiert
comunicativo – reservado	kommunikativ – zurückhaltend
fechado – aberto	verschlossen – aufgeschlossen
distante	unnahbar
de bom humor	gut gelaunt
alegre – triste	fröhlich – trübsinnig / traurig
deprimido	bedrückt / deprimiert
com o astral baixo – alto B.	in schlechter – guter Verfassung
em baixo	in schlechter Verfassung
espirituoso – sem graça	geistreich / witzig – fad(e) / geistlos / platt
divertido – monótono / aborrecido / chato	lustig / unterhaltend – langweilig

Bem (= ziemlich) als Synonym für ***muito*** (= sehr)
Ele é bem divertido. (= Er ist sehr lustig). *Ele é bem charmoso.* (= Er ist sehr charmant.)

forte – fraco	stark – schwach
duro – delicado	(knall)hart – schwach / sanft
um tipo duro – delicado / meigo / sensível	ein (knall)harter – sanfter Kerl
corajoso / valente – covarde	mutig / tapfer – feige
medroso	ängstlich – ein Angsthase sein
tranquilo [tranqüilo] / **calmo – excitado / enervado / agitado**	ruhig – aufgeregt
Estava muito calmo antes da operação.	Er war vor der Operation sehr ruhig.
respeitoso – atrevido / petulante	respektvoll – frech
Não sejas atrevido com os teus pais.	Sei nicht frech zu deinen Eltern.
humilde / modesto	demütig / bescheiden
presunçoso / pretensioso / cheio de si / convencido	eingebildet

Expressões idiomáticas (= Fest stehende Redewendungen) für die Beschreibung von Menschen, die mit *como* gebildet werden, und ihre deutschen Entsprechungen:
esperto como uma raposa (= schlau wie ein Fuchs) • *feroz como um leão* (= so wild / tapfer wie ein Löwe) • *imperturbável como uma esfinge* (= seelenruhig) • *fiel como um cão* (= treu wie ein Hund) • *manso como um cordeiro* (= sanft / geduldig wie ein Lamm) • *paciente como Jó* (= geduldig wie Hiob sein) • *teimoso como uma mula / um burro / um jegue* B. (= störrisch wie ein Esel – ein sturer Bock) • *burro como uma porta* (= dümmer, als die Polizei erlaubt) • *vaidoso como um pavão* (= eitel wie ein Pfau) • *diligente como uma formiga* (= emsig wie eine Biene)

Sentidos e sensações
Sinne und Sinneseindrücke

Longe dos olhos, longe do coração.

sentido *m*	Sinn
os cinco sentidos	die fünf Sinne
o sentido da visão / da audição	der Seh- / Gehörsinn
o sentido do olfa(c)to / do gosto / do ta(c)to	der Geruchs- / Geschmacks- / Tastsinn
sensação *f*	Empfindung; Sinneseindruck; Gefühl
sensações como dor e sede	Empfindungen wie Schmerz und Durst
percepção *f*	Wahrnehmung; Empfindung
percepção sensorial / extra-sensorial	sinnliche / außersinnliche Wahrnehmung
sentir (irr.)	fühlen; empfinden; verspüren; vernehmen; wahrnehmen
perceber	wahrnehmen; (be)merken; vernehmen; hören

Perceber und *sentir* werden in Zusammenhängen verwendet, in denen die Sinne etwas wahrnehmen. ***Sentir*** steht aber nicht bei den Wahrnehmungen des Auges.
sentir *um ruído / um cheiro / um sabor / uma dor*
perceber *uma imagem / um ruído / um cheiro / um sabor*

Ela não sentiu a dor.	Sie spürte den Schmerz nicht.
sentir frio – calor	Kälte – Wärme empfinden
Senti / Percebi passos no corredor.	Ich hörte Schritte im Flur.
Eu não percebi nenhum ruído.	Ich habe kein Geräusch gehört.
Todos os animais podem perceber a luz?	Können alle Tiere Licht wahrnehmen?
olho *m*	Auge
irreconhecível a olho nu	mit bloßem Auge nicht erkennbar
olhada *f* / **olhadela** *f* / **vista** *f* **de olhos**	(flüchtiger) Blick
dar uma vista de olhos a / sobre / em algo	einen kurzen Blick auf etwas werfen; etwas überfliegen
Só dei uma olhada (rápida) ao / no artigo.	Ich habe den Artikel nur überflogen.
olhar	ansehen; (an)schauen; nachsehen
Olha o carro!	Pass auf, das Auto!
Olha para mim.	Schau mich an.
olhar *m*	Blick
um olhar estranho	ein seltsamer Blick
ver (irr.)	sehen

Ele viu que ninguém estava a olhar.	Er sah, dass niemand hinschaute.
ver televisão	fernsehen
Só o vimos de relance.	Wir bekamen ihn nur kurz zu Gesicht.
notar / **dar(-se)** (irr.) **conta de** / **reparar**	(be)merken; wahrnehmen
Não notei nada. / Não me dei conta de nada.	Ich habe nichts bemerkt / wahrgenommen.
Ninguém reparou que ela tinha chorado.	Niemand bemerkte, dass sie geweint hatte.
observar	beobachten; bemerken
O cometa foi observado em 1986.	Der Komet wurde 1986 beobachtet.
observação *f*	Beobachtung; Bemerkung
Podias ter evitado essa observação.	Diese Bemerkung hättest du dir sparen können.
observatório *m*	Sternwarte; Beobachtungsstation
vista *f*	Sehkraft / -vermögen; Sicht; Aussicht
Ela perdeu a vista.	Sie hat die Sehkraft verloren.
curto de vista / míope	kurzsichtig (*konkret und im übertragenen Sinn*)
hipermetrope / presbíope P./B. presbita	weitsichtig
avistar	erblicken
Finalmente avistaram terra.	Endlich kam Land in Sicht.

Expressões idiomáticas com vista / olho
à primeira vista (= auf den ersten Blick) • ***pagar à vista*** (= bar zahlen) • ***à vista desarmada*** P. / ***a olho nu*** (= mit bloßem Auge) • ***com vista a*** (= im Hinblick auf) • ***dar nas vistas*** P./B. ***na vista*** (= auffallen) • ***perder de vista*** (= aus den Augen verlieren) • ***ponto de vista*** (= Gesichtspunkt) • ***ter em vista*** (= im Auge haben) • ***uma vista bonita*** (= ein schöner Ausblick) • ***Até à vista!*** (= Auf Wiedersehen!)

capacidade *f* **visual**	Sehkraft / -vermögen
visível – **invisível**	sichtbar – unsichtbar
vidente *m f*	(Hell-)Seher/-in
cego/**-a**	blind – Blinde/-r
cegueira *f*	Blindheit
zarolho/**-a** – **caolho**/**-a** B.	einäugig – Einäugige/-r
estrábico / **vesgo**	schielend
visual – **vídeo** *m*	visuell / Seh- – Video(-)
meios audiovisuais	audiovisuelle Medien
orelha *f* – **ouvido** *m*	Ohr (äußeres) – Gehör; Ohr (inneres)
É um pouco duro P./B. surdo de ouvido.	Er ist ein bisschen schwerhörig.
Ele tem orelhas grandes.	Er hat große Ohren.
aparelho *m* **auditivo**	Hörhilfe / Hörgerät
surdo/**-a**	taub – Taube/-r
surdo/**-a-mudo**/**-a**	taubstumm – Taubstumme/-r

escola / linguagem de surdos-mudos	Taubstummenschule / -sprache
ouvir (irr.)	hören
Não ouviste um ruído?	Hast du das Geräusch nicht gehört?
Ouve! / Ouça!	Hör (mal) zu! / Hören Sie (mal) zu!
escutar	(zu)hören
Escutei atentamente, mas não consegui ouvir nada.	Ich lauschte angestrengt, konnte aber nichts hören.
escutar / ouvir rádio	Radio hören
som *m*	Schall; Laut; Klang
o som de um motor	das Geräusch eines Motors
uma cabina insonorizada P./B. à prova de som	eine schalldichte Kabine
soar	klingen; klingeln
A guitarra soa bem.	Die Guitarre klingt gut.
tocar (-co; -ca > -que)	spielen; klingen; klingeln
A campainha tocou / soou.	Die Hausglocke klingelte.
Tocas muito bem guitarra.	Du spielst sehr gut Gitarre.
tom *m*	Ton
Não me agrada o teu tom de voz.	Mir gefällt dein Ton nicht.
volume *m*	Lautstärke
subir – baixar o volume / o som	das Gerät lauter – leiser stellen
ruído *m* / **barulho** *m*	Geräusch; Lärm; Krach
um ruído estranho	ein eingenartiges Geräusch
Não aguento [agüento] o barulho.	Ich kann den Lärm nicht aushalten.
silêncio *m*	Schweigen; Stille
alto / **forte** – **baixo** / **leve**	laut – leise
Que ruído forte – leve foi esse?	Was war das für ein lautes – leises Geräusch?
Tente falar um pouco mais baixo.	Versuchen Sie, leiser zu sprechen.
agudo – grave	hoch – tief
barulhento – **silencioso**	geräuschvoll / laut – geräuschlos
perceptível / **audível** – **imperceptível** / **inaudível**	hörbar – unhörbar
um som quase imperceptível / inaudível	ein kaum wahrnehmbarer Laut
audio-	Audio-; Ton-

Entsprechungen für „ruhig"
Vivemos num bairro ***tranquilo*** [*tranqüilo*]. (= Wir leben / wohnen in einer ruhigen Gegend.) • *Os negócios andam* ***tranquilos*** [*tranqüilos*] *a(c)tualmente.* (= Im Geschäft ist zur Zeit nicht viel los.) • *Estava sempre tão* ***calada****, como se não tivesse nada para dizer.* (= Sie war immer so ruhig, als ob sie nichts zu sagen hätte.) • *O mar estava* ***calmo****.* (= Das Meer war ruhig.) • *Custa-lhe estar sentado* ***sem se mexer****.* (= Es fällt ihm/ihr schwer, ruhig zu sitzen.) • *Por fim uma noite* ***tranquila*** [*tranqüila*] *em casa.* (= Endlich ein ruhiger Abend zu Hause.) • *Tivemos um cruzeiro* ***sossegado****.* (= Wir hatten eine ruhige Überfahrt.) • *Depois da tempestade a noite ficou* ***serena****.* (= Nach dem Sturm war die Nacht ruhig.) • *É preciso uma mão*

firme. (= Man braucht eine ruhige / feste Hand.) • *Mal se ouve o trabalhar **suave*** / B. auch ***macio*** *da máquina.* (= Man hört den ruhigen Gang der Maschine kaum.) • *Gosto de tecidos com estampados **discretos***. (= Ich liebe Stoffe mit unauffälligen / ruhigen Mustern.)

nariz *m* – **olfa(c)to** *m*	Nase – Geruch(ssinn)
faro *m*	Geruchssinn (*bei Tieren*); Spürsinn
ter um bom faro para os negócios	eine gute Nase für die Geschäfte haben
farejar	wittern; beschnuppern; herumschnüffeln
cheirar	riechen; wittern; duften
Está a cheirar P./B. cheirando a gás.	Es riecht nach Gas.
A sopa cheira deliciosamente.	Die Suppe riecht köstlich.
cheiro *m* / **odor** *m* – **mau-cheiro** / **fedor** *m*	Geruch – Gestank
Aqui está um mau-cheiro / um fedor.	Hier stinkt's.
Estas rosas têm um cheiro muito intenso.	Diese Rosen duften sehr intensiv.
cheirar mal / **feder**	stinken

Expressões idiomáticas com *cheirar*
Cheira**-me a esturro.* P. (= Hier herrscht dicke Luft.) • *Isto está-me a **cheirar** mal* P./B. *Isto está **cheirando** mal.* (= Hier ist doch irgendetwas faul.) • *Ele não é flor que se **cheire. (= Man kann ihm nicht ganz trauen.)

podre / **estragado**	faul

Podre / estragado bedeuten faul im Sinne von verdorben:
um ovo podre / uma maçã podre (= ein faules Ei / ein fauler Apfel). *A fruta está estragada.* (= Das Obst ist faul.) Aber: ein fauler Schüler (= *um aluno preguiçoso*)

fragrância *f* – **fragrante**	(Wohl-)Geruch / Duft – wohlriechend
a fragrância única destas rosas	der besondere Duft dieser Rosen
perfumar – **perfume** *m*	parfümieren – Parfüm; Duft
aroma *m*	Aroma; Duft

Achtung, *falsos amigos* (= falsche Freunde)!
Port. ***aroma*** wird nur gerochen und als angenehm empfunden, ist also Duft. Dt. **Aroma** wird auch geschmeckt und als angenehm empfunden. Port. = *sabor / gosto*: *o inconfundível aroma do café recém moído* (= der unverwechselbare Duft frisch gemahlenen Kaffees). *Estes tomates não sabem a nada.* (= Diese Tomaten haben überhaupt kein Aroma / keinen Geschmack.)

sabor *m*	Geschmack
Tem um sabor amargo / doce / salgado.	Es schmeckt bitter / süß / salzig.
saber (irr.) P./B. **ter** (irr.) **gosto de**	schmecken
Sabe a / Tem gosto de baunilha.	Es schmeckt nach Vanille.
gosto *m*	Geschmack(ssinn); Vorliebe
Gostos não se discutem. P./B. Gosto não se discute.	Über Geschmack diskutiert man nicht.
apetite *m* – **apetitoso**	Appetit – schmackhaft / appetitlich
Isto tirou-me o apetite.	Das hat mir den Appetit verdorben.
náusea *f* – **nojento**	Übelkeit – ekelhaft
ta(c)to *m*	Gefühls- / Tastsinn
O tecido é muito **macio** – **áspero**.	Der Stoff fühlt sich sehr weich – rau an.
tocar (-co; -ca >-que)	berühren; anfassen
Não toquem nas mercadorias, por favor.	Die Waren bitte nicht berühren.
tocar um instrumento	ein Instrument spielen
pegar (-go; -ga >-gue)	fassen; anfassen
segurar	festhalten

„Como é bom o cheiro das natureza."

Sentimentos e atitudes
Gefühle und Einstellungen

Muito riso, pouco siso.

atitude *f* / **posição** *f* / **postura** *f*	Einstellung; Haltung
a atitude dele frente aos estrangeiros / para com os estrangeiros	seine Einstellung gegenüber Ausländern
sentimento *m*	Gefühl
Não queria ferir os teus sentimentos.	Ich wollte dich nicht verletzen.
Os sentimentos dela em relação a mim já não são os mesmos.	Ihre Gefühle mir gegenüber sind nicht dieselben wie früher.
Os meus sentimentos.	Ich spreche Ihnen mein Beileid aus.
sentimental	gefühlvoll; sentimental
uma pessoa / um romance sentimental	ein sentimentaler Mensch / Roman
sentir (irr.)	fühlen
Sentia-se cansada e deprimida.	Sie fühlte sich müde und deprimiert.
lamentar	bedauern
Sinto / Lamento muito.	Es tut mir Leid. / Ich bedaure sehr …
emocionar(-se)	gerührt sein; (be)rühren; bewegen; ergreifen
emoção *f*	Emotion; (Gemüts-)Bewegung; Spannung; Aufregung
chorar de emoção	vor Rührung weinen
procurar emoções fortes	den Nervenkitzel suchen
emocional	emotional; empfindsam
emocionante	aufregend; spannend; bewegend
um momento muito emocionante	ein sehr bewegender Augenblick
humor *m*	Stimmung; Laune
não ter sentido P./B. senso de humor	keinen Sinn für Humor haben
estar de bom – mau humor	gute – schlechte Laune haben
estar com os humores / os azeites P.	mürrisch sein; übler Laune sein
humor negro	schwarzer Humor
amor *m* – **amoroso**	Liebe – liebevoll / Liebes-
A mãe faz tudo por amor aos filhos.	Die Mutter macht alles aus Liebe zu den Kindern.
Por amor de Deus!	Um Gottes willen!
meu amor	Liebling; Geliebte/-r
Ele é um filho amoroso.	Er ist ein liebevoller Sohn.
apaixonar-se	sich verlieben / schwärmen
Ele apaixonou-se por ela.	Er hat sich in sie verliebt.
apaixonado	verliebt
estar perdidamente apaixonado por	unsterblich verliebt sein in
Ele é apaixonado pela Betânia.	Er schwärmt für Betânia.
fã *m f* – **fanático**/-a	Fan – fanatisch; Fanatiker/-in
Pelé tem muitos fãs.	Pelé hat viele Fans.

anticomunista fanático	fanatischer Antikommunist
amante *m f*	Liebhaber/-in; Geliebte/-r
amar – **amar-se**	lieben – einander / sich lieben
Paulo e Ana amam-se.	Paulo und Ana lieben sich.
gostar de	mögen; gerne/lieb haben; lieben; gefallen; schmecken
Eu gosto de ti P./B. você.	Ich mag dich. / Ich habe dich lieb.
Gosto muito da minha família.	Ich mag meine Familie sehr.
Gosto de fruta.	Ich mag Obst.
Você gosta desta comida?	Schmeckt Ihnen das Essen?
Gosto muito deste rapaz.	Dieser Junge gefällt mir sehr.
O que é que gostavas de fazer?	Was würdest du gern tun?
gostoso / P. *m us* **saboroso**	schmackhaft
Manga é uma fruta gostosa.	Mango ist eine schmackhafte Frucht.
gosto *m* – **desgosto** *m*	Vorliebe / Geschmack – Verdruss / Ärger
com (muito / todo o) gosto	(sehr) gern
adorar	anbeten; (sehr) lieben; verehren; begeistert / hingerissen sein
Adoro fado.	Ich liebe Fado.
Ele adorou o Brasil.	Er war von Brasilien begeistert.
entusiasmar(-se)	(sich) begeistern; schwärmen
Ele entusiasmou-se com o plano.	Er war begeistert von dem Plan.
encantar – **estar** (irr.) **encantado**/-**a**	entzücken; begeistern – angetan sein
Está encantado com a casa.	Das Haus hat es ihm angetan.
encantador	bezaubernd; entzückend; charmant
querer (irr.)	wollen; gern haben; mögen
Quero falar com a Ana, por favor.	Ich will / möchte mit Ana sprechen.
Queria falar com a Ana, por favor.	Ich möchte bitte mit Ana sprechen. (= *höflicher*)
Queria um café, por favor.	Ich hätte gern / möchte einen Espresso, bitte.
querido/-**a**	lieb; liebe/-r; Liebling (*als Anrede*)
carinho *m*	Liebe; Zuneigung; Anhänglichkeit; Zärtlichkeit
ter carinho por alguém	jemand gern haben
carinhoso	liebevoll; zärtlich
apreciar / **dar valor**	zu schätzen wissen / hoch achten
Dou muito valor à nossa amizade.	Ich schätze unsere Freundschaft sehr.
Todos apreciam muito a nova colega.	Alle schätzen die neue Kollegin sehr.
prazer – **ter prazer**	Vergnügen – Gefallen haben
Teria muito prazer em acompanhá-lo.	Ich würde Sie sehr gern begleiten.
Com todo o prazer.	Mit Vergnügen.
Muito prazer em conhecê-lo.	Es freut mich sehr, Sie kennen zu lernen.
desfrutar / **gozar**	genießen

…u as cenas românticas do	Sie genoss die romantischen Filmszenen.
…tuas férias!	Genieße deinen Urlaub!
…**(-se)** (irr.)	(sich) vergnügen; (sich) amüsieren
…divertiu-se na festa.	Er hat sich auf der Party vergnügt.
(ser) **divertido**	unterhaltsam / lustig (sein)
O filme foi divertido.	Der Film war lustig.
ter (irr.) **vontade de** / P. auch **apetecer** (-ço; -ça; > -ce; -ci)	Lust haben auf etwas
Não tenho vontade de ir ao cinema. / Não me apetece ir ao cinema.	Ich habe keine Lust, ins Kino zu gehen.

Wie man Liebe, Zuneigung, Gernhaben noch ausdrücken kann
Achei-a logo simpática. (= Sie war mir sofort sympathisch.) • *A casa agradou-nos logo.* (= Das Haus gefiel uns sofort.) • *Não gosto muito de peixe.* (= Auf Fisch bin ich nicht so versessen.) • *Ela goza do afecto / carinho de todos.* (= Sie genießt die Sympathie aller.) • *Esta tarefa seduz-me / é um desafio.* (= Diese Aufgabe reizt mich sehr.) • *Os livros antigos fascinam-me.* (= Alte Bücher faszinieren mich.) • *Ao vê-la ficou encantado.* (= Ihr Anblick entzückte ihn.) • *Ele está perdido por ela.* (= Er ist in sie verliebt.) • *Está louco / doido por ela.* (= Er ist verrückt nach ihr. / Er ist in sie vernarrt.) • *Todos perdem a cabeça por ela.* (= Sie verdreht jedem den Kopf.) • *Ele morre por ela.* (= Er ist unsterblich in sie verliebt.)

desejar	wünschen / begehren
desejo *m*	Wunsch / Begehren
o desejo de paz / amor / felicidade	das Verlangen nach Frieden / Liebe / Glück
o efeito desejado	die gewünschte Wirkung
ânsia *f* – **ansioso**	Begierde; Sehnsucht – begierig; heftig wünschend
ânsia de saber – trabalhar – vingança	Wissbegierde – Arbeitswut – Rachsucht
vontade *f*	Wille / Wunsch / Lust
força de vontade	Willensstärke
saudade *f* / **nostalgia** *f* **(de)**	Sehnsucht; Heimweh
estar com / ter / sentir saudades	sehnlichst verlangen; Sehnsucht empfinden; sich sehnen nach
Estou com saudades da minha cidade.	Ich habe Heimweh nach meiner Stadt.
Tenho / Sinto saudades tuas.	Ich sehne mich nach dir.
interesse *m* – **interessante** *m f*	Interesse – interessant
Li o livro com muito interesse.	Ich las das Buch mit großem Interesse.
interessar-se por	sich interessieren für
preferir (irr.)	bevorzugen / vorziehen
Prefiro o cinema à televisão	Ich ziehe das Kino dem Fernsehen vor.

admirar – **admirável** – **admirador**/-**a**	bewundern – bewundernswert – Verehrer/-in
suportar – não **suportar**	ertragen – nicht ausstehen
Ela suportou as dores sem remédio.	Sie hat die Schmerzen ohne Medikamente ertragen.
Não suporto o meu vizinho.	Ich kann meinen Nachbarn nicht ausstehen.
suportável – **insuportável** *m f*	erträglich – unerträglich; unausstehlich
Ele é insuportável.	Er ist unausstehlich.
um calor insuportável	eine unerträgliche Hitze
aguentar [agüentar]	ertragen / aushalten
Não aguento [agüento] mais.	Ich halte nichts mehr aus.
tolerar – **admitir**	tolerieren; dulden – zulassen; sich gefallen lassen
Não se deveria tolerar comentários racistas.	Rassistische Bemerkungen sollte man nicht tolerieren.
Eu não admito isso.	Das lasse ich mir nicht gefallen.
agradar – **desagradar**	gefallen – missfallen / nicht mögen
O discurso desagradou a todos.	Die Rede hat allen missfallen.
ficar (-co; -ca > -que) **contente**	sich freuen; zufrieden sein
aversão *f* / **antipatia** *f*	Abneigung / Antipathie
Tenho aversão por ele.	Ich habe eine Abneigung gegen ihn.
odiar (irr.) – **ódio** *m*	hassen – Hass
Odeio ter que apressar-me.	Ich hasse es, wenn ich mich abhetzen muss.
O olhar dele estava cheio de ódio.	Sein Blick war voller Hass.
detestar	verabscheuen
Detesto a violência.	Ich verabscheue die Gewalt.
aversão *f* / **antipatía** *f*	Abneigung
o(p)timismo *m* – **pessimismo** *m*	Optimismus – Pessimismus
Estamos cheios de o(p)timismo.	Wir sind alle voller Optimismus.
o(p)timista *m f*	optimistisch – Optimist/-in
pessimista *m f*	pessimistisch – Pessimist/-in
esperar – **esperança** *f*	hoffen / (er)warten – Hoffnung
perder a esperança	die Hoffnung aufgeben
recuperar a esperança	wieder Hoffnung schöpfen
Espero que eles nos ajudem.	Ich hoffe, sie helfen uns.
Espero os meus amigos às duas.	Ich erwarte meine Freunde um zwei.
desesperar – **desespero** *m*	verzweifeln – Verzweiflung
desesperado	verzweifelt
Olhou para ele desesperada.	Sie sah ihn verzweifelt an.
comovente	rührend; bewegend
enternecedor	ergreifend
uma cena enternecedora	eine ergreifende Szene
preconceito *m*	Vorurteil
preconceitos contra os estrangeiros	Vorurteile gegen Ausländer
cheio de preconceitos	voller Vorurteile

subje(c)tivo/-a – obje(c)tivo/-a	subjektiv – objektiv

Adjektive, mit denen Verärgerung ausgedrückt wird
Estava aborrecida / chateada / irritada (= übellaunig / ärgerlich / verärgert).
O chefe estava bravo / furioso / fulo / furibundo / B. auch *puto da vida* fam (= Der Chef war wütend / rasend.)

medo *m* / **receio** *m*	Angst
ter medo de	Angst haben vor
Ela tem medo de voar.	Sie fürchtet sich vor dem Fliegen.
estar com medo	Angst haben vor
Estás com medo do cão?	Hast du Angst vor dem Hund?
ficar com medo	ängstlich werden
Ele quase morreu de medo.	Er ist vor Angst fast gestorben.
medroso	furchtsam / ängstlich
orgulho *m* – **orgulhoso**	Stolz – stolz
Estamos orgulhosos com o nosso desempenho.	Wir sind stolz auf unsere Leistung.
ciúme *m* – **ciumento**	Eifersucht – eifersüchtig
Tens ciúmes dela?	Bist du eifersüchtig auf sie?
invejar / **ter** (irr.) **inveja**	beneiden
inveja *f* – **invejoso**	Neid – neidisch
desprezar – **desprezo** m – **desprezível**	verachten – Verachtung – verächtlich
menosprezar	gering schätzen; unterschätzen
surpreender – surpresa *f*	überraschen – Überraschung
O elogio do chefe surpreendeu-o.	Das Lob vom Chef überraschte ihn.
surpreendido / **surpreso**	überrascht
Olhou para mim surpresa.	Sie sah mich überrascht an.
espantado / **pasmado**	erstaunt
Ficaram espantados com o resultado.	Sie waren über das Ergebnis erstaunt.
atónito	verblüfft
rir (irr.) – **riso** *m*	lachen – (das) Lachen
morrer de/a rir	sich totlachen
desatar a rir	sich vor Lachen nicht halten können
rir às gargalhadas	aus vollem Halse / schallend lachen
rir de/a alguém	sich über jemand lustig machen
sorrir (irr.) – **sorriso** *m*	lächeln – (das) Lächeln
chorar – **choro** *m*	weinen – (das) Weinen
chorar de alegria	vor Freude weinen
desfeito em lágrimas	tränenüberströmt

Moralidade e imoralidade
Moral und Unmoral

No melhor pano cai a nódoa.

moralidade *f* – **imoralidade** *f*	Moral / Sittlichkeit – Unmoral / Unsittlichkeit
moral *f* – **moral**	Moral / Sittlichkeit / Stimmung – moralisch / sittlich
princípios / valores morais	moralische Prinzipien / Maßstäbe
Isso seria moralmente inaceitável.	Das wäre moralisch nicht in Ordnung.
É uma questão moral / de princípios.	Das ist eine Frage der Moral.
imoral – **amoral**	unmoralisch – amoralisch
comportamento imoral	unmoralisches Verhalten
ética *f* – **ético**	Ethik – ethisch / moralisch
ética profissional	Berufsethos
bem *m*	(das) Gute
Nunca é tarde para fazer o bem.	Es ist nie zu spät, Gutes zu tun.
bem (adv)	richtig / recht / gut
Fizeste bem.	Du hast richtig gehandelt.
bom/boa (adj) – **melhor** – **ó(p)timo** – o/a **melhor**	gut – besser – am besten der/die Beste
Ele é o meu melhor amigo.	Er ist mein bester Freund.
És a melhor.	Du bist die Beste.
mal *m* – **maldade** *f*	(das) Böse – Bosheit
a luta entre o bem e o mal	der Konflikt zwischen Gut und Böse
A maldade dela não conhece limites.	Ihre Bosheit kennt keine Grenzen.
não fazer nada de mal	nichts Unrechtes tun
mal (adv)	falsch / schlecht
Ele agiu mal.	Er hat falsch gehandelt.
mau/má (adj) – **pior** – **péssimo** o/a **pior**	böse/ schlecht – schlechter – am schlechtsten – der/die Schlechteste
Ele não é má pessoa.	Ein schlechter Mensch ist er nicht.
boas e más a(c)ções	gute und böse Taten
malvado	böse
corre(c)to / **justo**	richtig / recht
incorre(c)to / **injusto**	falsch; schlecht / unrecht
pecar (-co; -ca > -que) – **pecado** *m*	sündigen – Sünde
pecador / **pecaminoso**	sündig / sündhaft
um comportamento pecaminoso	ein sündiges Verhalten
pecador/-a	Sünder/-in
consciência *f*	Gewissen / Bewusstsein
questão de consciência	Gewissensfrage
consciência limpa – pesada	reines – schlechtes Gewissen
boa – má consciência	gutes – schlechtes Gewissen
consciencioso	gewissenhaft

escrúpulo *m*	Skrupel; Bedenken; Zweifel
sem escrúpulos / B. *auch* **inescrupuloso**	skrupellos / ohne Skrupel / gewissenlos
remorso *m*	Gewissensbisse
arrependimento *m*	Reue
ideal *m* – **ideal**	Ideal – ideal
Ela viveu segundo os seus ideais.	Sie lebte gemäß ihren Idealen.
É uma esposa ideal.	Sie ist eine Traumehefrau.
virtude *f* – **vício** *m*	Tugend – Laster
A amabilidade é a maior virtude dela.	Liebenswürdigkeit ist ihre größte Tugend.
Fumar é o meu único vício.	Das Rauchen ist mein einziges Laster.
qualidade *f* – **defeito** *m*	(*positive*) Eigenschaft; Stärke – (*negative*) Eigenschaft; Schwäche; Mangel; Fehler
Têm mais qualidades que defeitos.	Sie haben mehr Stärken als Schwächen.
generosidade *f*	Großzügigkeit; Freigebigkeit
generoso – **avarento**	großzügig – geizig
sabedoria *f* – **ignorância** *f*	Weisheit – Unwissen
sábio – **ignorante**	weise – unwissend; ignorant
coragem *f* / **valentia** *f*	Mut / Tapferkeit
inocência *f* – **inocente**	Unschuld – unschuldig / naiv
Perderam a inocência.	Sie haben die Unschuld verloren.
Ela não pára de clamar a sua inocência.	Sie beteuert ständig ihre Unschuld.
integridade *f* – **íntegro**	Integrität / Redlichkeit – integer / redlich
justiça *f* – **injustiça** *f*	Gerechtigkeit / Recht – Ungerechtigkeit / Unrecht
justo – **injusto**	gerecht – ungerecht
lutar por uma causa justa	für eine gerechte Sache kämpfen
ser injusto com alguém	jemand Unrecht tun
honra *f* / **dignidade** *f* – **desonra** *f*	Ehre – Unehre / Ehrlosigkeit / Ehrverlust
honrar – **desonrar**	ehren – entehren / die Ehre angreifen
honestidade *f* – **falta** *f* **de honestidade** / **desonestidade** *f*	Ehrlichkeit / Redlichkeit / Ehrbarkeit – Unehrlichkeit / Unredlichkeit / Unehrenhaftigkeit
honrado / **honesto**	ehrlich / anständig
sincero	ehrlich
castidade *f* / **pureza** f	Keuschheit
decência *f* – **indecência** *f*	Anständigkeit – Unanständigkeit
decente – **indecente**	anständig – unanständig / anstößig / unsittlich
(des)obedecer (-ço; -ça > -ce; -ci)	(nicht) gehorchen
obediência *f* – **desobediência** *f*	Gehorsam – Ungehorsam
obediência à lei	Gehorsam gegenüber dem Gesetz
obediência cega	blinder Gehorsam

desobediência civil	ziviler Ungehorsam
um a(c)to de desobediência	ein ungehorsames Verhalten
obediente – desobediente	gehorsam – ungehorsam

Die sieben Tugenden und Todsünden sind auf Portugiesisch weiblich.
As sete virtudes (= die sieben Tugenden): *fé* (= Glaube), *esperança* (= Hoffnung), *caridade* (= Liebe), *justiça* (= Gerechtigkeit), *coragem* (= Tapferkeit), *prudência* (= Klugheit) *e temperança* (= Mäßigung).
Os sete pecados capitais (= die sieben Todsünden): *soberba* (= Hochmut), *ira* (= Zorn), *inveja* (= Neid), *luxúria* (= Unkeuschheit), *gula* (= Unmäßigkeit), *avareza* (= Geiz) *e preguiça* (= Trägheit).

fidelidade *f* – **infidelidade** *f*	Treue – Untreue / Treulosigkeit / Treuebruch
fiel – infiel	treu – untreu
digno de confiança	vertrauenswürdig
re(c)to P./B. **direito**	aufrecht; rechtschaffen
uma pessoa re(c)ta / direita	eine aufrechte Person
cobiça *f* / **avareza** *f* / **avidez** *f*	(Hab-)Gier; Geldgier; Habsucht
ávido / avarento	habgierig; geldgierig
corrupção *f*	Korruption; Bestechlichkeit
corrupto – incorruptível	korrupt / bestechlich / verdorben – unbestechlich
hipócrita *m f*	Scheinheilige/-r; Heuchler/-in
mentiroso/-a / P. *auch* **aldrabão / -ona**	Lügner/-in / Schwindler/-in
desordeiro/-a	Unruhestifter/-in
inútil / imprestável	nichtsnutzig; wertlos
uma pessoa inútil	eine nichtsnutzige Person
É um **vadio**.	Er ist ein Tunichtgut / Taugenichts.
malandro/-a / **patife** *m f* / **vigarista** *m f*	Gauner/-in / Halunke
canalha *pop* / **sacana** *pop*	Schweinehund
culpa *f*	Schuld
É tudo culpa minha.	Es ist alles meine Schuld.
envergonhar(-se)	sich schämen
envergonhado – vergonhoso	beschämt – beschämend / schamhaft
sem vergonha / desavergonhado	schamlos / unverschämt / frech
descarado	unverschämte Person
obscenidade *f* – **obsceno**	Obszönität / Unzüchtigkeit – obszön / unzüchtig
palavras / imagens obscenas	obszöne Worte / Bilder
pornografia *f* – **pornográfico**	Pornografie – pornografisch

10 Relações humanas
Menschliche Beziehungen

→ 2.1 Relações de parentesco

A união faz a força.

relação *f* – **relações** *f pl*	Beziehung – Beziehungen
uma relação estável	festes Verhältnis
Ela tem uma relação com outro homem.	Sie hat ein Verhältnis mit einem anderen Mann.
Tenho boas relações com os vizinhos.	Ich habe gute Beziehungen zu meinen Nachbarn.
relação estreita	enge Beziehung
romper / cortar as relações	die Beziehungen abbrechen
relações públicas	Öffentlichkeitsarbeit / Public Relations
relações internacionais	internationale Beziehungen
relações sexuais	Geschlechtsverkehr
estabelecer relações comerciais	eine Geschäftsverbindung herstellen
estabelecer relações diplomáticas	diplomatische Beziehungen aufnehmen
em relação a	in Bezug auf; bezüglich; in Verbindung mit; im Verhältnis zu
ter (irr.) **bom** – **mau relacionamento** com alguém	mit anderen Menschen guten – schlechten Umgang haben
contacto *m* / B. *auch* **contato**	Kontakt; Verbindung
Perdemos o contacto um com o outro.	Wir haben den Kontakt verloren.
entrar em contacto com alguém	sich mit jemand in Verbindung setzen
estar em contacto com alguém	mit jemand in Kontakt stehen
ter bons contactos / boas relações	gute Verbindungen / Beziehungen haben
ter (irr.) **cunha** P./B. **pistolão**	„Vitamin B" haben
dar-se (irr.) **bem** – **mal** com alguém	mit jemand gut – schlecht auskommen / zurechtkommen
Ultimamente não se dão muito bem.	In der letzten Zeit kommen sie nicht so sehr gut miteinander zurecht.
entender-se com alguém	sich mit jemand verstehen; mit jemand gut auskommen
mútuo / **recíproco**	gegenseitig / beiderseitig
apoio / respeito mútuo	gegenseitige Unterstützung / Achtung
multidão *f* / **massa** *f* **de gente**	(Menschen-)Menge
grupo *m*	Gruppe; Clique; Bande
classe *f*	Klasse
Estávamos na mesma classe.	Wir waren in derselben Klasse.
a classe alta / média / baixa	die Ober- / Mittel- / Unterschicht

uma família de classe média	eine Familie der Mittelschicht
alta sociedade *f* / **alta-roda** *f*	Oberschicht; feine Gesellschaft
clube *m*	Klub; Verein; geschlossene Gesellschaft
entrar num clube	einem Verein beitreten
clube desportivo P./B. clube esportivo	Sportverein
federação *f*	Bund; Verband
grémio [grêmio] *m*	Vereinigung; Gremium
associação *f*	Verein; Genossenschaft
associação profissional	Berufsgenossenschaft
cooperativa *f*	Genossenschaft / Kooperative
companhia *f* / **sociedade** *f* **(comercial)** / **empresa** *f* / **firma** *f*	Gesellschaft; Firma
sindicato *m*	Gewerkschaft
academia *f*	Akademie; wissenschaftlicher / literarischer / sportlicher Verein
casino *m* / B. *auch* **cassino**	Offiziersklub; Spielkasino; Kartenspiel
banda *f* (de música)	Musikband; -kapelle
quadrilha *f* / **bando** *m* de ladrões	Räuberbande
turma *f* / **malta** *f* P.	die Schulclique – die Stadtviertelclique

Jemand, mit dem man zusammen ist, etwas gemeinsam hat oder tut
parceiro/-a de jogo (= Spielpartner; Spielkamerad/-in) • *colega de classe* (= Schulkamerad/-in) • *companheiro/-a de viagem* (= Mitreisende/-r) • *concidadão/ã* (= Mitbürger/-in) • *companheiro*/-a (= Gefährte/Gefährtin) • *companheiro/-a* / *camarada* m f (= Kumpel) • *colega* m f (= Kollege / Kollegin) • *camarada* m f (= Kamerad/-in) • *amigo/-a* (= Freund/-in) • *inimigo/-a* (= Feind/-in) • namorado/-a (= fester Freund / feste Freundin) • *rival* m f (= Konkurrent/-in) • *cúmplice* m f (= Komplize / Komplizin)

sócio/-a / **membro** *m f* / **associado/-a**	Mitglied; Partner/-in; Gesellschafter/-in
na qualidade de sócio / membro / como sócio / membro	als Mitglied
sociedade *f*	Partnerschaft / Gesellschaft
líder *m f* – **liderança** *f*	(An-)Führer/-in – Führung
partidário/-a	Anhänger/-in
amigo/-a	Freund/-in
inimigo/-a	Feind/-in – feindlich
São amigos íntimos.	Sie sind eng befreundet.
amigo/-a do peito – inimigo/-a mortal	Busenfreund/-in – Todfeind/-in
tornar-se amigos	sich befreunden / anfreunden
amizade *f* – **amistoso**	Freundschaft – freundschaftlich
uma amizade íntima / estreita	eine herzliche / enge Freundschaft
inimizade *f*	Feindschaft / Feindseligkeit
namorado/-a	(*feste/-r*) Freund/-in
companhia *f*	Gesellschaft

Ela faz-lhe companhia.	Sie leistet ihm Gesellschaft.
Ele anda com más-companhias.	Er bewegt sich in schlechter Gesellschaft.
acompanhar	begleiten
companheirismo *m* / **camaradagem** *f* / **coleguismo** *m* B.	Kameradschaft; Kollegialität
A camaradagem dela era exemplar.	Ihre Kameradschaft war beispielhaft.
conhecer (-ço; -ça > -ce; -ci)	kennen; kennen lernen
Conheço-o de vista.	Ich kenne ihn vom Sehen.
Conheci-a em Lisboa.	Ich lernte sie in Lissabon kennen.
conhecer pela voz	an der Stimme erkennen
conhecido/**-a**	Bekannte/-r
É uma conhecida minha.	Sie ist eine Bekannte von mir.
confiança *f*	Vertrauen
uma pessoa de confiança	eine Vertrauensperson
vizinho/**-a** – **vizinhança** f	Nachbar/-in – Nachbarschaft
íntimo	intim; vertraut; vertraulich
tornar-se íntimo de alguém	mit jemand (eng) vertraut werden
simpatia *f* – **simpático**	Sympathie – sympathisch
Merecem a nossa simpatia.	Sie verdienen unsere Sympathie.
gozar de simpatia geral	überall beliebt sein
simpatizar	sympathisieren
apoiar – **apoio** *m*	unterstützen – Unterstützung
cooperar – **cooperação** *f*	zusammenarbeiten – Zusammenarbeit
solidariedade *f* – **solidário**	Solidarität – solidarisch
cordialidade *f* – **cordial**	Herzlichkeit – herzlich
afe(c)to *m* – **afe(c)tuoso**	Zuneigung; Gemütsbewegung; Zärtlichkeit – lieb
ter afe(c)to por alguém	jemand gewogen sein / lieb haben / gern haben
carinho *m* – **carinhoso**	Liebe / Zuneigung – zärtlich
ter carinho por alguém	jemand gern haben
carente *m f*	bedürftig; anlehnungsbedürftig
uma criança carente de afe(c)to.	ein liebesbedürftiges Kind
amar – **amor** *m*	lieben – Liebe
apaixonar-se / **enamorar-se**	sich verlieben
Apaixonou-se por ela.	Er verliebte sich in sie.
Enamorou-se do professor.	Sie verliebte sich in ihren Lehrer.
acordo *m*	Einverständnis; Einvernehmen; Abkommen; Übereinkunft; Vereinbarung
acordo unânime	Einstimmigkeit
estar de acordo	einverstanden / einig sein
entrar em acordo	sich einigen
de comum acordo	einvernehmlich / in gegenseitigem Einvernehmen
de acordo com	in Einvernehmen mit / gemäß …

desacordo *m*	Uneinigkeit
estar em desacordo	nicht übereinstimmen
unanimidade *f*	Einstimmigkeit
tensão *f*	Spannung
tensões dentro do grupo	Spannungen innerhalb der Gruppe
conflito *m*	Konflikt
confrontação *f* / **choque** *m*	Konfrontation; Zusammenprall
chocar(-se) (-co; -ca > -que)	aneinander geraten; zusammenstoßen
luta *f* / **bulha** *f* / **briga** *f*	Streit
lutar / **bulhar** / **brigar** (-go; -ga; > -gue)	streiten
discussão *f* / **disputa** *f*	Auseinandersetzung / Diskussion
discutir (sobre)	diskutieren (über); sich streiten (über)
animosidade *f* (contra)	Feindseligkeit / Animosität (gegen)
antipatia *f* – **antipático**	Antipathie / Abneigung – unsympathisch
desprezo *m*	Verachtung; Missachtung
desdém *m*	Geringschätzung; Gleichgültigkeit
indiferença *f* – **indiferente**	Gleichgültigkeit – gleichgültig
hostilidade *f* – **hostil**	Feindseligkeit – feindselig
Têm um comportamento hostil em relação a estrangeiros.	Ausländern sind sie feindlich gesinnt.
ódio *m*	Hass
adversário/-a / **rival** *m f*	Gegner/-in / Rivale / Rivalin
rancor *m* – **rancoroso**	Groll – grollend; nachtragend
invejar – **inveja** *f* – **invejoso**	beneiden / nicht gönnen – Neid – neidisch
Não tenho inveja do teu êxito.	Ich gönne dir deinen Erfolg.

Comportamento perante outras pessoas **(= Verhalten anderen Menschen gegenüber)**
educação f / *cortesia* f (= Höflichkeit) • *respeito* m (= Achtung) • *amabilidade* f (= Freundlichkeit) • *consideração* f (= Rücksicht) • *decência* f (= Anständigkeit) • *ta(c)to* m (= Takt) • *discrição* f (= Diskretion) • *grosseria* f / *falta* f *de educação* (= Unhöflichkeit) • *falta* f *de respeito* (= Respektlosigkeit) • *falta* f *de amabilidade* (= Unfreundlichkeit) • *desconsideração* f / *falta* f *de consideração* (= Rücksichtslosigkeit) • *falta* f *de ta(c)to* (= Taktlosigkeit) • *descaramento* m / *insolência* f / *desaforo* m / *pouca vergonha* f (= Unverschämtheit) • *atrevimento* m / *impertinência* f (= Frechheit)

conversar	(be)sprechen; sich unterhalten
Temos que conversar sobre isso.	Wir müssen uns darüber unterhalten.
conversa *f* / **conversação** *f*	Gespräch / Konversation
bater um papo B.	plaudern
diálogo *m*	Dialog

Sexualidade
Sexualität

Fruto proibido é o mais desejado.

matrimonial / **conjugal**	ehelich
extramatrimonial / **extraconjugal**	außerehelich
relações extramatrimoniais / extraconjugais	außereheliche Beziehungen
erotismo *m* – **erótico**	Erotik – erotisch
sexo *m* – **sexualidade** *f*	Geschlecht / Sex – Sexualität
o sexo oposto	das andere Geschlecht
mudança de sexo	Geschlechtsumwandlung
sexual	sexuell; Sexual-; Geschlechts-
educação / comportamento sexual	Sexualerziehung / -verhalten
parceiro/-a / companheiro/-a (sexual)	Sexualpartner/-in
atra(c)ção sexual	Sexappeal
abuso sexual	sexueller Missbrauch
assédio sexual / B. *auch* molestamento sexual	sexuelle Belästigung
delito / crime sexual – delinquente [delinqüente] sexual	Sexualverbrechen – Sexualverbrecher
tarado / maníaco sexual B.	Triebtäter
terapia sexual – terapeuta sexual	Sexualtherapie – Sexualtherapeut/-in
erótico / **sensual**	erotisch / sinnlich
ninfómana [ninfômana] *f* – **ninfomaníaca**	Nymphomanin – nymphomanisch
sexologia *f* – **sexólogo**	Sexualkunde – Sexualkundler/-in
sexista *m f*	sexistisch – Sexist/-in
sexismo *m*	Sexismus
sexy	sexy
heterossexual *m f*	heterosexuell – Heterosexuelle/-r
homossexual *m f*	homosexuell – Homosexuelle/-r
homossexualidade *f*	Homosexualität
gay *m*	schwul – Schwuler
lésbico – **lésbica** *f*	lesbisch – Lesbierin / Lesbe

Expressões para relações sexuais **(= Ausdrücke für Geschlechtsverkehr)**
fazer amor com alguém / *ir para a cama com alguém* / *ter relações sexuais com alguém* / *transar com alguém* B. fam (= mit jemand sexuelle Beziehungen haben) • *ter relações íntimas com alguém* (= mit jemand intim sein) • *o a(c)to sexual* (= der Geschlechtsakt) • *união* f *sexual* (= sexuelle Vereinigung) • *coito* m (= Koitus)

desejo *m* **sexual** / **carnal**	sexuelle / fleischliche Begierde
carícia *f* – **acariciar**	(das) Streicheln – streicheln

estimular / excitar – estimulação *f* / **excitação** *f* — (*sexuell*) erregen – Erregung
ere(c)ção *f* – **ere(c)to** / **duro** — Erektion – erigiert / steif
clímax *m* — Höhepunkt; Orgasmus
orgasmo *m* — Orgasmus
ter um orgasmo — einen Orgasmus haben
pénis [pênis] *m* – **clitóris** *m sg pl* — Penis – Klitoris
ejacular – **ejaculação** *f* — ejakulieren – Ejakulation
inibido – **desinibido** — gehemmt – frei von Hemmungen
inibição *f* — Hemmung
frigidez *f* – **frígido** — Frigidität – frigide
impotência *f* – **impotente** — Impotenz – impotent
concepção *f* — Empfängnis
anticoncepcional – **contraceptivo** — empfängnisverhütend – Empfängnisverhütung
método anticoncepcional — Verhütungsmittel
controle *m* **de natalidade** — Geburtenkontrolle
planeamento P./B. **planejamento** *m* **familiar** — Familienplanung

Métodos anticonceptivos **(= Verhütungsmethoden)**
o preservativo / B. auch *a camisinha* fam (= das Kondom / das Präservativ) • *o pessário* (= das Pessar) • *o dispositivo intrauterino* (= das Intrauterinpessar) • *o diafragma* (= das Scheidendiaphragma) • *a espiral* (= die Spirale) • *supositórios vaginais* (= Vaginalzäpfchen) • *a pílula* (= die Pille) • *a pílula do dia seguinte* (= die Pille danach) • *a pílula para o homem* (= die Pille für den Mann) • *a esterilização* (= die Sterilisation bei der Frau) • *a vasectomia* (= die Vasektomie / Sterilisation beim Mann) • *o método* (*de*) *Ogino-Knaus* (= die Knaus-Ogino-Methode) • *o método da temperatura basal* (= die Basaltemperaturmethode) • o *coito interrompido* (= der Coitus interruptus)

virgem *f* — jungfräulich – Jungfrau
virgindade *f* — Jungfräulichkeit
gravidez *m* – **grávida** — Schwangerschaft – schwanger
teste de gravidez — Schwangerschaftstest / -untersuchung
ficar grávida / engravidar — schwanger werden
Está grávida de três meses. — Sie ist im dritten Monat schwanger.
esperar bebé [bebê] — schwanger sein
aborto *m* — Fehlgeburt
ter (irr.) **um aborto** — eine Fehlgeburt haben
interromper a gravidez / **abortar** — die Schwangerschaft abbrechen / abtreiben
masturbar – **masturbar-se** — masturbieren – sich selbst befriedigen
masturbação *f* — Masturbation / Selbstbefriedigung
promiscuidade f – **promíscuo** — Promiskuität – promiskuitiv
SIDA *f* **[AIDS]** / **Síndrome** *m* **de imunodeficiência adquirida** — Aids

Corre-se o risco de contrair a SIDA [Aids] quando se têm relações sexuais com muitos parceiros sem tomar as devidas precauções.	Man geht das Risko ein, Aids zu bekommen, wenn man mit vielen verschiedenen Partnern schläft, ohne Vorkehrungen zu treffen.
sexo *m* **anal** – **sexo** *m* **oral**	Analverkehr – Oralverkehr
doenças *f pl* **venéreas**	Geschlechtskrankheiten
doenças por transmissão sexual	durch Geschlechtsverkehr übertragbare Krankheiten
sífilis *f*	Syphilis / Lues
gonorreia [*gonorréia*] *f*	Gonorrhöe / Tripper
prostituição *f* – **prostituir(-se)**	Prostitution – (sich) prostituieren
prostituto *m* – **prostituta** *f*	Strichjunge / Stricher – Prostituierte /
puta *f*	Nutte
mulher *f* **da vida** *f* / **mulher da rua** f / B. *auch* **mulher à-toa**	Strichmädchen / Hure
andar P./B. **cair na vida**	(herum)huren
rodar bolsinha *fam* B.	auf den Strich gehen
casa *f* **de putas** / **bordel** *m* / P. *auch* **casa** f **de passe** / B. auch **zona** *m* / B. *auch* **puteiro** *m*	Bordell / Puff

***Adulto* / *para adultos* (= Erwachsen / für Erwachsene)**
Filmes, livros, revistas, banda desenhada P./B. *histórias em quadrinhos, livrarias, locais marcados* ***para adultos****, etc. não são permitidos para menores de 18 anos por causa do conteúdo erótico ou pornográfico.* (= Filme, Bücher, Zeitschriften, Bildgeschichten, Buchhandlungen, Lokale mit der Bezeichnung **für Erwachsene** etc. sind wegen des erotischen oder pornografischen Inhaltes für Kinder oder Jugendliche unter 18 nicht erlaubt.)

call-boy *m* – **call-girl** *f* B. *auch* **garoto/-a de programa**	Callboy – Callgirl
pornografia *f* – **pornográfico**	Pornografie – pornografisch
pornografia *f* **leve** – **pornografia** *f* **pesada**	Softpornografie – harte Pornografie
sadomasoquista *m f*	sadomasochistisch – Sadomasochist/-in
sadomasoquismo *m*	Sadomasochismus
exibicionista *m f* – **exibicionismo** *m*	Exhibitionist/-in – Exhibitionismus
estupro / **violação** *f* – **violador** *m* P./B. **estuprador** *m*	Vergewaltigung – Vergewaltiger

Higiene pessoal
Körperpflege

Roupa suja lava-se em casa.

higiene *f* – **asseio** *m* / **limpeza** *f*	Hygiene – Reinlichkeit; Sauberkeit
higiene / asseio pessoal	Körperpflege
relaxar-se / **desleixar-se** / **ficar** (-co; -ca > que) **desleixado**	sich vernachlässigen
lavar(-se)	(sich) waschen
Lavaste as mãos?	Hast du dir die Hände gewaschen?
roupa *f*	Kleidung; Kleider; Wäsche
roupa interior / roupa de baixo	Unterwäsche
sabão *m* – **detergente** *m*	Seife – Waschmittel
sabão em pó	Waschpulver
sabonete *m*	Seife (*für Körper und Gesicht*)
ensaboar(-se)	(sich) einseifen
escovar(-se) – **escova** *f*	(sich) bürsten – Bürste
escova de dentes	Zahnbürste
escova para os cabelos	Haarbürste
banho *m* – **tomar banho**	Bad – (sich) baden
duche *m* P./B. **ducha** *f*	Dusche
tomar um duche P./B. tomar um banho / uma ducha	(sich) duschen
banheira *f*	Badewanne
Quero tomar um banho de banheira.	Ich möchte in der Badewanne baden.
quarto de banho P./B. **banheiro**	Badezimmer
toalha *f* – **toalhete** *m* P./B. **toalhinha** *f*	Handtuch – Waschlappen
secar-se com a toalha	(sich) mit dem Handtuch abtrocknen
esponja *f*	Schwamm
secar(-se) (-co; -ca > -que)	(sich) abtrocknen / abrubbeln

Die Konstruktion mit *de* bei Mengenangaben
um frasco de champô [*xampu*] / *perfume* (= eine Flasche Shampoo / Parfüm) • *uma pedra de sabão* (= ein Stück Seife) • *uma caixa de cotonetes* / P. auch *palitos de algodão* (= eine Schachtel Wattestäbchen) • *um pacote de pensos higiénicos* P./B. *Modess™* / *absorventes* (= eine Packung Binden) • *lenço* m *de papel* / B. auch *klínex™* (= Papiertaschentuch, Tempo™) • *um rolo de papel higiénico* [*higiênico*] (= eine Rolle Toilettenpapier) • *um boião* / *frasco* P./B. *pote de creme* (= eine Dose Creme) • *um tubo de pasta dentífrica* / *de dentes* (= eine Tube Zahnpasta)

água *f* para higiene bucal	Mundwasser
fio *m* **dental**	Zahnseide
barbear-se / **fazer a barba**	(sich) rasieren
Barbeio-me de dois em dois dias.	Ich rasiere mich jeden zweiten Tag.

creme *m* – **espuma** *f* **de barbear**	Rasiercreme – Rasierschaum
lâminas *f* **para a barba** P./B. **para barbear** / **gilete**™	Rasierklingen
máquina *f* **de barbear** (eléctrica) P./B. **barbeador** *m* (elétrico)	(Elektro-)Rasierer / Rasierapparat
pincel *m* **(de barbear)**	Rasierpinsel
loção *f* **após a barba**	Rasierwasser (*nach der Rasur*)
barbeiro *m* / **cabeleireiro** *m* para homens	(Herren-)Friseur
barbearia *f*	Friseurgeschäft
Vou à barbearia / ao barbeiro.	Ich gehe zum (Herren-)Friseur.
loção *f* **capilar**	Haarwasser
champô [xampu] *m*	Haarwaschmittel / Shampoo
creme *m* **amaciador** / B. *auch* **rinse**	Pflegespülung
lavar a cabeça	(sich) die Haare waschen
secador *m* (de cabelo)	Haartrockner / Föhn
pentear(-se) (irr.) – **pente** *m*	(sich) kämmen – Kamm
rolo *m* / **bobi** *m* fam B.	Lockenwickler
cabeleireiro/-a	Friseur/-in; Friseursalon
salão *m* **de beleza** *f*	Damensalon
permanente *f*	Dauerwelle
maquilhagem P./B. **maqui(l)agem**	Schminke / Make-up
maquilhar-se P./B. **maqui(l)ar-se** / **pintar-se**	(sich) schminken
remover a maquilhagem / maqui(l)agem	(sich) abschminken
embelezar-se	sich schön machen / herausputzen

***Cosméticos* (= Kosmetika)**
creme m (= Creme) • *creme de limpeza* (= Reinigungscreme) • *creme hidratante* (= Feuchtigkeitscreme) • *base* f (= Teint) • *pó* m *de arroz* (= Gesichtspuder) • *lápis* m / *batom* f (= Lippenstift) • *sombra* f *para os olhos* (= Lidschatten) • *lápis* m *para os olhos* (= Kajalstift) • *lápis* m *para as sobrancelhas* (= Augenbrauenstift) • *rímel* m (= Wimperntusche) • *ruge* m (= Rouge) • (*água de*) *colónia* [*colônia*] f (= Eau de Cologne / Kölnischwasser) • *perfume* m (= Parfüm) • *desodorizante* m P./B. *desodorante* m (= Deodorant) • *loção* f (= Lotion) • *leite* m *corporal* (= Körpermilch)
Loções können auch als *cremes* in den nachstehenden Beispielen bezeichnet werden (sie sind flüssiger als *cremes*): *loção corporal / loção facial / loção para as mãos / loção após a barba / loção para bebés. – Passe / Friccione duas vezes por dia com esta loção.* (= Reiben Sie sich zweimal täglich mit dieser Lotion ein.)

depilar(-se) – **depilação** *f*	(sich) enthaaren – Enthaarung
pinça *f*	Pinzette
manicura *f* – **pedicura** *f*	Maniküre – Pediküre
verniz *m* P./B. **esmalte** *m* **para as unhas**	Nagellack

acetona / **removedor de verniz** *m* P./B. **de esmalte** *m*	Nagellackentferner
lixa *f* **de** / **para as unhas**	Nagelfeile
tesoura *f* **de** / **para as unhas**	Nagelschere
algodão *m* (hidrófilo)	Watte
cotonete *m* **de algodão**	Wattestäbchen
assoar / **limpar** o nariz	sich schneuzen / die Nase putzen
tampão *m*	Tampon
penso *m* **diário** P./B. **protetor** *m* **higiênico**	Slipeinlagen
prote(c)tor *m* **solar**	Sonnenschutzcreme

Ausdrücke für Toilette / Klo

WC m • *lavabo* m • *casa* / *quarto* m *de banho* P. • banheiro m B. • *toilette* f P./B. *toalete* f B. • *privada* f B. fam • *sanitário* m P.

lavandaria *f* P./B. **lavanderia** *f*	Wäscherei; Waschsalon
tinturaria *f*	Reinigung
A camisa está ainda na lavanderia.	Das Hemd ist noch in der Reinigung.

„Economize água, tome banho com um amigo ou uma amiga."

Morte
Tod

Nem rei nem papa à morte escapa.

morte *f*	Tod; Todesfall; Trauerfall
morte súbita	plötzlicher Tod
morte cerebral / clínica	Hirntod / klinischer Tod
morte (provocada) por overdose de cocaína	Tod (verursacht) durch eine Überdosis Kokain
perigo de morte – perigo de vida	Todesgefahr – Lebensgefahr
Não houve nenhum caso de morte.	Es ist zu keinemTodesfall gekommen.
fechado por motivo de luto / óbito	wegen Trauerfall geschlossen
óbito *m*	Tod; Sterbefall
certidão P./B. atestado de óbito	Sterbeurkunde / Totenschein
fatal / **mortal**	tödlich; sterblich
ferimentos fatais	tödliche Verletzungen
(os) seus restos mortais	seine/ihre sterblichen Überreste
mortal *m f*	Sterbliche/-r
morrer	sterben
Ele morreu de morte natural / B. *pop auch* morte morrida.	Er starb eines natürlichen Todes.
Ele morreu de morte violenta / B. *auch* de morte matada.	Er starb eines gewaltsamen Todes.
morrer fuzilado / enforcado	Tod durch Erschießen / Erhängen
morrer de fome / inanição	verhungern
afogar(-se) (-go; -ga > -gue)	ertrinken – (sich) ertränken
morrer afogado	ertrinken – Tod durch Ertrinken
envenenar-se	sich vergiften
Ele morreu envenenado.	Er ist an einer Vergiftung gestorben.
asfixiar(-se) – **asfixia** *f*	ersticken – Ersticken
morte por asfixia	Tod durch Ersticken
falecer (-ço; -ça > -ce; -ci)	sterben
falecimento *m*	Tod
perecer (-ço; -ça > -ce; -ci)	umkommen
Milhares de inocentes perecem nas guerras.	Tausende von Unschuldigen kommen in den Kriegen um.
perder (irr.) **a vida**	ums Leben kommen
Ele perdeu a vida num naufrágio.	Er kam bei einem Schiffbruch ums Leben.

Euphemismen für „Tod", „sterben" und „Tote"
sono m *eterno* (= ewiger Schlaf) • *repouso* m / *descanso* m *eterno* (= ewige Ruhe) • *desaparecimento* m (= Verschwinden) • *falecimento* m / *passamento* m B. (= Ableben) • *na paz eterna expirar* (= ausatmen; verscheiden mit dem Herrn) • *na paz eterna* (= im ewigen Frieden) • *no céu* (= im Himmel) • *nas mãos de Deus* (= in Gottes Hände) • *junto a Deus* (= neben Gott) • *com Deus* (= mit Gott) • *com o Senhor* (= mit dem Herrn)

• *partir* (*para o além*) (= dahingehen) • *passar deste para outro mundo* / *ir desta para melhor* (= dahinscheiden) • *dar* / *soltar o último suspiro* (= den Geist aufgeben) • *entregar a alma a Deus* (= Gott die Seele hingeben) • *adormecer* (= entschlafen) • *deixar este mundo* (= diese Welt verlassen) • *fechar os olhos* (= die Augen schließen)
Der/Die Verstorbene wird auch als o/a *finado*/-a (= der/die Entkräftete) • *o/a defunto/-a* (= der/die Verstorbene) • o/a *desaparecido*/-a (= der/die Verschwundene) • o/a *falecido*/-a (= der/die Verstorbene) bezeichnet.

desenganado – **terminal**	unheilbar – End-
doente terminal	der unheilbar Kranke
doença / enfermidade em fase terminal	Krankheit im letzten Stadium
agonizar / **padecer em agonia**	im Sterben / in Agonie liegen
moribundo/**-a**	mit dem Tod ringend – Sterbende/-r
no leito de morte	auf dem Sterbebett
extrema-unção *f*	letzte Ölung; Krankensalbung
testamento *m*	Testament
fazer o testamento	das Testament machen
morto/**-a** – **defunto**/**-a**	gestorben; tot – Tote/-r
cair morto	tot umfallen
ressuscitar dos mortos	von den Toten auferstehen
morto a tiros / B. *auch* a bala	erschossen
fazer-se / fingir de morto	sich tot stellen
mortalha *f*	Totenhemd
cadáver *m* / **corpo** *m* (morto)	Leiche
cadavérico	leichenblass
autópsia *f*	Obduktion / Autopsie
fazer a autópsia	die Obduktion durchführen
suicidar-se	Selbstmord begehen
suicídio *m*	Selbstmord / Selbsttötung / Freitod
suicida *m f*	Selbstmörder/-in
assassinato *m* – **assassino**/**-a**	Mord – Mörder/-in
matar / **assassinar alguém**	jemand töten / umbringen
matar à paulada / pancada	totprügeln
matar à facada / punhalada	erstechen / durch Messerstiche töten
executar – **execução** *f*	hinrichten – Hinrichtung
Foi executado pela quadrilha.	Er wurde von der Bande kaltgemacht.
liquidar alguém	jemand erledigen / beseitigen / liquidieren
envenenar alguém – **envenenamento** *m*	jemand vergiften – Vergiftung
campo *m* **de extermínio**	Vernichtungslager
câmara *f* **de execução**	Todeszelle
eutanásia *f* / B. *auch* eutanasia	Euthanasie; Sterbehilfe
facínora *m*	Schläger; Raufbold; Killer
linchar alguém – **linchamento** *m*	jemand lynchen – Lynchjustiz

Slang-Ausdrücke für *matar* und *assassinar*
despachar alguém para o outro mundo (= jemand ins Jenseits befördern) • *liquidar alguém* (= jemand erledigen) • *dar cabo de alguém* (= jemand wegräumen) • *acabar / terminar com alguém* (= jemand fertig machen) • *aliviar alguém* (= jemand erleichtern) • *abotoar o paletó de alguém* B. (= jemand die Jacke zuknöpfen) • *apagar alguém* (= jemand auslöschen) • *queimar o arquivo* B. (= jemand, der im Auftrag ein Verbrechen begangen hat, töten lassen, damit er nicht als Zeuge auftreten kann) • *limpar o sebo a alguém* P. (= jemand erledigen)

caixão *m* / **urna** f / **ataúde** *m* / **féretro** *m*	Sarg / Bahre
urna *f* **funerária**	Urne
velório *m*	Totenwache
enterro *m* / **funeral** *m* / **sepultamento** *m*	Begräbnis / Beerdigung / Beisetzung
cortejo *m* **fúnebre**	Trauer- / Leichenzug
exéquias *f pl* / **funerais** *m pl* / **cerimónias** [cerimônias] *m pl* / **fúnebres**	Toten- / Trauerfeier
ofício religioso (fúnebre)	Trauergottesdienst
agência *f* **funerária**	Bestattungsunternehmen
coroa *f* **funerária**	Grabkranz
cemitério *m* / **necrópole** *f*	Friedhof
enterrar / **sepultar** / **inumar**	begraben / bestatten
exumar / **desenterrar**	exhumieren / ausgraben
cremar / **incinerar** – **incineração** *f*	einäschern – Einäscherung
cremação *f* – **crematório** *m*	Einäscherung – Krematorium
túmulo *m* / **sepultura** *f*	Grab(mal) / Grabstätte
Depositou uma coroa no túmulo do soldado desconhecido.	Er legte am Grabmal des Unbekannten Soldaten einen Kranz nieder.
sepulcro *m* / **cova** *f*	Grab
jazigo *m*	Gruft
jazigo de família	Familiengruft
coveiro/-**a**	Totengräber/-in
lápide *f* – **inscrição tumular** / **epitáfio** *m*	Grabstein – Grabinschrift / Epitaph
Descanse em paz (inscrição tumular)	Ruhe in Frieden (*Grabsteininschrift*)
Aqui jaz … (inscrição tumular)	Hier ruht … (*Grabsteininschrift*)
missa *f* **de defuntos** / **réquiem** *m*	Totenmesse / Trauergottesdienst
alma *f*	Seele
luto *m* – **estar** (irr.) **de luto**	Trauer – (be)trauern / in Trauer sein
usar luto / andar de luto / pôr luto / vestir-se de luto	Trauer tragen / Trauer anlegen / trauern
traje / vestido de luto	Traueranzug / -kleid / -kleidung
luto nacional	Staatstrauer
pêsames *m pl*	Beileidsbezeugung
dar os pêsames	sein Beileid bezeugen

Receba os meus pêsames.	Nehmen Sie mein Beileid entgegen.
Os meus (sentidos) pêsames!	Mein (herzliches) Beileid!
participação *f* / **anúncio de óbito** / **anúncio de falecimento**	Todes- / Traueranzeige
necrologia *m* / **se(c)ção** *f* **necrológica**	(*als Zeitungsrubrik*) Nachruf; Totenliste
necrológio *m* / **último adeus** *m*	(*als Artikel*) Nachruf – (*am Grab*) Grabrede
obituário *m*	Totenregister

Expressões idiomáticas
cavar a sua própria cova (= sich sein eigenes Grab schaufeln) • *ser um túmulo* (= verschwiegen wie ein Grab sein) • *bater no morto* P. *(= auf etwas Unnötigem insistieren)* • *estar com um pé na cova (= fast tot sein)* • *não ter onde cair morto/-a* (= bettelarm sein) • *Ele é de morte.* (= Er ist unerträglich; unausstehlich; auch: Er ist sehr witzig.) • *estar morto de fome / de sede / de cansaço* (= sehr hungrig / durstig / müde sein) • *matar a fome / a sede* (= den Hunger / Durst stillen) • *matar o tempo* (= die Zeit totschlagen) • *matar aula* B. (= den Unterricht schwänzen)

Die Nachsilbe -*cídio* bedeutet Mord / Tötung
infanticídio (= Kindesmord) • *matricídio* (= Muttermord) • *parricídio* (= Vatermord) • *fratricídio* (= Geschwistermord) • *regicídio* (= Königsmord) • *magnicídio* (= Mord an einer hoch gestellten Persönlichkeit) • *suicídio* (= Selbstmord) • *genocídio* (= Völkermord)

Die Mörder/-innen nennt man: *infanticida* • *matricida* • *parricida* • *fratricida* • *regicida* • *magnicida* • *suicida* • *genocida*

Métodos de aplicação da pena de morte **(= Hinrichtungsmethoden)**
a forca – enforcar (= Galgen – erhängen) • *a cadeira elétrica* (= elektrischer Stuhl) • *a câmara de gás* (= Gaskammer) • *o pelotão de fuzilamento – fuzilar – o fuzilamento* (= Erschießungskommando – standrechtlich erschießen – Erschießen) • *a inje(c)ção letal* (= Todesspritze) • *a decapitação – decapitar* (= Köpfen – köpfen) • *a guilhotina* (= Guillotine / Fallbeil) • *a crucificação* (= Kreuzigung) • *o apedrejamento / a lapidagem – apedrejar / lapidar* (= Steinigung – steinigen) • *a fogueira* (= Scheiterhaufen)

A família
Die Familie

1 Relações de parentesco
Verwandtschaftliche Beziehungen

2 Casamento e divórcio
Ehe und Ehescheidung

3 Pais e filhos
Eltern und Kinder

2
1

Relações de parentesco
Verwandtschaftliche Beziehungen

Coração de mãe, sempre cabe mais um. *Bras.*

parente/**-a** *m f* / B. *auch* **familiares** *m pl*	Verwandte/-r
parente próximo – distante	naher – entfernter Verwandter
parentes por casamento	angeheiratete Verwandte
antepassado/**-a** *m*	Vorfahre / Vorfahrin
Os antepassados dele vieram da Itália.	Seine Vorfahren kamen aus Italien.
descendência *f* – **descendente** *m f*	Abstammung – Nachkomme
São de descendência árabe.	Sie sind arabischer Abstammung.
origem *f*	Abstammung; Herkunft
americanos de origem italiana	Amerikaner italienischer Herkunft
família *f*	Familie
árvore *f* **genealógica**	Stammbaum
o pai – **a mãe**	der Vater – die Mutter

Die Pluralformen von Familienmitgliedern mit unterschiedlichem Geschlecht, aber gleichem Verwandtschaftsgrad werden von der männlichen Form hergeleitet: *os pais* (= die Eltern) • *os filhos* (= die Kinder) • *os irmãos* (= die Geschwister) • *os tios* (die Onkel und Tanten) • *os sobrinhos* (= die Neffen und Nichten) • *os netos* (= die Enkelkinder) • *os primos* (= die Cousins und Cousinen) • *os sogros* (= die Schwiegereltern). Eine Ausnahme: *os avós* (= die Großeltern).

padastro – **madastra**	Stiefvater – Stiefmutter
filho – **filha**	Sohn – Tochter
enteado – **enteada**	Stiefsohn – Stieftochter
irmão / **mano** – **irmã** / **mana**	Bruder – Schwester
meio-irmão / meia-irmã	Halbbruder / -schwester
tio – **tia**	Onkel – Tante
sobrinho – **sobrinha**	Neffe – Nichte
primo – **prima**	Cousin / Vetter – Cousine
avô – **avó**	Großvater – Großmutter
neto – **neta**	Enkel – Enkelin
tio avô – **tia avó**	Großonkel – Großtante
sobrinho neto – **sobrinha neta**	Großneffe – Großnichte
bisavô – **bisavó**	Urgroßvater – Urgroßmutter
bisneto – **bisneta**	Urenkel – Urenkelin
tataravô – **tataravó**	Ururgroßvater – Ururgroßmutter
sogro – **sogra**	Schwiegervater – Schwiegermutter
genro – **nora**	Schwiegersohn – Schwiegertochter
cunhado – **cunhada**	Schwager – Schwägerin

Casamento e divórcio
Ehe und Ehescheidung

Entre marido e mulher, não metas a colher.

casamento *m*	Ehe; Heirat / Hochzeit / Trauung / Eheschließung
casamento civil – religioso / pela igreja	standesamtliche – kirchliche Trauung
O casamento foi celebrado pelo bispo.	Die Eheschließung wurde vom Bischof zelebriert.
casamento por interesse	Vernunftehe
presente de casamento	Hochzeitsgeschenk
banquete de casamento / boda(s)	Hochzeitsmahl
aniversário de casamento	Hochzeitstag
edital de casamento	Heiratsaufgebot
proclama *m* / P. *auch* **banhos** *m pl*	Heiratsaufgebot
certidão de casamento	Trauschein / Heiratsurkunde
registo [registro] *m* **civil**	Standesamt
registo [registro] de casamento	Heiratseintragung beim Standesamt
cerimónia [cerimônia] **religiosa**	kirchliche Feier
matrimónio [matrimônio] *m*	Ehe; Heirat
matrimonial	Ehe- – ehelich
conselheiro/-a matrimonial	Eheberater/-in
marcha *f* **nupcial**	Hochzeitsmarsch
casar(-se) – **casal** *m*	heiraten; getraut werden – (Ehe-)Paar
Está casada com um artista.	Sie ist mit einem Künstler verheiratet.
casar-se na/pela igreja – no/pelo civil	sich kirchlich – standesamtlich trauen lassen
bodas *f* **de prata**	Silberhochzeit
bodas *f* **de ouro**	goldene Hochzeit
celebrar as bodas de prata / ouro	silberne / goldene Hochzeit feiern
pedir (irr.) **a mão** (de alguém)	(jemand) einen Heiratsantrag machen
pedido *m* **de casamento**	(Heirats-)Antrag
ficar (-co; -ca > -que) **noivo**/**-a**	sich verloben
noivado m	Verlobung
noivo/**-a** – **os noivos**	(der) Verlobte; Bräutigam / (die) Verlobte; Braut – das Brautpaar
vestido de noiva	Hochzeits- / Brautkleid
Vivam os noivos!	Ein Hoch auf die Brautleute!
aliança *f*	Ehe- / Trauring
dama *f* **de honor** P./B. **dama** *f* **de honra**	Brautjungfer
padrinho *m* – **madrinha** *f* **de casamento**	Brautführer; Trauzeuge –Trauzeugin
lua-de-mel *f*	Flitterwochen
marido *m* – **mulher** *f*	(Ehe-)Mann – (Ehe-)Frau

2

esposo/-a – esposos	(Ehe-)Gatte / Gattin – (Ehe-)Gatten
ex-marido – ex-mulher	Exmann – Exfrau
cônjuge *m* – **conjugal**	Ehepartner – Ehe-; ehelich
deveres conjugais	Ehepflichten
companheiro/-a	Lebensgefährte/-in
parceiro/-a	(Ehe-)Partner/-in
solteiro	ledig – Junggeselle
Permaneceu solteiro toda a sua vida.	Er blieb sein Leben lang Junggeselle.
solteirão *con neg* – **solteirona** *con neg*	alter Junggeselle – alte Jungfer
união *f* **de facto** P./B. **consensual**	eheähnliche Lebensgemeinschaft
concubinato *m*	Ehe ohne Trauschein / „wilde Ehe"
fiel – infiel – infidelidade *f*	treu – untreu – Untreue
adultério *m* – **adúltero/-a**	Ehebruch – Ehebrecher/-in
aventura *f* **amorosa** / B. *auch* **caso** *m*	Liebesverhältnis; Affäre
amante *m f* / P. *auch* **amiga/-a**	Liebhaber/-in; Geliebte/-r / Mätresse
mulherengo / don Juan	Schürzenjäger / Frauenheld
separar-se – separação *f*	sich trennen – Trennung
Os pais dela vivem separados.	Ihre Eltern leben getrennt.
Separaram-se depois de dez anos de casamento.	Sie haben sich nach zehn Jahren Ehe getrennt.
funcionar / B. auch **dar** (irr.) **certo**	klappen / gut gehen
O casamento deles funcionou / deu certo.	Ihre Ehe hat geklappt / ist gut gegangen.
não resultar P./B. **não dar certo / fracassar**	scheitern
O casamento deles não resultou / fracassou.	Ihre Ehe ist gescheitert / kaputt.
divorciar-se – divórcio *m*	sich scheiden lassen – (Ehe-)Scheidung
Ele pediu o divórcio.	Er hat die Scheidung eingereicht.
Ele quer divorciar-se.	Sie will sich scheiden lassen.
divórcio de mútuo acordo	einvernehmliche Scheidung
pensão *f* **alimentar** / B. *auch* **pensão alimentícia**	Unterhalt (*nach der Scheidung*)
pagar pensão alimentar à ex-mulher	der Exehefrau Unterhalt zahlen
custódia *f* / **guarda** *f*	elterliche(s) Sorge(recht)
enviuvar – viúvo/-a	verwitwen – Witwe/-r
bigamia *f* – **bígamo/-a**	Bigamie – Bigamist/-in
poligamia *f* – **polígamo/-a**	Polygamie – Polygamist/-in

Pais e filhos
Eltern und Kinder

→ 1.4 Infância e juventude

Filhos criados, trabalhos dobrados.

gravidez *f* – **grávida**	Schwangerschaft – schwanger

Dass eine Frau schwanger (= *grávida*) ist, kann auf unterschiedliche Weise ausgedrückt werden: *Vai ter um filho.* (= Sie wird ein Kind bekommen.) • *Está à espera de bebé* P./B. *está esperando bebê.* (= Sie erwartet ein Baby.) • *A família vai aumentar.* (= Die Familie wird größer.) • *Está de esperanças.* P. (= Sie ist guter Hoffnung.) • *Está no seu estado interessante.* P. (= Sie ist in anderen Umständen.)

parto *m*	Entbindung
dores *m pl* / **contra(c)ções** *f pl* de parto	(Geburts-)Wehen
o início das contra(c)ções	das Einsetzen der Wehen
parteiro/-a	Geburtshelfer/-in / Hebamme
nascimento *m*	Geburt
certidão de nascimento	Geburtsurkunde
pré-natal – **pós-natal**	vor – nach der Geburt
dar (irr.) **à luz**	zur Welt bringen
(operação) *f* **cesariana**	Kaiserschnitt
aborto *m*	Fehlgeburt; Schwangerschaftsabbruch
prematuro/-a	Frühgeborene/-r
gémeo/-a [gêmeo] – **gémeos/-as** [gêmeos]	Zwilling – Zwillinge
Ele tem um irmão gémeo [gêmeo].	Er hat einen Zwillingsbruder.
ba(p)tizado *m* / **ba(p)tismo** *m*	Taufe (*als Sakrament*)
O ba(p)tizado do filho foi comemorado com uma grande festa.	Die Taufe des Sohnes wurde mit einem großen Fest gefeiert.
afilhado/-a	Patenkind
padrinho – **madrinha**	Patenonkel / (Tauf-)Pate – Patentante / (Tauf-)Patin
sair a (irr.) / **parecer-se** (-ço; -ça > -ce; -ci) **com**	jemand ähnlich sein
Ele saiu à mãe / parece-se com a mãe.	Er ist seiner Mutter ähnlich.

***Nomes carinhosos* (= Kosewörter)**
Für *pai: paizinho, papá* P./B. *papai, painho* B. • Für *mãe: mãezinha, mamã* P./B. *mamãe, mãeinha* B. • Für *filho/-a: fofinho/-a* (= süß), *o nosso tesouro* (= unser Schatz), *diabinho/-a* • (= Teufelchen), *anjinho* (= Engelchen), *bonequinha* (= Püppchen), *os baixinhos* B. (= die Kleinen).

dar (irr.) **o peito**	die Brust geben
dar a mamadeira *f* / P. *m us* **o biberão** *m*	die Flasche geben
amamentar / **dar de mamar** *fam*	stillen
bébé [bebê]	Baby
dar banho ao bébé [no bebê]	das Baby baden
fralda *f*	Windel
pôr a fralda no bebé [bebê]	das Baby wickeln
trocar a fralda do bébe [bebê]	die Windel wechseln
penico *m*	Nachttopf
Fizeste / Fez xixi no penico?	Hast du Pipi ins Töpfchen gemacht?
canção *f* **de embalar** P./B. **canção** *f* **de ninar**	Wiegenlied / Schlaflied
custódia *f*	Sorgerecht
Concederam-lhe a custódia dos filhos.	Die Kinder wurden ihm/ihr zugesprochen.
tomar conta (de)	in Obhut nehmen
Uma tia tomou conta da criança.	Eine Tante nahm das Kind in Pflege.
criar – **ser** (irr.) **criado**/**-a**	großziehen; (er)ziehen – aufwachsen
Ele foi criado pelos tios.	Er wuchs bei Onkel und Tante auf
criação *f*	(das) Großziehen; Erziehung; Pflege-
pais – filhos de criação	Pflegeeltern – -kinder
pais – **filhos ado(p)tivos**	Adoptiveltern – -kinder
ado(p)tar – **ado(p)ção** *f*	adoptieren – Adoption
filho ado(p)tado	Adoptivkind
dar em ado(p)ção	zur Adoption freigeben
tutor/**-a** – **tutela** *f*	Vormund – Vormundschaft
órfão/**-ã** – **orfanato** *m*	Waise(nkind) – Waisenhaus
educar (-co; -ca > -que)	erziehen; (aus)bilden
Ela foi educada severamente.	Sie wurde streng erzogen.
educação *f*	Erziehung; (Aus-)Bildung
Ela recebeu uma boa educação.	Sie hat eine gute Ausbildung erhalten.
educar / **criar mal**	schlecht erziehen
mal-educado / **malcriado**	ungezogen
um menino mal-educado	ein ungezogenes Kind
superdotados/**-as**	besonders Begabte (*Kinder*)
educação especial para crianças superdotadas	Begabtenförderung
deficiente *m f* **mental**	geistig behindert
mesada *f*	Taschengeld
O pai aumentou-lhe a mesada.	Der Vater hat sein Taschengeld erhöht.
trabalhos *m pl* / **afazeres** *m pl* **domésticos**	häusliche Pflichten
fazer os trabalhos domésticos	Arbeiten im Hause verrichten
adulto/**-a**	Erwachsene/-r – erwachsen
só para adultos	nur für Erwachsene

repreender	ausschimpfen
A mãe repreendeu o João porque ele bateu na Sara.	Die Mutter schimpfte João aus, weil er Sara gehauen hat.
ralhar com uma criança / B. *auch* **xingar** uma criança	ein Kind ausschimpfen
bater numa criança	ein Kind schlagen / hauen
mimar uma criança	ein Kind verwöhnen
mimado	verwöhnt
negligenciar uma criança P./B. **descuidar de** uma criança	ein Kind vernachlässigen
abandonar / **enjeitar** uma criança	ein Kind aussetzen
maltratar uma criança	ein Kind misshandeln
violência *f* contra crianças	Kindesmisshandlung
abuso *m* de menores / B. *auch* abuso *m* contra a criança	Kindesmissbrauch

„O meu porquinho está reivindicando um aumento de mesada."

Comida, bebida, roupa
Essen, Trinken, Kleidung

3 1 Alimentos
Nahrungsmittel

→ 15.1 Animais, 15.2 Plantas

Pão, pão, queijo, queijo.

alimentação f / ***comida*** f (= Nahrung / Essen / Kost / Futter) • *comida dietética / de dieta / de regime* (= Diät- / Reformkost) • *comida de pouco valor nutritivo* (= minderwertige Kost) • *comida rápida* (= Schnellgerichte) • *pratos pré-cozinhados* P./B. *cozidos* (= Fertiggerichte) • *comida pobre em calorias* (= kalorienarme Kost)

leite m (= Milch) • *leite gordo* P./B. *integral* (= Vollmilch) • *leite magro* P./B. *desnatado* (= fettarme Milch) • *leite condensado* (= Kondensmilch) • *manteiga* f (= Butter) • *natas* f pl P./B. *creme* m *de leite* (= Sahne) • *creme chantilly* (= Schlagsahne) • *gelado* m *de natas* P./B. *sorvete* m *de nata* (= Milchspeiseeis) • *iogurte* m (= Joghurt) • *coalhada* f (= Dickmilch) • *queijo* m *fresco batido* P. (= Quark)

queijo m (= Käse) • *queijo de cabra* (= Ziegenkäse) • *queijo de ovelha* (= Schafskäse) • *queijo de vaca* (= Kuhmilchkäse) • *queijo-de-minas fresco* B. (= frischer, weicher Kuhmilchkäse aus Minas Gerais) • *queijo-de-minas meia cura / curado* B. (= halbfester oder harter Kuhmilchkäse aus Minas Gerais) • *queijo da Serra amanteigado* P. (= weicher Schafskäse aus der Serra da Estrela) • *queijo da Serra curado* P. (= harter Schafskäse aus der Serra da Estrela) • *requeijão* m (= gekochter Weichkäse) • *queijo provolone* • *queijo prato* B. • *queijo flamengo* P. (= mit Gouda vergleichbar)

ovo m (= Ei) • *ovo cozido* (= gekochtes Ei) • *ovos fritos / estrelados* (= Spiegeleier) • *ovos mexidos* (= Rühreier) • *ovo escalfado* P./B. *pochê* (= pochiertes Ei) • *omelete* f (= Omelett)

pão / ***pães*** m (= Brot) • *pão branco* (= Weißbrot) • *pão escuro* P./B. *pão preto* (= Schwarzbrot) • *pão integral* (= Vollkornbrot) • *pão caseiro / pão saloio* P. (= Bauernbrot) • *pão de centeio* (= Roggenbrot) • *pão de trigo* (= Weizenbrot) • *pão de milho / broa* P. (= Maisbrot) • *pão de mistura* P./B. *misto* (= Mischbrot) • *cacete* m P./B. *pão francês / bisnaga* f B. (= Baguette) • *carcaça* f P. / *papo-seco* m P./B. *pãozinho* (*pãezinhos*) (= Brötchen) • *pãozinho de leite* P./B. *pão doce* m (= süßes Brötchen / Milchbrot) • *trança* f P./B. *rosca* f (= Zopf) • *farinha* (Mehl) • *pão ralado* P./B. *farinha de rosca* (= Paniermehl / Semmelbrösel) • *sanduíche* m / P. auch *sandes* f (= Sandwich / belegtes Brötchen) • *pão com manteiga* (= Butterbrot) • *pão-de-forma / pão americano* B. (= Toastbrot) • *pão torrado* / P. auch *torrada* f (= getoastetes Brot) • *pão-de-ló* (= Biskuitkuchen) • *pão de queijo* B. (= Tapioka-Käsebrötchen) • *fatia* f *de pão com frios* / P. *com carnes frias e/ou queijo* (= belegtes Brot)

Expressões idiomáticas
comer o ***pão*** *que o diabo amassou* (= große Schwierigkeiten durchmachen) • ***pão pão, queijo queijo*** (= klar sagen: Ja oder Nein) • *Ele é um* ***pão***. B. fam (= Er sieht sehr gut aus / ist schön.) • ***pão*** *duro* B. (= Geizhals) • *ficar a* ***pão*** *e laranjas* P. (= Hanf spinnen)

pastelaria f P./B. ***confeitaria*** f (= Feinbäckerei / Konditorei) • *sonho* m (= Krapfen) • *pastel* m (= Teigtasche; kleiner Kuchen / Törtchen) • *bolo* m *recheado* (= Torte) • *tarte* P./B. *torta* f *de maçãs* (= Apfelkuchen) • *torta* P./B. *rocambole* m (= mit Marmelade gefüllte Biskuitrolle) • *bolacha* f (= Gebäck / Plätzchen) • *panqueca* f (= Pfannkuchen) • *biscoito* m (= Keks / Kleingebäck) • *bolacha* f *de água e sal* (= ungesüßter Keks-Cracker)

Expressões idiomáticas
Gostar de ***açúcar*** *como uma formiga* B. (= scharf sein auf Süßigkeiten) • *apanhar alguém com as mãos na* ***massa*** (*massa* = Teig) (= jemand auf frischer Tat ertappen) • *ter muita* ***massa*** pop P. (= sehr viel Geld haben) • *ser da mesma* ***massa*** (= von derselben Art sein)

cereais m pl / ***grão*** m (= Getreide) • *centeio* m (= Roggen) • *trigo* m (= Weizen) • *farelo* m (= Kleie) • *aveia* f (= Hafer) • *farinha* f (= Mehl) • *arroz* m (= Reis) • *milho* m (= Mais) • *cevada* f (= Gerste) • ***flocos*** m ***de cereais*** m pl (= Getreideflocken) • *flocos* m *de milho* / *cornflakes* (= Cornflakes) • *flocos de aveia* (= Haferflocken) • *farinha* f *de aveia* (= Hafermehl)

doces m (= Süßigkeiten) • ***guloseimas*** f (= Leckerbissen) • *bombom* m (= Praline) • *rebuçado* m P./B. *bala* f (= Bonbon) • *chocolate* m (= Schokolade) • *uma barra de chocolate* / P. auch *uma tablete* (= eine Tafel Schokolade)

massa f (= Teigwaren; Nudeln; Teig) • *esparguete* P./B. *espaguete* m / *macarrão* m / *aletria* f (= Fadennudeln) • *pizza* f (= Pizza)

carne f (= Fleisch) • *carne de vaca* (= Rindfleisch) • *carne seca* B. / *carne de sol* B. (= Trockenfleisch) • *carne picada* P./B. *moída* (= Hackfleisch) • *almôndega* f (= Fleischklößchen) • *carne de vitela* (= Kalbfleisch) • *carne de porco* (= Schweinefleisch) • *cabrito* m (= Zicklein) • *leitão* m (= Spanferkel) • (*carne de*) *cordeiro* / *borrego* m (= Lammfleisch) • (*carne de*) *carneiro* m (= Hammelfleisch) • *escalope* m (= Schnitzel) • *costeleta* f (= Kotelett) • *bife* m (= Steak) • *lombo* m P./B. *filé* m *mignon* (= Lende) • *fígado* m (= Leber) • *língua* f (= Zunge) • *rins* m pl (= Nieren) • *tripas* f pl (= Kutteln) • *fiambre* m P. (= gekochter Schinken) • *bacon* m / *toucinho* f (= Speck) • *presunto* m (= roher Schinken)

aves f pl (= Geflügel) • *frango* m (= Huhn / Hähnchen) • *pato* m (= Ente) • *ganso* m (= Gans) • *peru* m (= Truthahn / Pute) • *faisão* m (= Fasan) • *perdiz* f (= Rebhuhn) • *cordorniz* f (= Wachtel)

caça f (= Wild) • *corço* m (= Reh) • *veado* m / *cervo* m (= Hirsch) • *lebre* f (= Hase) • *coelho* m (= Kaninchen) • *javali* m (= Wildschwein)

enchidos m pl / ***fumeiro*** m P. (= Wurstwaren) • *chouriço* m (= Paprikawurst) • *morcela* f (= Blutwurst) • *alheira* f P. (= Knoblauchwurst) • *farinheira* f P. (= Mehlwurst) • *carne defumada* f (= Rauchfleisch / Dörrfleisch) • *patê* [*paté*] m (= Pastete) • *patê* [*paté*] *de fígado* / P. auch *pasta de fígado* (= Leberwurst) • *salsicha* f *fresca* P./B. *lingüiça* f (= frische Wurst, meistens aus Schweinefleisch) • *salsicha* f (*de Frankfurt*) (= Frankfurter Würstchen) • *cachorro* m *quente* (= Hotdog)

peixe m (= Fisch) • *anchova* f (= Sardelle) • *arenque* m (= Hering) • *arenque* m *fumado* P./B. *defumado* (= Bückling) • *atum* m (= Thunfisch) • *bacalhau* m (= Klippfisch / Stockfisch) • *bacalhau* m *fresco* (= Kabeljau / Dorsch / Schellfisch) • *besugo* m (= Meerbrasse) • *carapau* m (= Stichling) • *cavala* f (= Makrele) • *dourada* f (= Goldbrasse) • *enguia* f (= Aal) • *espadarte* m (= Sägefisch) • *linguado* m (= Seezunge) • *pargo* m (= Seebrasse) • *peixe* m *espada*(= Schwertfisch) • *pescada* f (= Merlan / Schellfisch) • *pescadinha* f (= Weißling) • *raia* f (= Rochen) • *robalo* m (= Seebarsch; Seewolf) • *rodovalho* m (= Steinbutt) • *salmão* m (= Lachs) • *salmão* m *fumado* P./B. defumado (= Räucherlachs) • *sardinha* f (= Sardine) • *solha* f (= Scholle) • *tamboril* m (= Seeteufel) • *truta* f (= Forelle)

mariscos m pl (= Meeresfrüchte) • *amêijoa* f (= Venusmuschel) • *berbigão* m (= *Herzmuschel*) • *camarão* m (= Krabbe / Garnele) • *caranguejo* m *do rio* P./B. *pitu* (= Flusskrebs) • *crustáceos* m (= Krustentiere / Schalentiere) • *lagosta* f (= Languste) • *lavagante* m P./B. *lagostim* m (= Hummer) • *lula* f / *calamar* m (= Tintenfisch) • *mexilhão* m (= Miesmuschel) • *ostra* f (= Auster) • *polvo* m (= Krake) • *santola* f (= Spinnenkrebs) • *sapateira* f P./B. *caranguejo* m (*de mar*) (= Taschenkrebs) • *sépia* f / *choco* m (= Sepia) • *vieiras* f (= Jakobsmuscheln)

Expressões idiomáticas com bacalhau
estender o ***bacalhau*** *a uma pessoa* fam P. (= jemand die Hand drücken) • *para quem é,* ***bacalhau*** *basta* P. (= für ihn wird irgendetwas schon gut genug sein) • *ficar em águas de* ***bacalhau*** P. (= missglücken; sich zerschlagen; schief gehen)

sopa f (= Suppe) • *caldo* m / *consomé* m (= klare Suppe / Brühe) • *canja* f (= Hühnersuppe) • *sopa* f *de alho* / *cebola* / *peixe* / *tomate* / *legumes* (= Knoblauch- / Zwiebel- / Fisch- / Tomaten- / Gemüsesuppe) • ***guisado*** m / *ensopado* m / *estufado* m (= Eintopf) • *cozido* m (= Eintopf aus Fleisch und Gemüse) • *caldeirada* f (= Eintopf aus Fisch und Gemüse) • *feijoada* f (= Eintopf aus Bohnen und verschiedenen Fleisch- und Wurstsorten) • ***molho*** m (= Soße) • *maionese* f (= Mayonnaise) • *molho* m *de pimenta* (= Soße mit scharfen Pfefferschoten)

Expressões idiomáticas
Resolver esta tarefa vai ser ***sopa***. (= Diese Aufgabe zu lösen wird leicht sein.) • *ficar* ***ensopado*** (= platschnass werden) • *levar* ***sopa*** P. (= abgewiesen werden) • *ou sim ou* ***sopas*** P. (= ja oder nein) • *Isso é* ***canja***. (= Das ist einfach).

gordura f (= Fett) • *óleo* m (= Öl) • *azeite* (*de azeitona* P./B. *oliva*) (= Olivenöl) • *azeite de dendê* (= Öl aus den Nüssen der Dendêpalme) • *leite* m *de coco* (= Kokosmilch) • *manteiga* f (= Butter) • *margarina* f (= Margarine) • *banha* f *de porco* (= Schweineschmalz)

ervas f pl (= Gewürzkräuter) • *especiaria* f (= Gewürz) • *tempero* m sg / *condimentos* m pl (= Gewürze) • *açafrão* m (= Safran) • *alecrim* m / *rosmaninho* m (= Rosmarin) • *alho* m (= Knoblauch) • *aneto* m / *endro* m (= Dill) • *anis* m (= Anis) • *baunilha* f (= Vanille) • *canela* f (= Zimt) • *caril* m (= Curry) • *cebolinho* m P./B. *cebolinha* f (= Schnittlauch) • *coentro* m (= Koriander) • *colorau* m (= Paprikapulver) • *cominho* m (= Kümmel) • *cravo* m (= Gewürznelke) • *estragão* m (= Estragon) • *louro* m (= Lorbeer) • *manjerico* m / *manjericão* m (= Basilikum) • *mostarda* f (= Senf) • *noz* f *moscada* (= Muskatnuss) • *orégão* m / B. auch *orégano* m (= Oregano) • *pimenta* f (= Pfeffer) • *sal* f (= Salz) • *salsa* f (= Petersilie) • *tomilho* m (= Thymian)

legume m (= [festes] Gemüse) • ***hortaliça*** f / ***verdura*** f (= Blattgemüse) *abóbora* f (= Kürbis) • *acelga* f (= Mangold) • *aipo* m (= Sellerie) • *alcachofra* f (= Artischocke) • *alface* f (= Kopfsalat) • *alho* m *francês* P./B. *alho-porro* m / B. auch *alho-poró* m (= Lauch / Porree) • *aspargo* m / P. auch *espargo* (= Spargel) • *azeitona* f (= Olive) • *beringela* f [*berinjela*] (= Aubergine) • *beterraba* f (= Rote Beete) • *cebola* f (= Zwiebel) • *cenoura* f (= Karotte) • *cogumelo* m (= Champignon) • *courgette* P./B. *abobrinha* f (= Zucchini) • *couve* f (= grüner Kohl) • *couve* f *de Bruxelas* (= Rosenkohl) • *couve* f *roxa* P./B. *repolho* m *roxo* (= Rotkohl) • *couve-flor* f (= Blumenkohl) • *endívia* f / *chicória* f / *escarola* f (= Endivie) • *ervilha* f (= Erbse) • *espinafre* f (= Spinat) • *feijão* m *branco* / *preto* / *mulatinho* m B.(= weiße / schwarze / braune Bohne) • *funcho* m / *erva-doce* f (= Fenchel) • *fungos* m pl *comestíveis* (= Speisepilze) • *grão* m *de bico* (= Kichererbse) • *leguminosas* f pl (= Hülsenfrüchte) • *lentilha* f (= Linse) • *milho* m (= Mais) • *nabo* m (= Rettich) • *Pepino* m (= Gurke) • *pimento* m P./B. *pimentão* m (= Paprika) • *rabanete* m (= Radieschen) • *rábano* m *picante* (= Meerrettich) • *repolho* m (= Weißkohl) • *rebento* m *de soja* (= Sojabohne) • *tomate* m (= Tomate) • *vagem* f (*verde*) / P. *auch feijão* m *verde* (= grüne Bohne)

batatas f (= Kartoffeln) • *batatas cozidas* (= Salzkartoffeln) • *batatas cozidas com pele* (= Pellkartoffeln) • *batatas salteadas* P. (= Bratkartoffeln) • *batatas fritas* (= Pommes frites / Kartoffelchips) • *batatas assadas no forno* / *ao forno* B. (= in der Schale gebackene Kartoffeln) • *puré* m *de batatas* (= Kartoffelbrei / -püree) • *salada* f *de batatas* (= Kartoffelsalat) • *omeleta* f *de batatas* P. / *tortilha* f *espanhola* P. (= Kartoffelomelett)

In Brasilien und in Portugal zählt die Kartoffel zum Gemüse. So ist es durchaus möglich, dass zum Fleisch Kartoffeln und Reis serviert werden.

Mandioca f (= Maniok) ist eine lange, kartoffelnähnliche Wurzel, die zu den Grundnahrungsmitteln Brasiliens zählt. Sie kann als Gemüse bzw. Beilage wie Kartoffeln gegessen werden oder, verarbeitet als ***farinha*** f ***de mandioca*** (= Maniokmehl), eine wichtige Beilage zu Bohnen sein. Aus ***polvilho*** m (= Maniokstärke) macht man ***pão*** m ***de queijo*** (= Maniokstärke-Käsebrötchen), ***beiju*** m (= Fladenbrot aus Maniokstärke) etc.

fruta f (= Obst) • *abacate* m (= Avocado) • *damasco* m / *alperce* m (= Aprikose) • *ameixa* f (= Pflaume) • *amêndoa* f (= Mandel) • *amendoim* m (= Erdnuss) • *amora* f (= Brombeere) • *ananás* m P./B. *abacaxi* m (= Ananas) • *avelã* f (= Haselnuss) • *bagas* f (= Beeren) • *fruta* f *de baga* (= Beerenobst) • *banana* f (= Banane) • *cereja* f (= Kirsche) • *figo* m (= Feige) • *framboesa* f (= Himbeere) • *groselha* f *preta* (= schwarze Johannisbeere) • *groselha* f *vermelha* (= rote Johannisbeere) • *kiwi* m (= Kiwi) • *laranja* f (= Apfelsine) • *limão* m (= Zitrone) • *maçã* f (= Apfel) • *melancia* f (= Wassermelone) • *manga* f (= Mango) • *melão* m (= Melone) • *morango* m (= Erdbeere) • *murta* m (= Blaubeere) • *pêra* f (= Birne) • *pêssego* m (= Pfirsich) • *tâmara* f (= Dattel) • *toranja* f (= Grapefruit) • *uva* f (= Weintraube) • (*uva*) *passa* f (= Rosine) • *uva-espim* f (= Stachelbeere) • *castanha* f *de caju* (= Cashewnuss) • *castanha* f *do Pará* (= Paranuss) • *castanha* f P./B. *castanha* f *portuguesa* (= Marone / essbare Kastanie) • *noz* f (= Walnuss) • *pistácio* m (= Pistazie)

Outras frutas f ***tropicais*** (= Andere tropische Früchte)
acerola f (= kirschähnliches Obst, sehr reich an Vitamin C) • *caju* m (= Cashew) • *jaca* f (= Jakafrucht, riecht stark und süß) • *joboticaba* f (= schwarzes, kirschähnliches Obst) • *mamão* m (= große Papaya) • *mangaba* f (= gelbe, pflaumenähnliche Frucht) • *maracujá* m (= Maracuja / Passionsfrucht) • *papaia* f (= Papaya)

Expressões idiomáticas
um ***abacaxi*** B. (= ein unangenehmes / schwieriges Problem) • *ficar com o* ***abacaxi*** *na mão* B. (= mit einem unangenehmen / schwierigen Problem allein gelassen werden) • *descascar o* ***abacaxi*** B. (= Lösung finden für ein unangenehmes / schwieriges Problem) • *Você me passou um* ***abacaxi*** / *um* ***pepino***. B. (= Du hast mir ein schwieriges Problem überlassen.) • *Ele é um* ***pêssego***! P. (= Er schaut sehr gut aus!)

salada f (= Salat) • *molho* m / *tempero* m *para salada* (= Salatsoße) • *salada mista* (= gemischter Salat) • *salada de alface* (= Kopfsalat) • *salada de tomate* (= Tomatensalat) • *salada russa* P./B. *maionese* f (= russischer Salat; Kartoffelsalat) • *salada de frutas* / P. auch *macedónia* f (= Obstsalat)

Bebidas
Getränke

→ 7.3 Drogas, álcool e tabaco

Nunca digas desta água não beberei.

bebida *f* **sem álcool**	alkoholfreies Getränk
água *f* **(mineral)**	(Mineral-)Wasser
água (mineral) sem gás / com gás	Tafelwasser ohne/mit Kohlensäure; Sprudel
água mineral com (muito) gás	Sprudel
água potável	Trinkwasser
água da torneira	Leitungswasser
água tónica [tônica]	Tonic(wasser)
soda *f* / **água gasosa**	Soda(wasser)
gasosa *f* P./B. **soda** *f* **limonada**	Brauselimonade

Unter ***refrigerantes*** m versteht man die industriell hergestellten Erfrischungsgetränke wie Cola. ***Refrescos*** m wie z. B. *refresco de limão* (=Zitronenlimonade), *refresco de laranja* (= Orangenlimonade) sind selbst zubereitete Erfrischungsgetränke: Zum Obstsaft werden Wasser und Zucker gemischt. Andere Namen dafür sind ***limonada*** f oder ***laranjada*** f. Wenn es sich um den reinen Obstsaft handelt, benutzen wir das Wort ***sumo*** m P./B. ***suco*** m *de fruta*, wie z. B. *sumo / suco de laranja* (= Orangensaft). Bei ***batidos*** m pl P./B. ***vitaminas*** f pl handelt es sich um Mixgetränke mit Milch. Es gibt z. B. *batido / vitamina de frutas* (= gemischtes Obstmixgetränk). *Refrigerante* aus ***guaraná*** m (= eine kleine tropische Frucht aus dem Amazonasgebiet) wird in Brasilien viel getrunken.

sumo / suco de maçã	Apfelsaft
sumo natural / suco feito na hora	frisch gepresster Saft
sumo / suco de uva	Traubensaft
leite *m*	Milch
café *m*	Kaffee
café com leite / meia *f* de leite	Milchkaffee
café descafeinado – café solúvel	koffeinfreier Kaffee – löslicher Kaffee
galão *m* P./B. **média** *f* P	Milchkaffee
bica *f* P./B. **cafezinho** *m*	Espresso
pingado P./B. (café) **cortado**	*kleine Tasse Kaffee mit etwas Milch*
chá *m*	Tee
chá preto / verde	schwarzer / grüner Tee
chá de menta / de hortelã	Pfefferminztee
chá de camomila *f* / tília *f*	Kamillen- / Lindenblütentee
tisana *f* / **infusão** *f*	Kräutertee (*für eine kranke Person*)
cacau *m*	Kakao
chocolate *m* (quente)	(heißer) Kakao

Expressões idiomáticas
fazer tempestade num P./B. *com um copo de* ***água*** (= einen Sturm im Wasserglas entfachen / sich wegen einer Lappalie aufregen • ***Água*** *mole em pedra dura tanto bate até que fura.* (= Steter Tropfen höhlt den Stein.) • *Ficar com* ***água*** *na boca.* (= Mir läuft das Wasser im Munde zusammen.) • *estar como um peixe dentro da* ***água*** (= sich wohl fühlen / wie die Made im Speck leben) • ***Águas*** *passadas não movem moinho.* (= Was vorbei ist, ist vorbei.) • *ir por* ***água*** *abaixo* (= schief gehen) • *botar* ***água*** *na fervura* (= erhitzte Gemüter kühlen)

vinho *m*	Wein

Tipos de vinho **(= Weinsorten)**
tinto (= Rotwein) • *branco* (= Weißwein) • *rosé* / B. *auch rosado / clarete* (= Rosé) • *verde* (= junger und leicht moussierender Wein) • *moscatel* (= Muskatellerwein) • *generoso / doce* (= Dessertwein) • *mosto* (= Most) • *porto* (= Portwein) • *madeira* (= Madeirawein) • *espumante* (= Schaumwein) • *xerez* (= Sherry) • *vinho de mesa* (= Tischwein) • *reserva* (= Qualitätsrotwein mit mindestens drei Jahren Fass- und Flaschenreife) • *Denominação de Origem* (DO) ist die Bezeichnung für Wein eines geprüften Typs und Qualitätsstandards aus einer bestimmten Region, z.B.: *Douro; Bairrada.*

aguardente *f*	Schnaps
pinga *f* B. / **cachaça** *f* B.	Zuckerrohrschnaps
boa pinga *pop* P.	guter Wein; guter Schnaps

Caipirinha *f* ist ein brasilianischer Longdrink aus Limetten/Limonen, Zuckerrohrschnaps, Zucker und Eiswürfeln. In den letzten Jahren ist dieses Getränk bei den Europäern in Mode gekommen.

Batida *f* ist auch ein brasilianischer Longdrink: Obstsaft oder Kokosnussmilch, Zuckerrohrschnaps und Zucker werden mit Eiswürfeln gemixt. Es gibt *batida de limão, de maracujá, de melão, de coco* etc. In vielen Rezepten wird gezuckerte Kondensmilch vorgeschlagen.

licor *m* **de anis** *m*	Anislikör
bagaço *m*	Trester
cerveja *f*	Bier
Prefiro a cerveja de barril.	Ich trinke lieber Bier vom Fass.
imperial *f* P. / **fino** *m* P./ **chope** *m* B.	(ein Glas) Bier vom Fass
champanhe *m* / **espumante** *m*	Champagner / Sekt
conhaque *m* / **brandy** *m*	Kognak / Weinbrand
genebra *f*	Gin
licor *m*	Likör
rum *m*	Rum
sangria *f*	Sangria
tequila *m*	Tequila

uísque *m*	Whisky
vinho *m*	Wein
vodka *m*	Wodka

***Expressões relacionadas com beber* (= Ausdrücke im Zusammenhang mit Trinken)**

Saúde! (= Prost!) • *À tua saúde*! / *À nossa* (*saúde*)! (= Zum Wohl!) • *estar bêbado como um cacho* (= stockbetrunken sein) • *estar alegre* / *estar com grão na asa* P. (= beschwipst sein) • *apanhar uma carraspana* pop P./B. *tomar um porre* pop (= betrunken werden) • *beber um copo* P. (= trinken) • *ser uma esponja* (= ein großer Trinker sein)

„Sirva-se do leite à vontade."

Cozinha e cozinhar
Küche und Kochen

Muitos cozinheiros estragam o molho.

cozinha *f* – **cozer** / **cozinhar**	Küche; Kochkunst – kochen
a cozinha portuguesa / brasileira	die portugiesische / brasilianische Küche
cozinha / comida caseira	Hausmannskost
cozer ligeiramente – cozinhar a fogo lento	halbgar kochen – schmoren
cozer pão P./B. assar pão	Brot / Kuchen backen
fazer bolos P./B. assar bolos	Kuchen backen
cozido *m* de carne	Schmorbraten
um ovo cozido / um ovo cozido com a gema mole	ein hart / weich gekochtes Ei
livro *m* **de receitas**	Kochbuch
fogão *m* – **forno** *m*	Herd – Backofen
fogão elé(c)trico / a gás	Elektro- / Gasherd
forno microondas	Mikrowellenherd
preparar – **temperar a carne**	(zu)bereiten – das Fleisch würzen
lavar os legumes	das Gemüse waschen (putzen)
descascar (-co; -ca > -que) **as batatas**	die Kartoffeln schälen
temperar a salada	den Salat anmachen
decorar o peixe	den Fisch garnieren
escoar – **escoador** *m*	sieben – Sieb
mexer	(um)rühren
bater – **batedeira** *f*	schlagen – Rühr- / Knetmaschine
liquidificador	Mixer
fatia *f* – **cortar em fatias**	Scheibe – in Scheiben schneiden

uma fatia f *de pão / presunto / melão* (= eine Scheibe Brot / Schinken / Melone) • *uma fatia* P./B. *um pedaço* m *de bolo / queijo* (= ein Stück Kuchen / Käse) • *uma rodela* f *de limão* (= eine Scheibe Zitrone)

picar (-co; -ca > -que)	klein schneiden
moer	mahlen; durch den Fleischwolf drehen
café moído	gemahlener Kaffee
máquina de moer café	Kaffeemühle
moinho *m*	Mühle

Expressões idiomáticas
*mais apertado que **sardinhas*** P./B. ***sardinha** em lata* (= sehr voll sein) • *puxar a brasa à sua **sardinha*** (= an seinen eigenen Vorteil denken) • *Por ela (não) ponho a mão no **fogo.*** (= Für sie kann ich (k)ein gutes Zeugnis

ablegen / kann ich (nicht) bürgen.) • *pôr a mão na* ***massa*** (= an etwas arbeiten / etwas anpacken) • *estar* ***frito*** fam (= in der Klemme sitzen)

ferver	sieden; (*Flüssigkeiten*) kochen
guisar P./B. **cozinhar** (na panela)	schmoren
refogar (-go; -ga > -gue)	anbraten
estufar – **estufado** *m* P.	schmoren; dünsten – Schmorbraten
assar – **assado** *m*	backen; im Backofen braten – Braten
assado de porco / vaca	Schweine- / Rinderbraten
pato / coelho assado	Enten- / Kaninchenbraten
frango / leitão assado	Brathähnchen – Spanferkel
grelhar – **grelhado**	grillen – gegrillt
na grelha – **na chapa** – **na brasa**	vom Grill – vom Rost – auf der Holzkohle
lombo P./B. filé na grelha	Steak vom Grill
churrasco *m* – fazer churrasco	Grillgericht – grillen
churrasco de carne / de frango	Grillgericht aus Fleisch / Hähnchen
churrasqueira *f*	Grill / Grillofen / Grillherd
mal-passado [malpassado]	nur kurz angebraten („*englisch*")
ao ponto	medium
bem-passado	durchgebraten
torrar / **tostar** – **torrada** *f* / **tosta** *f*	toasten – Toast

In Portugal versteht man unter einer *torrada* ein geröstetes Toastbrot mit Butter. Eine *tosta mista* ist ein Sandwich aus geröstetem Toastbrot mit Käse und Schinken, das in Brasilien *sanduíche misto* heißt.

torradeira *f* / B. *auch* **tostadeira** *f*	Toaster
bule *m* **de chá** – **bule de café** / P. *auch* **cafeteira** *f*	Teekanne – Kaffeekanne
cafeteira / **máquina** *f* **de fazer café**	Kaffeemaschine
frigideira *f* – **fritar**	(Brat-)Pfanne – braten
ovos estrelados / B. *auch* ovos fritos	Spiegeleier
panela *f* – **caçarola** *f*	Topf / Kochtopf – Kasserolle
panela de pressão	Schnellkochtopf
chaleira *f*	Kessel
prato *m*	Teller; Gericht
tigela *f* / P. *auch* **taça** *f* / **malga** *f*	Schüssel
tigelinha *f* / P. *auch* **tacinha** *f*	Schale; kleine Schüssel
travessa *f*	Platte
terrina *f* / B. *m us* **sopeira** *f*	Suppenschüssel
fruteira *m* – **saladeira** *f*	Obstschale – Salatschüssel
tabuleiro *m*	Backblech; P. *auch* Tablett
bandeja *f*	Tablett; P. kleines Tablett
açucareiro *m* – **saleiro** *m*	Zuckerdose – Salzstreuer
chávena P./B. **xícara** *f*	Tasse
pires *m sg pl*	Untertasse
frasco / B. *auch* **vidro** *m*	(Marmeladen-)Glas; Gefäß (*aus Glas*)

3

um frasco / vidro de mel	ein Glas Honig
pote *m*	Topf; Krug; Gefäß (*aus Ton, Porzellan*)
jarro *m* / **jarra** *f*	Kanne / Krug
uma jarra / um jarro de leite fresco / de água	ein Krug mit frischer Milch / ein Wasserkrug
lata *f* – **enlatar**	Dose – einmachen / einwecken
uma lata de sardinhas	eine Büchse / Dose Sardinen
tomates de/em lata / de/em conserva	Tomaten aus der Dose
abre-latas *m* P./B. **abridor** *m* **de latas**	Büchsenöffner
abre-cápsulas *m* P./B. **abridor** *m* **de garrafas**	Flaschenöffner
saca-rolhas *m sg pl*	Korkenzieher
quebra-nozes *m sg pl*	Nussknacker
talher *m*	Besteck; Gedeck
garfo *m* – **faca** *f* – **colher** *f*	Gabel – Messer – Löffel
faca de cozinha	Küchenmesser
colher de sopa / de chá / de café	Suppen- / Tee- / Kaffeelöffel
colherinha *f* / **colherzinha** *f*	kleiner Löffel
Uma ou duas colherinhas de açúcar?	Einen oder zwei Teelöffel Zucker?
colher de pau	Kochlöffel (*aus Holz*)
concha *f* – **espumadeira** *f*	Schöpflöffel – Schaumkelle

„Não sabia que são peixes-voadores."

Refeições
Mahlzeiten

É bom jejuar depois do jantar.

pequeno almoço *m* P./B. **o café da manhã**	Frühstück
Tomamos o pequeno almoço às 7.	Wir frühstücken um 7.
Tomo chá no café da manhã.	Ich trinke zum Frühstück Tee.

Der gewöhnliche *café da manhã* in Portugal und Brasilien besteht im Allgemeinen aus *café* (= schwarzer Kaffee) bzw. einem *café com leite* (= Milchkaffee) und *pão* (= Weißbrot) mit *manteiga* (= Butter). Marmelade wird zunehmend auch gegessen. In Brasilien trinken viele auch Saft: *suco de laranja / de maracujá* (= Orangen- / Maracujasaft) und essen Obst: *papaia / abacaxi / melão* (Papaya / Ananas / Melone). Immer mehr Kinder und Jugendliche bevorzugen *cornflakes com leite* (Cornflakes mit Milch).

petisco *m* / B. *auch* **tira-gosto** *f*	Appetithäppchen
comer – **comida** *f*	essen – Essen
almoçar (-ço; -ça > -ce) – **almoço** *m*	zu Mittag essen – Mittagessen
lanche *m*	Pausenbrot / Imbiss
lanchar P./B. fazer / tomar lanche	(einen) Imbiss nehmen / essen
merenda *f*	Pausenbrot; Schulspeisung; Imbiss
jantar – **jantar** *m*	zu Abend essen – Abendessen

Zu Abend isst man meistens warm und zwischen 19.00 und 21.00 Uhr. Wenn in Brasilien zu Abend oder zu Mittag keine vollständige Mahlzeit, sondern nur Brot mit Wurst oder Käse gegessen wird, sagt man dazu *tomar um lanche* (= einen Imbiss nehmen) und nicht *almoçar* oder *jantar.*

Für den kleinen Hunger zwischendurch gibt es in Brasilien: *um bar* (= eine Bar) • *uma padaria* (= eine Bäckerei) • *doceria* (entspricht etwa der Konditorei). In Portugal gibt es: *um café* (= ein Café) • *uma pastelaria* (= entspricht etwa der Konditorei). Dort kann man *doces* (= Süßigkeiten und süßes Gebäck), *salgados* (= kleine, gesalzene Imbisse) oder *sandes* f sg pl P./B. *sanduíches* m pl (= Sandwichs) essen.

„Guten Appetit!" kann durch *Bom proveito!* ausgedrückt werden, ist aber in Brasilien und Portugal nicht üblich. Wenn Gäste zu Tisch sind, pflegt der Gastgeber oder die Gastgeberin zu sagen: *Sirva-se, por favor.* (= Bedienen Sie sich, bitte.)

In den öffentlichen Schulen Brasiliens bekommen die Schulkinder die *merenda escolar* (= Schulspeise). Für viele Kinder ist sie oft die einzige Mahlzeit und ein wichtiger Grund, weshalb sie in die Schule gehen.

Comer fora
Auswärts essen

Nem só de pão vive o homem.

cliente *m f* P./B. **freguês** *m*	Gast
clientes / fregueses habituais	Stammgäste

***Tipos de restaurantes e lugares onde se pode comer* (= Arten von Restaurants und Lokalen, in denen man essen kann)**
restaurante m (= Restaurant / Gaststätte / Esslokal) • *self-service* P./B. *restaurante (de) autoserviço* m (= Selbstbedienungs-Restaurant) • *restaurante a peso* P./B. *por quilo* (= ein Selbstbedienung-Restaurant, in dem das Essen nach dem Gewicht bezahlt wird) • *bar-restaurante* (= Restaurant mit Bar) • *churrascaria* f (= Restaurant mit Grillspezialitäten) • *churrascaria-rodízio* (= Hier werden verschiedene gegrillte Fleischsorten nacheinander serviert. Der Gast darf so viel Fleisch essen, wie er will; für das Essen wird ein Pauschalpreis bezahlt.) • *pizaria* f (= Pizzeria) • *salão* m / *casa* f *de chá* (= Teesalon / Teehaus; entspricht dem deutschen Café) • *tasca* f P./B. *boteco* m (= einfaches, anspruchloses Trinklokal) • *área* f *de serviço* P./B. *bar-restaurante* m *de estrada* (= Fernfahrer-Raststätte) • *barraca* f (= Getränkeausschank im Freien, meist am Strand, oft mit Imbissmöglichkeiten) • *venda* f (= Laden auf dem Land, vor allem im Landesinnern, wo man sich treffen und auch etwas trinken kann) • *cantina* f (= Kantine)

Typisch für Brasilien: die *bar* m (= Kneipe / Bar), in der man etwas trinken kann. Zum Essen gibt es meistens *tira-gosto* m (= Appetithäppchen) oder *sanduíches* m pl (= Sandwichs). • In der *padaria* f (= Bäckerei) kann man nicht nur Brot kaufen, sondern auch süße und salzige Kleinigkeiten essen sowie Kaffee, Bier, Säfte und Erfrischungsgetränke bekommen. • Die *lanchonete* f (= einfaches Restaurant) bietet eine kleine Anzahl von festen Menüs an, die gut und preiswert sind. • In der *Bar de sucos* (= Saftbar) kann man frisch gepresste Säfte aus verschiedenen Früchten trinken und auch Sandwichs und andere Kleinigkeiten essen.

Typisch für Portugal: *taberna* f P. (= Kneipe / [Wein-]Schenke) • *café* m (= Café oder einfaches Lokal, oft mit Straßenterrasse) • *snack-bar* m (= Imbissstube) • *marisqueira* f (= auf Meeresfrüchte spezialisiertes Lokal) • *cervejaria* f (= Bierlokal / Brauereiausschank)

petisco *m* P./B. **tira-gosto** *m*	Kleinigkeit (*zu essen*)
Só vamos comer qualquer coisa rápida.	Wir essen nur rasch eine Kleinigkeit.
para levar / B. *auch* **para viagem**	zum Mitnehmen
uma piza de salame para levar	eine Salamipizza zum Mitnehmen
reservar – **reserva** *f*	reservieren (lassen); vorbestellen – Reservierung; Bestellung
Reservou uma mesa? / Fez uma reserva?	Haben Sie einen Tisch reserviert?

ementa *f* P./ **lista** *f* P./ **cardápio** *m* B. / **menu** *m* B.	Speisekarte
ementa do dia / cardápio do dia	Tageskarte
comer a la carte	à la carte essen
lista *f* **de vinhos**	Weinkarte
comer	essen
refeição *f* / **comida** *f*	Mahlzeit / Essen
prato *m*	Teller; Menü; Gericht; Gang
primeiro prato	erster Gang
um almoço / jantar de quatro pratos	ein Vier-Gänge-Menü
prato principal	Hauptgericht
prato feito B.	Tellergericht (*meistens aus Reis, Bohnen, Fleisch, Maniokmehl*)
prato do dia	Tagesgericht / -menü
pedir (irr.) – **pedido** *m*	bestellen; bitten – Bestellung
escolher	wählen; (sich) entscheiden
Já escolheram?	Haben Sie schon gewählt?
decidir(-se)	(sich) entscheiden
entrada *f*	Vorspeise
sopa *f* **do dia**	Tagessuppe
comer P./B. **tomar sopa**	Suppe essen
guarnição *f*	Beilage
recomendar	empfehlen
sobremesa *f*	Nachtisch / Dessert
pudim *m*	Pudding
conta *f*	Rechnung
serviço *m*	Bedienung(sgeld)
serviço (não) incluído	Bedienung (nicht) inbegriffen
(preço *m* do) **cuvert** *m*	(Preis für das) Gedeck
gorjeta *f*	Trinkgeld

***Gente que trabalha num restaurante* (= Leute, die in einem Restaurant arbeiten)**

empregado/-a P./B. *garçom / garçonete* (= Kellner/-in) • *chefe de mesa* P./B. *dos garçons* m B. (= Oberkellner/-in) • *escanção* m P./B. *sommelier* (= Weinkellner/-in) • *barman* (= Barkeeper/-in) • *cozinheiro/-a* (= Koch/Köchin) • *cozinheiro/-a chefe* (= Küchenchef/-in) • *confeiteiro/-a* / P. auch *pasteleiro/-a* (= Konditor/-in) • *lavador/-a de pratos* (= Tellerwäscher/-in) • *ajudante* m f *de cozinha* (= Küchenjunge / -mädchen)

buffet *m* / **bufê** *m* P. *auch* bufete	Büfett
O hotel oferece um buffet / bufê excelente no café da manhã.	Das Hotel bietet ein ausgezeichnetes Frühstücksbüfett.
dose *f* P./B. **porção** *f*	Portion
uma dose / porção de batatas fritas	eine Portion Pommes frites
cozinha *f*	Küche
especialidade *f* (da casa)	Spezialität (des Hauses)

Roupa
Kleidung

O hábito não faz o monge.

roupa *f*	Kleidung
roupa desportiva P./B. roupa esporte	legere Kleidung
roupa leve	leichte Kleidung
vestir(-se) (irr.)	kleiden – sich anziehen
Ela sempre se veste bem.	Sie zieht sich immer gut an.
Estava vestida de preto.	Sie war schwarz gekleidet.
usar	tragen
Não uso chapéu.	Ich trage keinen Hut.
pôr (irr.) a roupa – o chapéu	die Kleidung / sich anziehen; den Hut aufsetzen
É melhor pôr um casaco e um chapéu.	Es ist besser, einen Mantel anzuziehen und einen Hut aufzusetzen.
tirar a roupa	die Kleidung anziehen / sich ausziehen
tirar o chapéu	den Hut abnehmen / ablegen
Ele tirou o chapéu e o casaco.	Er legte Hut und Mantel ab.
despir(-se) (irr.)	(sich) ausziehen
Ele despiu a roupa.	Er zog die Kleidung aus.
Ele despiu-se.	Er zog sich aus.
despido / **nu**	nackt
calçar(-se) (-ço; -ça > -ce)	(Schuhe) anziehen / tragen
descalçar(-se) (-ço; -ça > -ce)	(sich) (die Schuhe) ausziehen
descalço	barfuß
Em casa ela anda descalça.	Zu Hause geht sie barfuß.

Casacos m pl ***e fatos*** m pl P./B. ***ternos*** m pl **(= Mäntel, Jacken und Anzüge)**
casaco m (= Mantel) • *impermeável* m / *capa* f *de chuva* (= Regenmantel) • *casaco* m *de pele(s)* (= Pelzmantel) • *casaco* m *de cabedal* P./B. *de couro* (= Lederjacke) • *gabardina* f (= Trenchcoat) • *blusão* m / *anorak* m / P. *kispo*™ m (= Anorak) • *casaco* m / *paletó* m B. (= Jacke / Jackett / Sakko) • *blazer* m (= Blazer) • *casaco* m *de malha* / B. auch *de tricô* (= Strickjacke) • *fato* m P./B. *terno* m (= Anzug) • *saia e casaco* P./B. *conjunto* (= Kostüm) • *fato* m P./B. *terninho* (= Damen-Hosenanzug) • *colete* m (= Weste) • *smoking* m (= Smoking) • *fraque* m (= Frack) • *traje* m *de gala* (= Kleidung für festliche Anlässe) • *traje de cerimónia* [*cerimônia*] (= festliche Kleidung) • *traje típico* (= typische Kleidung / Trachtenkleid) • *fato* m *de treino* P./B. *moletom* m (= Jogginganzug)

Casacos oder *paletós* B. können *simples com uma fileira de botões* (= einreihig) oder *trespassados com duas fileiras de botões* (= zweireihig) sein; in Brasilien heißen sie *jaquetão* m.

Partes f pl ***de cima*** / ***superiores*** **(= Oberteile)**
blusa f (= Bluse) • *pulôver* m / P. auch *camisola* f / B. auch *suéter* m f (= Pullover / Pulli) • *decote em V* / P. auch *em bico* (= V-Ausschnitt) • *camisa* f (= Oberhemd / Hemdbluse) • *de manga comprida – de manga curta – sem mangas* (= langärmelig – kurzärmelig – ärmellos) • *camisa esporte* B. (= legeres Hemd) • *T-Shirt* P./B. *camiseta* f (= T-Shirt) • *camisete f* P./B. *camisa* f *pólo* (= Polohemd)

Calças f pl, ***saias*** f pl, ***etc.*** **(= Hosen, Röcke usw.)**
calça(s) f (= Hose) • *calça(s) de bombazina* P./B. *de veludo cotelê* (= Cordhose) • *jeans / calças de ganga* P./B. *calça jeans* (= Jeans) • *short(s)* (= Shorts) • *calções* P./B. *calça curta* (= kurze Hose/-n) • *bermuda(s)* f (= Bermudashorts) • *saia* f (= Rock) • *saia de pregas* / B. auch *pregueada* (= Faltenrock) • *saia envelope* B. (= Wickelrock) • *saia-calça* f (= Hosenrock)

Roupa f ***interior*** / ***branca e roupa de banho*** **(= Unterwäsche und Badekleidung)**
biquini m (= Bikini) • *boxers* P. (= Boxershorts) • *calções* m pl P./B. *calção* m (= Badehose) • *calcinha(s)* f / B. auch *calça(s)* f (= Damenslip / -schlüpfer) • *camisola* f *interior* P./B. *camiseta* f (= Unterhemd) • *ceroula(s)* f (= lange Unterhose) • *cinta-liga* f (= Hüfthalter / -gürtel) • *combinação* f (= Unterhemd) • *cueca(s)* f (= Herrenunterhose) • *espartilho* m (= Korsett) • *fato de banho* P./B. maiô (= Badeanzug) • *liga* f (= Strumpfband) • *meia-calça* f (= Strumpfhose) • *meia(s)* f (= [Nylon-]Strümpfe) • *meia(s)* f / P. auch *peúgas* f (= Socken) • *saiote* m P./B. auch *anágua* f (= Unterrock) • *sutiã* m (= BH)

Für folgende Kleidungsstücke wird in P. fast immer die Pluralform benutzt: *calças* • *calcinhas* • *calções* • *shorts* • *ceroulas* • *cuecas* • *meias-calças* • *boxers*. In B. dagegen wird die Singularform benutzt: *calça* • *calcinha* • short, etc.

Roupa f ***de dormir*** **(= Nachtwäsche)**
camisa f *de dormir* P./B. *camisola* (= Damennachthemd) • *pijama* m (= Schlafanzug) • *roupão* m (= Morgenrock) • *roupão* m *de banho* (= Bademantel)

Calçado m **(= Fußbekleidung)**
alpargata f / *alpercata* f (= Leinenschuh / Bastschuh) • *bota* f (= Stiefel) • *chinelo* m / P. auch *pantufa* f (= Pantoffel) • *sandália* f (= Sandale) • *sandália* f *de borracha* / B. auch *sandália havaiana* (= Gummisandalen) • *sapatilha* f / *ténis* [tênis] m (= Turnschuh) • *sapato* (= Schuh; Halbschuh) • *um par de sapatos* (= ein Paar Schuhe) • *sapato de atacadores* P./B. *de amarrar* (= geschnürter Halbschuh) • *sapato* P./B. *sapatilha* f *de balé* (= Ballettschuh) • *sapato de cabedal P./B. de couro* (= Lederschuh) • *sapato de salto alto* (= hochhackiger Schuh / Stöckelschuh)

Chapéus m pl **(= Kopfbedeckungen)**
boina f (= Baskenmütze) • *boné* m (= Schirmmütze) • *capacete* m (= Helm) • *capacete prote(c)tor* (= Sturzhelm) • *capuz* m (= Mütze) • *cartola* f (= Zylinder) • *chapéu* m (= Hut) • *chapéu* m *de coco* (= Melone) • *chapéu de palha* (= steifer Strohhut) • *gorro* m (= Mütze ohne Schirm; Kappe) • *lenço* m *para a cabeça* (= Kopftuch) • *touca* f / B. auch *capuz de banho* (= Badekappe / -mütze) • *véu* m / *mantilha* f (= Schleier)

Outros artigos m pl ***e acessórios*** m pl **(= Andere Kleidungsstücke und Zubehör)**
avental m (= Schürze) • *botão* m (= Knopf) • *cachecol* m (= Schal) • *cinto* m (= Gürtel) • *fato* m *de macaco* P. / *macacão* m (= Overall) • *fecho* m (*de correr*) / B. auch *zíper* m (= Reißverschluss) • *gravata* f (= Krawatte / Schlips) • *laço* m P./B. *gravata* f *borboleta* (= Fliege) • *lenço* m (= Taschentuch) • *echarpe* f / *lenço* m (*de pescoço)* (= Halstuch) • *luva* f (= Handschuh) • *manta* f (= langer Fransenumhang für Frauen) • *suspensórios* m pl / B. auch *suspensório* (= Hosenträger) • *xale* m (= Schultertuch)

Expressões idiomáticas
ficar sem ***camisa*** (= alles verlieren) • *meter-se em* ***camisa*** *de onze varas* P. (= sich in ein verwickeltes Geschäft einlassen) • *bater as* ***botas*** fam (= sterben) • *descalçar a* ***bota*** P. (= sich aus der Klemme ziehen) • *É um* ***bota*** *de elástico.* P. (= Er hängt am Alten.) • *lamber as* ***botas*** *a alguém* (= jemand schmeicheln) • *lambe-**botas*** (= Arschkriecher / Schmeichler)

„Em 1968 eu era Hippie, depois fui banqueiro, mas agora estou livre de novo."

A Saúde
Gesundheitspflege

Doenças e sintomas
Krankheiten und Symptome

→ 4.4 No médico, 4.6 No hospital, 16.3 Medicina

Bom remédio na boca amarga.

doença *f* / **enfermidade** *f* / **mal** *m* – **doente**	Krankheit / Leiden – krank / leidend
doença incurável	unheilbare Krankheit
Ela sofria de mal de Parkinson.	Sie litt an der Parkinson-Krankheit

Ausdrücke für „Krankheit, Erkrankung und Leiden"
contrair uma doença (= sich eine Krankheit zuziehen) • *diagnosticar uma doença* (= eine Krankheit feststellen) • *ficar doente / mal* (= krank werden) • *apanhar* P./B. *pegar uma doença* (= sich eine Krankheit holen / erkranken) • *pegar* P./B. *passar uma doença* (= jemand mit einer Krankheit anstecken) • *sofrer de uma doença* (= an einer Krankheit leiden) • *doenças cardíacas / do coração* (= Herzleiden / -krankheiten) • *doenças contagiosas* (= ansteckende Krankheiten) • *doenças graves / leves* (= ernste / leichte Krankheiten) • *doenças hereditárias* (= Erbleiden) • *doenças infecciosas* (= Infektionskrankheiten) • *doenças mentais* (= Geisteskrankheiten) • *doenças profissionais* P./B. *doenças ocupacionais* (= Berufskrankheiten) • *doenças pulmonares* (= Lungenkrankheiten) • *doenças / lesões causadas por radioa(c)tividade* (= Strahlenkrankheiten / -schäden) • *doenças das vias respiratórias* (= Erkrankungen der Atemwege) • *doenças tropicais* (= Tropenkrankheiten) • *doenças venéreas* (= Geschlechtskrankheiten)

síndrome *f* / P. *auch* **sindroma** *m*	Krankheitsbild; Syndrom
sistema *m* **imunológico**	Immunsystem
vacina *f* contra varíola / hepatite	Pocken(schutz)- / Hepatitisimpfung
bacilo *m*	Bazillus
vírus *m*	Virus
sintoma *m*	Symptom; Anzeichen
fraqueza *f* – **fraco**	Schwäche – schwach
palpitações *f pl*	Herzklopfen; Herzjagen
mal-estar *m* / **indisposição** *f*	Unwohlsein
sentir (irr.) **um mal-estar** / **sentir-se indisposto**	sich unwohl fühlen
indisposição / problemas de estômago	Magenverstimmung / Magenbeschwerden
tontura *f* – **ficar** (-co; -ca > -que) **tonto**	Schwindel – schwindlig werden
dor *f*	Schmerz; Beschwerde
cólica *f* – **cólica renal**	Kolik – Nierenkolik
febre *f* – **febril**	Fieber – fiebrig / Fieber-
ter febre – temperatura (alta)	Fieber haben – (erhöhte) Temperatur

calafrio *m*	Schüttelfrost
tremer	zittern
suar – suor *m*	schwitzen – Schweiß
insónia [insônia] *f*	Schlaflosigkeit
irritação *f* no nariz / nos olhos	Nasen- / Augenreizung
nódoa *f* **negra** P./B. **mancha** *f* **roxa** (*causada por hematoma*)	blauer Fleck (*durch Bluterguss verursacht*)
inchar – **inchado** – **inchaço** *m*	anschwellen – geschwollen – Schwellung
pus *m*	Eiter
digestão *f* – **indigestão** *f*	Verdauung – Magenüberlastung
digestivo	verdaulich
problemas digestivos	Verdauungsstörungen
azia *f*	Sodbrennen
empanturramento *m*	Übersättigung
estar farto / empanturrado / cheio	übersättigt sein
flatulência *f* / **gases** *m pl*	Blähungen
obstipação f	Darmträgheit / Obstipation
prisão *f* **de ventre**	Verstopfung
diarreia *f* [diarréia]	Durchfall
disenteria *f*	Ruhr
cãibra *f*	Krampf
Tenho cãibras na perna.	Ich habe Krämpfe im Bein.
sintoma *m*	Symptom; Anzeichen
ataque *m*	Anfall; Zusammenbruch
um ataque de nervos	ein Nervenzusammenbruch
colapso *m* – sofrer um colapso	Kollaps – kollabieren
desmaiar – **desmaio** *m*	zusammenbrechen – Ohnmacht
inconsciência *f* – **inconsciente** *m f*	Bewusstlosigkeit – bewusstlos
convulsão *f*	Konvulsion / Schüttelkrampf
enjoo [enjôo] *m* / **náusea** *f* – **estar** (irr.) **enjoado** P./B. **estar com enjôo**	Übelkeit – übel sein
vomitar – **vómito** [vômito] *m*	sich übergeben, erbrechen – Erbrechen
ter vontade de / estar com vontade de vomitar	Brechreiz haben
diagnóstico *m*	Diagnose
estado *m*	Zustand
estado (considerado) grave	ernst zu nehmender Zustand
problemas *m pl* **renais e respiratórios**	Nieren- und Atembeschwerden
crónico [crônico]	chronisch
achaque *m*	Beschwerde; Unpässlichkeit
achaques do coração / da idade	Herz- / Altersbeschwerden
distúrbio *m* **circulatório**	Kreislaufstörung
salmonela *f*	Salmonelle

contagiar – contágio *m* – **contagioso**	anstecken – Ansteckung – ansteckend
intoxicação *f* / **envenenamento** *m*	Vergiftung
intoxicação *f* alimentar	Lebensmittelvergiftung
desidratação *f*	Austrocknung; Dehydration
insolação *f*	Hitzschlag; Sonnenstich
abcesso *m*	Geschwür; Abszess
infecção *f*	Ansteckung; Infektion
infecção pulmonar – intestinal	Lungenentzündung – Darmkatarrh
inflamação *f*	Entzündung
inflamação da bexiga *fam*	Blasenentzündung

Die Endung *-ite* f sg bedeutet *inflamação* (= -entzündung)
amigdalite (= Mandelentzündung) • *apendicite* (= Blinddarmentzündung) • *artrite* (= Gelenkentzündung) • *bronquite* (= Bronchitis) • *cistite* (= Blasenentzündung) • *conjuntivite* (= Bindehautentzündung) • *flebite* (= Venenentzündung) • *gastrite* (= Magenschleimhautentzündung / Magenleiden) • *hepatite* (= Leberentzündung) • *laringite* (= Kehlkopfentzündung) • *meningite* (= Hirnhautentzündung) • *nevrite* P./B. *neurite* (= Nervenentzündung) • *otite* (= Ohrenentzündung) • *peritonite* (= Bauchfellentzündung) • *rinite* (= Nasenschleimhautentzündung) • *sinusite* (= Nebenhöhlenentzündung)

pele *f*	Haut
problemas / doenças de pele	Hautprobleme / -krankheiten
calo *m* / **calosidade** *f*	Schwiele / Hornhaut
coceira *f* / P. *auch* **comichão** *f* – **prurido** *m*	Jucken – Juckreiz
eczema *m*	Ekzem / juckende Hautentzündung
erupção *f* **cutânea**	Hautausschlag
urticária *f*	Nesselfieber; Hautausschlag
espiga *m*	Niednagel
espinha *f* / P. *auch* **borbulha** *f*	Pickel
fungo *m* **no pé** / **pé-de-atleta** *m*	Fußpilz
furúnculo *m*	Furunkel
gripe *f*	Grippe
ter gripe / estar com gripe / estar gripado	Grippe haben / an Grippe erkrankt sein / erkältet sein
ficar com gripe / gripado / P. *auch* engripado	an Grippe erkranken
Ela apanhou P./B. pegou uma gripe forte.	Sie holte sich eine starke Grippe.
espirrar – espirro *m*	niesen – Niesen
constipação *f* / B. *auch* **resfriado** *m*	Erkältung – Schnupfen
rouco – estar / ficar rouco	heiser – heiser sein / werden
tossir (irr.) – **tosse** *f*	husten – Husten
Ela está com / tem uma tosse horrível.	Sie hat einen schlimmen Husten.

Doenças epidémicas [*epidêmicas*] / ***tropicais*** / ***contagiosas* (= Epidemische / tropische / ansteckende Krankheiten)**
cólera f (= Cholera) • *dengue* f (= Denguefieber) • *febre* f *amarela* (= Gelbfieber) • *raiva* f (= Tollwut) • *SIDA* f P./B. *AIDS* f *síndrome de deficiência imunológica adquirida* (= Aids / erworbenes Immunschwächesyndrom) • *sífilis* f (= Syphilis) • *tifo* m / *febre* f *tifóide* (= Typhus) • *tuberculose* f / *tísica* f (= Tuberkulose; Schwindsucht) • *varíola* f (= Pocken)

depressão *f*	Depression
enxaqueca *f*	Migräne
alergia *f* – **alérgico**	Allergie – allergisch
Tenho alergia ao feno.	Ich habe Heuschnupfen.
Ela é alérgica a gatos.	Sie ist gegen Katzen allergisch.
anemia *f*	Anämie / Blutarmut
anorexia *f*	Anorexie / Appetitlosigkeit
bulimia *f*	Bulimie / Heißhunger(anfall)
asma *f* – **asmático/-a**	Asthma – asthmatisch; Asthmatiker/-in
um ataque de asma	ein Asthmaanfall
bronquite *f*	Bronchitis
cálculo *m* **biliar** / **renal**	Gallen- / Nierenstein
apêndice *m* **supurado**	ein geplatzter Blinddarm
câncer *m* / P. *m us* **cancro** *m*	Krebs
cancro / câncer do estômago / da mama	Magen- / Brustkrebs
aneurisma *f*	Aneurysma / Schlagadererweiterung
coágulo *m* **sanguíneo**	Blutgerinnsel
apoplexia *f* / **derrame** *m* **cerebral** / P. *auch* **AVC** *m* **acidente** *m* **vascular cerebral**	Schlaganfall
apoplexia fulminante	Schlaganfall mit tödlicher Folge
Ele teve um leve derrame cerebral.	Er erlitt einen leichten Schlaganfall.
pneumonia *f*	Lungenentzündung
embolia *f* – **embolia pulmonar**	Lungenembolie
edema *m* **pulmonar**	Lungenödem
insuficiência *f*	Versagen
insuficiência cardíaca / renal	Herz- / Nierenversagen
enfarte *m* / B. *auch* **enfarto** *m*	(Herz-)Infarkt
Ele teve um enfarte.	Er erlitt einen (Herz-)Infarkt.
paragem *f* P./B. **parada cardíaca**	Herzstillstand
ciática *f* – **nervo** *m* **ciático**	Ischias – Ischiasnerv
artrose *f* – **gota** *f*	Arthrose – Gicht
reumatismo *m* – **reumático/-a**	Rheumatismus – rheumatisch; Rheumakranke/-r
lumbago *m*	Hexenschuss
diabetes *f* / B. *auch* **diabete**	Diabetes / Zuckerkrankheit
hemofilia f – **hemofílico**	Hämophilie / Bluterkrankheit – Bluter

hemorróidas *f pl* / **hemorróides** *f pl*	Hämorrhoiden
hérnia *f*	Bruch; Hernie (*z.B. Bauchfell*)
osteoporose *f*	Osteoporose
sepse *f* / **septicemia** *f*	Sepsis
icterícia *f*	Gelbsucht
tétano *m*	Tetanus
toxemia *f* / **intoxicação** *f* **do sangue**	Blutvergiftung
trombose f	Thrombose
variz *f*	Krampfader
tumor *m*	Tumor; Geschwulst
um tumor benigno – maligno	ein gutartiges – bösartiges Geschwulst
úlcera *f* **(de estômago)**	(Magen-)Geschwür
obesidade *f*	Obesität / Fettsucht
disfunção *f* **eré(c)til** / **impotência** *f*	Erektionsstörung / Impotenz

Doenças de criança **(= Kinderkrankheiten)**
papeira f / B. auch *caxumba* f (= Mumps) • *tosse* f *convulsa* / B. auch *coqueluche* f (= Keuchhusten) • *escarlatina* f (= Scharlach) • *rubéola* f (= Röteln) • *sarampo* m (= Masern) • *varicela* f /P. auch *bexigas* f pl *doidas* / B. auch *catapora* f fam (= Windpocken)

„O relógio que você engoliu parou."

Acidentes e lesões
Unfälle und Verletzungen

→ 4.6 No hospital

Uma desgraça nunca vem sozinha.

acidente *m*	Unfall; Unglück
acidentes graves e fatais	ernste und tödliche Unfälle
Aconteceu / Houve um acidente na Praça da República.	Am Platz der Republik gab es einen Unfall.
perigo *m* **de vida**	Lebensgefahr
correr perigo de vida	Lebensgefahr laufen
ileso – **escapar ileso**	unverletzt – unverletzt überstehen
atropelar	überfahren; anfahren
bater / **colidir** / **chocar** (-co; -ca > -que)	zusammenstoßen / -prallen
O carro bateu contra uma parede.	Das Auto prallte gegen eine Mauer.
O carro chocou com um táxi.	Das Auto ist mit einem Taxi zusammengestoßen.
batida *f* / **colisão** *f* / P. *m us* **choque** *m*	Zusammenstoß
uma batida / um choque frontal	ein Frontalzusammenstoß
desastre *m*	Desaster; Unglück; Unheil; Unfall
vítima *f*	(Unfall-)Opfer
afogar (-go; -ga > gue)	ertrinken
asfixiar(-se) – **asfixia** *f*	ersticken – Atmungsstillstand
morrer por asfixia	ersticken
choque *m*	Schock – Zusammenstoß
estado *m*	Zustand / Verfassung
estado crítico	kritischer Zustand
estar em estado de choque	unter Schock stehen
consciência f / **sentido** *m*	Bewusstsein
perder a consciência / os sentidos	ohnmächtig werden
sangrar	bluten
ensanguentado [ensangüentado]	blutig; blutbefleckt
comoção *f* **cerebral**	Gehirnerschütterung
hematoma *m* – **hemorragia** *f*	Hämatom / Bluterguss – Hämorrhagie / Blutung
enregelamento *m* P./B. **sub-resfriamento** *m*	Unterkühlung
Os dois sobreviventes tinham sintomas de enregelamento / sub-resfriamento.	Die beiden Überlebenden litten an Unterkühlung.
morrer de frio / **congelado**	erfrieren / an Unterkühlung sterben
cortar(-se) – **corte** *m*	(sich) schneiden – Schnittwunde
ferir(-se) (irr.) – **ferida** *f* / **ferimento** *m* / **lesão** *f*	(sich) verletzen – Verletzung

Ficou / Foi ferida no incêndio.	Sie wurde bei dem Brand verletzt.
As feridas / lesões não sararam ainda.	Die Verletzungen sind noch nicht geheilt.
Ele sofreu ferimentos na cabeça.	Er erlitt Kopfverletzungen.
ferido/-a	Verletzte/-r
Os feridos foram levados ao hospital.	Die Verletzten wurden ins Krankenhaus gebracht.
contusão *f*	Verletzung; Prellung
deslocar (-co; -ca > -que)	ausrenken; auskugeln; verrenken
distender – **distensão** *f* (muscular)	zerren – (Muskel-)Zerrung
Ele sofreu uma distensão muscular.	Er zog sich eine Muskelzerrung zu.
esfolar – **esfolamento** *m*	sich aufschürfen – Schürfwunde
fra(c)tura *f*	(Knochen-)Bruch / Fraktur
fra(c)turar / P. *auch* **partir** / B. *auch* **quebrar**	(sich etwas) brechen
Ele partiu / quebrou uma perna.	Er hat sich ein Bein gebrochen.
romper – **ruptura** *f* (dos ligamentos)	reißen – (Bänder-)Riss
torcer(-se) (-ço; -ça; > -ce; -ci)	verdrehen; verstauchen; vertreten
queimar(-se) – **queimadura** *f*	(sich) verbrennen – Verbrennung
Sofreu queimaduras de segundo grau.	Er erlitt Verbrennungen 2. Grades.
picar (-co; -ca > -que) – **picada** *f*	stechen – Stich
socorro *m* – **cuidado** *m* – **tratamento** *m*	Hilfe – Pflege – Behandlung
ambulância *f*	Krankenwagen
chamar uma ambulância	einen Krankenwagen rufen
emergência *f* / **urgência** *f*	Notfall
serviço de urgência P./B. emergência	Notaufnahmedienst
urgências *f pl* P./B. **pronto-socorro** *m*	Unfallstation / Notaufnahme
prestar os primeiros socorros	erste Hilfe leisten
maca *f*	Tragbahre
desinfe(c)tante *m* – **desinfe(c)tar**	Desinfektionsmittel – desinfizieren
adesivo *m* P./B. **esparadrapo** *m*	(Heft-)Pflaster
penso *m* **rápido** P./B. **Band-Aid**™	Schnellverband
gaze *f*	Mullbinde
penso *m* / **ligadura** *f* P./B. **atadura** *f*	Verband
pôr um penso / uma atadura	verbinden
pomada *f*	Salbe
pomada para queimaduras	Brandsalbe
reanimar	wieder beleben
respiração *f* **boca a boca**	Mund-zu-Mund-Beatmung
tratar / **assistir** / **atender**	(*ärztlich*) behandeln / versorgen
Qual foi o médico que te tratou?	Welcher Arzt hat dich behandelt?
As vítimas foram assistidas no local do acidente.	Die Opfer wurden an der Unfallstelle ärztlich versorgt.
sequela [seqüela] *f*	Folge (*einer Krankheit*)
sofrer as sequelas / seqüelas do acidente	an den Unfallfolgen leiden

Deficiências
Behinderungen

Em terra de cegos quem tem olho é rei.

deficiência *f*	Behinderung
deficiência física / **mental**	körperliche / geistige Behinderung
Ele é portador de uma deficiência física.	Er leidet unter einer körperlichen Behinderung.
deficiente *m f*	behindert – Behinderte/-r
deficiente físico	körperbehindert – Körperbehinderte/-r
deficiente mental	geistig behindert – geistig Behinderte/-r
atrasado / **retardado mental**	zurückgeblieben
invalidez *f*	Invalidität / Behinderung
inválido/-a	körperbehindert – Körperbehinderte/-r
incapacidade *f*	Unfähigkeit / Behinderung
incapacitado	unfähig / behindert
incapacitado para o trabalho	arbeitsunfähig
portadores de incapacidade física / mental / psíquica	körperlich / geistig / psychisch Behinderte
distúrbio *m* / **problema** *m*	(Funktions-)Störung
distúrbios psicomotores	psychomotorische Störungen
crianças com problemas de aprendizagem	lernbehinderte Kinder
Ela tem problemas com a vista.	Ihre Sehkraft ist eingeschränkt.
defeito *m* / **deficiência** *f*	Fehler
defeito congénito [congênito] / de nascença	Geburtsfehler
distúrbios da fala	Sprachfehler; Sprachstörungen

***Algumas deficiências físicas e psíquicas* (= Behinderungen)**
cegueira f (= Blindheit) • *corcunda* f (= Buckel) • *debilidade* f *mental* (= Schwachsinn) • *demência* f *senil* (= senile Demenz) • *dislexia* f (= Legasthenie) • *daltonismo* m (= Farbenblindheit) • *epilepsia* f (= Epilepsie) • *gaguez* f / B. auch *gagueira* f (= Stottern) • *lábio* m *leporino* (= Gaumenspalte; Hasenscharte) • *miopatia* f (= Muskelerkrankung) • *paralisia* f (= Lähmung / Paralyse) • *paraplegia* f (= doppelseitige Lähmung der unteren oder oberen Extremitäten) • *síndrome* f *de Downs* / *mongolismo* m pej (= Down-Syndrom / Mongolismus) • *surdo-mudez* f (= Taubstummheit)

surdo/-a	taub – Taube/-r
surdez *f*	Taubheit
surdez congénita [congênito] / adquirida	angeborene / erworbene Taubheit

mouco	schwerhörig
mudo/-a	stumm – Stumme/-r
surdo/-a-mudo/-a	taubstumm – Taubstumme/-r
É surda-muda de nascença.	Sie ist von Geburt an taubstumm.
cego/-a	blind – Blinde/-r
zarolho/-a / B. *auch* **caolho/-a**	einäugig – Einäugige/-r / Schieler/-in
daltónico/-a [daltônico]	farbenblind – Farbenblinde/-r
mutilado	verstümmelt; versehrt
um mutilado de guerra	ein Kriegsversehrter
maneta *m f*	einarmig / -händig – Einarmige/-r
coxear	hinken
coxo/-a / **manco/-a**	hinkend – Hinkende/-r / Lahme/-r
aleijado/-a *pej* / **deformado/-a** *pej*	verkrüppelt – Krüppel
paralisia *f* – **paralítico/-a**	Lähmung / Paralyse – Gelähmte/-r / Paralytiker/-in
pólio *f* / **poliomielite** *f*	Kinderlähmung / Polio
Teve a pólio quando criança e ficou paralítico.	Er hatte als Kind Polio und blieb gelähmt.
muleta *f*	Krücke
cadeira *f* **de rodas**	Rollstuhl
controlar – **controle** *m* / P. *auch* **controlo**	kontrollieren – Kontrolle
Ele não pode controlar os músculos dos braços e da nuca.	Er kann seine Arm- und Nackenmuskeln nicht kontrollieren.

Expressões com defeitos físicos **(= Ausdrücke für körperliche Behinderungen)**
fazer-se de ***surdo*** (= sich taub stellen) • *fazer-se* ***surdo*** (= nicht hören wollen) • ***surdo*** *como uma porta* (= völlig taub) • ***mudo*** *de espanto* (= stumm vor Staunen) • *andar ao pé* ***coxinho*** P. (= auf einem Bein hüpfen) • *nó* ***cego*** (= unlösbarer Knoten) • ***cego*** *de ira* (= in blinder Wut) • *brincar à cabra* ***cega*** / B. *brincar de cabra-cega* (= blinde Kuh spielen) • *Em terra de* ***cegos****, quem tem um olho é rei.* (= Unter Blinden ist der Einäugige König.)

No médico
Beim Arzt

→ 1.2 Partes do corpo, 4.1 Doenças e sintomas, 4.6 No hospital, 16.3 Medicina

De médico e louco, todos (nós) temos um pouco.

medicina *f*	Medizin

Médico ist das allgemeine Wort für Arzt / Ärztin; die Anredeform ist aber *doutor/-a* (*Obrigada, Doutora Elsa*).

doutor/-a	Doktor (*als Anrede*)
doutor Paulo / doutora Teresa	Dr. Paulo / Dr. Teresa
médico/-a	Arzt / Ärztin – ärztlich
médico/-a clínico/-a / de clínica geral	Arzt / Ärztin für Allgemeinmedizin
médico/-a especialista	Facharzt / -ärztin
médico/-a de família	Hausarzt / -ärztin
médico/-a particular	Privatarzt / -ärztin
médico/-a da caixa P.	Amtsarzt / -ärztin
médico de banco P./B. médico de plantão / plantonista	Dienst habender Arzt / Bereitschaftsarzt
negligência médica	ärztliche Fahrlässigkeit
paciente *m f* / **doente** *m f* / B. *auch* **cliente** *m f*	Patient/-in
A senhora é paciente / cliente do Dr. José?	Sind Sie Patientin von Dr. José?
assistente *m f* / **auxiliar** *m f*	Sprechstundenhilfe / Arzthelfer/-in
auxiliar *m f* **de enfermagem**	Krankenpflegehelfer/-in
enfermeiro/-a	Krankenpfleger/-in / Krankenschwester
parteira *f*	Hebamme

Alguns especialistas **(= Einige Fachärzte)**
Die Wörter mit Endung -ista sind maskulin und feminin.
anestesista (= Anästhesist/-in) • *cardiologista* / B. auch *cardiólogo/*-a (= Kardiologe / Kardiologin) • *cirurgião/-ã* (= Chirurg/-in) • *cirurgião/-ã plástico/-a* (= Schönheitschirurg/-in) • *dermatologista* (= Hautarzt / -ärztin) • *ginecologista* (= Frauenarzt / -ärztin) • *internista* (= Internist/-in) • *neurologista* (= Neurologe / Neurologin) • *oftalmologista* / B. auch *oculista* (= Augenarzt / -ärztin) • *ortopedista* (= Orthopäde / Orthopädin) • *otorrinolaringologista* (= Hals-Nasen-Ohren-Arzt / -Ärztin) • *pediatra* (= Kinderarzt / -ärztin) • *psicoterapeuta* (= Psychotherapeut/-in) • *psiquiatra* (= Psychiater/-in)

Unter *Ambulatório m* versteht man in Brasilien eine Art Fürsorgestelle (z.B. von der Pfarrei oder von einem privaten Krankenhaus), wo die bedürftige Bevölkerung behandelt wird. Es kann auch eine Beratungs- und Behandlungsstelle eines Krankenhauses für ärztliche ambulante Behandlung sein. *Ambulância f (do pronto-socorro)* ist der Krankenwagen. *Pronto-socorro m* ist ein Krankenhaus bzw. in einem Krankenhaus die Notfallambulanz. Amtsarzt / -ärztin in dem Sinne, wie man sie in Deutschland kennt, gibt es in Brasilien nicht. Der *Posto m de Saúde* ist eine Art öffentliche Gemeinschaftspraxis, wo die Behandlung gratis ist bzw. durch die Krankenkasse oder Krankenversicherung abgerechnet wird.

consultório *m*	Arztpraxis; Sprechzimmer
sala *f* **de espera**	Wartezimmer
atendimento *m* **domiciliar** / **a(o) domicílio**	Hausbesuch
análise *f* / **exame** *m*	Untersuchung
resultados das análises clínicas	Ergebnisse der Laboruntersuchung
exames clínicos / exames de laboratório	Laboruntersuchung

Exames m pl ***de rotina*** **(= Routineuntersuchungen)**
análise / exame de urina / de sangue / de fezes (= Urin- / Blut- / Stuhluntersuchung) • *exame da taxa de colesterol* (= Untersuchung des Cholesterinspiegels) • *exame preventivo de cancro* P./B. *câncer* (= Krebsvorsorgeuntersuchung) • *check up* m (= Vorsorgeuntersuchung) • *medir a febre / a pressão arterial* (= das Fieber / den Blutdruck messen)

diagnose *f*	Diagnose
diagnóstico *m*	diagnostisch – Diagnostik
diagnóstico radiológico	radiologische Diagnostik
diagnosticar (-co; -ca > -que) uma doença	eine Krankheit diagnostizieren
ele(c)trocardiograma *m*	EKG (= Elektrokardiogramm)
examinar	untersuchen
exame *m* **médico**	ärztliche Untersuchung
submeter-se a um exame médico	sich einer ärztlichen Untersuchung unterziehen
anamnese f / **anamnésia** f	Anamnese / Krankengeschichte
ficha *f* **médica**	Patientenkarte
pressão *f* / **tensão** *f* **arterial** / **sanguínea**	Blutdruck
radiografia *f*	Röntgenaufnahme
tirar / fazer uma radiografia	eine Röntigenaufnahme machen
ultra-sonografia *f* / **ultra-som** *m*	Ultraschalluntersuchung
ecografia *f*	Ultraschallaufnahme
atestado *m*	Bescheinigung
apresentar atestado médico	ein ärztliches Attest vorlegen

passar um atestado médico	krankschreiben
Cartão *m* **de Beneficiário da Segurança Social** P./B. **Carteira** *f* **da Previdência Social**	Krankenversicherungsausweis
consulta *f* / **hora** *f* **marcada**	Arzttermin
horas *f pl* **de atendimento**	Sprechstunde
Queria marcar uma consulta para quinta-feira.	Ich möchte einen Termin für Donnerstag vereinbaren.
Tem hora marcada / consulta marcada?	Haben Sie einen Termin?
despesas *f pl* médicas	Ausgaben für medizinische Leistungen
honorários *m pl* médicos	ärztliche Honorare
seguro *m* **de saúde obrigatório**	gesetzliche Krankenversicherung
tratamento *m*	Behandlung
receita *f* – **receitar**	Rezept – etwas verordnen / verschreiben
medicamento *m*	Medikament
medicação *f*	Medikation; Verordnung
remédio *m*	Medizin; Arzneimittel; Heilmittel
Toma algum tipo de remédio?	Nehmen Sie irgendwelche Medikamente ein?
antibiótico *m*	Antibiotikum
analgésico *m*	Schmerzmittel
calmante *m*	Beruhigungsmittel
comprimido *f*	Tablette
comprimido para dor de cabeça	Kopfwehtablette
gota *f* – gotas para o nariz / os olhos	Tropfen – Nasen- / Augentropfen
insulina *f*	Insulin
inje(c)ção *f*	Injektion; Spritze
aplicar / dar uma inje(c)ção	eine Spritze geben
pastilha *f*	Pastille / Lutschtablette
pastilha para dor de garganta	Halswehtablette
pílula *f* – tomar uma pílula	Pille – eine Pille nehmen
pomada *f* – passar uma pomada	Salbe – eine Salbe auftragen
uma pomada para hemorróidas	eine Salbe für Hämorrhoiden
purgante *m*	Abführmittel
supositório *m*	Zäpfchen
xarope *m* **para a tosse**	Hustensaft
só com receita médica	nur auf ärztliches Rezept (erhältlich)
radioterapia *f*	Bestrahlung
inalação *f* – **inalar**	Inhalation – inhalieren
convalescença *f*	Genesung
cura *f*	Heilverfahren; Genesung; Kur
curar / **sarar**	heilen
melhoria *f*	Besserung
recuperação *f*	Gesundung / Genesung
recaída *f*	Rückfall
conversa *f* **com o médico**	Gespräch mit dem Arzt

doente *m f* / **enfermo/-a**	krank – Kranke/-r
doer (irr.)	wehtun
Dói-me a mão.	Mir tut die Hand weh.
adoentado	kränklich
doloroso – **dolorido** / **dorido** P.	schmerzhaft – schmerzend
músculos doloridos / doridos	schmerzende Muskeln

Dor f pl *dores* ist das allgemeine Wort für Schmerzen, Leiden, Beschwerden: *a dor causada por uma úlcera* (= die Schmerzen, die durch ein Magengeschwür verursacht werden) • *dor de barriga / de cabeça / de dente(s) / de estômago / de garganta / de ouvido* (= Bauchschmerzen / Kopfschmerzen / Zahnschmerzen / Magenschmerzen / Halsschmerzen / Ohrenschmerzen) • *dor nas costas / nas pernas / na região abdominal* (= Rückenschmerzen / Beinschmerzen / Schmerzen in der Bauchgegend)
Man kann sagen: *ter* (irr.) *dor(es) de estômago / de barriga* etc. oder *estar com dor(es) de estômago / de barriga* etc. (= -schmerzen haben)

Andere Ausdrücke mit *dor:*
Uma dor pode ser surda / forte / aguda / lancinante / terebrante.(= Ein Schmerz kann dumpf / heftig / brennend / stechend / bohrend sein.) • *Desde quando sente / tem esta dor?* (= Wie lange haben Sie diese Schmerzen schon?) • *Tem dores ao urinar?* (= Haben Sie Schwierigkeiten beim Wasserlassen?) • *Dói-me o braço.* (= Mir tut der Arm weh) • *Doem-me os dentes.* (= Mir tun die Zähne weh.)

apetite *m*	Appetit
dieta *f*	Diät
engordar – **emagrecer** (-ço; -ça > -ce; -ci)	zunehmen – abnehmen
peso *m*	Gewicht
excesso de peso – falta de peso P./B. abaixo do peso	Über- – Untergewicht
evacuar / **fazer cocó** P./B. **cocô** *fam*	Stuhlgang haben
fraco / **forte**	schwach / stark
sentir-se fraco	sich schwach fühlen
incomodar / **ter** (irr.) **problemas** (com)	stören / zu schaffen machen / belästigen
Incomodam-me as costas.	Mein Rücken macht mir zu schaffen.
período *m* / **regra** *f* / **menstruação** *f*	Periode / Monatsblutung / Menstruation
pressão *f* / **tensão** *f*	Blutdruck
pressão *f* alta – baixa	hoher – niedriger Blutdruck
problema *m* de estômago	Magenbeschwerden
respiração *f* – **respirar**	Atem – atmen
Segure / Prenda a respiração.	Halten Sie den Atem an.
Respire fundo.	Holen Sie tief Luft.
sentir(-se) (irr.)	(sich) fühlen
Não me sinto bem.	Ich fühle mich nicht wohl.

febre *f*	Fieber
temperatura *f*	Temperatur
A temperatura dela está alta.	Ihre Temperatur ist hoch.
despir-se (irr.) / **tirar a roupa**	sich ausziehen
Por favor, tire toda a roupa.	Würden Sie sich bitte ganz ausziehen.
vacinar – **vacina** *f*	impfen – Impfung

Etwa 70% der Brasilianer werden durch das *Sistema Único de Saúde SUS* (= Allgemeines Gesundheitssystem) behandelt, das vom *Ministério da Saúde* (= Gesundheitsministerium) verwaltet wird. Dazu gehören alle öffentlichen Krankenhäuser, Universitätskliniken und die staatlich zugelassenen Privatkliniken. Bundesstaaten und Kommunen erhalten vom *Fundo Nacional de Saúde do Ministério da Saúde* (= Nationale Stiftung für Gesundheit des Gesundheitsministeriums) Geldmittel zur Finanzierung des Dienstes.
Die Behandlung durch das *SUS* erfolgt größtenteils in den *postos de saúde* (= öffentliche Gemeinschaftspraxen), *maternidades* (= Entbindungsstationen), *pronto-socorros* (= Notfallambulanzen), *clínicas odontológicas* (= Zahnkliniken) und *clínicas psiquiátricas* (= psychiatrische Kliniken).
Die Qualität der öffentlichen Gesundheitsversorgung ist im Allgemeinen nicht sehr gut. 25% der Brasilianer haben deshalb irgendeine Art von zusätzlicher Krankenversicherung (privat oder über den Arbeitgeber). Eine Privatbehandlung aus eigener Tasche kann sich aber nur eine kleine Minderheit leisten. Man schätzt, dass noch etwa 10 Millionen Brasilianer auf dem Land keinerlei Zugang zur Gesundheitsversorgung haben.

„Foi por causa disso que chamou o médico? Por causa dessa febrezinha!"

4

5

No dentista
Beim Zahnarzt

A cavalo dado não se olham os dentes.

odontologia *f*	Odontologie / Zahnheilkunde
odontologista *m f* P./B. **odontólogo/-a**	Odontologe / Ondontologin
dentista *m f*	Zahnarzt/-ärztin
ortodontia *f*	Zahnregulierung
técnico/-a de odontologia P./B. **protético/-a**	Zahntechniker/-in
clínica *f* **dentária** P./B. **dental** / **odontológica**	Zahnklinik
tratamento *m* **dos dentes**	Zahnbehandlung
dente *m*	Zahn
O dente está a abanar P./B. O dente está soltando / está mole.	Der Zahn wackelt / ist locker.
dente *m* **de siso**	Weisheitszahn
molar *m*	Backenzahn
tirar / extrair um molar	einen Backenzahn ziehen
dor *f* **de dentes**	Zahnschmerzen
Estou com dor de dentes. / Tenho dor de dentes.	Ich habe Zahnschmerzen.
sensível (ao frio)	(kälte)empfindlich
doer (irr.)	wehtun
O dente só dói quando mordo.	Der Zahn tut nur weh, wenn ich beiße.
gengiva *f*	Zahnfleisch
maxilar *m* **inferior** / **superior**	Unter- / Oberkiefer
amálgama *m f*	Amalgam
anestesia *f* (local)	(örtliche) Betäubung
Vou dar-lhe / aplicar-lhe uma anestesia.	Ich werde Ihnen eine Betäubung geben.
aparelho *m* (de dentes)	(Zahn-)Spange
cárie *f* – **cariar**	Karies – kariös werden
Tenho que perfurar um pouco mais para remover a cárie.	Ich muss noch etwas bohren, um die Karies zu entfernen.
coroa *f*	Krone
pôr uma coroa no dente	einen Zahn mit einer Krone versehen
dentadura *f* – **dentadura postiça**	Gebiss – künstliches Gebiss; dritte Zähne
enxaguar (irr.)	spülen
Enxague [enxagüe] bem a boca.	Bitte gründlich (aus)spülen.
implante *m*	Implantat
inclinar-se para trás / **reclinar-se**	sich zurücklehnen
molde *m*	Abdruck

fazer um molde para uma obturação	einen Abdruck für ein Inlay / eine Zahnfüllung machen
obturar – **obturação** *f*	füllen / plombieren – Füllung / Plombe / Inlay
Este dente tem que ser obturado.	Dieser Zahn muss plombiert werden.
Esta obturação tem que ser substituída.	Diese Füllung muss ersetzt werden.
obturação de porcelana / de ouro	Keramik- / Goldfüllung
tártaro *m*	Zahnstein / -belag
ponte *f* – pôr uma ponte	Brücke – eine Brücke anbringen
prótese *f* **dental**	Zahnprothese
raiz *f*	Wurzel
fazer (irr.) **tratamento** *m* **de canal** *m*	eine Wurzelbehandlung machen
higiene *f* **bucal**	Mundhygiene
escova *f* **de dentes**	Zahnbürste
escovar os dentes / P. *auch* **lavar**	die Zähne putzen
fio *m* **dental** – usar fio dental	Zahnseide – Zahnseide benutzen
passar fio dental entre os dentes	mit der Zahnseide die Zahnzwischenräume putzen
pasta *f* **de dentes** / P. *auch* **pasta dentífrica** / B. *auch* **pasta dental**	Zahnpasta

„Tem certeza de que não quer mesmo anestesia?"

4
6

No hospital
Im Krankenhaus

→ 4.1 Doenças e sintomas, 4.2 Acidentes e lesões, 4.4 No médico, 16.3 Medicina

Erros dos médicos, a terra os cobre.

hospital *m*	Krankenhaus / Hospital
hospital universitário	Universitätskrankenhaus
hospital privado / particular	privates Krankenhaus
hospital público	öffentliches Krankenhaus
banco *m* **de sangue** / **de olhos** / **de órgãos**	Blut- / Augen- / Organbank
clínica *f* – **policlínica** *f*	Klinik – Poliklinik
clínica particular / privada	Privatklinik
clínica odontológica / psiquiátrica	zahnärztliche / psysichiatrische Klinik
centro *m* **de saúde** P./B. **posto** *m* **de saúde**	öffentliche Gemeinschaftspraxis

Se(c)ções *f* **(= Krankenhausstationen)**
ambulatório (= Station für ambulante Konsultation) • *cirurgia* (= Chirurgie) • *enfermaria* (= Behandlung) • *maternidade* / *obstretícia* (= Entbindung) • *medicina interna* / *clínica* (= innere Medizin) • *urgência* P. (= Notaufnahme / Unfallstation) • *unidade de cuidados intensivos* UCI P./B. *unidade de tratamento intensivo* UTI (= Intensivstation)

paciente *m f* / **doente** *m f*	Patient/-in
paciente em tratamento ambulatório	ambulante/-r Patient/-in
paciente hospitalizado / internado	stationär behandelte/-r Patient/-in
cama *f* / **leito** *m*	Bett
hospitalização *f m* – **internamento** *m* / B. *auch* **internação** *m*	Einweisung ins Krankenhaus
hospitalizar / **internar**	einweisen
Ela esteve várias semanas hospitalizada.	Sie war wochenlang im Krankenhaus.
operação sem hospitalização	chirurgische Ambulanz
dar (irr.) **entrada** *f* **no hospital**	einweisen / ins Krankenhaus gehen
alta *f* – dar alta / receber alta	Entlassung – entlassen
visita *f* **médica**	Visite
enfermeiro/-a	(Kranken-)Pfleger / Schwester
enfermeira médico-cirúrgica	Operationsschwester
enfermeira chefe	Oberschwester
enfermeira estagiária	Schwesternschülerin
médico/-a	Arzt / Ärztin – ärztlich
médico/-a especialista *m f*	Facharzt
assistência médica	ärztliche Behandlung / Fürsorge
médicos internos P./B. residentes	Assistenzärzte

o/a médico/-a de plantão / em serviço	der / die Dienst habende Arzt / Ärztin
médico-chefe	Oberarzt / -ärztin
médico de uma unidade	Stationsarzt / -ärztin
cirurgia *f* / **operação** *f*	Chirurgie
cirurgião/-ã / **operador/-a**	Chirurg/-in
sala de operação – mesa de operação	Operationssaal – Operationstisch
submeter-se a / sofrer uma intervenção cirúrgica	sich einem chirurgischen Eingriff unterziehen
amputar – **amputação** *f*	amputieren – Amputation
anestesia *f* – **narcose** *f*	Anästhesie / Betäubung – Narkose
anestesia geral / local	Voll- / örtliche Narkose / Betäubung
anestésico *m*	Anästhetikum / Narkosemittel
anestesista *m f*	Anästhesist/-in / Narkosearzt/-ärztin
bisturi *m*	Skalpell
cesariana *f*	Kaiserschnitt
cicatriz *f*	Narbe
cortar / **abrir**	aufschneiden
ponto *m* – dar pontos	Stich – nähen
O médico teve que dar três pontos no ferimento.	Der Arzt musste die Verletzung mit drei Stichen nähen.
extirpar / **extrair** / **tirar** / **retirar**	entfernen
O tumor foi extirpado.	Der Tumor wurde entfernt.
extirpação *f* / **extra(c)ção** *f*	Entfernung; Wegnahme
marcador *m* **de ritmo** P./B. **marca-passo** *m*	Herzschrittmacher
operação *f* – **operar alguém**	Operation – jemand operieren
fazer uma operação	operieren – operiert werden
submeter-se a uma operação	sich einer Operation unterziehen
operável – **inoperável**	operabel – inoperabel
um tumor de cérebro inoperável	ein nicht operierbarer Gehirntumor
sangue *m* – **grupo** *m* **sanguíneo**	Blut – Blutgruppe
transfusão *f* **de sangue**	Bluttransfusion
transplante *m* **de órgãos**	Organtransplantation
doador/-a – **receptor/-a de um órgão**	Organspender/-in – Organempfänger/-in
soro *m*	Tropf; Infusion; Infusionsapparat

Wörter, die chirurgische Eingriffe bezeichnen, haben häufig die Endung *-ectomia* und sind feminin (= Herausschneidung / Entfernung) – die Betonung liegt auf dem *i* von *ia*: *vasectomia* (= teilweise Entfernung des Samenleiters) • *mastectomia* (= Brustamputation) • *gastrectomia* (= operative Entfernung des Magens) • *nefrectomia* (= operative Entfernung einer Niere) • *histerectomia* (= operative Entfernung der Gebärmutter)

Vida saudável
Gesunde Lebensweise

Quem tem saúde, deixa o santo sossegado. (B.)

saúde *f* – **saudável** *m f* / **sadio**	Gesundheit – gesund
Nadar é bom / faz bem à / B. *auch* para a saúde.	Schwimmen ist gesundheitsfördernd.
Fumar é prejudicial à saúde.	Rauchen schadet der Gesundheit.
levar uma vida saudável	ein gesundes Leben führen
fanático / apóstolo da saúde	Gesundheitsfanatiker/-in / -apostel
viver conscientemente de maneira saudável	gesundheitsbewusst leben
origem *f* **dos alimentos**	Herkunft der Lebensmittel
produtos / **alimentos biológicos**	Biokost / Biolebensmittel
alimentação à base de produtos biológicos	Biokosternährung
cultivo *m* **ecológico**	ökologischer Anbau
sem aditivos nem conservantes	frei von chemischen Zusätzen
aveia *f*	Haferkleie – Haferbrei
A aveia reduz o nível do colesterol.	Haferkleie senkt den Cholesterinspiegel.
caloria *f*	Kalorie
chá m / **infusão** *f* **de ervas (medicinais)**	Kräutertee(s)
fibra *f*	Faser; Ballast(stoff)
alimentos ricos em fibras e de baixo teor de gorduras	ballaststoffreiche und fettarme Kost
gorduras *f* **poli-insaturadas**	mehrfach ungesättigte Fettsäuren
ovo *m*	Ei
produto *m* **integral** – **pão** *m* **integral**	Vollwertkost – Vollkornbrot
vegetariano/-a	vegetarisch – Vegetarier/-in
vitamina(s) *f*	Vitamin(e)
dieta *f*	Heilprogramm; Diätplan; Kur
Estou de dieta porque quero emagrecer.	Ich lebe Diät, weil ich abnehmen will.
pílulas *f* **para emagracer**	Schlankheitspillen
regime *f*	Diät
fazer regime para perder peso	eine Diät machen, um abzunehmen
clínica *f* **de emagrecimento**	Abmagerungsklinik
dietética *f*	Diätetik / Ernährungswissenschaft
dietético	diätetisch – Diät-
produtos dietéticos / naturais	Reform(haus)kost; Naturkost
loja de produtos dietéticos	Reformhaus; Bioladen; Naturkostladen
bem-estar *m*	Wohlbefinden / -behagen

cuidados *m pl* com o corpo	Körperpflege
termas *f* pl / **balneário** *m* / B. *auch* **spa**	Bade(kur)ort; Kurort
banho *m* **de vapor – banho** *m* **turco**	Dampfbad – türkisches Bad
banho *m* **de lama**	Moorbad
banho *m* **de sol**	Sonnenbaden
fisioterapia *f*	Physiotherapie
hidromassagem *f*	Whirlpool / Unterwassermassage
massagem *f*	Massage
fazer massagens [-gem]	Massage machen / bekommen
A massagem fez-me muitíssimo bem.	Die Massage hat mir enorm gut getan.
raios *m pl* **ultravioletas**	Höhensonne
sauna *f*	Sauna
solário *m*	Bräunungsstudio
manter (irr.) / **recuperar a forma física**	die gute Form erhalten / wiederherstellen
aeróbica *f*	Aerobic
andar / **caminhar** – **fazer** (irr.) **caminhada(s)**	gehen; wandern
bicicleta *f* **(ergométrica)** – **esteira** *f*	Heimtrainer – Laufband
correr – fazer (irr.) **jogging**	rennen / Dauerlauf machen – joggen
Eu corro / faço jogging todos os dias.	Ich renne / jogge jeden Tag.
desporto *m* P./B. **esporte** *m*	Sport
praticar / fazer desporto / esporte	Sport treiben
exercício *m*	Bewegung; Übung
exercícios para fortalecer os músculos das costas	(*gymnastische*) Übungen zur Stärkung der Rückenmuskulatur
exercícios de respiração	Atemübungen
ginásio *m* – **academia** *f* **de ginástica**	Turnhalle – Fitnessstudio
ginástica *f*	Turnen – Gymnastik
fazer (irr.) **ginástica**	turnen – Gymnastik machen
hidroginástica *f*	Wassergymnastik
ioga *f*	Yoga
A ioga é boa para relaxar a mente e melhorar o estado físico.	Yogaübungen sollen den Geist entspannen und die körperliche Verfassung verbessern.
movimentar(-se)	gehen; sich bewegen
musculação *f*	muskelkräftigende Übungen
malhar B.	kräftig / instensiv trainieren
natação *f* – **nadar**	Schwimmen – schwimmen
treinar – **treino** *m* / **treinamento** *m*	trainieren – Fitnesstraining

A casa
Wohnen

Apartamentos e casas
Wohnungen und Häuser

→ 7.1 Escassez de habitações 11.6 Arquite(c)tura, 20.6 Bens imóveis

Quem casa quer casa.

apartamento *m* / P. *auch* **andar**	Apartment; (Etagen-)Wohnung
apartamento alugado	Mietwohnung
prédio *m* / **edifício** *m*	Gebäude; (Wohn-)Hochhaus
conjunto de edifícios	Wohnblock
bloco *m*	Hochhaus eines Wohnblocks

Tipos de apartamentos **(= Arten von Wohnungen)**
estúdio m P./B. *conjugado* m / B. auch *kitchenette* m / P. auch *T0* (= Einzimmerwohnung) • *duas assoalhadas* P./B. *quarto-e-sala* m / P. auch *T1* (= Zweizimmerwohnung) • *duplex* m (= Maisonettewohnung) • *triplex* m (= Dreietagenwohnung) • *cobertura* f B. (= Penthouse / Dachterrassenwohnung)

Mit *edifício* m bezeichnet man in Brasilien ein Hochhaus. In Portugal wird für Hochhaus das Wort *prédio* m gebraucht. Ein *condomínio* m ist eine Wohnungseigentümergemeinschaft. Man versteht darunter aber auch die gemeinsamen Ausgaben eines Wohnblocks für Pförtner, Hausmeister, Wachpersonal, Putzpersonal, Wasser, Licht, Müll, Aufzug, Gartenpflege sowie Rücklagen für Erhalt und Renovierung des Gebäudes. Ein *condomínio* m *fechado* ist eine abgegrenzte Wohnanlage, die sich nur Besserverdienende leisten können. Es kann aus Häusern oder Hochhäusern bestehen und liegt meistens in einer schönen Gegend in Stadtnähe oder auch im Stadtbereich, aber nicht im Stadtzentrum.
Traditionell waren die Häuser in Brasilien meistens mit einer Mauer umgeben. Zum Schutz vor Überfällen sind die Mauern vor allem in den Großstädten hoch und werden oft mit einem zusätzlichen Eisengitter oder mit Glassplittern versehen. Die Eingangstore sind meistens aus hohen, starken Eisenstäben, die in Spitzen enden und mit Ketten geschlossen werden.
Die *edifícios* und *condomínios fechados* haben Tag und Nacht einen Pförtner bzw. einen Hausmeister am Eingangstor oder in der Pförtnerloge. Für Nichtbewohner ist der Zugang in die Wohnungen erst nach einer Rückfrage per Haustelefon und Gewährung einer Eintrittserlaubnis möglich.

habitação *f* / **casa** *f* / B. *auch* **moradia** *f*	Wohnung (*als kollektiver Begriff*)
habitações acessíveis	erschwingliche Wohnungen
O Brasil precisa de cerca de 20 milhões de moradias.	Brasilien braucht ca. 20 Millionen Wohnungen.
morar / **viver**	wohnen / leben
lar *m p us*	Heim

casa *f*	Haus; Heim; Wohnung
escassez de casas	Wohnungsmangel
Vivem numa casa de dois andares.	Sie wohnen in einem zweistöckigen Haus.
Nunca passo muito tempo fora de casa.	Ich bin nie lange von zu Hause weg.
a / para casa – em casa	nach Hause – zu Hause
andar *m* / **piso** *m* / B. *auch* **pavimento** *m*	Stock(werk) / Etage
segundo / andar / piso	zweiter Stock
uma casa de três andares / pisos	ein dreigeschossiges Haus
piso lazer B.	*im Shopping-Center das Stockwerk für Restaurants, Kinos etc.*
rés-do-chão *m* / B. *m us* **térreo** *m*	Erdgeschoss

In Brasilien gibt es *casas populares* (= Sozialwohnungen) *do Banco Nacional de Habitação BNH* (= Bank für Wohnungsbau) für die ärmere Bevölkerung. Diese Häuser werden vom *Sistema Financeiro de Habitação SFH* (= staatliche Einrichtung zur Finanzierung von Sozialwohnungen) finanziert. Wegen Geldknappheit wird aber der Wohnungsbau nicht konsequent und kontinuierlich durchgeführt – mit der Folge, dass nur ein Bruchteil der Bedürftigen eine solche Sozialwohnung bekommt. Oft sind die Leute zu arm, um die Raten zu zahlen.

alojamento *m*	Quartier; Unterkunft
abrigo *m*	Obdach / (Not-)Unterkunft
Os refugiados encontraram temporariamente abrigo num barco.	Die Flüchtlinge fanden vorübergehend Obdach auf einem Schiff.
sem abrigo *m f* P./B. **sem-teto** *m f*	Obdachlose/-r – obdachlos
residência *f*	(Wohn-)Haus; Residenz
a residência oficial do chefe do governo	der Amtssitz des Regierungschefs
domicílio *m*	Haus; Wohnung; Wohnort / -sitz
entrega a(o) domicílio	Hauslieferung
palácio *m*	Palast; Amtssitz der Regierung

Tipos de construções **(= Arten von Gebäuden)**
casa f (= Haus) • *casa de campo* (= Ferien- / Wochenendhaus) • *casa de veraneio* (= Ferienhaus für den Sommer) • *casa na quinta* P./B. *casa na chácara / no sítio* B. / *na fazenda* B. / *na praia* (= Wochenendhaus auf dem Land / am Strand) • *casa de alvenaria* (= Haus aus Naturstein oder Backstein) • *casas geminadas* / P. *casas em banda* (= Doppelhaus / Reihenhaus) • *casa* f *pré-fabricada* (= Fertighaus) • *moradia* f P./B. *sobrado* m (= zweistöckiges, frei stehendes Haus)
bangaló m [*bangalô*] (= Bungalow) • *castelo* m (= Burg / Schloss) • *chalé* m (= kleines Haus im Schweizer Stil mit hohen Dächern) • *mansão* f / *solar* m /

palacete m / B. auch *casarão* m (= Herrenhaus) • *palácio* m (= Palast) • *vivenda* f (= Villa)
casebre m / *barraca* f P./B. *barraco* m (= Bruchbude / Elendshütte) • *cabana* f (= [Holz-]Hütte) • *choça* f B. (= ärmliche Behausung) • *cortiço* B. (= Wohngemeinschaft der ärmeren Bevölkerungsschicht; die Räume eines einstigen Herrenhauses wurden in Mietsquartiere umgewandelt) • *palhota* f P./B. *palhoça* f (= Haus mit Strohdach)
prédio m / *edifício* m (= Gebäude; Hochhaus. Beide Wörter werden als Synonym benutzt: *um prédio / edifício de 10 andares, 20 andares*; in Brasilien wird aber für ein Gebäude mit etwa 4 oder 5 Stockwerken das Wort *edifício* nicht benutzt, sondern *prédio*.) • *prédio / edifício de escritórios* (= Bürogebäude / -hochhaus) • *prédio comercial* (= Geschäftsgebäude) • *prédio residencial* (= Wohngebäude) • *arranha-céu(s)* m (= Wolkenkratzer)

imóvel *m* – **bens** *m pl* **imóveis**	Gebäude; Haus – Immobilien
barraca *f* / **tenda** *f*	Zelt
caravana *f* P./B. **trailler** *m*	Wohnwagen

***Partes de uma casa / um apartamento* (= Teile eines Hauses / einer Wohnung)**
alpendre m (= Vorbau an einer Seite des Hauses oder davor, an drei Seiten offen, klein, überdacht) • *varanda* f B. (= Veranda, wie ein *alpendre*, aber größer) • *área de serviço* f B. (= Nebenraum für Waschmaschine etc. und für Hausarbeiten wie Bügeln, Schuheputzen etc.) • *varanda* f / B. auch *balcão* m (= Balkon) • *telheiro* m P./B. *marquise* f (= Vordach) • *marquise* f P. (= Glasveranda) • *sacada* f (= Erker; kleiner Balkon) • *terraço* f (= Terrasse) • toldo m (= Vordach aus Segeltuch)
entrada f / (= Eingang) • *entrada social – entrada de serviço* (= Hausherreneingang – Dienstboteneingang) • *vestíbulo* m / *hall* m *de entrada* (= Diele; Eingangshalle) • *corredor* m (= Korridor / Gang / Flur) • *cave* f (= Keller) • *porão* m / B. auch *subsolo* m (= Untergeschoss / Souterrain) • *água*(s)-*furtada*(s) f (= Dachgeschoss mit Dachfenster) • *mansarda* f (= Mansarde) • *sótão* m / *desvão* m / P. auch *forro* m (= Dachgeschoss; Dachboden / Speicher)
divisão m P./ *assoalhada* f P./ *cômodo* m B. (= Raum; Zimmer) • *quarto* m / B. auch *dormitório* m (= Schlafzimmer) • *copa-cozinha* f B. (= Wohnküche) • *cozinha* f (= Küche) • *despensa* f (= Speisekammer) • *escritório* m / *biblioteca* f (= Arbeitszimmer) • *jardim* m *de inverno* (= Wintergarten) • *lavabo* m (= Toilette) • *casa* f *de banho* P. / *quarto* m *de banho* P. / *banheiro* m B. (= Badezimmer) • *despensa* f / P. auch *arrecadação* f P./B. auch *quarto* m *de despejo* (= Abstellkammer) • *quarto* m *de hóspedes* (= Gästezimmer) • *sala* f *de jantar* m (= Esszimmer) • *sala de estar / sala de visitas / salão* m / B. auch *living* m (= Wohnzimmer) • *corrimão* m (= Treppengeländer) • *degrau* m (= Stufe) • *escada* f (= Treppe) • *escadaria* f / P. auch *escadas* f pl (= Treppenhaus; Freitreppe) • *patamar* m (= Treppenabsatz)

casa de banho *f* P./B. **banheiro** *m* / **toalete** *f*	Toilette
porta *f* – **portão** *m*	Tür – Tor
porta da (entrada da) casa	Haustür; Haupteingang
porta giratória	Drehtür
porta de correr / B. *auch* porta corrediça	Schiebetür
postigo *m*	kleine Tür; Guckfensterchen
umbral *m* / **soleira** *f*	Türschwelle
janela *f*	Fenster
clarabóia *f*	*rundes, kleines* Fenster (*für Licht / Luft*)
vidraça *f*	Glasfenster
peitoril *m* / **parapeito** *m*	Fensterbrett
adufa *f* / **veneziana** *f*	Fenster(laden) mit Lamellen
persiana *f*	Rollladen
chaminé *f*	Schornstein
lareira *f*	offener Kamin
telhado *m* – **te(c)to** *m*	Dach – Dach; (Zimmer-)Decke
telhado *m* **plano** / **açoteia** *f* [açotéia]	Flachdach
pára-raios *m sg pl*	Blitzableiter
elevador *m* / **ascensor** *m*	Aufzug
pátio *m* (interno)	(Innen-)Hof

***O que está fora da casa* (= Was außerhalb des Hauses ist)**
barracão m / B. auch *galpão* m B. (= Schuppen) • *celeiro* m / B. auch *paiol* m (= Scheune) • *garagem* m (= Garage) • *cerca* f (= Zaun) • *sebe* f (= Hecke) • *grade* f / *gradeamento* m (= Gatter) • *muro* m (= Mauer) • *canil* m (= Hundehütte) • *chiqueiro* m / *pocilga* f (= Schweinestall) • *cocheira* f / *estrebaria* f / *cavalariça* f (= Pferdestall) • *estábulo* m (= Stall) • *jardim* m (= Garten) • *quintal* m (= Garten hinter dem Haus; Hinterhof) • *piscina* f (= Swimmingpool) • *estufa* f (= Gewächshaus / Treibhaus) • *fossa* f (= Fäkaliengrube)

Expressões idiomáticas
*Em **casa** de ferreiro, espeto de pau.* (= Im Haus des Schmieds ist der Spieß aus Holz.) • ***casa** roubada, trancas à porta* (= den Brunnen erst zudecken, wenn das Kind hineingefallen ist) • *ser da **casa*** (= zur Familie gehören) • *construir **castelos** no ar* (= Luftschlösser bauen) • *dar com a **porta** na cara de alguém* (= jemand die Tür vor der Nase zuschlagen) • *estar às **portas** da morte* (= dem Ende nahe sein) • *estúpido como uma **porta*** (= strohdumm sein) • *surdo como uma **porta*** (= völlig taub)

Móveis, decoração etc.
Möbel, Ausstattung usw.

Quem trabalha de graça é relógio.

armário *m* / **guarda-roupa** *m*	(Kleider-)Schrank
armário embutido – armário de parede	Einbauschrank – Wandschrank
vitrina *f*	Vitrine / Glasschrank
móvel *m* – **mobília** *f*	Möbel(stück) – Mobiliar / Möbel
Ela comprou móveis novos.	Sie hat neue Möbel gekauft.
mobilar [mobiliar] – **mobilado** [mobiliado]	möblieren – möbliert
um apartamento mobilado / mobiliado	eine möblierte Wohnung

camas (= Betten) • *berço* m (= Wiege / Kinderbett) • *cama* f *de casal* (= Doppelbett; französisches Bett) • *divã* m P./B. *cama dobrável* (= Klappbett • *cama de solteiro* (= Einzelbett) • *colcha* f (= Tagesdecke / Überbett) • *colchão* m (= Matratze) • *edredom* m (= Federbett / Plumeau) • *lençol* m (= Laken) • *cobertor* m / *coberta* f / *manta* f (= Decke) • *sofá-cama* m (= Schlafcouch) • *travesseiro* m / P. auch *almofada* f (= Kopfkissen)

prateleira *f*	Schrankbrett; Regalbrett
tábua *f*	Brett; Bord
estante *f*	Ständer; Bücherbord / Bücherbrett
estante – **biblioteca** *f*	Bücherregal – Bücherschrank / Bibliothek
cómoda *f* [cômoda]	Kommode
secretária *f* / **escrivaninha** *f*	Sekretär; Schreibtisch
aparador *m* / P. *auch* **bufete** *m* P./B. *auch* **bufê** *m*	Anrichte; Büfett
carrinho *m* **de chá**	Teewagen

***Mesas* (= Tische)**
mesa f (= Tisch) • *mesa de jantar* / *de cozinha* / *desdobrável* / *de trabalho* (= Ess- / Küchen- / Klapp- / Schreib- / Arbeitstisch) • *mesa de centro* (= Couchtisch) • *mesa de cabeceira* / B. auch *criado-mudo* m (= Nachttisch) • *toalha* f *de mesa* (= Tischdecke)

sanita *f* P./B. **vaso** *m* **sanitário**	Klo
banheira *f*	Badewanne
duche *m* P./B. **ducha** *f*	Dusche
balança *f*	(Badezimmer-)Waage
torneira *f*	Wasserhahn
abrir – fechar a torneira	den Wasserhahn auf- – zudrehen
lavatório *m* P./B. **pia** *f*	Waschbecken (*Bad*)
lava-louça *m* P./B. **pia** *f*	Spülbecken (*nur Küche*)
cano *m*	Abflussrohr

***Ele(c)trodomésticos* (= Elektrogeräte)**
esquentador P./B. *aquecedor* m *(de água)* (= Boiler) • *ar* m *condicionado* (= Klimaanlage) • *aspirador* m *(de pó)* (= Staubsauger) • *congelador* m (= Gefrierfach) • *ferro* m *(de passar roupa)* (= Bügeleisen) • *fogão* m (= Herd) • *forno* m (= Ofen) • *forno* m *microondas* (= Mikrowellenherd) • *arca* f *frigorífica* P./B. *freezer* m (= Tiefkühltruhe / Gefrierschrank) • *frigorífico* m P./B. *geladeira* f (= Kühlschrank) • *máquina* f *de lavar a roupa* / B. auch *lavadora* f (= Waschmaschine) • *máquina* f *de lavar louça* (= Spülmaschine) • *secadora* f (= Trockner) • *torradeira* f / B. auch *tostadeira* f (= Toaster) • *ventilador* m / *ventoinha* f P. (= Ventilator)

candeeiro *m* P.	Lampe
lâmpada *f*	Glühbirne
candeeiro *m* **de pé** P./B. **abajur** *m* **de pé**	Stehlampe
abajur *m* / **quebra-luz** *m*	B. Tischlampe / P. Lampenschirm
luz *f*	Licht; Lampe
acender – apagar a luz	das Licht an- – ausmachen
tomada *f*	Steckdose

***Tipos de assentos* (= Sitzgelegenheiten)**
cadeira f (= Stuhl) • *cadeira com encosto reclinável* / *espreguiçadeira* f (= Liegestuhl) • *cadeira* f *desdobrável* (= Klappstuhl) • *cadeira* f *giratória* (= Drehstuhl) • *cadeira* f *de baloiço* P./B. *balanço* (= Schaukelstuhl) • *poltrona* f / P. auch *maple* m (= Sessel) • *sofá* m (= Sofa) • *banquinho* m / B. auch *tamborete* m (= Hocker / Schemel) • *banco* m (= Bank)

sentar-se – **estar** (irr.) **sentado**	sich hinsetzen – sitzen
relógio *m* **de parede**	Wanduhr
relógio *m* **de pêndulo**	Standuhr
despertador *m*	Wecker
espelho *m*	Spiegel
cortina *f*	Vorhang / Gardine
puxar / fechar as cortinas	die Vorhänge zuziehen
persiana *f*	Rollo; Jalousie; Rollladen
tapete *m* **de casa de banho** P./B. **piso** *m* **de banheiro**	(Bade-)Teppich
capacho *m*	Fußabstreifer (*vor der Tür*)
esteira *f* (de praia / piscina)	(Bade-)Matte
carpete *m* / P. *auch* **alcatifa** *f*	Teppichboden
mandar pôr / colocar carpete / alcatifa	einen Teppich(boden) verlegen lassen
tapete *m* – **passadeira** *f*	Teppich – Läufer
chão de tacos *m pl* / B. *auch* **parquete** *m*	Parkettfußboden
aquecimento / **calefa(c)ção** *f*	Zentralheizung
aquecedor *m*	Heizkörper

caldeira *f* (de aquecimento)	Heizkessel
tanque *m* / **depósito** *m* (de água)	Tank; Wasserspeicher; (Wasser-)Kessel

Grobes (Keramik-)Geschirr ist *louça* f *de barro* / *faiança* f; feines Porzellan(geschirr) ist *louça* / *porcelana* f.

cesto *m* **de papéis**	Papierkorb
cesto *m* / **lata** *f* **de lixo** / P. *auch* **caixote do lixo**	Mülleimer; Mülltonne
campainha *f* / **sino** *m*	(Tür-)Klingel; Glocke
tocar a campainha	klingeln

„Pelos vistos um apartamento era pouco para ela."

Trabalhos domésticos
Hausarbeiten

Quem boa cama faz, em boa cama se deita.

serviço *m* / **trabalho** *m* **de casa** / **tarefas** *f pl.* **domésticas**	häusliche Beschäftigung(en)
fazer o serviço de casa	die Haus(halts)arbeit erledigen
limpar	sauber machen; putzen
limpar as janelas	die Fenster putzen
limpeza *f* / B. *auch* **faxina** *f*	Reinigen / Putzen
encarregado/-a da limpeza	Reinigungspersonal
fazer a limpeza / B. *auch* fazer a faxina	die Putzarbeit machen
limpeza a seco P.	chemische Reinigung
mulher-a-dias *f* P./B. **faxineira** *f*	Putzfrau / Reinigungsfrau; Zugehfrau
criado/**-a** *p. us*	(Haus-)Diener; Hausangestellte
empregada doméstica	Dienstmädchen; Magd
esfregar (-go; -ga > -gue)	schrubben; scheuern
passar um pano (na mesa)	mit einem Tuch (den Tisch) wischen
enxaguar (irr.)	abspülen
dar (irr.) **uma lavadela** P./B. **lavada**	schnell abwaschen
limpar P./B. **secar** (-co; -ca; > -que) / **enxugar**	abtrocknen
Deixe que eu limpo / seco a louça.	Lass mich das Geschirr abtrocknen.
varrer	fegen
tirar o pó / P. *auch* **limpar o pó**	Staub wischen
aspirar o pó / **passar o aspirador**	Staub saugen
escovar / B. *auch* **passar escova**	bürsten

Utensílios **m** ***de limpeza, produtos*** **m** ***de limpeza*** **(= Reinigungsutensilien, Reinigungsmittel)**
camurça f *para limpar janelas* (= Fensterleder) • *escova* f (= Bürste) • *esfregão* m (= Scheuertuch) • *esponja* f (= Schwamm) • *detergente* m *para louça* (= Spülmittel) • *pá* f *e vassourinha* f *de mão* (= Kehrschaufel und Handfeger) • sabão m (= Seife) • *pano* m (= Tuch) • *pano de cozinha* (= Geschirrtuch) • *pano de pó* (= Staubtuch) • *barra* f *de sabão* / B. auch *pedra de sabão* (= Seifenstein) • *sabão em pó* / P. auch *detergente* (= Waschpulver) • *detergente líquido* (= flüssiges Waschmittel) • *vassoura* f (= Besen)

pôr (irr.) **a mesa**	den Tisch decken
tirar a mesa / P. *auch* **apanhar** / **levantar**	den Tisch abdecken / abräumen
tirar / apanhar os pratos usados	das schmutzige Geschirr abräumen
arrumar (a casa)	(das Haus) aufräumen; in Ordnung bringen
arrumar a cozinha	die Küche aufräumen
roupa *f* **suja**	(schmutzige) Wäsche

o cesto de roupa suja	Wäschekorb
lavar *m* – **lavagem** *f*	waschen – Abwasch
limpeza *f* a seco P./B. lavagem a seco	chemische Reinigung
lavar os pratos	(das) Geschirr abspülen / abwaschen
lavar a roupa	(die) Wäsche waschen
passar roupa	bügeln
passar as camisas e as calças	die Hemden und Hosen bügeln
polir a prata	Silber putzen
lustrar os sapatos	die Schuhe blank putzen
engraxar os sapatos	die Schuhe einfetten
encerar os móveis (de madeira)	die (Holz-)Möbel einwachsen / polieren
cera *f* **para o chão – cera** *f* **para móveis**	Bohnerwachs – Möbelpolitur
ventilar / **arejar** (um quarto / uma casa)	(ein Zimmer / ein Haus) lüften
fazer (irr.) **as camas**	die Betten machen
sacudir (irr.) **os tapetes**	die Teppiche klopfen

„Racionalização"

Ordem social
Sozialordnung

Comunidades
Gemeinschaften

→ 14.7 A cidade

Ir à cidade só por necessidade.

comunidade *f*	Gemeinschaft
servir a P./B. à comunidade	der Gemeinschaft dienen
a Comunidade Europeia [Européia]	die Europäische Gemeinschaft
união *f*	Union / Vereinigung
a União Europeia [Européia]	die Europäische Union
confederação *f*	Staatenbund; Konföderation
a Confederação Helvética	die Schweizerische Eidgenossenschaft
império *m* – **imperial**	Imperium; Weltreich – kaiserlich
o antigo império colonial português	das frühere portugiesische Kolonialreich
sociedade *f*	Gesellschaft; Verein
o papel da mulher na sociedade	die Rolle der Frau in der Gesellschaft
a sociedade prote(c)tora de animais	Tierschutzverein
país *m*	Land
os países latino-americanos	die lateinamerikanischen Länder
terra *f*	(*literarisch, feierlich*) Land; Heimat
a terra dos meus pais	das Land meiner Eltern
a (mãe) pátria *f*	das (Vater-)Land
nação *f*	Volk; Nation; Staat
delegados de 50 nações	Delegierte aus 50 Nationen / Staaten
nacional	national
nacionalista *m f*	nationalistisch – Nationalist/-in
estado *m* – **estatal**	Staat / (Bundes-)Land – staatlich
a rivalidade entre a Igreja e o Estado	die Rivalität zwischen Kirche und Staat
região *f* – **regional**	Region / Gebiet – regional
zona *f*	Gegend; Zone
uma zona muito rica	eine sehr reiche Gegend
província *f* – **provincial**	Provinz – Provinz-
provinciano	provinziell
autonomia *f* – **região** *f* **autónoma** [autônoma]	Autonomie – autonome Region

Brasilien ist in 5 *regiões* und 26 *estados* und den *Distrito Federal* (= Bundesdistrikt) unterteilt: *Norte* (*Amazonas, Pará, Acre, Rondônia, Roraima, Amapá* und *Tocantins*); *Nordeste* (*Maranhão, Piauí, Ceará, Rio Grande do Norte, Paraíba, Pernambuco, Bahia, Alagoas* und *Sergipe*); *Sudeste (Rio de Janeiro, São Paulo, Minas Gerais* und *Espírito Santo*); *Sul* (*Paraná, Santa Catarina* und *Rio Grande do Sul*); *Centro-Oeste* (*Mato Grosso, Mato Grosso do Sul, Goiás* und *Distrito Federal*). *Brasilia*, die Hauptstadt, liegt im *Distrito Federal*.

Portugal gliedert sich in 11 *províncias* (= Provinzen). Von Norden nach Süden: (*o*) *Minho, Trás-os-Montes e Alto Douro,* (*a*) *Beira Alta,* (*a*) *Beira Litoral,* (*a*) *Beira Baixa,* (*a*) *Estremadura,* (o) *Ribatejo,* (o) *Alto Alentejo,* (o) *Baixo Alentejo,* (o) *Algarve*; und zwei *regiões autónomas* (= autonome Regionen): *o arquipélago dos Açores* und *o arquipélago da Madeira.* Die Hauptstadt ist *Lisboa* und liegt oberhalb der Mündung des *Tejo*-Flusses.

cidade *f*	Stadt
centro da cidade	Innenstadt / Stadtzentrum
cidade natal	Heimatstadt
capital *f*	Hauptstadt
metrópole *f* – **urbano**	Großstadt – städtisch / Stadt-
bairro *m*	Gegend; Viertel; Vorstadt
Moramos num bairro pobre.	Wir wohnen in einem armen Viertel.
urbanização *f*	Urbanisierung; Siedlung
quarteirão *m* / B. *auch* **quadra** *f*	Häuserblock
paróquia *f*	(Kirchen-)Gemeinde
arredores *m* / **periferia** *f* / **subúrbio** *m*	Randgebiet
vila *f* P.	Kleinstadt (*mit besonderen Rechten*)
aldeia *f*	kleines Dorf; Weiler
município *m* – **municipal**	(Stadt-)Gemeinde / Gemeindeverwaltung – städtisch / Stadt-
teatro municipal	Stadttheater
distrito *m* – **capital** *f* **de distrito**	Bezirk – Kreisstadt
distrito rural	Bezirk auf dem Land
círculo P./B. distrito eleitoral	Wahlbezirk
concelho *m* P.	Landkreis; Amtsbezirk
sede *f* de concelho	Bezirksamt
freguesia *f* P.	Gemeinde

Beachten Sie den Gebrauch von *de* (*do*/*da*) in Fügungen wie diesen: *o Estado de Santa Catarina* (= der Staat Santa Catarina) • *a província do Alentejo* (= die Provinz Alentejo) • *a cidade de São Luís* (= die Stadt São Luís) • *o bairro da Moema* (= der Stadtteil Moema) • *o distrito do Polígono Norte* (= der Bezirk Polígono Norte) • *a vila da Lousã* (= die Kleinstadt Lousã).

Movimentos sociais
Gesellschaftliche Bewegungen

A união faz a força.

Movimento *m* **dos Direitos Humanos**	Menschenrechtsbewegung
Organizações *f* **Não Governamentais** (ONG)	Nicht-Regierungs-Organisationen (NGO)
grupo *m* **marginalizado**	Randgruppe
marginalizado/-a	Außenseiter/-in
marginal *m f*	Geächtete/-r; Bandit
discriminação *f* – **discriminatório**	Diskriminierung – diskriminierend

In **Brasilien**: ***Movimento*** m ***dos Trabalhadores Rurais Sem-Terra MST*** (= Landlosenbewegung, die brachliegende/unproduktive Ländereien besetzt, um eine Landverteilung zu erzwingen) • *movimento dos sem-teto* (= wörtlich: Ohne-Dach-Bewegung, ähnlich wie die Landlosenbewegung, aber nicht so stark. Die *sem-teto* besetzen alte, unbewohnte Häuser oder Bauruinen.)

Igualdade f ***racial*** (= Gleichberechtigung der Rassen)
integração f (= Integration) • *movimento* m *negro* (Schwarzenbewegung) • *minoria* f *étnica* (= ethnische Minderheit) • *movimento* m *abolicionista* (= Bewegung zur Abschaffung der Sklaverei in Brasilien im 19. Jahrhundert)

Movimentos pacifistas (= Friedensbewegungen: in Brasilien so gut wie nicht existent) • *pacifismo* m (= Pazifismus)

Direitos *m* ***da mulher*** (= Frauenrechte)
feminista m f (= feministisch – Feminist/-in, Frauenrechtler/-in) • *antifeminista* m / f (= antifeministisch – Antifeminist/-in) • *movimento* m *feminista de libertação* P./B. *liberação da mulher* (= Frauenbewegung) • *movimento* m *dos direitos da mulher* (= Bewegung für die Frauenrechte) • *emancipação* f (= Emanzipation) • *emancipada* (= emanzipiert) • *igualdade* f *de direitos* (= Gleichberechtigung) • *aborto* m (= Abtreibung / Schwangerschaftsabbruch) • *movimento* m *a favor – contra o aborto* (= Bewegung für – gegen die Abtreibung) • *controle* m *da natalidade* (= Geburtenkontrolle) • *planeamento* P./B. *planificação* f *familiar* (= Familienplanung) • *movimento* m *pró-vida* (= Bewegung gegen die Abtreibung und die freie Entscheidung der Frau)

A revolução *f* ***sexual*** (= die sexuelle Revolution) • *liberdade* f *sexual* (= sexuelle Freiheit) • *o movimento gay* (= die Homosexuellenbewegung)

Movimentos juvenis (= Jugendbewegungen) • *a cultura pop* (= Popkultur) • *hippie* m f (= Hippie) • *o movimento punk* (= Punkbewegung) • *a cultura metálica* P./B. *heavy* (= Heavymetal-Kultur) • *os cabeças rapadas* P./B. *raspadas* (= Skinheads) • *a cultura underground* (= Underground-Kultur) • *o movimento estudantil* (= Studentenbewegung) • ***Agrupamentos*** m ***juvenis*** (= Gruppierungen; Jugendszenen) • *os surfistas* (= Surfer) • *os skeitistas* B. (Skatefahrer) • *os rapers* P./B. *os raps* (= Rapper) • *os betinhos* P./B. *os mauricinhos* (= die bürgerlich gekleideten Jungen) • *as betinhas* P./B. *e as patricinhas* (= die bürgerlich gekleideten Mädchen)

„Em defesa dos direitos das crianças."

Sistemas políticos
Politische Systeme

→ 8.3 Ciência política

Para grandes males, grandes remédios.

democracia *f* – **democrático**	Demokratie – demokratisch
democracia parlamentária	parlamentarische Demokratie
sistema *m* **de governo**	Regierungssystem
presidencialista – **parlamentarista**	Präsidential- – parlamentarisch
república *f*	Republik
republicano/-a	republikanisch – Republikaner/-in
confederação *f* / **federação** *f*	Föderation
federalismo *m*	Föderalismus
federal – **federativo**	Bundes- – föderativ
a República Federal da Alemanha	die Bundesrepublik Deutschland

Brasilien ist eine *república* f *federativa* (= Föderative Republik) mit einem *sistema* m *de governo presidencialista* (= präsidentielles Regierungssystem). Nach einem Putsch 1964 regierten die Militärs bis 1984. Sie übergaben dann die Macht einer Zivilregierung, aber erst 1989 fand wieder eine freie Präsidentschaftswahl statt.

Portugal ist seit dem 24. April 1974 eine *democracia* und hat *ein sistema de governo parlamentarista* (= parlamentarisches Regierungssystem). 1986 wurde das Land Mitglied der Europäischen Union.

autoritário	autoritär
junta *f* **militar**	Militärjunta
fascismo *m*	Faschismus
fascista *m f*	faschistisch – Faschist/-in
grupos neofascistas	neofaschistische Gruppen
(o) salazarismo	(*autoritäres Regierungssystem in Portugal unter Salazar, 1932–1968*)
salazarista *m f*	Salazar-Anhänger/-in
nacional-socialismo *m*	Nationalsozialismus
nazismo *m*	Nazismus
nazista *m f* / **nazi** *m f*	Nazi – Nazi-
a Alemanha no período nazista	Deutschland unter den Nazis
comunismo *m*	Kommunismus
comunista *m f*	kommunistisch – Kommunist/-in
socialismo *m*	Sozialismus
socialista *m f*	sozialistisch – Sozialist/-in
capitalismo *m*	Kapitalismus
capitalista *m f*	kapitalistisch – Kapitalist/-in
liberalismo *m* – **liberal**	Liberalismus – liberal

Partidos e política
Parteien und Politik

Cada cabeça sua sentença.

partido *m*	Partei
o presidente do partido	der Parteiführer
o partido no poder	die Regierungspartei
poder *m*	Macht
conquistar o poder	an die Macht kommen
a situação B.	die politischen Kräfte an der Macht
Ele apóia a situação. B.	Er unterstützt die Regierung.
a oposição	die Opposition
(a) política	(die) Politik
político/-a	politisch – Politiker/-in
dedicar-se à política	in die Politik gehen
política de esquerda / das esquerdas	linke Politik
Os dois países seguem uma política comum.	Die beiden Länder verfolgen eine gemeinsame Politik.
a política económica [econômica] do Governo	die Wirtschaftspolitik der Regierung
um partido político	eine politische Partei
politicamente importante	politisch wichtig / bedeutsam
as relações entre grupos de interesses e partidos políticos	die Wechselbeziehungen zwischen Interessengruppen und politischen Parteien
membro *m* (de um partido)	(Partei-)Mitglied
grupo *m* **de pressão** / **lobby** *m*	Lobby
o centro – **de centro** / **centrista**	die Mitte / das Zentrum – Zentrums-
a ala esquerda – **direita**	der linke – rechte Flügel
coalizão de centro-esquerda	eine Mitte-links-Koalition
de esquerda – **esquerdista** *m f*	linksgerichtet – Linke/-r
de direita – **direitista** *m f* B.	rechtsgerichtet – Rechte/-r
um partido da extrema direita	eine rechtsextremistische Partei
extremismo *m*	Extremismus
extremista *m f*	extrem – Extremist/-in
extremista da direita	Rechtsradikale/-r
radicalismo *m*	Radikalismus
radical *m f*	radikal – Radikale/-r
partidos radicais	radikale Parteien
mudanças radicais	radikale Veränderungen
rea(c)cionário/-a	Reaktionär/-in
moderado/-a	gemäßigt – Gemäßigte/-r
uma política moderada	gemäßigte Politik
liberal *m f*	liberal – Liberale/-r

Die Parteienlandschaft in Portugal (≈ bezeichnet, wenn möglich, die ungefähre Entsprechung in der Bundesrepublik Deutschland):
o Partido Social Democrata / PSD (sozialdemokratische Partei ≈ CDU)
o Partido Socialista / PS (sozialistische Partei ≈ SPD)
o Partido Popular / PP (Volkspartei ≈ CDU/CSU)
o Partido Comunista Português / PCP (= kommunistische Partei)
os Verdes (≈ Grüne)
o Bloco de Esquerda (= linksalternative Partei)

Die Parteienlandschaft in Brasilien (≈ bezeichnet, wenn möglich, die ungefähre Entsprechung in der Bundesrepublik Deutschland):
Partido dos Trabalhadores / PT (= Arbeiterpartei)
Partido da Social-Democracia Brasileira / PSDB (= sozialdemokratische Partei Brasiliens ≈ SPD)
Partido Socialista Brasileiro / PSB (= sozialistische Partei Brasiliens)
Partido Verde / PV (= Partei der Grünen / ≈ Bündnis 90/Die Grünen)
Partido Comunista Brasileiro / PCB (= kommunistische Partei Brasiliens)
Partido Democrático Trabalhista / PDT (= demokratische Arbeiterpartei)
Partido do Movimento Democrático Brasileiro / PMDB (= Partei der demokratischen Bewegung Brasiliens)
Partido da Frente Liberal / PFL (= Partei der liberalen Front ≈ FDP)
Partido Trabalhista Brasileiro / PTB (= Arbeiterpartei Brasiliens)
Partido Popular Socialista / PPS (= soziale Volkspartei)

união *f*	Union
União dos Povos Indígenas	Union der Indianervölker
socialista *m f*	sozialistisch – Sozialist/-in
o partido socialista	die sozialistische Partei
comunista *m f*	kommunistisch – Kommunist/-in
o partido comunista	die kommunistische Partei
a base	die (Partei-)Basis
reforçar o partido na base	die Partei an der Basis verstärken
eleição *f*	Wahl
ter um bom resultado nas eleições	gut bei den Wahlen abschneiden
eleitoral	Wahl-
programa eleitoral – plataforma eleitoral	Wahlprogramm – Wahlplattform
propaganda eleitoral	Wahlpropaganda
No congresso do partido decidiu-se a plataforma eleitoral.	Auf dem Parteitag wurde das Wahlprogramm verabschiedet.
campanha eleitoral	Wahlkampf
eleitor/-a	Wähler/-in
nomear – **nomeação** *f*	nominieren – Nominierung
candidato/-a – **candidatura** *f*	Kandidat/-in – Kandidatur
imagem *f*	Image; Aussehen; Eindruck
sondagem *f* P./B. **pesquisa** *f* **de opinião**	Meinungsumfrage
Os dois candidatos estão empatados nas sondagens / pesquisas.	Die beiden Kandidaten liegen in den Meinungsumfragen Kopf an Kopf.

O poder legislativo
Die gesetzgebende Gewalt

A exe(p)ção confirma a regra.

separação *f* **dos poderes**	Gewaltenteilung
legislar – **legislativo**	Gesetze erlassen – gesetzgebend
câmara *f* – a câmara alta / **baixa**	Kammer – die erste / zweite Kammer
parlamento *m* / **assembleia** *f* [assembléia]	Parlament
dissolução do parlamento	Parlamentsauflösung
membro *m* **do parlamento**	Parlamentsmitglied
parlamentar *m f*	Parlamentarier/-in – parlamentarisch
Os membros do parlamento / os parlamentares / os deputados estão reunidos.	Die Abgeordneten sind versammelt.
comissão *f* **parlamentar de inquérito** (CPI)	parlamentarischer Untersuchungausschuss
deputado/-a	Abgeordnete/-r
senado *m* – **senador/-a**	Senat – Senator/-in
assembleia [assembléia] *f* / **câmara** *f* **dos deputados**	Abgeordnetenhaus

In Brasilien liegt die legislative Gewalt auf Bundesebene beim *Congresso* m *Nacional* (= Parlament), das sich aus der *Câmara* f *Federal dos Deputados* (= Bundesabgeordnetenkammer) mit 503 *deputados* m *federais* (= Bundesabgeordneten) und dem *Senado* m *Federal* (= Bundessenat) mit 81 *senadores* m (= Senatoren) zusammensetzt. Die Abgeordneten verstehen sich als Vertreter des Volkes, und die Senatoren vertreten die Interessen der einzelnen Bundesstaaten. Auf der Ebene der verschiedenen Bundesstaaten gibt es die *Assembléia* f *Legislativa Estadual* (= Landtag), und auf der Ebene der Städte übt die *Câmara* f *Municipal* die legislative Gewalt aus.

In Portugal liegt die legislative Gewalt bei der *Assembleia da República* (= Versammlung der Republik). Die vom *Presidente* m f (= Präsident/-in) ernannte *Governo* m (= Regierung) hat aber eine Gesetzgebungskompetenz, die lediglich der nachträglichen Ratifizierung durch die *Assembleia* bedarf. Ein suspensives *direito* m *de veto* (= Vetorecht) verbleibt beim Präsidenten bis zur Parlamentsauflösung.

deputado/-a	Parlamentsabgeordnete/-r
presidente *m f* **da Assembleia** P.	Parlamentsvorsitzende/-r
maioria *f* – **minoria** *f*	Mehrheit – Minderheit
a maioria parlamentar	die parlamentarische Mehrheit
líder *m f*	Führer/-in
o líder da oposição	der Oppositionsführer
porta-voz *m f*	Sprecher/-in

grupo *m* **parlamentar** / **a bancada**	Fraktion
a bancada *f* do governo B.	Regierungsfraktion
lugar *m* P./B. **cadeira** *f*	Sitz; Abgeordnetensitz
O PT conseguiu 56 lugares / cadeiras nas últimas eleições.	Die PT errang bei der letzten Wahl 56 Sitze.
período *m* **legislativo** / **legislatura**	Legislaturperiode; Amtzeit
sessão *f*	Sitzung
sessão parlamentar / parlamentária	Parlamentssitzung
debate *m*	Debatte
o debate sobre a situação do país	die Debatte über die Lage der Nation
a a(c)ta	das Protokoll
a a(c)ta da última sessão	das Protokoll der letzten Sitzung
discurso *m*	Rede
pronunciar um discurso / discursar	eine Rede halten
moção *f*	Antrag
apresentar uma moção	einen Antrag stellen
moção de censura	Misstrauensvotum
veto *m*	Veto
ratificar (-co; -ca > -que)	ratifizieren
As leis têm que ser ratificadas pelo Senado.	Gesetze müssen durch den Senat ratifiziert werden.
abster-se (irr.)	sich (*der Stimme*) enthalten
abstenção *f*	Stimmenthaltung
lei *f*	Gesetz
promulgar uma lei	ein Gesetz erlassen
emenda *f*	Abänderungsantrag (*zu einem Gesetz*)
O anteproje(c)to da lei teve muitas emendas.	Der Gesetzesentwurf erfuhr viele Abänderungsanträge.
estatuto *m*	Statut; autonome Verfassung
comissão *f* / B. *auch* **comitê** *m*	Kommission; Ausschuss; Komitee
Ele está em / Pertence a muitas comissões.	Er sitzt in vielen Ausschüssen
Quem vai ser o presidente da comissão?	Wer wird Ausschussvorsitzende/-r?
orçamento *m*	Haushalt(splan) / Etat
dissolver	auflösen
dissolver o parlamento e convocar eleições	das Parlament auflösen und eine Wahl ansetzen
referendo *m* / B. *auch* **referendum** *m*	Referendum / Volksentscheid
eleição *f* – **eleitoral**	Wahl – Wahl-
as próximas eleições gerais	die nächste Parlamentswahl
Ele ganhou – perdeu as eleições por pouco.	Er gewann – verlor die Wahl knapp.
campanha eleitoral	Wahlkampf
o círculo P./B. o distrito eleitoral	der Wahlkreis

segunda volta *f* P./B. **segundo turno** *m*	Stichwahl
eleger (-jo, -ja > -ge; -gi) – **eleito**	wählen – gewählt
Os deputados são eleitos por quatro anos.	Die Abgeordneten werden auf vier Jahre gewählt.
votar – **voto** *m*	wählen – Stimme
Ela votou a favor da – contra a reforma.	Sie stimmte für – gegen die Reform.
voto de censura	Misstrauensvotum
votação *f* – **votante** *m f*	Abstimmung / Wahl – Stimmberechtigte/-r
submeter à votação	zur Abstimmung bringen
votação secreta	geheime Abstimmung / Wahl
votação por correio	Briefwahl
candidato/-a – **candidatar-se**	Kandidat/-in – kandidieren
Em 1994 ela candidatou-se ao Senado.	1994 kandidierte sie für den Senat.

„Em quem votará se sempre diz que todos os políticos são iguais?"

6

6 Governo
Regierung

Cada povo tem o governo que merece.

governo *m*	Regierung
o governo federal	die Bundesregierung
poder *m* **executivo**	exekutive Gewalt; Regierung
presidente *m f* – **vice-presidente** *m f*	Präsident/-in – Vizepräsident/-in
chanceler *m*	Kanzler
o chanceler alemão	der deutsche Bundeskanzler
chefe *m* **de Estado**	Staatsoberhaupt
gabinete *m* – **membro do gabinete**	Kabinett – Kabinettsmitglied
formar governo P./B. compor o gabinete	eine Regierung bilden
conselho *m* **de ministros**	Kabinettssitzung
ministério *m*	Ministerium
Ministério dos Negócios Estrangeiros P./B. Ministério das Relações Exteriores	Außenministerium
Ministério da Administração Interna P./B. Ministério do Interior	Innenministerium
ministro/-a	Minister/-in
ministro/-a dos Negócios Estrangeiros P./B. das Relações Exteriores	Außenminister/-in
O Palácio do Planalto B.	*Amtssitz des brasilianischen Präsidenten*
O Palácio da Alvorada B.	*Wohnsitz des brasilianischen Präsidenten*
O Palácio de Belém P.	*Wohn- und Amtssitz des portugiesischen Präsidenten*
imperador – **imperatriz**	Kaiser – Kaiserin
coroa *f*	Krone; Thron; Königreich
rei – **rainha**	König – Königin
governador/-a	Statthalter/-in; Gouverneur/-in
secretário/-a de estado P.	Staatsekretär/-in

Auf der Ebene der Bundesstaaten ist in Brasilien die Bezeichnung für Ministerpräsident/-in *governador/-a*, für Minister/-in *secretário/-a* und für Ministerium *secretaria* f.

Auf der Ebene der autonomen Regionen ist in Portugal die Bezeichnung für Ministerpräsident/-in *Presidente do Governo Regional*, für Minister/-in *secretário/-a regional* und für Ministerium *secretaria* f *regional*.

distrito *m* – **distrito federal** B.	Distrikt – Bundesdistrikt
presidente *m f* **da câmara** P./B. **prefeito/-a** B.	Bürgermeister/-in
câmara *f* **municipal** P./B. **prefeitura** *f*	Bürgermeisteramt
conselho *m* **municipal** P./B. **câmara** *f* **dos vereadores**	Stadtrat
vereador/-a	Gemeinderatsmitglied; Stadtrat / -rätin
mandato *m*	Mandat
nomear – **nomeação** *m*	ernennen – Ernennung
renunciar – **renúncia** *f*	zurücktreten – Rücktritt
O Presidente renunciou ao mandato.	Der Präsident ist zurückgetreten.
demitir – **demissão** *f*	entlassen – Entlassung
derrubar	stürzen
suceder – **sucessor/-a**	nachfolgen – Nachfolger/-in
administração *f*	Verwaltung; Regierung; Behörde
administração pública	öffentliche Verwaltung
administração central P./B. federal	Bundesbehörde
repartição *f*	Amt / Behörde / Dienststelle
direcção *f* **geral** P./B. **departamento** *m*	(Ministerial-)Abteilung; Behörde
delegações P./B. escritórios centrais / regionais	Zweigstellen
o Tribunal de Contas	der Rechnungshof
Serviço Nacional de Informações SNI	(*brasilianischer Geheimdienst*)
Serviço de Informação e Segurança SIS	(*portugiesischer Geheimdienst*)

„Que chatice! Sempre temos que esperar que o ministro da Cultura termine de ler a se(c)ção de desporto P./B. esportes para começar a reunião."

A(c)tividades antigovernamentais
Aktivitäten gegen die Regierung

→ 7.5 Crime e violência

Quem rouba (de) ladrão tem cem anos de perdão.

protestar – **protesto** *m*	protestieren – Protest
manifestar-se – **manifestação** *f*	demonstrieren – Demonstration
uma manifestação de massas [massa]	eine Massendemonstration
greve *f* – **grevista** *m f*	Streik – Streikende/-r
convocar para uma greve geral	zum Generalstreik aufrufen
boicotar – **boicote** *m*	boykottieren – Boykott
sabotar – **sabotagem** *f*	sabotieren – Sabotage
a(c)tos de sabotagem	Sabotageakte / -handlungen
Sabotaram as negociações.	Sie sabotierten die Verhandlungen.
obje(c)tor *m* **de consciência**	Wehrdienstverweigerer
direitos *m* **civis** / **dos cidadãos**	Bürgerrechte
movimento dos direitos civis	Bürgerrechtsbewegung
oposição *f* **extra-parlamentar**	außerparlamentarische Opposition
desobediência *f* **civil**	ziviler Ungehorsam
dissidente *m f*	Dissident/-in / Regimekritiker/-in
perseguição aos dissidentes	Verfolgung von Regimekritikern
resistência *f* **passiva**	passiver Widerstand
violência *f* – **não violência** *f*	Gewalt – Gewaltlosigkeit
a(c)tos de violência política	politische Gewaltakte / -taten
agitador/-a – **agitação** *f*	Agitator/-in – Agitation
clandestinidade *f*	Heimlichkeit
clandestino – na clandestinidade	heimlich / Geheim- – im Untergrund
movimento clandestino	Untergrundbewegung
conspiração *f* – **conspirador/-a**	Verschwörung – Verschwörer/-in
conspirar	(sich) verschwören
Foram acusados de conspirar contra o Estado.	Sie wurden angeklagt, sich gegen den Staat verschworen zu haben.
complô *m*	Komplott
uma conspiração / um complô para derrubar o governo	eine Verschwörung zum Sturz der Regierung
distúrbios *m* **políticos**	politische Unruhen
insurreição *f*	Aufstand
A insurreição foi abafada.	Der Aufstand wurde niedergeschlagen.
revolta *f* – **revoltoso/-a**	Revolte; Aufstand – Aufständische/-r
revoltar-se	sich erheben
rebelião *f* – **rebelde** *m f*	Rebellion; Aufstand – Rebell/-in
rebelar-se	sich erheben
Os camponeses rebelaram-se contra os proprietários de terras.	Die Bauern erhoben sich gegen die Grundbesitzer.

revolução *f*	Revolution – revolutionär
revolucionário/-a	Revolutionär/-in
a(c)tividades revolucionárias	revolutionäre Aktivitäten
líder revolucionário	Revolutionsführer
contra-revolução *f*	Konterrevolution
aplacar / **debelar** / **reprimir** uma rebelião	einen Aufstand unterdrücken
motim *m*	Aufstand
(alta) traição *f*	(Hoch-)Verrat
terrorismo *m* – **terrorista** *m f*	Terrorismus – Terrorist/-in
atentado terrorista	terroristisches Attentat
assassinar – **assassinato** *m*	ermorden – Ermordung / Mord
guerrilha *f* – **guerrilheiro/-a**	Guerilla – Guerillakämpfer/-in
uma guerra de guerrilhas	ein Guerillakrieg
cabeça *m f*	Rädelsführer/-in; Anführer/-in
o cabeça da conspiração	der Rädelsführer der Verschwörung
golpe *m* **de estado** – **golpista** *m f*	Staatsstreich / Putsch – Putschist/-in
O presidente foi derrubado por um golpe de estado não sangrento.	Der Präsident wurde durch einen unblutigen Staatsstreich abgesetzt.
um golpe de estado fracassado	ein gescheiterter Putsch
tomar o poder	die Macht ergreifen
junta *f* (militar)	(Militär-)Junta
O presidente foi deposto por uma junta militar.	Der Präsident wurde von einer Militärjunta abgesetzt.
sequestrar [seqüestrar] – **sequestro** [seqüestro] *m*	entführen – Entführung
refém *m f*	Geisel

„Juntos somos mais fortes."

O direito e a polícia
Rechtswesen und Polizei

→ 7.5 Crime e violência

O crime não compensa.

lei *f*	Gesetz
lei fundamental / B. *auch* básica	Grundgesetz
cumprimento da lei	Durchsetzung / Vollzug des Rechts
fazer cumprir a lei	dem Gesetz Geltung verschaffen
constituição *f*	Verfassung
direitos garantidos pela constituição	durch die Verfassung garantierte Grundrechte
habeas-corpus *m*	*Grundrecht auf persönliche Freiheit*
Lei da Imigração P./B. **Estatuto** *m* **dos Estrangeiros**	Ausländergesetz
Código *m*	Gesetzbuch
Código da Estrada P./B. do Trânsito	Straßenverkehrsordnung (StVO)
princípio *m*	Grundsatz
capacidade *f* civil – **incapacidade** *f* **civil**	Geschäftsfähigkeit – Geschäftsunfähigkeit
procuração *f*	Vollmacht
outorgar procuração	Vollmacht ausstellen
mandante *m f* P./B. **outorgante** *m f*	Vollmachtgeber/-in
mandatário/-a P./B. **outorgado/-a**	Vollmachtnehmer/-in
notificação *f* **judicial avulsa** P./B. **carta** *f* **de advertência**	Mahnschreiben
processo *m* (judicial)	(Gerichts-)Verfahren / Prozess
instaurar / B. *auch* abrir processo judicial (contra)	gerichtlich vorgehen; Ermittlungsverfahren einleiten (gegen)
Ele perdeu o processo / P. *m us* a causa.	Er verlor den Prozess.
suspensão do processo	Einstellung des Prozesses
processar	strafrechtlich verfolgen
acordo *m* **extrajudicial**	außergerichtlicher Vergleich
inquérito *m*	Ermittlungsverfahren
petição *f* **inicial** P./B. **acusação** *f* / B. *auch* **ação** *f*	Zivilklage
deduzir uma acusação P./B. **apresentar uma ação**	Klage erheben
reconvenção f P./B. ampliar a ação	die Klage erweitern
queixoso/-a P./B. **requerente** *m f*	Kläger/-in
libelo *m* / P. *m us* **acusatório** *m*	Klageschrift
juiz / juíza – juiz / juíza leigo/-a	Richter/-in – Schöffe / Schöffin
requerimento *m* / **pedido** *m*	Antrag
apresentar requerimento / pedido	einen Antrag stellen
resolução *f*	(Gerichts-)Beschluss

audiência *f*	mündliche (Gerichts-)Verhandlung
marcar / convocar uma audiência	einen Termin zur mündlichen Verhandlung anberaumen
prova *f* – **apresentar prova**	Beweis führen
inquérito P./B. interrogatório para recolha / produção de provas	Beweisaufnahme
testemunha *m f*	Zeuge / Zeugin
depoimento *m*	Aussage
foro *m* **competente**	Gerichtsstand
dire(c)trizes *f pl*	Richtlinien
prazo *m* **de prescrição**	Verjährungsfrist
escritório *m* **de advocacia**	Anwaltskanzlei
constituinte *m f* / **cliente** *m f*	Mandant
embargo *m*	Einspruch
sentença *f*	Urteil
interpor recurso da sentença P./B. recorrer contra a sentença	Rechtsmittel einlegen gegen das Urteil
execução da sentença	Vollstreckung des Urteils
proferir / B. *auch* pronunciar a sentença	(ver)urteilen
apelar – **apelação** *f*	Berufung einlegen – Berufung; Revision(sverfahren)
Ela apelou para o Supremo Tribunal	Sie legte Berufung beim Obersten Gerichtshof ein.
recurso *m*	Rechtsmittel
negar provimento P./B. **recusa** *f*	Ablehnung
registo *m* P./B. **registro** *m*	Anmeldung
prazo *m*	Frist
O prazo venceu.	Die Frist ist abgelaufen.
vencimento *m*	Fälligkeit
vencimento de prazo	Fristablauf
notificação *f*	amtliche Zustellung; Benachrichtigung
intimação *f*	gerichtliche Vorladung
laudo *m* / **parecer** *m*	Sachverständigengutachten
oficial *m f* **de justiça**	Gerichtsvollzieher; Rechtspfleger
conservatória *f* **de registo civil** P./B. **cartório** *m* **de registro civil**	Standesamt
registo predial P./B. registro de imóveis	Grundbuchregister
ombudsman *m f* B.	Ombudsmann / -frau
tribunal *m*	Gericht; Gerichtssitz
juizado *m* **dos menores** / P. *auch* **juízo** *m*	Jugendamt beim Gericht
tribunal *m*	Gericht
Direito *m* **das Obrigações**	Schuldrecht
termo *m* **de responsabilidade**	Verpflichtungserklärung
contrato *m* **de compra e venda**	Kaufvertrag

cobrança *f*	Forderung
minuta *f* **de contrato**	Vertragsentwurf
celebração *f* **do contrato**	Vertragsabschluss
exigir (-jo, -ja > -ge; -gi) **o cumprimento do contrato**	eine Forderung geltend machen
inadimplemento *m* / B. *m us* **inadimplência** f	Nichterfüllung
rescisão *f* (de um contrato)	Aufhebung (*eines Vertrages*)
renúncia *f* P./B. **denúncia** *f*	Kündigung (*eines Vertrages*)
despedimento *m* / B. *m us* **demissão** *f*	Kündigung (*eines Arbeitsvertrages*)
despedimento / demissão com justa causa	ordentliche Kündigung
aviso *m* **prévio** B.	Kündigungsfrist
demissão sem aviso prévio	fristlose Kündigung
acordo *m* / **convénio** *m* [convênio]	Abkommen / Vereinbarung
tratado *m* (internacional de comércio / paz)	(internationaler Handels- / Friedens-) Vertrag
transa(c)ção *f* **amigável**	gütliche Einigung; einvernehmliche Regelung
indemnização *f* [indenização]	Schadenersatz
pedido de indemnização / indenização	Schadenersatzklage / -anspruch
Lei *m* **do Arrendamento Urbano** P./B. **Lei** *m* **do Inquilinato**	Mietgesetz
locação *f* – **sublocação** *f*	Vermietung – Untervermietung
ordem *f* **de despejo**	Räumungsbefehl
arrendamento *m*	Verpachtung
contrato *m* **de locação financeira** P./B. **leasing** *m*	Leasingvertrag
mútuo *m*	Darlehensvertrag
a(c)to *m* **ilícito**	unerlaubte Handlung
enriquecimento sem causa P./B. enriquecimento ilícito	ungerechtfertige Bereicherung
Direito *m* **de Família**	Familienrecht
a(c)ção *f* **de divórcio**	Scheidungsklage
convenção *f* P./B. **contrato** *m* **antenupcial**	Ehevertrag
bens *m pl*	Güter
regime *m* de bens	Güterstand
comunhão *f* – separação *f* de bens	Gütergemeinschaft – Gütertrennung
tutela *f*	Vormundschaft
curadoria *f* P./B. **curatela** *f*	Pflegschaft
curador/-a	Kurator/-in / Pfleger/-in
Direito *m* **das Sucessões**	Erbrecht
herança *f*	Erbschaft
aceitação da herança	Erbschaftsannahme
renúncia da herança	Erbschaftsausschlagung
curador da herança	Nachlasspfleger

sucessão *f* **legítima**	gesetzliche Erbfolge
herdeiro *m* **legítimo**	gesetzlicher Erbe
testamento *m* **particular**	privatschriftliches Testament
última vontade *f*	letzter Wille
testamenteiro/-a	Testamentsvollstrecker/-in
legado *m*	Vermächtnis
legítima *f*	Pflichtteil
partilha *f*	Erbauseinandersetzung
inventário *m*	Nachlassverzeichnis
Direito *m* **Penal**	Strafrecht
denúncia *f* / **queixa** *f*	Anzeige
fazer uma queixa contra alguém	gegen jemand Anzeige erstatten
apresentar queixa em juízo (contra)	gerichtlich vorgehen (gegen)
processar	jemand verklagen
denunciar	anzeigen
acusação *f* – **acusar**	Anklage – anklagen
réu / **ré**	Beklagte/-r / Angeklagte/-r
réu / ré primário/-a	Ersttäter/-in / nicht Vorbestrafte/-r
testemunha de acusação	Belastungszeuge / -zeugin
criminalista *m f*	Fachanwalt für Strafrecht
procuradoria *f* P./B. **promotoria** *f*	Anklage(behörde) / Staatsanwaltschaft
procurador/-a P./B. **promotor/-a**	Staatsanwalt / -anwältin
advogado/-a de defesa	Verteidiger/-in
defesa *f*	Verteidigung
testemunha da defesa	Entlastungszeuge / -zeugin
alegações da defesa P./B. discurso de defesa	Plädoyer
delito *m*	Straftat / Delikt / Tat
corpo de delito	Corpus Delicti / Beweisstück
cometer um delito	eine Straftat begehen
contravenção *f*	Übertretung; Verstoß
furto m	Diebstahl
roubo *m*	Raub
delinquente *m f* [delinqüente] (juvenil)	(jugendliche/-r) Straftäter/-in
crime *m* – **criminoso/-a**	Verbrechen – Verbrecher/-in
cometer / perpetrar um crime	ein Verbrechen begehen
local /B. *auch* cenário do crime	Tatort
criminalidade *f*	Kriminalität
infra(c)ção *f* **de trânsito**	Gesetzesverstoß im Straßenverkehr
injúria *f*	Beleidigung
assassinato *m* – **assassino/-a**	Mord – Mörder/-in
homicídio *m* – **homicida** *m f*	Tötung / Totschlag – Mörder/-in
homicídio negligente P./B. homicídio culposo – doloso	fahrlässige – vorsätzliche Tötung
acareação *f* / **acareamento** *m*	Gegenüberstellung (*der Zeugen oder Angeklagten*)

circunstâncias *f pl.* **atenuantes – agravantes**	strafmildernde – -verschärfende Umstände
incapacidade *f* **acidental** P./B. **alienação** *f* **mental transitória**	vorübergehende Unzurechnungsfähigkeit
imputabilidade *f* – **imputável**	verminderte Zurechnungsfähigkeit
em pleno uso *m* **de suas faculdades**	voll zurechnungsfähig
antecedentes *m pl* **criminosos / penais**	Vorstrafen
sem antecedentes criminosos	nicht vorbestraft
ter antecedentes criminosos	vorbestraft sein – Rückfalltäter/-in
interrogar (-go; -ga > -gue)	verhören / vernehmen
interrogatório *m*	Verhör / Vernehmung
declarar – **declaração** *f*	aussagen – Aussage
confessar(-se) – **confissão** *f*	gestehen – Geständnis
confessar-se culpado	sich schuldig bekennen
os jurados	die Geschworenen
condenar – **condenação** *f*	verurteilen – Verurteilung
inocente – **culpado**	unschuldig – schuldig
absolver	freisprechen
absolver por falta de provas	mangels Beweisen freisprechen
pena *f*	Bestrafung / Strafe
pena capital / de morte	Todesstrafe
fiança *f* / **caução** *f*	Kaution
posto em liberdade sob fiança	gegen Kaution freigelassen
privação *f* **de liberdade**	Freiheitsentziehung
(em) liberdade *f* **condicional**	(auf) Bewährung
multa f	Geldstrafe; Bußgeld

Estruturação **f** ***dos órgãos da justiça no Brasil*** **(= Gliederung des Gerichtswesens in Brasilien)**

Auf Bundesebene: *Supremo* m *Tribunal Federal* (≈ Bundesverfassungsgericht) • *Superior Tribunal de Justiça* (≈ Oberster Gerichtshof) • *Justiça Federal* (≈ Bundesgerichtshof), zusammengesetzt aus *Tribunal Regional Federal dos Estados e juízes federais* (≈ Regionaler Bundesgerichtshof der Bundesstaaten und Bundesrichtern)

Auf der Ebene der Bundesstaaten: *Justiça Estadual* (≈ Landgericht) • *Justiça do Trabalho* (≈ Arbeitsgericht) • *Justiça Eleitoral* (≈ Wahlgericht) • *Justiça Militar* (= Militärgericht) • *Juizado* m *de pequenas causas* (≈ Friedensgericht) • *Juizados* m *de Menores* (≈ Jugendgerichte)

Estruturação **f** ***dos órgãos da justiça em Portugal*** **(= Gliederung des Gerichtswesens in Portugal)**

Supremo m *Tribunal de Justiça* (≈ Oberster Gerichtshof) • *Tribunal Constitucional* (≈ Verfassungsgericht) • *Supremo Tribunal Administrativo* (≈ Oberstes Verwaltungsgericht) • *Tribunal de Contas* (≈ Rechnungshof) • *Supremo Tribunal Militar* (≈ Oberstes Militärgericht) • *Procuradoria-Geral da República* (≈ Generalstaatsanwaltschaft)

a polícia	die Polizei
A polícia achou um Ford vermelho.	Die Polizei fand einen roten Ford.
polícia *m f* / B. *auch* **policial** *m f*	Polizist/-in
agente *m f* **de polícia**	Detektiv/-in / Kriminalbeamte/-r
posto *m* **de polícia**	Wachhaus; Wachposten
esquadra *f* P./B. **delegacia** *f* **de polícia**	Polizeirevier; Polizeiwache
brigada *f* P./B. **delegacia de homicídios**	Mordkommission
inspector/-a P./B. **delegado/-a** (de polícia)	Kriminalkommissar/-in
perseguição *f*	Verfolgung
cadeia *f*	Gefängnis
prisão *f*	Verhaftung / Festnahme – Gefängnis
ordem de prisão	(*richterlicher*) Haftbefehl
prisão domiciliar	Hausarrest
Ele foi condenado a seis anos de prisão.	Er wurde zu sechs Jahren Gefängnis verurteilt.
prisão preventiva	Vorbeugehaft
detenção *f*	Haft; (Polizei-)Gewahrsam
detenção preventiva	Untersuchungshaft
prender	festnehmen; verhaften; einsperren
Foi preso, mas foi posto em liberdade por falta de provas.	Er wurde eingesperrt, aber aus Mangel an Beweisen wieder freigelassen.
deter (irr.)	in Haft nehmen
Foi detido para interrogatório.	Er wurde zur Vernehmung in Haft genommen.
suspeita *f*	Verdacht
suspeito/-a	Verdächtige/-r
algema *f*	Handschelle(n)
pôr as algemas	die Handschellen anlegen

Nach der brasilianischen Verfassung sind für den Schutz der Bevölkerung, der Besitztümer und für den Erhalt der öffentlichen Ordnung auf Bundesebene die *Forças Armadas* (= Streitkräfte) und die *Polícia Federal* (= Bundespolizei) zuständig. Auf dem *nível estadual* (= der Ebene der verschiedenen Bundesstaaten) sind die *Polícias Civis* (= Landespolizei) und *Polícias Militares* (= Militärpolizei) zuständig. Auf städtischer Ebene gibt es noch die *Guardas Civis Municipais* (= städtische Polizei), die aber nur für den Schutz der öffentlichen Einrichtungen verantwortlich sind.

In Portugal ist die Polizei in drei Ebenen gegliedert: Die *Polícia de Segurança Pública (PSP* = Polizei für die öffentliche Ordnung) hat die Aufgabe, den demokratischen Rechtsstaat zu schützen, d.h., die innere Sicherheit und die Bürgerrechte zu garantieren. Sie wirkt in städtischen Gemeinden und Landkreisen. Im Zuge einer Umstrukturierung wurde mit Teilen der PSP die *Polícia Municipal* (= städtische Polizei) gebildet. Zur Zeit gibt es sie aber nur in Lissabon und Porto.

6
8

Die *Guarda Nacional Republicana* (= Nationalgarde der Republik) ist eine aus Militärs gebildete Sondertruppe, die zuständig für den Erhalt der öffentlichen Ordnung ist. Ihre Aufgabe ist es auch, die Ausübung der Rechte zu wahren und die Freiheit zu garantieren. Sie wirkt in den ländlichen Gemeinden und den Landkreisen. Die *Polícia Judiciária* (= Kriminalpolizei) ist ein vom *Ministério Público* (= Staatsanwaltschaft) kontrolliertes Organ des Justizministeriums. Sie ist für die Verbrechensbekämpfung und die damit verbundenen Ermittlungsaufgaben zuständig.

„Os novos métodos da polícia para achar os criminosos são muito eficazes."

Impostos
Steuern

A César o que é de César.

erário *m* **público** / **fisco** *m*	Staatskasse; Fiskus
imposto *m*	Steuer
aumentar / elevar os impostos	die Steuern erhöhen
Os impostos subiram.	Die Steuern sind gestiegen.
diminuir / baixar / reduzir os impostos	die Steuern senken
aumento – diminuição / redução dos impostos	Steuererhöhung – -senkung
taxar com impostos	mit Steuern belasten
fiscal	fiskalisch – Fiskus-; Steuer-; Finanz-
fraude fiscal / tributária	Steuerhinterziehung
paraíso fiscal	Steuerparadies
vantagens fiscais para as empresas que investem no país	Steuervergünstigungen für Firmen, die im Land investieren
tributar – **encargo** *m* **tributário** / **fiscal**	besteuern – Steuerbelastung
deduzir – **dedução** *f* B. *auch* **descontar** – **desconto** *m* (fiscal)	von der Steuer absetzen – Steuervergünstigung
Os livros podem ser deduzidos P./B. descontados do imposto de renda.	Die Bücher kann man von der Einkommensteuer absetzen.
Finanças *f pl* P.	Finanzamt
Receita *f* **Federal** B.	Finanzamt
o leão *fam* B.	der Löwe (= *das Finanzamt*)
repartição *f* **de finanças** P.	Zweigstelle des Finanzamts
delegacia *f* **regional da Fazenda** B.	Zweigstelle des Finanzamts
rendimento *m* P./B. **renda** *f*	Einkommen
rendimento líquido / renda líquida	Nettoeinkommen
rendimento bruto / renda bruta	Bruttoeinkommen
salário *m* – **salarial**	Lohn – Lohn-
salário líquido	Nettolohn / -gehalt
descontar / B. *auch* deduzir do salário	vom Lohn abziehen
retenção (do imposto) na fonte	Einbehaltung der Lohnsteuer
Imposto *m* **sobre o Rendimento das Pessoas Singulares** / **IRS** P.	Einkommensteuer
Imposto sobre a Renda de Pessoas Físicas / **IRPF** B.	Einkommensteuer
declaração *f* **de rendimentos** P./B. **declaração** *f* **de renda**	Einkommensteuererklärung
fazer a declaração de rendimentos / renda	die Einkommensteuererklärung machen
isento / **livre de impostos**	steuerbefreit / steuerfrei
mercadorias livres de impostos	steuerfreie Waren

rendimentos / rendas isentas de impostos — nicht steuerpflichtiges Einkommen

reembolso P./B. **devolução** *f* **de impostos** — (Steuer-)Rückerstattung

Você tem direito a um reembolso / uma devolução de impostos. — Sie haben Anspruch auf eine Steuerrückerstattung.

Impostos mais importantes no Brasil **(= Wichtigste Steuern in Brasilien)**
imposto de renda (= Einkommensteuer) • ***imposto predial e territorial*** (= Grund und Gebäudesteuer) • ***imposto sobre herança e doações*** (= Erbschaftssteuer) • ***imposto sobre circulação de mercadorias e serviços*** / ***ICMS*** (= Warenverkehr- und Dienstleistungssteuer, die wichtigste Einnahmequelle der Bundesstaaten); es gibt Bestrebungen seitens der Bundesregierung, die *ICMS* durch den ***Imposto sobre Valor Agregado*** / ***IVA*** (= Mehrwertsteuer) zu ersetzen • ***imposto sobre operações financeiras*** / ***IOF*** (= Finanzverkehrssteuer) • ***imposto sobre produtos industrializados*** / ***IPI*** (= Produktionssteuer) • ***imposto sobre combustível*** (= Treibstoffsteuer)

Impostos mais importantes em Portugal **(= Wichtigste Steuern in Portugal)**
Imposto sobre o Rendimento de Pessoas Singulares / ***IRS*** (= Einkommensteuer) • ***Contribuição Autárquica*** (= Grund- und Gebäudesteuer) • ***Sisa*** (= Grunderwerbsteuer) • ***Imposto sobre as Sucessões e Doações*** (= Erbschafts- und Schenkungssteuer) • ***Imposto sobre o Valor Acrescentado*** / ***IVA*** (= Mehrwertsteuer) • ***Imposto sobre o Rendimento de Pessoas Colectiva*** / ***IRC*** (= Körperschaftsteuer) • ***Imposto de Selo*** (= eine Steuer auf Verträge, Dokumente, Bücher und Transaktionen, für die keine Mehrwertsteuer abgeführt wird)

contabilista P./B. **consultor/-a tributário/-a** — Steuerberater/-in

contabilista *f m* P./B. **contador/-a** — Buchhalter/-in

contabilidade *f* / B. *auch* **contadoria** *f* — Buchhaltung

examinar (os livros) – **auditoria** *f* — (die Bücher) prüfen – Buchprüfung

tributação — Veranlagung (*durch das Finanzamt*)

doação *f* — Spende

doações dedutíveis do imposto de renda — von der Steuer absetzbare Spenden

amortização *f* — Abschreibung

alfândega *f* — Zoll; Zollamt

taxa *f* **alfandegária** / **aduaneira** — Zollgebühr

Segurança Social
Soziale Sicherheit

O seguro morreu de velho.

o estado-providência P./B. **o estado do bem-estar social**	der Wohlfahrtsstaat
o estado social	der Sozialstaat
a rede de serviços sociais	das soziale Netz
Segurança Social P.	allgemeine staatliche Sozialversicherung
Instituto *m* **Nacional de Segurança Social** P./B. **Seguro Social INSS**	Nationales Institut für Sozialversicherung

A Segurança P. /B. *Previdência Social* ist die allgemeine soziale Versicherung in Brasilien und Portugal, die allen Arbeitnehmern sozialen Schutz gegen folgende Risiken bietet: *acidentes* m *de trabalho* (= Arbeitsunfälle), *desemprego* m (= Arbeitslosigkeit), *doença* f (= Krankheit), *maternidade* f (= Mutterschaft), *invalidez* f (= Invalidität), *velhice* f (= Alter) und *morte* f (= Tod). Finanziert wird die *Segurança / Previdência Social* durch Arbeitgeber- und Arbeitnehmerbeiträge (= *contribuições* f *do empregador e do empregado*) und staatliche Zuwendungen.

Ministério *m* **do Trabalho e Solidariedade** P.	Arbeits- und Sozialministerium
Ministério do Trabalho B.	Arbeitsministerium
Ministério *m* **da Previdência e Assistência Social** B.	Sozialministerium
fundo *m* **de desemprego** P.	Arbeitslosenfürsorge
subsídio *m*	(Bei-)Hilfe; Zuschuss
auxílio *m*	Hilfe
abono *m*	Zulage
subsídio de família P.	Familienbeihilfe
abono de família P./B. salário-família	Kindergeld
subsídio de maternidade P./B. auxílio-maternidade	Mutterschaftsgeld
supressão de subsídios / auxílios sociais	Streichung von Sozialleistungen
subsídio de residência / moradia B.	Wohngeld
subsídio de doença / auxílio-doença B.	Krankengeld
subsídio de desemprego	Arbeitslosengeld
subsídio social de desemprego P.	Arbeitslosenhilfe
licença *f* **de parto** P./B. **licença-maternidade** *f*	Mutterschaftsurlaub
seguro *m*	Versicherung
seguro de saúde	Krankenversicherung

seguro de invalidez	Invaliditätsversicherung
seguro-desemprego B.	Arbeitslosenversicherung
assistência *f* **social**	Sozialhilfe
assistência *f* **ao domicílio** P./B. **assistência** *f* **domiciliar**	Pflegehilfe
reforma *f* P.	Rente; Ruhegehalt (B. *für Militär*)
aposentadoria *f* B.	Rente; Ruhegehalt
pensão *f*	Pension
pensão de viuvez P./B. pensão de viúva	Witwenrente
Centro Nacional de Pensões P.	Pensionskasse
casa *f* **do povo** P./B. **centro** *m* **comunitário**	Bürgerzentrum
loja *f* **do cidadão** P.	Bürgerberatungsstelle

„Segurança Social"

Relações internacionais
Internationale Beziehungen

Cada terra com seu uso, cada roca com seu fuso.

relações *f* **com outros países**	Beziehungen zu anderen Staaten
relações tensas / críticas	gespannte / kritische Beziehungen
romper – restabelecer as relações diplomáticas	die diplomatischen Beziehungen abbrechen – wieder aufnehmen
política internacional	internationale Politik
o Fundo Monetário Internacional	der Internationale Währungsfonds
política externa	Außenpolitik
Ministério dos Negócios Estrangeiros P.	Außenministerium
Ministério das Relações Exteriores B.	Außenministerium
estadista *m f*	Staatsmann / -frau
visita *f* **de chefe de Estado**	Staatsbesuch
cimeira *f* / B. *auch* **reunião** *f* **de cúpula**	Gipfeltreffen
diplomacia *f*	Staatskunst; Diplomatie
diplomático – **diplomata** *m f*	diplomatisch – Diplomat/-in
reconhecimento diplomático	diplomatische Anerkennung
embaixador/-a – **embaixada** *f*	Botschafter/-in – Botschaft
embaixatriz *f*	Ehefrau des Botschafters
cônsul / **consulesa** – **consulado** *m*	Konsul / Konsulin – Konsulat
enviado/-a	Gesandter / Gesandtin
o enviado especial do presidente	der Sonderbeauftragte des Präsidenten
delegação *f* – **delegado/-a**	Delegation – Beauftragte/-r
missão *f*	Mission
aliado *m*	verbündet – Verbündeter / Bündnispartner
as forças aliadas da Europa	die alliierten Streitkräfte in Europa
aliança *f*	Bündnis / Allianz
bloco *m*	Block
o antigo bloco do leste	der frühere Ostblock
nações *f* **não alinhadas**	blockfreie Staaten
soberania *f* – **soberano**	Souveränität – souverän (*Staat*)
reivindicação *f* **territorial**	territorialer Anspruch
fronteira *f* – **fronteiriço**	Grenze – Grenz- / angrenzend
conflitos de fronteira / fronteiriços	Grenzkonflikte
crise *f*	Krise
crise de governo	Regierungskrise
encontrar uma solução para a crise	eine Lösung der Krise finden
disputa *f*	Streit(igkeit); Auseinandersetzung

conflito *m*	Konflikt
pôr fim a um conflito	einen Konflikt beilegen
intervenção *f* **armada**	bewaffnete Intervention
sanção *f* **económica** [econômica]	Wirtschaftssanktion
embargo *m*	Embargo
impor – levantar um embargo	ein Embargo verhängen – aufheben
mediador/-a	Vermittler/-in
A(c)tuou como mediador nas negociações de paz.	Er war Vermittler bei den Friedensgesprächen.
política *f* **de apaziguamento**	Beschwichtigungspolitik
tensão*f* – reduzir tensões	Spannung – Spannungen abbauen
plano *m* **de paz**	Friedensplan
negociar – **negociações** *f*	verhandeln – Verhandlungen
negociar um tratado	einen (Staats-)Vertrag aushandeln
uma nova rodada de negociações	eine neue Verhandlungsrunde
fazer (irr.) / **publicar um comunicado**	ein Kommuniqué veröffentlichen
acordo *m*	Kompromiss; Abkommen
chegar a um acordo	einen Kompromiss erzielen; zu einer Einigung gelangen
acordo de cessar fogo	Waffenstillstandsabkommen
Organização das Nações Unidas (ONU)	Vereinte Nationen (UNO)
Forças de Pacificação da ONU	UNO-Friedenstruppen
os Capacetes Azuis	die Blauhelme
Tratado *m* **de não Proliferação Nuclear**	Atomwaffensperrvertrag
conferência *f* **de desarmamento**	Abrüstungskonferenz
distensão *f*	Entspannung
seguir uma política de distensão	eine Politik der Entspannung verfolgen
zona *f* **de comércio livre**	Freihandelszone
barreira *f* **comercial**	Handelshindernis; Handelsschranke
parceiro *m* **comercial**	Handelspartner
tratado *m* **comercial**	Handelsvertrag
a União Europeia [Européia] / **UE**	die Europäische Union
o Mercado Comum Europeu	der Europäische Binnenmarkt
a União Monetária Europeia [Européia]	die Europäische Währungsunion
ajuda *f* **ao** / **do exterior**	Auslandshilfe
ajuda *f* **ao desenvolvimento**	Entwicklungshilfe
país *m* **em vias de desenvolvimento**	Entwicklungsland
país *m* **de industrialização recente**	Schwellenland

Defesa, guerra, militares
Verteidigung, Krieg, Militär

Boa parece a guerra a quem está longe dela.

defender – **defesa** *f*	verteidigen – Verteidigung
aumentar os gastos de defesa	die Verteidigungsausgaben erhöhen
NATO P./B. **OTAN** (Organização do Tratado do Atlântico Norte)	NATO
controle *m* **de armamento**	Rüstungskontrolle
pacto *m* **de não agressão**	Nichtangriffspakt
intimidação *f*	Abschreckung
ministro/-a – **Ministério** *m* **da Defesa**	Verteidigungsminister/-in – -ministerium
serviço *m* **militar**	Wehrpflicht
prestar / fazer o serviço militar	den Wehrdienst ableisten
recruta *m*	Wehrpflichtiger; Rekrut
exército *m*	Armee; Heer
militar *m*	Militär – Militär- / militärisch
Os militares estão contra o pro(c)jeto.	Das Militär ist gegen den Plan.
as forças armadas	die Streitkräfte / Armee
comandante supremo das forças armadas	Oberkommandierender der Streitkräfte
a força aérea	die Luftwaffe
a marinha	die (Kriegs-)Marine
a infantaria	die Infanterie; das Fußvolk
oficial *m f*	Offizier/-in
soldado *m* **(raso)**	(einfacher) Soldat
promover	befördern
Foi promovido a capitão.	Er wurde zum Hauptmann befördert.
general *m*	General
o Estado Maior	der Generalstab
comando *m*	Kommando
comandante *m f*	Befehlshaber/-in / Kommandant/-in

***Unidades* f *militares* (= Militärische Organisationseinheiten)**
pelotão m (= Zug) • *companhia* f (= Kompanie) • *regimento* m (= Regiment) • *unidade* f (= Einheit) • *batalhão* m (= Bataillon) • *brigada* f (= Brigade) • *divisão* f (= Division) • *corpo* m (= Korps) • *exército* m (= Armee)

serviço *m* **secreto**	Geheimdienst / Nachrichtendienst
espionagem *f* – **contra-espionagem** *f*	Spionage – Gegenspionage
espião *m* **/ espia** *m f*	Spion/-in
guerra *f*	Krieg
a Primeira / Segunda Guerra Mundial	der Erste / Zweite Weltkrieg

declarar guerra a um país	einem Land den Krieg erklären
agressor *m* – **agressão** *f*	Aggressor – Aggression
invadir – **invasão** *f*	überfallen – Invasion
invadir um país vizinho	in ein Nachbarland einfallen
atacar (-co; -ca > -que) – **ataque** *m*	angreifen – Angriff
avanço *m* – **retirada** *f*	Vormarsch – Rückzug
ocupar um país – **ocupação** *f*	ein Land besetzen – Besetzung
as forças de ocupação norte-americanas	die amerikanischen Besatzungstruppen
batalha *f*	Schlacht
campo de batalha	Schlachtfeld
combate *m*	Kampf / Gefecht
Ele caiu em combate em 1944.	Er fiel im Gefecht im Jahre 1944.
ofensiva *f* – **contra-ofensiva** *f*	Offensive – Gegenoffensive
planear P./B. planejar uma ofensiva	eine Offensive planen
iniciar uma contra-ofensiva	eine Gegenoffensive starten
resistência *f*	Widerstand
deparar-se com uma forte resistência	auf starken Widerstand stoßen
inimigo/**-a**	feindlich – Feind/-in
tropas inimigas / barcos inimigos	feindliche Truppen / Schiffe
reforço *m* / **reabastecimento** *m*	Nachschub
munição *f*	Munition
artilharia *f*	Artillerie
tanque *m*	Panzer
míssil *m* / **foguete** *m*	Rakete
um ataque com mísseis	ein Raketenangriff
caça-torpedeiro *m*	Torpedobootzerstörer
armas *f* **nucleares**	Kernwaffen
armas *f* **de exterminação de massas**	Massenvernichtungswaffen
submarino *m* **(nuclear)**	(Atom-)U-Boot
bombardear – **bomba** *f*	bombardieren – Bombe
bomba atómica [atômica]– bomba de hidrogénio [hidrogênio]	Atombombe – Wasserstoffbombe
Lançaram bombas sobre a cidade.	Sie warfen Bomben auf die Stadt.
bombardeio *m* / **bombardeamento** *m*	Bombardierung
bombardeamento das zonas industriais	Bombardieren von Industriegebieten
base *f* **aérea**	Luftwaffenstützpunkt
pista *f* **de aterragem** / B. *auch* **pista de aterrissagem** / **pista de pouso**	Landebahn
ataque *m* **aéreo**	Luftangriff
refúgio *m* **antiaéreo**	Luftschutzbunker / -keller / -raum
pára-quedas *m sg pl* – **para-quedista** *m f*	Fallschirm – Fallschirmjäger/-in
destruir (irr.) – **destruição** *f*	zerstören – Zerstörung
tribunal *m* **militar**	Kriegs- / Militärgericht

capturar	einnehmen; erobern; gefangen nehmen
retirar-se	sich zurückziehen; (*Truppen*) abziehen
guerrilha *f* – **guerrilheiro**/-**a**	Guerilla – Guerillakämpfer/-in; Partisan/-in
guerra de guerrilhas	Guerillakrieg
combatente *m f* **da resistência**	Widerstandskämpfer
movimento *m* **de resistência**	Widerstandsbewegung
miliciano/-**a**	Milizangehörige/-r
baixas *f pl* na população civil	Verluste in der Zivilbevölkerung
feridos e mortos	Verwundete und Tote
prisioneiro/-**a (de guerra)**	(Kriegs-)Gefangene/-r
vitória *f* – **derrota** *f*	Sieg – Niederlage
render-se – **rendição** *f*	kapitulieren – Kapitulation
crime *m* **de guerra** – **criminoso**/-**a de guerra**	Kriegsverbrechen – Kriegsverbrecher/-in

„Direita, esquerda, em frente ..."

Títulos, formas de tratamento
Titel, Anredeformen

Quem se não dá ao respeito não é respeitado.

rei – **rainha**	König – Königin
príncipe – **princesa** (herdeiro/-a)	(Kron-)Prinz – (Kron-)Prinzessin
infante/-a	Infant/-in
duque – **duquesa**	Herzog – Herzogin
conde – **condessa**	Graf – Gräfin
marquês – **marquesa**	Marquis – Marquise (Adelstitel zwischen *conde* und *duque*)

Formas de Tratamento (= Anreden)

Funções oficiais
Sua Excelência (= Seine Exzellenz), wenn man über die Person spricht, oder *Vossa Excelência* (= Eure Exzellenz), wenn man die Person anspricht. Wird verwendet für: *Presidente da República* (= Präsident), *ministros* (= Minister), *governadores* (= Gouverneure), *juízes* (= Richter), *diplomatas* (= Diplomaten) *e outras pessoas de alta categoria* (= andere Würdenträger): *Sua Excelência, o embaixador de Portugal no Brasil* (= Seine Exzellenz, der Botschafter Portugals in Brasilien); *Espero que Vossa Excelência tenha tido um dia agradável.* (= Ich hoffe, Eure Exzellenz hatten einen angenehmen Tag.)
Die Anrede in einem Brief lautet: *Exmo Senhor Presidente, / Exmo Senhor Embaixador.*

Bei ***membros do clero*** (= Geistlichen)
Es werden folgende Anreden verwendet: *Padre Jarbas* (= Pfarrer / Pater Jarbas); *reverendo padre.*
Bei Mitgliedern geistlicher Orden: *Frei Beto* (= Mönch Beto), *Irmã Imaculada* (= Schwester Imaculada), *Irmão Francisco* (= Bruder Francisco), *Madre Olívia* (= Mutter Olívia), *reverenda madre* (= Schwester Oberin).
Für *bispos* (= Bischöfe): *Sua / Vossa Excelência Reverendíssima* (= Hochwürden): *Sua Excelência Reverendíssima, Dom Bosco, Bispo de Rio Claro;* Abkürzung: *S. Ex.ª Rev.^{ma} / V. Ex.ª Rev.^{ma}*
Für *cardeais* (= Kardinäle): *Sua / Vossa Eminência* (= Eminenz); Abkürzung: *S. Em.^{a} / V. Em.^{a}*

Bei ***cidadãos comuns*** (normalen Bürgern)

In ***Brasilien*** wird der Vorname und *você* (= du) verwendet: *Bom dia, João. Você está melhor?; Marta, você vai ao cinema?* Das ist die Anrede auch für Kinder und Jugendliche. Wenn man über eine Person redet, wird oft der Artikel vorgesetzt: *O João vai para a China.*

Wenn man ältere und/oder sozial höher gestellte Personen anspricht, verwendet man eine respektvolle Anrede: Für Männer *senhor* (= Herr) + Vor- bzw. Nachname oder nur *o senhor* (= Sie).
Bom dia, senhor João / senhor Silveira. Hoje o senhor chegou cedo! (= Guten Morgen, Herr João / Herr Silveira. Heute sind Sie aber früh gekommen!)
Für Frauen: *dona* (= Frau) + Vorname + *a senhora* (= Sie): *Dona Teresa, a senhora precisa de mais alguma coisa?* (= Frau Teresa, brauchen Sie noch etwas?)
In Brasilien werden Ärzte, Ingenieure und Rechtsanwälte mit *doutor/-a* angesprochen. *Até logo, doutor Marcos.* (= Auf Wiedersehen, Dr. Marcos.)

In ***Portugal*** sprechen sich junge Leute, Freunde, Geschwister, gute Bekannte und Klassenkameraden normalerweise mit dem Vornamen und in der Du-Form an: *Teresa, onde trabalhas?* (= Teresa, wo arbeitest du?)
Wenn man eine Person nicht gut kennt, sie aber nicht sehr formell mit *o senhor / a senhora* anreden möchte, kann man sie mit dem Vornamen und in der 3. Person ansprechen. Auch unter Leuten, die sich gut kennen, aber nicht duzen, ist diese Anrede üblich: *O Thomas é alemão?* (= Thomas, sind Sie Deutscher?).

Die höfliche Anrede für Männer ist (*o*) *senhor* + Familienname, für Frauen (*a*) *Dona* oder (*a*) *senhora Dona* + Vorname.
Wenn man den Namen nicht weiß, sagt man nur *o senhor* bzw. *a senhora*: *Bom dia, senhor Silva* (= Guten Morgen, Herr Silva); *Boa tarde, Dona Helena.* (= Guten Tag, Dona Helena.). *Onde mora a senhora*? (= Wo wohnen Sie?).
In Portugal wird jeder, der einen Hochschulabschluss hat, mit dem Titel *Doutor/-a* angesprochen: *Bom dia, senhor Doutor* (= Guten Tag, Herr Doktor), meist „*sotor*" ausgesprochen; *Bom dia, senhora Doutora* (= Guten Tag, Frau Doktor), meist „*sotora*" ausgesprochen.

Problemas sociais
Soziale Probleme

1 Escassez de habitações
Wohnungsmangel

2 Desemprego
Arbeitslosigkeit

3 Drogas, álcool e tabaco
Drogen, Alkohol und Tabak

4 Pobreza
Armut

5 Crime e violência
Verbrechen und Gewalt

6 Xenofobia e racismo
Ausländerfeindlichkeit und Rassismus

7 Sexismo
Sexismus

7
1

Escassez de habitações
Wohnungsmangel

→ 5.1 Apartamentos e casas

Quem casa quer casa.

habitação / B. *auch* **moradia** *f*	Wohnung(en); Wohnraum – Wohnungs-
uma habitação a preço acessível	eine erschwingliche Wohnung
habitações económicas [econômicas]	preiswerte Wohnungen
escassez de habitações / de moradia	Wohnungsknappheit
o problema / a crise da habitação	die Wohnungsnot / -krise
cortes ao subsídio de habitação	Wohngeldkürzungen
promover a construção de habitações	den Wohnungsbau fördern
casa *f*	(*einstöckiges*) Haus; Wohnraum
construir uma casa	ein Haus bauen
procurar casa para alugar	ein Haus / eine Wohnung zu mieten suchen
renda *f* **de casa** P./B. **aluguel** *m*	Miete
política *f* **de habitação**	Wohnungspolitik
prote(c)ção *f* **ao inquilino**	Mieterschutz
lei *f* **do arrendamento** P./B. **lei do inquilinato**	Mietgesetzgebung
imóveis *m pl* – **imobiliário**	Immobilien – Immobilien-
os anúncios de imóveis	die Wohnungsanzeigen
mercado imobiliário	Wohnungsmarkt
agente imobiliário/-a	Immobilien- / Wohnungsmakler/-in
sociedade de mediação imobiliária P.	Immobiliengesellschaft
construtora *f* imobiliária	Baufirma
morar juntos	in einer Wohngemeinschaft leben
república *f* **de estudantes**	Studentenwohngemeinschaft
um lugar para morar / ficar	eine Bleibe
crédito *m* **para a construção**	Baudarlehen
hipoteca *f*	Hypothek
hipotecar (-co; -ca > -que) uma casa	ein Haus mit einer Hypothek belasten
rescindir um contrato – **rescisão** *f*	einem Mieter kündigen – Kündigung
despejo *m* – **despejar um inquilino**	Zwangsräumung – einen Mieter zur Räumung zwingen
Estão ameaçados de despejo.	Ihnen droht die Zwangsräumung.
ocupar (ilegalmente) **uma casa**	ein Haus besetzen
Tiveram que deixar a casa ocupada.	Sie mussten das besetzte Haus räumen.
ocupação *f* – **ocupante** *m f* **ilegal**	Hausbesetzung – Hausbesetzer/-in
bairro *m* **da lata** P./B. **favela** *f*	Barackensiedlung / Slum
desabrigado/-a / sem abrigo *m f* / B. *auch* **morador/-a de rua**	Obdachlose/-r

um grande aumento de desabrigados	eine starke Zunahme der Obdachlosen
domicílio *m*	Wohnsitz
sem domicílio fixo	ohne festen Wohnsitz
dormir (irr.) **ao relento**	im Freiem übernachten
viver na rua	auf der Straße leben
abrigo *m* / **refúgio** *m*	Zuflucht / Zufluchtsstätte
colocar à disposição abrigos de emergência	Notunterkünfte bereitstellen
procurar refúgio	Zuflucht suchen
alojamento *m* **provisório**	Behelfsunterkunft
acomodar / **alojar desabrigados**	Obdachlose unterbringen
albergue *m* / **asilo** *m*	Hospiz
lar *m*	Wohnheim

Operação Inverno (= Operation Winter) ist ein Programm der *Secretaria da Família e do Bem-Estar Social: FABES do Estado de São Paulo* (= Staatsministerium für Familie und Soziales), das im Winter (Juni–September) die Obdachlosen betreut und ihnen eine *albergue público* (= Obdachlosenherberge) anbietet, wo sie übernachten können. Das Programm erreicht aber nur einen kleinen Teil der Bedürftigten.

„Ainda há um lugarzinho para mim?"

Desemprego
Arbeitslosigkeit

→ 20.9 Relações de trabalho

Mãos de mais, trabalho de menos.

desempregado/-a	arbeitslos / erwerbslos – Arbeitslose/-r
desempregados de longa duração P./B. de longo tempo	Langzeitarbeitslose
reduzir o número dos desempregados	die Zahl der Arbeitslosen senken
desemprego *m*	Arbeitslosigkeit / Erwerbslosigkeit
A taxa de desemprego aumentou.	Die Arbeitslosenquote nahm zu.
desemprego conjuntural	konjunkturelle Arbeitslosigkeit
desemprego estrutural	strukturelle Arbeitslosigkeit
seguro de desemprego	Arbeitslosenversicherung
subsídio de desemprego	Arbeitslosengeld
subsídio social de desemprego P.	Arbeitslosenhilfe
sem emprego / sem trabalho	ohne Beschäftigung / ohne Arbeit
posto *m* **de trabalho**	Arbeitsplatz
perder o posto de trabalho	den Arbeitsplatz verlieren
redução de postos de trabalho	Arbeitsplatzabbau / Stellenabbau
redução *f* **de pessoal** / B. *auch* **enxugamento** *m*	Personalabbau
indemnização [indenização] *f*	Abfindung
pré-aviso P./B. **aviso** *m* **prévio**	Kündigungsmitteilung (*des Arbeitgebers*)
reestruturação *f*	Umstrukturierung; Stellenabbau

Das Entlassenwerden (= *ser despedido*) kann durch eine Reihe von Verben ausgedrückt werden, die direkt oder euphemistisch (= abschwächend-beschönigend) sein können:
Puseram-no na rua. (= Man hat ihn vor die Tür gesetzt.) • *Expulsaram-no (do trabalho).* / *Correram com ele.* (= Man hat ihn gefeuert / rausgeschmissen.) • *Foram extintos milhares de empregos.* (= Tausende von Beschäftigten wurden freigesetzt.) • *Deram-lhe ordem de despedimento.* (= Sie haben ihm/ihr gekündigt.) • *Despediram-no.* / *Foi despedido.* (= Ihm ist gekündigt worden. / Er wurde entlassen.) • *Recebeu o pré-aviso* P./B. *o aviso prévio.* (Er wurde entlassen.) • *Foi destituído.* (= Er wurde abgesetzt / des Amtes enthoben.) • *Foi afastado do serviço.* (= Er wurde vom Dienst suspendiert.)

Portugal: Das ***IEFP** / **Instituto de Emprego e Formação Profissional,*** das dem Arbeitsministerium angeschlossen ist, entspricht etwa der deutschen Bundesanstalt für Arbeit. Es koordiniert die Arbeitsbeschaffungsmaßnahmen der Regierung und führt Weiterbildungskurse und Umschulungen durch. Zahlreiche regionale und lokale Verwaltungsstellen sorgen für Beratung und Berufsbildung.

empregar (-go; -ga > -gue) – **emprego** *m*	beschäftigen – Beschäftigung
A situação do emprego melhorou / piorou.	Die Beschäftigungssituation hat sich gebessert / verschlechtert.
mercado *m* **de trabalho**	Arbeitsmarkt
prosperidade *f* / **surto** *m* / **expansão** *f* / **boom** *m*	Aufschwung
surto *m* económico [econômico]	Wirtschaftsaufschwung
redução *f* da a(c)tividade económica [econômica]	Abflauen / Nachlassen der Konjunktur
população *f* **economicamente a(c)tiva**	wirtschaftlich aktive Personen
qualificação *f* / **formação** *f* **profissional**	berufliche Fortbildung
reciclar / **reorientar**	umschulen
reciclagem *f* / **reorientação** *m*	Umschulung
trabalho *m* **sazonal**	Saisonarbeit
trabalho *m* **em tempo parcial** / P. *m us* em part-time	Teilzeitarbeit
trabalho *m* **a meio tempo** P.	Halbtagsarbeit
trabalho de meio período / **meio expediente** B.	Halbtagsarbeit
fazer (irr.) **biscates** / B. *auch* **fazer bicos**	gelegentlich arbeiten / jobben
subemprego	Unterbeschäftigung
trabalhador sem qualificação	Hilfskraft
trabalhador especializado	Fachkraft
medidas *f* **para a criação de emprego** / B. *auch* **frente** *f* **de trabalho**	Arbeitsbeschaffungsmaßnahmen
programas *m* **de criação de emprego**	Arbeitsbeschaffungsprogramme
procurar emprego	Beschäftigung / Arbeit suchen
(re)empregar (-go; -ga > -gue) / **(re)admitir trabalhadores**	Arbeitskräfte (wieder) einstellen
empresa de trabalho temporário. P./B **agência** *f* **de colocação de mão-de-obra**	Arbeitsvermittlungbüro

7
3

Drogas, álcool e tabaco
Drogen, Alkohol und Tabak

Jogo e bebida, casa perdida.

droga *f* / B. *auch* **entorpecente** *m*	Droge / Rauschmittel / Rauschgift
drogas pesadas – leves	harte – weiche Drogen
drogas alteradoras da consciência	bewusstseinsverändernde Drogen
tomar / consumir drogas	Drogen nehmen
abuso de drogas	Drogenmissbrauch
legalização das drogas	Legalisierung von Drogen
mortos por consumo de drogas	Drogentote
sob a influência de drogas	unter Drogeneinfluss
dopar-se / **drogar-se** (-go; -ga > -gue)	sich dopen
dopado / **drogado** / P. *auch* **drunfado** / **ganzado**	gedopt
consumidor / B. *auch* **usuário** de drogas	Drogenkonsument
vício *m* – **viciado/-a**	Sucht – Süchtige/-r
deixar o vício	von der Sucht loskommen
toxicomania *f* / **tóxico-dependência** *f*	Drogensucht / Rauschgiftsucht
toxicómano/-a [toxicômano/-a]	Drogensüchtige/-r
dependente *m f* de drogas	Drogenabhängige/-r
tóxico-dependente *m f* / B. *auch* **dependente** *m f* **(químico)**	Drogenabhängige/-r
traficante *m f* **de drogas** / B. *auch* **narcotraficante** *m f*	Drogen- / Rauschgifthändler/-in
tráfico *m* de drogas / entorpecentes	Drogen- / Rauschgifthandel
direcção *f* **de combate às drogas** P.	Rauschgiftdezernat
delegacia *f* **de combate às drogas** B.	Rauschgiftdezernat

Dass jemand rauschgiftsüchtig ist, kann man u.a. folgendermaßen ausdrücken: *É um/-a drogado/-a. É um/-a toxicómano/-a* [*toxicômano*]. • *É um/-a dependente químico/-a.* B. • *É um/-a tóxico-dependente.* • *É um agarrado.* P. • *Anda pirado.* B. • *Toma / consome drogas.* • *Pica-se.*

produto *m* P./B. **material** *m*	Stoff
excitantes *m pl* / **estimulantes** *m pl*	Aufputschmittel
tranquilizantes *m pl* / **calmantes** *m pl*	Beruhigungsmittel
inje(c)tar-se	sich Drogen injizieren
picar-se (-co; -ca > -que) / P. *auch* **chutar-se**	fixen / drücken
Ela chuta-se heroína duas vezes por dia.	Sie drückt zweimal täglich Heroin.
inje(c)ção *f*	Drogeninjektion

picada *f* / P. *auch* **chuto** *m*	Schuss
ficar (-co; -ca > -que) **eufórico** / **alucinado** / **pirado** / **passado** / **fora** / P. *auch* **flipar**	ausflippen / auf einen Trip gehen
passar-se – **estar** (irr.) **passado/-a**	sich in einen euphorischen Zustand versetzen – high sein
heroína *f* – **cocaína** *f*	Heroin – Kokain
inje(c)tar / cheirar / fumar cocaína	Kokain spritzen / schnupfen / rauchen
crack *m*	Crack
cola *f* **de sapateiro**	Schusterklebstoff
haxixe *m* – **maconha** *f*	Haschisch – Marihuana
ecstasy *m*	Ecstasy
LSD *m* / **ácido** *m*	LSD
Estava numa viagem de LSD.	Er war auf einem LSD-Trip.
metadona *f*	Methadon
dose *f* – **overdose** *f*	Dosis – Überdosis
Ela morreu de overdose de heroína.	Sie starb an einer Überdosis Heroin.
tornar-se dependente das drogas	drogenabhängig werden
livrar-se das drogas	sich von der Droge lösen
ficar (-co; -ca > -que) **limpo** – **estar** (irr.) **limpo**	clean werden – clean sein
curar – **cura** *f*	entwöhnen – Entzug
Antigamente ele era viciado, mas agora ele está curado / está limpo.	Er ist früher süchtig gewesen, aber jetzt ist er entwöhnt / clean.
desintoxicar (-co; -ca > -que)	entgiften
desintoxicação *f*	Entgiftung; Entwöhnung; Entzug
clínica de desintoxicação / centro de recuperação para tóxicodependentes	Entzugs-; Suchtklinik
síndrome *f* **de abstinência** / P. *auch* **ressacar** (-co; -ca > -que)	Entzug(serscheinungen)
ter (irr.) **uma recaída**	einen Rückfall erleiden

Drogen-Slang

tripar P. • *estar fora* P. • *estar na noia* B. • *estar bravo* B. • *estar aéreo* B. (= auf einem Trip sein, unter Drogeneinfluss stehen)
estar a ressacar P./B. *estar na fissura* (= unkontrollierbarer Drang zu einem Schuss)
mula B. (= jemand, der Drogen im Auftrag transportiert)
estimulantes (= Aufputschmittel)
coca f • *pó* m • *branca* f P. *neve* f B. • *farinha* f B. • (= Kokain)
pó m • *cavalo* m P. • *castanha* f P. (= Heroin)
erva f • *maconha* f • *joint* m • *charro* m P. • *ganza* f P. • *massa* f B. • *baseado* m B. • *charuto* m B. (= Marihuana / Cannabis)
fumar um charro P. • *fumar uma ganza* P. • *fumar um baseado* B. • *fumar um back* B. • *fumar uma vela* B. (Marihuana rauchen)
cracolândia f B. (= Stadtgebiet, wo Crack verkauft und konsumiert wird)

alcoólatra *m f* / P. *m us* **alcoólico/-a**	Alkoholiker/-in
Alcoólicos Anónimos P./B. Alcoólatras Anônimos	Anonyme Alkoholiker
alcoolismo *m*	Alkoholismus / Alkoholkrankheit
alcoolemia *f*	Alkohol im Blut
abstinência *f* – **abstémio/-a** [abstêmio]	Abstinenz – Abstinenzler/-in
tomar	nehmen; trinken
O que é que toma?	Was trinken Sie?
Vamos tomar o último. P.	Trinken wir noch einen Letzten.
Vamos tomar a saideira. B.	Trinken wir noch einen zum Abschied.
copo *m*	Glas
Vamos tomar um copo. P.	Gehen wir einen trinken.
Ele é bom de copo.	Er verträgt viel Alkohol / wird nicht so schnell betrunken.
trago *m* / **gole** *m* / P. *auch* **golo** *m*	Schluck (Alkohol)
beber um gole	einen Schluck nehmen
beber – **bebida** f	trinken – Getränk
bebidas alcoólicas – não alcoólicas	alkoholische – alkoholfreie Getränke
bêbado/-a	Betrunkene/-r / Säufer/-in – betrunken
Está um pouco bêbado / tocado / alegre.	Er ist ein bisschen betrunken.
Estava bêbado que nem um cacho P./B. como um gambá.	Er war stockbesoffen / wie ein Gambá (*Beutelratte*)
sóbrio	nüchtern
(um pouco) tonto / **zonzo**	(ein bisschen) beschwipst
beberrão/-ona / ébrio/-a	Saufbold / -bruder
bebedeira *f* – **embebedar-se**	(Alkohol-)Rausch – sich betrinken / betrunken werden
Ele apanhou uma bebedeira P./B. caiu numa bebedeira.	Er betrank sich / ließ sich voll laufen.
embriagar-se (-go; -ga > -gue)	sich betrinken
embriagado	betrunken sein
ter (irr.) **ressaca** *f*	einen Kater haben

Algumas palavras para aguardente **(= Einige Wörter für Schnaps)**
cachaça f • *mata-bicho* m • *bagaço* m P. • *bagaceira* f P. • *água-que-passarinho-não-bebe* f B. • *branca* f • *branca/branquinha* f • *cana/caninha* f B. • *parati* f B. • *uca* f B.

cigarro *m* – **cigarrilha** *f*	Zigarette – Zigarrillo
acender – apagar um cigarro	eine Zigarette anzünden – ausmachen
cigarro com filtro – sem filtro	Filterzigarette – Zigarette ohne Filter
cigarro enrolado à mão	selbst gedrehte Zigarette

maço de cigarros	Packung / Schachtel Zigaretten
pacote de cigarros	Stange Zigaretten
dispensador *m* **automático** de cigarros / P. *m us* **máquina** *f* **de tabaco**	Zigarettenautomat
boquilha *f* para cigarros / B. *auch* **piteira** *f*	Zigarettenspitze
cigarreira *f*	Zigarettenetui
ponta *f* **de cigarro** / **beata** *f* / B. *auch* **guimba** *f*	Zigarettenstummel / Zigarettenkippe
mortalha *f*	Zigarettenpapier
cachimbo *m*	Pfeife
charuto *m* – **charuteira** *f*	Zigarre – Zigarrenetui
uma caixa de charutos	eine Kiste Zigarren
nicotina *f*	Nikotin
cigarro com alto – baixo teor de nicotina	Zigarette mit hohem – niedrigem Nikotingehalt
cinza *f* – **cinzeiro** *m*	Asche – Aschenbecher
fósforos *m*	Streichhölzer
caixa *f* / **carteira** *f* **de fósforos**	Streichholzschachtel
isqueiro *m*	Feuerzeug
fumar	rauchen
fumar passivamente	passiv rauchen
Proibido fumar!	Rauchen verboten!
fumador/-a P./B. **fumante** *m f*	Raucher/-in
compartimento para fumadores / fumantes	Raucherabteil
não fumador/-a P./B. **não fumante** *m f*	Nichtraucher/-in
área de não fumadores / fumantes	Nichtraucherbereich
inalar (o fumo)	(den Rauch) inhalieren
passa *f* P./B. **tragada** *f*	Zug *(beim Rauchen)*
tabacaria *f* – **tabaco** *m*	Tabak(waren)laden – Tabak
tabaco para cachimbo	Pfeifentabak

7

4

Pobreza
Armut

Casa onde não há pão, todos ralham e ninguém tem razão.

pobreza *f* – **pobre** – **os pobres**	Armut – arm – die Armen
as causas da pobreza	die Ursachen der Armut
pobreza extrema / relativa	absolute / relative Armut
Estas pessoas são extremamente pobres.	Diese Menschen sind schrecklich arm.
empobrecer (-ço; -ça > -ce; -ci)	in Armut geraten / verarmen
empobrecido	verarmt
indigência *f*	Bedürftigkeit; Armut
na indigência	unterhalb der Armutsgrenze
necessidade *f*	Bedürfnis; Not; Bedürftigkeit
as necessidades básicas	die Grundbedürfnisse
famílias necessitadas	bedürftige Familien
pessoas sem recursos / **meios**	mittellose Menschen
privação *f*	Entbehrung / Mangel
desfavorecido/-a / B. *auch* **carente**	benachteiligt – Benachteiligte/-r
os desfavorecidos / carentes	die sozial Schwachen
nível *m* **de vida**	Lebensstandard
um nível de vida extremamente baixo	ein äußerst niedriger Lebensstandard
mínimo *m* **de subsistência**	Existenzminimum
viver no limite do nível de subsistência	am Rande des Existenzminimums leben
viver abaixo do nível de subsistência	unterhalb der Armutsgrenze leben

In jüngster Zeit haben in Brasilien einige Stadtverwaltungen damit begonnen, Mindesteinkommen zur Unterstützung armer Familien einzuführen. Die Familien erhalten aber diese Unterstützung nur, wenn ihre Kinder die Schule besuchen. Dieses Programm trägt dazu bei, die Häufigkeit des Schuleschwänzens und vorzeitigen Schulabbruchs zu verringern.

necessário	notwendig
ter só o estritamente necessário para viver	gerade das Nötigste zum Leben haben
salário *m* **mínimo**	Mindestlohn
ter um salário suficiente para viver	einen zum Leben ausreichenden Lohn bekommen
fome *f* – **faminto** / **esfomeado**	Hunger – hungrig
faminto/-a / **esfomeado/-a**	Hungernde/-r
passar fome	hungern
inanição *f*	Verhungern; Entkräftung
morrer de fome / inanição	verhungern
alimentação *f* **pobre** / **insuficiente**	Mangelernährung
desnutrição *f*	Unterernährung

desnutrição devido à pobreza	durch Armut bedingte Unterernährung
auxílio *m* **social em forma de bens**	Sozialhilfe in Form von Sachleistungen
população *f* **carente** / **necessitada**	bedürftige Leute
dependente da assistência social	auf Sozialhilfe angewiesen
sopa *f* **dos pobres** / B. *auch* **cozinha** *f* **de caridade** / **comunitária**	Armenküche; Armenspeisung
subsídio *m*	Unterstützung zum Lebensunterhalt
corte *m* **nos serviços sociais**	Sozialabbau
expectativa *f* **de vida**	Lebenserwartung
baixa expectativa de vida	niedrige Lebenserwartung
alto índice de mortalidade infantil	hohe Säuglingssterblichkeit
analfabetismo *m* **entre os pobres**	Analphabetentum unter den Armen
meninos *m* **de rua**	Straßenkinder
exploração *f* **de menores**	Kinderarbeit
prostituição *f* **infantil**	Kinderprostitution
miséria *f*	Elend
sofrer – **sofrimento** *m*	leiden – Leid(en)
aliviar o sofrimento dos pobres	das Leid(en) der Armen lindern
desespero *f* – **falta** *f* / **perda** *f* **de esperança**	Verzweiflung – Hoffnungslosigkeit

Nach dem Gesetz bekommt in Brasilien ein Beschäftigter von seinem Arbeitgeber mindestens ein *salário* m *mínimo* (= Mindestlohn), *vale-transporte* m (= Fahrgeld) und die *cesta básica* (= Korb mit Grundnahrungsmitteln und Artikeln für die tägliche Hygiene), die den Verbrauch einer vierköpfigen Familie für einen Monat deckt. Der Mindestlohn liegt je nach Konjunktur zwischen 40 und 65 €. In Portugal liegt der Mindestlohn bei 315 €. (2001).

„Como? Um bom salário? O que vocês me dão é um salário de fome e miséria."

Crime e violência
Verbrechen und Gewalt

→ 6.8 O direito e a polícia

Quem semeia vento, colhe tempestade.

crime *m*	Verbrechen
cometer um crime	eine Straftat / ein Verbrechen begehen
crime violento	Gewaltverbrechen
luta contra o crime	Verbrechensbekämpfung
vítima de um crime	Opfer eines Verbrechens
criminalidade *f*	Kriminalität; Strafbarkeit
prevenção da criminalidade	Verbrechensverhütung
o aumento do índice de criminalidade	die Zunahme der Kriminalität
criminoso/-a	kriminell – Verbrecher/-in
criminoso/-a profissional	Berufsverbrecher/-in
delito *m*	Straftat
delinquente [delinqüente] *m f*	Straftäter/-in
delinquência [delinqüência] *f* **juvenil**	Jugendkriminalität
pivete *m* B.	*ein Kind, das stiehlt oder für erwachsene Diebe arbeitet*

***Crimes cometidos frequentemente [freqüentemente]* (= Häufig begangene Straftaten)**

assalto m (= Überfall) • *assalto m à mão armada* (= bewaffneter Überfall) • *assassinato* m (= Mord) • *caça* f *furtiva* (= Wilderei) • *chantagem* m / *extorsão* f (= Erpressung) • *contrabando* m (= Schmuggel) • *cumplicidade* f (= Mittäterschaft / Beihilfe) • *dano* m / *lesão* f *corporal* (= Körperverletzung) • *desfalque* m / *malversação* f *de fundos* B. (= Unterschlagung / Veruntreuung) • *estupro* m / *violação* f (= Vergewaltigung) • *falsificação* f (= Fälschung) • *fraude* m (= Betrug) • *assassinato* m (= Mord) • *homicídio* m (= allgemein: Tötungsdelikt) • *homicídio negligente* P./B. *culposo* (= fahrlässige Tötung) • *homicídio doloso* (= vorsätzliche Tötung) • *incêndio* m *criminoso* / *premeditado* (= Brandstiftung) • *invasão* f *de domicílio* (= Hausfriedensbruch) • *lenocínio* m / *proxenetismo* m (= Zuhälterei) • *perjúrio* m / P. auch *crime* m *de falsas declarações* / B. auch *juramento* m *em falso* (= Meineid) • *perturbação* f *da ordem pública* (= Störung der öffentlichen Ordnung) • *encobrimento* m P./B. *receptação* f (= Hehlerei) • *resistência* f *à autoridade* (= Widerstand gegen die Staatsgewalt) • *roubo* m (= Raub) • *rapto* m (= Entführung) • *suborno* m / *corrupção* f (= Bestechung) • *terrorismo* m (= Terrorismus) • *sequestro* [*seqüestro*] m de *pessoas* (= Geiselnahme) • *tráfico* m *de drogas* (= Drogenhandel) • *vandalismo* m (= mutwillige Beschädigung / Zerstörung fremden Eigentums)

assaltantes armados e mascarados	bewaffnete und maskierte Räuber
atentado *m* **com bomba** / P. *auch* **atentado bombista**	Bombenanschlag
controle *m* **policial**	Polizeikontrolle
batida *f* **policial** / P. *auch* **rusga** *f*	Razzia
maltratar – **seviciar**	misshandeln
mulher / criança maltratada	misshandelte/-s Ehefrau / Kind
sevícias *f pl* / **maus-tratos** *m pl*	Misshandlungen
torturar – **tortura** *f*	foltern – Folter

Delinqüentes **(= Bezeichnungen für Straftäter)**
agressor/-a (= Angreifer/-in) • *assaltante* m f (= Räuber/-in) • *bandido/-a* (= Bandit/-in) • *assassino/-a* / *homicida* m f (= Mörder/-in) • *chulo* m P./B. *cafetão* / *caftina* / *rufião/-ã* (= Zuhälter/-in) • *caçador/-a* / *pescador/-a furtivo/-a* (= Wilderer/-in) • *chantagista* m f (= Erpresser/-in) • *contrabandista* m f (= Schmuggler/-in) • *violador* m / B. auch *estuprador* m (= Vergewaltiger) • *falsificador/-a* / *falsário/-a* (= Fälscher/-in) • *pistoleiro/-a* / *gângster* m (= Gangster / Pistolenschütze / -schützin) • *impostor/-a* / *caloteiro/-a*
(= Betrüger/-in; Hochstapler/-in) • *incendiário/-a* / *pirómano/-a* [*pirômano*] (= Brandstifter/-in) • *ladrão/ladra* (= Räuber/-in) • *louco/-a homicida* (= Amokschütze / -schützin) • *malandro/-a* (= Ganove / Ganovin) • *sequestrador/-a* [*seqüestrador*] / *raptor/-a* (= Entführer/-in) • *terrorista* m f (= Terrorist/-in) • *vândalo/-a* (= mutwillige/-r / Zerstörer/-in) • *voyeur* / *voyeuese* (= Spanner/-in / Voyeur/-in)

Roubos e ladrões **(= Raub und Diebe)**
roubo m (= Raub) • *furto* m (= Diebstahl) • *latrocínio* m (= Raubüberfall) • *carteirista* m f P./B. *batedor/-a de carteira* (= Handtaschendieb/-in) • *trombadinha* m f B. (= jugendliche/-r Taschendieb/-in) • *ladrão/ladra* (= Dieb/-in) • *saque* m (= Plünderung) • *saqueador/-a* (= Plünderer/-in)

arma *f* – **arma** *f* **de fogo**	Waffe – Schusswaffe
porte (i)legal de armas	(un)erlaubter Waffenbesitz
pistola *f* – **revólver** *m*	Pistole – Revolver
matar a tiros / B. *auch* **balear**	erschießen
Mataram duas pessoas a tiros.	Zwei Personen wurden erschossen.
disparar contra / **atirar contra** / B. *auch* **em alguém**	jemand anschießen
A polícia atirou contra o / no assaltante.	Die Polizei schoss auf den Räuber.
disparar a arma	eine Waffe abschießen; losgehen
A arma disparou e feriu o assaltante.	Die Waffe ging los und verletzte den Räuber.
vigilante *m f* – **vigilância** *f*	wachsam – Wachsamkeit
guarda *m f*	Wächter/-in
violência *f* – **violento/-a**	Gewalt(tätigkeit) – gewalttätig

luta *f* / **briga** *f* P. *p us* / **bulha** *f* P.	Kampf; Prügelei; Schlägerei
lutar / **brigar** (-go; -ga > -gue) P. *p us*	kämpfen (um); sich prügeln / schlagen (um); streiten (um)
estar de mal (com) / B. *auch* estar brigado	miteinander im Streit liegen
pegar-se (-go; -ga > -gue) / P. *auch* **andar à bulha**	schlagen / hauen
Os vizinhos pegaram-se.	Die Nachbarn haben sich geprügelt.
bater em alguém	auf jemand einschlagen
açoitar	peitschen
apunhalar / **esfaquear** – **punhalada** *f* / **facada** *f*	auf jemand einstechen – Messerstich
Foi morta à punhalada / à facada.	Sie wurde erstochen.
estrangular alguém	jemand erwürgen / erdrosseln
atar / **amarrar** – **amordaçar**	fesseln – knebeln

Crimes contra a humanidade **(= Verbrechen gegen die Menschlichkeit)**
atrocidade f (= Gräueltat) • *campo* m *de concentração* (= Konzentrationslager) • *campo* m *de morte* (= Todeslager) • *extermínio* m (= Ausrottung) • *exterminar* (= ausrotten) • *genocídio* m (= Völkermord) • *holocausto* m (= Holocaust) • *liquidar* (= liquidieren / ermorden) • *massacre* m (= Massaker / Gemetzel) • *matança* f *de inocentes* (= das Abschlachten unschuldiger Menschen) • *pogrom* m (= Pogrom / Ausschreitungen, besonders gegen Juden)

„1. Congresso International de Profissionais do Roubo."

Xenofobia e racismo
Ausländerfeindlichkeit und Rassismus

O Senhor nos livre de bocas abertas e de maus vizinhos à porta.

xenofobia *f*	Fremdenhass / -feindlichkeit
xenófobo/-a	ausländerfeindlich – Fremdenhasser/-in
fobia *f*	Phobie / krankhafte Angst
estrangeiro/-a	ausländisch – Ausländer/-in
hostilidade em relação aos estrangeiros	Ausländerfeindlichkeit
ódio aos estrangeiros	Ausländerhass / Fremdenhass
preconceito *m* – **ter preconceitos**	Vorurteil – Vorurteile haben
os preconceitos contra os estrangeiros	Vorurteile gegen Ausländer
pedido *m* **de asilo** – **asilado/-a**	Asylbewerber/-in – Asylant/-in
conceder asilo a alguém	jemand Asyl gewähren
restringir (-jo, -ja > -ge; -gi) o direito de asilo	das Asylrecht einschränken
abrigo para / de asilados	Asylanten(wohn)heim
Centro Social de Acolhimento a Asilados P.	Asylantenwohnheim
imigrante *m f* – **emigrante** *m f*	Einwanderer/-derin / Zuwanderer/-derin – Auswanderer/-derin
imigração *f* **(ilegal)**	(illegale) Einwanderung
perseguido *m* **político**	politisch Verfolgte/-r
refugiado *m* **político**	politischer Flüchtling
refugiado/-a por motivos económicos [econômicos]	Wirtschaftsflüchtling
atentado *m* **à** / **com bomba** / **com explosivos**	Bomben- / Sprengstoffanschlag
atentado / ataque incendiário	Brandanschlag
lançar bombas incendiárias	Brandbomben werfen
radical *m f*	Radikale/-r
extremista *m f* de direita / de esquerda	Rechts- / Linksextremist/-in
extremismo *m* de direita / de esquerda	Rechts- / Linksextremismus
partido *m* **de extrema direita** / **esquerda**	rechts- / linksextreme Partei
bando *m* / **gangue** *f fam*	Bande
cabeça rapada P./B. **raspada** / **skinhead** *m*	Skinhead
nacionalismo *m*	Nationalismus
nacionalista *m f*	nationalistisch – Nationalist/-in
chauvinismo *m*	übersteigerter Nationalismus
grupo *m* **étnico**	ethnische Gruppe; Volksgruppe

minoria étnica	ethnische Minderheit
limpeza étnica	ethnische Säuberung
raça *f* – **racismo** *m*	Rasse – Rassismus
igualdade de direitos entre as raças	Gleichberechtigung der Rassen
racista *m f*	rassistisch – Rassist/-in
racial	rassisch – Rassen-
conflitos raciais	Rassenkonflikte
discriminação racial – ódio racial	Rassendiskriminierung – Rassenhass
segregação racial	Rassentrennung
comentários racistas	rassistische Äußerungen
apartheid *m*	Apartheid
anti-semitismo *m* – **anti-semita** *m f*	Antisemitismus – Antisemit/-in
ariano/-a	(*Naziideologie*) arisch – Arier/-in
não ariano/-a	(*Naziideologie*) nichtarisch – Nicht-arier/-in

Die jüdische Kultur spielte im Mittelalter in Portugal eine sehr wichtige Rolle als kulturelles und oft auch politisches Bindeglied zwischen Christen und Moslems, als treibende Kraft des Handels und der Stadtgründungen. *Judiarias* (= jüdische Viertel) waren in fast jeder Großstadt zu finden. Die Juden waren tätig in Wirtschaft, Verwaltung und im Kulturbereich. Das von der Kirche verhängte Verbot für die Christen, Darlehensunternehmen zu leiten, ließ manche Juden, die sich damit beschäftigen durften, reich werden. Die Folge war, dass sie Neid und Anfeindungen ausgesetzt waren. Dies führte zu Pogromen und Vermögenseinziehungen. 1492 vertrieben die spanischen Könige die Juden zusammen mit den Moslems. In Portugal standen diese Leute unter dem Schutz der Monarchie, aber die große Zahl der Flüchtlinge destabilisierte das Verhältnis zwischen dieser Minderheit und der christlichen Bevölkerung. Unter dem Druck der Kommunen zwang D. Manuel die Juden, zum Christentum überzutreten oder das Land zu verlassen. Aus dieser Zeit stammt die Bezeichnung *cristãos-novos* für die konvertierten Juden.

cigano/-a	Zigeuner/-in; Sinto / Sintiza; Rom / Romni

Die *ciganos* waren in Portugal immer Zielscheibe des Rassismus. Ihre nicht-sesshafte Lebensweise und ihre Sitten und Bräuche riefen Argwohn und Zurückweisung hervor. Noch heute werden sie angegriffen und sind Vorurteilen ausgesetzt. Das Wort *cigano* wird oft abfällig benutzt.

cor *f* **da pele**	Hautfarbe
negro / preto – de cor – branco	schwarz – farbig – weiß
mulato/-a	Mulatte

Sexismo
Sexismus

→ 6.2 Movimentos sociais

Do homem a praça, da mulher a casa.

sexismo *m*	Sexismus
sexista *m f*	sexistisch – Sexist/-in
preconceitos sexistas	sexistische Vorurteile
sexo *m* – **sexual**	Sex – sexuell / Sex-
papéis segundo o sexo / B. *auch* gênero	Geschlechterrollen
igualdade sexual	Gleichberechtigung der Geschlechter
repressão sexual	sexuelle Unterdrückung
violência sexual	sexuelle Gewalt
discriminação sexual	sexuelle Diskriminierung
assédio *m* /B. *auch* molestamento sexual	sexuelle Belästigung

Sexo m ist Geschlecht im biologischen Sinn; *género* m [*gênero*] ist Geschlecht im kulturellen oder grammatischen Sinn. Sowohl in Portugal als auch in Brasilien steckt das Bestreben, sich *de maneira sexualmente neutra* (= geschlechtsneutral) auszudrücken, d.h., auf *linguagem sexista* zu verzichten, noch in den Anfängen.
Man soll beispielsweise das Wort *homens* mit universaler Bedeutung nicht verwenden, sondern je nach Zusammenhang *pessoas, seres humanos, espécie humana, povo, população* oder *homens e mulheres*. Statt des männlichen Plurals für auf den Menschen bezogene Bezeichnungen verwendet man besser beide Geschlechter oder ein anderes Substantiv: nicht *os brasileiros, os portugueses*, sondern *o povo brasileiro / português.*

feminismo *m*	Feminismus
feminista *m f*	feministisch – Feminist/-in
patriarcado *m* – **matriarcado** *m*	Patiarchat – Matriarchat
masculino – **feminino**	männlich – weiblich
profissões masculinas – femininas	Männer- – Frauenberufe
superioridade masculina – feminina	männliche – weibliche Überlegenheit
prepotência masculina	männliche Übermacht
machismo *m* – **machista** *m f*	Machismo / männlicher Chauvinimus – Macho
Ele é machista (uma pessoa machista).	Er ist ein Macho.
macho *m*	männliches Tier
machão *m*	Kraftprotz
misoginia *f*	Frauenhass / Frauenfeindlichkeit
misógino *m*	Frauenhasser

Ciências sociais
Sozialwissenschaften

Antropologia
Anthropologie

O homem põe e Deus dispõe.

antropologia *f*	Anthropologie / Lehre vom Menschen
antropólogo/-a – antropológico	Anthropologe/-gin – anthropologisch
etnologia *f*	Ethnologie / Völkerkunde
antropologia social / etno-sociologia	Ethnosoziologie
trabalho *m* **de campo**	Feldforschung
ser *m* **humano** / **homem** *m*	Mensch; Mann
classificar os seres humanos por raças	Menschen in Rassen einteilen
homens pré-históricos	prähistorische / vorgeschichtliche Menschen
humano – humanos	menschlich – Menschen (*literarisch*)
populações / raças humanas	menschliche Populationen / Rassen
a vida social dos seres humanos	das menschliche Gemeinschaftsleben
pessoa *f* – **gente** *f*	Person – Leute

Havia muitas pessoas lá. (= Viele Leute / Menschen waren da.) • *Havia muita gente / pouca gente lá.* (= Viele Leute / Menschen waren da.) *Gente* wird immer im Singular benutzt. • *Era uma boa / má pessoa.* (= Er / Sie war ein guter / schlechter Mensch.) *Pessoa* ist wie das deutsche Wort „Person" eine nicht geschlechtsbezogene Bezeichnung.

Homem / homens bedeutet Mensch, Menschen, wobei im Sinne der Gleichberechtigung in der Sprache *pessoa*(*s*) / *ser*(*es*) *humano*(*s*) vorzuziehen wäre, aber nur dann, wenn es nicht zu künstlich erscheint, wie es z.B. bei *o homem de Neanderthal* der Fall wäre.

estrutura *f* **social**	Sozialstruktur
ordem / sistema social	Gesellschaftsordnung
instituição *f* **política**	politische Einrichtung / Institution
cultura *f* / **civilização** *f*	Kultur
culturas / civilizações antigas	frühe / alte Kulturen / Zivilisationen
culturas ameríndias / indígenas	indianische Kulturen
a base / **o fundo** / **o background cultural**	der kulturelle Hintergrund
a **herança cultural** de um povo	das kulturelle Erbe eines Volkes
diversidade cultural / diferenças culturais	kulturelle Vielfalt / Unterschiede
folclore *m*	Folklore
popular / **tradicional**	volkstümlich / Volks-
música popular / tradicional	Volksmusik
canção / conto / medicina popular	Volkslied / -märchen / -medizin
arte popular – arte primitiva	Volkskunst – primitive Kunst

tradições *f pl* / **usos** *m pl* / **costumes** *m pl*	Traditionen / Bräuche / Sitten
parentesco *m*	(Bluts-)Verwandtschaft
estruturas *f* **familiares**	Familienstrukturen
os chamados povos primitivos	die so genannten primitiven Völker
os aborígenes	die Ureinwohner
tribo *f* – **tribal**	(Volks-)Stamm – Stammes-
símbolo *m* – **simbolizar**	Symbol – symbolisieren
ritual *m* – **rito** *m*	rituell – Ritual / Zeremoniell
cerimónia [cerimônia] *f* **ritual**	rituelle Zeremonie
tabu *m*	Tabu – tabu
o tabu do incesto	das Inzesttabu / Inzestverbot
totem *m* – **totémico** [totêmico]	Totem – Totem-
evolução *f* – **evolutivo**	Evolution – Evolutions- / Entwicklungs-
a teoria darwinista da evolução das espécies	Darwins Evolutionstheorie
a sele(c)ção natural	die natürliche Auslese
a lei do mais forte	das Recht des Stärkeren
genética *f* – **gene** *m* – **genético**	Genetik / Vererbungslehre – Gen – genetisch
fa(c)tor genético	Genfaktor
mutação *f*	Mutation
migração *f*	Migration / Wanderung(en)
adaptação *f* **aos ecossistemas**	Anpassung an Ökosysteme
artefa(c)to *m* **pré-histórico**	vorgeschichtliches Artefakt / von Menschen geformter Gegenstand

História
Geschichte

Dos fracos não reza a história.

história *f*	Geschichte; Geschichtswissenschaft
história antiga / medieval	alte / mittelalterliche Geschichte
história moderna / contemporânea	neuere Geschichte / Zeitgeschichte
história social / económica [econômica]	Sozial- / Wirtschaftsgeschichte
história da Igreja	Kirchengeschichte
história das ideias [idéias]	Geistesgeschichte / Ideengeschichte
história local / regional	Heimatgeschichte
histórico	historisch / geschichtlich
uma questão de interesse histórico	eine Sache von historischem Interesse
historiador/-a	Historiker/-in; Geschichtsforscher/-in
investigador/-a P./B. **pesquisador/-a**	Forscher/-in
erudito/-a / sábio/-a	ein/-e Gelehrte/-r
pré-história *f* – **pré-histórico**	Vorgeschichte – vorgeschichtlich / prähistorisch
genealogia *f*	Genealogie
fontes *f* **primárias**	Primärquellen
fontes escritas	schriftliche Überlieferungen / Quellen
documento *m*	Dokument; Urkunde; Zeugnis; Beleg
documentos históricos	historische Zeugnisse / Belege
documentos contemporâneos	zeitgenössische Zeugnisse
tradições *f* **orais**	mündliche Überlieferungen
arquivos *m pl*	Archive
dados *m pl* **dos registos** [registros] **paroquiais**	Daten / Fakten aus Kirchenbüchern
decifrar inscrições	Inschriften entziffern
crónica [crônica] *f* – **cronista** *m f*	Chronik – Chronist/-in
estatísticas *f*	Statistiken
número *m* **de habitantes**	Bevölkerungszahl
movimento *m* **demográfico**	Bevölkerungsbewegung
migração *f* **de povos**	Völkerwanderung
crítica *f* **textual**	Textkritik
período *m* / **época** *f* **(histórico/-a)**	(Geschichts-)Epoche
durante o período renascentista	während der Renaissance
época *f* – **o espírito da época**	Epoche / Zeitalter – der Zeitgeist
a antiguidade – **antigo**	die Antike – alt / antik
a Roma antiga	das alte / antike Rom / das Rom der Antike
os homens da antiguidade	die Menschen der Antike
a arte da antiguidade clássica	die Kunst der Antike
as cruzadas	die Kreuzzüge
os cruzados	die Kreuzfahrer / die Kreuzritter
a Idade Média – **medieval**	das Mittelalter – mittelalterlich

o Renascimento	die Renaissance
a Reforma	die Reformation
a época do Absolutismo	das Zeitalter des Absolutismus
o Século das Luzes / o Iluminismo	die Aufklärung
a Revolução Francesa	die Französische Revolution
a Revolução Industrial	die industrielle Revolution
o Salazarismo	*die Zeit der Salazardiktatur in Portugal*
o período colonial	die Kolonialzeit

„1500? Sinto muito, mas história não é meu forte."

8
3

Ciência política
Politische Wissenschaft

→ 6.3 Sistemas políticos, 6.4 Partidos e política

Fraco é todo o poder, se união falece.

politologia *f* – **politólogo/-a**	Politologie – Politologe/-gin
político/-a	politisch – Politiker/-in
política *f*	Politik
ciências políticas	Politikwissenschaft / Politologie
atitude política	politische Einstellung / Überzeugung
sistemas / instituições políticas	politische Systeme / Institutionen
exercer o poder político	die politische Macht ausüben
alcançar / atingir / obje(c)tivos políticos	politische Ziele erreichen
os políticos	die Politiker
política internacional	internationale Politik
uma política externa previsível / P./B. *auch* exterior confiável	eine berechenbare Außenpolitik
politicamente estável / a(c)tivo	politisch stabil / aktiv
(o) Estado – **estatal**	(der) Staat – staatlich
Estado Nacional	Nationalstaat
estadista *m f*	Staatsmann / -frau; Politiker/-in
internacional	international
organizações internacionais	internationale Organisationen
direito internacional	internationales Recht; Völkerrecht
processos *m* **de tomada de decisão**	Entscheidungsprozesse
sondagem *f* / B. *auch* **pesquisa** *f* **de opinião**	Meinungsumfrage
influenciar a opinião pública	die öffentliche Meinung beeinflussen
comportamento *m*	Verhalten
uma análise do comportamento eleitoral	eine Analyse des Wählerverhaltens
conflito *m* **social**	sozialer / gesellschaftlicher Konflikt
educação *f* **política**	politische Bildung
civismo *m* / **educação** *f* **cívica**	Gemeinschafts- / (Staats-)Bürgerkunde
direito *m* **humano**	Menschenrecht
violações dos direitos humanos	Menschenrechtsverletzungen
o direito à vida e à liberdade	das Recht auf Leben und Freiheit

Psicologia
Psychologie

Se os loucos fossem coroados, seríamos todos reis.

psicologia *f*	Psychologie
psicologia aplicada	angewandte Psychologie
psicologia clínica	klinische Psychologie
psicologia comparada	vergleichende Psychologie
psicologia do desenvolvimento	Entwicklungspsychologie
psicologia da educação	pädagogische Psychologie
psicologia da aprendizagem	Lernpsychologie
psicologia do comportamento	Verhaltenspsychologie
psicólogo/-a – **psicológico**	Psychologe/-gin – psychologisch
psiquiatria *f* – **psiquiatra** *m f*	Psychiatrie – Psychiater/-in
psicanálise *f* – **psicanalista** *m f*	Psychoanalyse – Psychoanalytiker/-in
psicopata *m f* – **psicopático**	Psychopath/-in – psychopathisch
psicopatologia *f*	Psychopathologie
psicoterapia *f* – **psicoterapeuta** *m f*	Psychotherapie – Psychotherapeut/-in
comportamento *m* / **conduta** *f*	Verhalten
comportamento / conduta anormal	abnormes / anormales Verhalten
etologia *f* / **investigação** *f* P./B. **pesquisa** *f* **do comportamento**	Verhaltensforschung
behaviorismo *m*	Behaviorismus
condicionar – **condicionamento** *m*	konditionieren – Konditionierung
reflexo condicionado	bedingter Reflex
estímulo *m* **e resposta** *f*	Reiz und Reaktion
reforço *m* **positivo** – **negativo**	positive – negative Verstärkung
personalidade *f*	Persönlichkeit
o intelecto / **a mente humana**	der menschliche Verstand / Geist
o consciente – **o inconsciente**	das Bewusste – das Unbewusste
percepção *f* – **memória** *f*	Wahrnehmung – Gedächtnis
memória imediata / de fixação	Kurzzeitgedächtnis
memória de longo prazo / episódica	Langzeitgedächtnis
pensamento *m* / **raciocínio** *m*	(das) Denken
pensamento lógico	logisches Denken
resolução *f* **de um problema**	Problemlösung
inteligência *f*	Intelligenz
coeficiente de inteligência	Intelligenzquotient / IQ
criatividade *f*	Kreativität
motivação *f*	Motivation
realização *f* **pessoal**	Selbstverwirklichung
emoção *f*	Gefühl
emoções como alegria e ira	Gefühle wie Freude und Zorn
emoções reprimidas	unterdrückte Gefühle
subconsciente *m*	unbewusst – Unterbewusstsein
inconsciente *m*	unbewusst – (das) Unbewusste
sonho *m* – **o sonhar**	Traum – das Träumen

pesadelo *m*	Albtraum
ansiedade *f*	(Seelen-)Angst; Beklemmung
atormentado/-a pela ansiedade	von Angstgefühlen geplagt
transtorno *m* **mental**	geistige Störung
transtornos psicossomáticos	psychosomatische Störungen
mentalmente transtornado	geistesgestört
doente *m f* **mental**	geisteskrank
(mentalmente) retardado	(geistig) zurückgeblieben
dificuldade *f* **de aprendizagem**	Lernbehinderung
psicose *f* – **neurose** *f*	Psychose – Neurose
comportamento *m* **neurótico** / **doentio**	neurotisches / krankhaftes Verhalten
esquizofrenia *f*	Schizophrenie
esquizofrénico/-a [esquizofrênico]	schizophren – Schizophrene/-r
terapia *f* – **terapeuta** *m f*	Therapie – Therapeut/-in
terapia de grupo	Gruppentherapie
terapia ocupacional	Beschäftigungstherapie
musicoterapia *f*	Musiktherapie
orientação *f* **psicopedagógica**	schulpsychologische Beratung
entrevista *f*	(psychodiagnostisches) Gespräch
estudo *m* **de caso**	Fallstudie
teste *m* **psicológico**	psychologischer Test
teste de inteligência	Intelligenztest
teste de aptidão	Eignungstest
teste de habilidade / destreza	Geschicklichkeitstest
teste de rendimento / desempenho	Leistungstest
teste padrão / padronizado / estandardizado	standardisierter Test
validade *f* (de um teste)	Validität / Gültigkeit (eines Tests)
fidedignidade *f* / **confiabilidade** *f*	Zuverlässigkeit / Reliabilität
desvio *f* **(do padrão)**	(Standard-)Abweichung

Sociologia
Soziologie

Vale mais gente que fazenda.

sociologia *f* – **sociólogo**/-**a**	Soziologie – Soziologe/-gin
sociologia aplicada	angewandte Sozialwissenschaft
sociológico	soziologisch
social	sozial – Sozial- / gesellschaftlich / Gesellschafts-
papel social	soziale Rolle
o meio / ambiente social	das soziale Umfeld
estrutura social	Sozialstruktur
socialização *f*	Sozialisation / Sozialisierung
sociedade *f*	Gesellschaft
uma sociedade sem classes	eine klassenlose Gesellschaft
demografia *f* – **demográfico**	Demographie / Bevölkerungskunde – demographisch / Bevölkerungs-
crescimento demográfico	Bevölkerungswachstum
investigação *f* **empírica**	empirische Forschung
método *m* **quantitativo**	quantitative Methode
opinião *f* **pública**	öffentliche Meinung
influenciar a opinião pública	die öffentliche Meinung beeinflussen
pesquisa *f* / **sondagem** *f*	Umfrage
fazer uma sondagem /pesquisa (de opinião)	eine (Meinungs-)Umfrage veranstalten
inquérito *m*	Untersuchung
entrevistar	befragen; interviewen
45% dos entrevistados	45% der Befragten
censo *m* / **recenseamento** *m*	(Volks-)Zählung / Zensus
fazer o censo da população	eine Volkszählung durchführen
estatística *f*	Statistik; Statistik (*als Wissenschaft*)
Estas estatísticas são enganosas.	Diese Statistiken sind irreführend.
população *f*	(statistische) Gesamtzahl
amostra *f*	Auswahl / Stichprobe / Sample
amostra aleatória	Stichprobe
amostra representativa	repräsentative Auswahl
padrão *m* **de comportamento**	Verhaltensmuster
norma *f* **de comportamento**	Verhaltensnorm
desvio *f* (de comportamento)	abweichendes Verhalten / Devianz
dinâmica *f* **de grupo**	Gruppendynamik
processo *m* **de tomada de decisão**	Entscheidungsprozess

Educação
Bildungswesen

1 Estabelecimentos de ensino
Bildungseinrichtungen

2 Disciplinas e capacidades
Fächer und Fertigkeiten

3 Exames e títulos
Abschlüsse und Qualifikationen

4 Ensino e aprendizagem
Lehren und Lernen

5 Na sala de aula
Im Klassenzimmer

9

1

Estabelecimentos de ensino
Bildungseinrichtungen

É de pequenino que se torce o pepino.

Das brasilianische Bildungssystem ist in drei Stufen gegliedert. Für den *primeiro grau* (= Grundschule und gesamtschulartige Mittelschule) besteht eine 8-jährige Schulpflicht. Der *segundo grau* (= Sekundaroberstufe) dauert 3 Jahre und berechtigt zur Ablegung der Aufnahmeprüfung für die Hochschule (= *Vestibular* m). Der *terceiro grau* ist das Studium an einer Hochschule. In allen drei Stufen gibt es öffentliche und private Einrichtungen.

1996 wurde ein neues Gesetz (*LDB – Lei de Diretrizes e Bases de Educação Nacional*) verabschiedet, das Normen und Verfahren für das gesamte Bildungssystem festlegt und den Weg für eine Verbesserung durch mehr Flexibilisierung und mehr Qualitätskontrolle frei macht.

Das portugiesische Schulsystem ist in zwei Stufen gegliedert. Für den *ensino básico* (= Grundschule und gesamtschulartige Mittelschule) besteht eine 9-jährige Schulpflicht, die in drei Stufen gegliedert ist: *primeiro ciclo* (4 Jahre), *segundo ciclo* (2 Jahre) und *terceiro ciclo* (3 Jahre). Der *ensino básico* ist kostenlos. Der *ensino secundário* (= Sekundaroberstufe) dauert 3 Jahre und sein Abschluss berechtigt zum Studium. In allen Stufen gibt es öffentliche und private Einrichtungen.

sistema *m* **de ensino**	Bildungssystem
ensino *m* **pré-escolar**	Vorschule
ensino básico	Grundausbildung
ensino secundário	Sekundarstufe; Oberstufe
ensino superior	Hochschul(aus)bildung
ensino universitário	Universitäts(aus)bildung
formação *f* **profissional**	Berufs(aus)bildung
escola *f* / **estabelecimento** *m* **de ensino**	Bildungseinrichtung
escola privada	private Schule
escola do estado	staatliche Schule
jardim *m* **de infância** / **infantil**	Kindergarten
escola *f* **pré-primária**	Vorschule
escola primária / P. *auch* **escola do ensino básico de primeiro ciclo**	Grundschule (1.–4. Klasse)
escola preparatória / P. *auch* **escola do ensino básico de segundo ciclo**	weiterführende Schule (5.–6. Klasse)
escola de ensino básico de terceiro ciclo P.	weiterführende Schule (7.–9. Klasse)

escola secundária / **liceu** *m* P.	Gymnasium (10.–12. Klasse)
ginásio *m* B.	*alte Bezeichnung für die Sekundarunterstufe (5.–8. Schuljahr)*
colégio *m* B.	Sekundaroberstufe / gymnasiale Oberstufe (9.–11.Schuljahr)
internato *m*	Internat
escola para educação especial	Sonderschule
escola de formação profissional	Berufsschule / berufsbildende Schule; Berufsfachschule
escola de comércio	Handelsschule
escola técnica de comércio B.	höhere Handelsschule
escola superior de educação	pädagogische Hochschule
instituto *m* **superior** / **politécnico** P./B. **escola superior de formação profissional**	Fachhochschule
instituto superior técnico P./B. **escola técnica superior**	Technische Hochschule

In Brasilien gibt es drei Stufen der Berufsausbildung: *Nível* m *básico* – Kurzausbildung für die Grundqualifizierung der Arbeiter, unabhängig von der vorherigen Schulbildung; *técnico de nível médio* – dreijährige Ausbildung im Niveau des *Colégio* (= Sekundaroberstufe); und *tecnológico* für diejenigen mit abgeschlossener Ausbildung im *segundo grau* (s.o., brasilianisches Bildungssystem). Die Berufsausbildung kann in Berufsschulen, in den Unternehmen oder in Fachoberschulen absolviert werden. Eine wichtige Rolle bei der Berufsausbildung für die Industrie spielt der *SENAI – Serviço Nacional de Aprendizagem Industrial*, eine Einrichtung, die von den Industrieverbänden der Bundesländer und des Nationalen Industrieverbandes getragen und verwaltet wird. Für die Berufsausbildung im Handel gibt es analog dazu den *SENAC – Serviço Nacional de Aprendizagem Comercial.*

In Portugal gibt es für die berufliche Ausbildung folgende Wege: eine dreijährige technische Ausbildung vom 10. bis zum 12. Schuljahr in der Regelschule; Besuch einer Abendschule (für Einsteiger, die nach der obligatorischen Schulbildung eine Pause eingelegt haben); Besuch einer Berufsschule. Die Berufschulen unterstehen dem Erziehungsministerium und werden durch öffentliche Mittel und private Institutionen finanziert.

universidade *f*	Universität
estudar / P. *auch* andar na universidade	an der Universität studieren
É catedrático na Universidade Nova.	Er ist Professor an der Universität Nova.
obter um lugar para estudar na universidade	einen Studienplatz an der Universität bekommen
universidade privada	private Universität
universidade do Estado	staatliche Universität

a universidade à distância	die Fernuniversität
Universidade *f* Aberta P.	*Universität für Fernausbildung*
curso *m* **à distância** / **por correspondência**	Fernkurs
cidade universitária / **campus**	Universitätsgelände / Campus
faculdade *f* **de Medicina**	Medizinische Fakultät
faculdade de Teologia	Theologische Hochschule
departamento *m*	Fachbereich; Institut
o Departamento de Filologia	der Fachbereich für Philologie
Academia *f* **de Belas Artes**	Kunstakademie
instituto *m* **de investigação** P./B. **de pesquisa**	Forschungsinstitut
escola *f* **no(c)turna** / P. *auch* **ensino recorrente**	Abendschule

Weiterbildung / Fortbildung heißt im Portugiesischen im weiteren Sinn ***educação permanente*** / ***contínua***. **Fortbildungskurse** sind *cursos de aperfeiçoamento* oder *cursos de reciclagem.* Volkshochschule könnte man mit *Escola de Educação para Adultos* übersetzen.

Um an einer Universität studieren zu können, müssen die Studienbewerber in Brasilien eine Aufnahmeprüfung (= *Vestibular* m) bestehen. Voraussetzung für die Anmeldung für die Prüfung ist der Abschluss des *segundo grau*. Diese Prüfung wird von der jeweiligen Hochschule abgenommen. Verschiedene staatliche Hochschulen übergeben jedoch die Erstellung der Testaufgaben und die Durchführung der Prüfungen einer zentralen Kommission. Für die renommierten Hochschulen (meistens die staatlichen) muss der Notendurchschnitt sehr gut sein. In einigen Fakultäten konkurrieren z.B. 40 Bewerber um einen Studienplatz.

In Portugal wird man zum Studium zugelassen, wenn man einen gymnasialen Abschluss (nach dem 12. Schuljahr) oder einen entsprechenden Abschluss hat. Wer nach dem Erreichen des 25. Lebensjahres diesen Abschluss nicht hat, muss eine Qualifikationsprüfung bestehen, um zugelassen zu werden.

Disciplinas e capacidades
Fächer und Fertigkeiten

Quem sabe luta, quem não sabe labuta.

disciplina *f* / B. *auch* **matéria** *f*	(Unterrichts-)Fach
disciplina obrigatória	Pflichtfach
disciplina de opção P./B. optativa	Wahlfach
História é a minha matéria favorita.	Mein Lieblingsfach ist Geschichte.
cadeira *f*	(Universitäts-)Fach
curso *m*	Kurs(us) / Lehrgang
frequentar um curso / tirar / B. *auch* fazer um curso	einen Kurs besuchen / machen

Nach den neuen Richtlinien für mehr Flexibilität und Autonomie soll der Lehrplan in den brasilianischen Schulen des *primeiro grau* Kernfächer (= *disciplinas comuns*) enthalten: *português, estudos sociais* (*geografia e história*) *e ciências (matemática, ciências físicas e biológicas*) und Wahlfächer (= *disciplinas opcionais*), die den regionalen Eigenarten Rechnung tragen sollen. Pflichtfächer sind auch *educação física* (= Sportunterricht) und eine moderne Fremdsprache ab der 5. Klasse. In den Pflichtfächern sollen *temas transversais* (= fächerübergreifende Themen) wie Ethik, Gesundheit, Umwelt, Arbeit, Konsum, kulturelle Diversität und Sexualerziehung behandelt werden.

currículo *m*	Fächerkanon; Lehrplan
programa *m* / **plano** *m* **geral de estudos**	Lehrplan; Rahmenplan
exercício *m*	Aufgabe; Übung
prova *f* / **teste** *m* / P. **exercício**	Prüfung
leitura *f* **rápida**	(das) Schnelllesen
ditado *m*	Diktat
composição *f* / **reda(c)ção** *f*	(Schul-)Aufsatz
escrever uma composição sobre o desemprego	einen Aufsatz über Arbeitslosigkeit schreiben

Die vier Fertigkeiten des Spracherwerbs (= *as quatro capacidades*) lauten: *compreensão* f *auditiva* (= Hörverstehen / -verständnis) • *compreensão de leitura* (= Leseverstehen / -verständnis) • *expressão* f *escrita* (= Schreiben) • *expressão oral* (= Sprechen)

Exames e títulos
Abschlüsse und Qualifikationen

Aprendiz de tudo, mestre de nada.

Exame m / *prova* f (= Prüfung) • *exame oral* / *escrito* (= mündliche / schriftliche Prüfung) • *exame final* (= Abschlussprüfung) • *Os estudantes preparam-se para* / *estudam para* / *aprendem para os exames.* (= Die Studenten bereiten sich auf die Prüfungen vor.) • *marram para um exame* P. fam (= büffeln / pauken für eine Prüfung) • *fazem um exame* (= eine Prüfung machen) • *passam* / *são reprovados no exame* (= eine Prüfung bestehen / bei einer Prüfung durchfallen) • *chumbar no exame* P. (= *wörtlich:* verbleien: bei einer Prüfung durchfallen / durchrasseln) • *levar bomba* B. (= wörtlich: eine Bombe erhalten: bei einer Prüfung durchfallen)

passar – **reprovar**	bestehen – nicht bestehen / durchfallen (durchgefallen)
estar aprovado – reprovado	bestanden – nicht bestanden haben
aprovado – **reprovado**	bestanden – nicht bestanden
aprovado com distinção / com louvor	mit Prädikat bestanden
copiar de um colega	von einem Nachbarn abschreiben
cábula *f* P./B. **cola** *f*	Spickzettel
nota *f*	Note

O sistema de avaliação **(= Das Benotungssystem)**
In Portugal werden Noten von 1 bis 5 vergeben:
5 entspricht *elevado* (= sehr gut) • 4 *bom* (= gut) • 3 *médio* (= befriedigend) • unter 3 *reprovado* (= nicht bestanden) • 2 *insuficiente* (= mangelhaft) • 1 *mau* (= ungenügend)

In Brasilien werden Noten von 1 bis 10 bzw. von 1 bis 100 vergeben:
10 entspricht *excelente* (= sehr gut) • 9 *muito bom* (= sehr gut) • 8 *bom* (= gut) • 7 *regular* (= befriedigend) • 6 *satisfatório* (= ausreichend) • 5 *aprovado* (= bestanden) • unter 5 *reprovado* (= nicht bestanden)

Testes: *teste* m *de aptidão* (= Eignungstest) • *teste de classificação* (= Einstufungstest) • *teste de avaliação* (= Leistungstest) • *teste de respostas múltiplas* P./B. *teste de escolha múltipla* (= Multiple-Choice-Test) • *teste de lacunas* (= Lückentest)

concluinte *m f* **do ensino médio** B.	Sekundaroberstufe-Abgänger
vestibulando *m* B.	Kandidat/-in der Uni-Aufnahmeprüfung
boletim *m* **escolar** / **de notas**	Jahreszeugnis

In Brasilien dauert das Studium an der Universität 4–5 Jahre (Medizin: 6). Es endet mit einem ersten Hochschulabschluss *graduação* f (= Graduierung). Für den Erwerb der Lehrbefähigung in der Sekundarstufe muss die *licenciatura* f (= Lizenziat) erworben werden.
Wer weiterstudieren will, macht die *pós-graduação* f (= Post-Graduierung). Der *mestrado* m (= Magisterstudium) dauert 1–3 Jahre und berechtigt zur Führung des Titels *mestre* m f (= MA). Danach kann man in 2–6 Jahren den *doutorado* m (= Promotion) machen. Für *mestrado* und *doutorado* müssen die Studenten in Seminaren und durch Forschungsarbeiten eine bestimmte Anzahl von *créditos* (= Punkten) erreichen. Zum Abschluss muss der *candidato a mestrado* bzw. *doutorado* (= Magister- bzw. Doktorkandidat) vor einer Prüfungskommission das *Exame de Qualificação* (= Abschlussprüfung) bestehen. Außerdem muss er für *mestrado* eine *dissertação* (= Magisterarbeit) und für *doutorado* eine *tese* (= Doktorarbeit / Dissertation) anfertigen. Beide müssen vor einer Prüfungskommission öffentlich verteidigt werden. Im Unterschied zu Deutschland wird in Brasilien mit dem Magisterstudium erst nach Abschluss eines vierjährigen Studiums angefangen.

certificado *m*	(Prüfungs- / Abschluss-)Zeugnis
diploma *m*	Diplom
formar-se / P. *auch* **licenciar-se**	ein Hochschulstudium abschließen
Licenciou-se / Formou-se o ano passado.	Sie hat voriges Jahr den Universitätsabschluss gemacht.
bacharelato *m* P./B. **licenciatura** *f*	(*niedrigster akademischer Grad*)
licenciado/-a / **formado**/-a	(Hochschul-)Absolvent/-in / Akademiker/-in
licenciado/-a em Filosofia e Letras	(*Akademiker/-in in den Geisteswissenschaften* P./B. *Akademiker/-in mit Lehrbefähigung für die Sekundarstufe*)
mestrado *m*	Magister
mestre *m f* em História de Arte	Magister (M.A.) in Kunstgeschichte

Ensino e aprendizagem
Lehren und Lernen

Vivendo e aprendendo.

ensino *m*	Lehre; Unterricht
ensino à distância	Fernstudium
ensino de / para adultos	Erwachsenen(fort)bildung
ensino de línguas	Sprachunterricht
aprendizagem *f*	(das) Lernen
aprendizagem autodidá(c)tica	Selbststudium
docência *f*	Lehre / Lehramt
docente *m f*	lehrend – Dozent/-in
material *f* **didá(c)tico**	Lehrmaterial
aula *f*	Unterrichtseinheit; Unterrichtsstunde
aulas de língua estrangeira	Fremdsprachenunterricht
ensinar / **dar** (irr.) **aulas**	unterrichten / lehren
Quem te ensinou isso?	Wer hat dir das beigebracht?
dar aulas de português	Portugiesischunterricht erteilen
ter (irr.) **aulas** de espanhol	Spanischunterricht nehmen
formar – **formação** *f*	ausbilden – Ausbildung
fazer (irr.) **uma formação**	eine Ausbildung machen
boa – má formação profissional	gut – schlecht ausgebildet
curso / programa de formação	Ausbildungskurs / -programm
formação contínua	Weiterbildung
formação profissional	berufliche Bildung / Berufsausbildung
pedagogia *f* – **pedagogo**/**-a**	Pädagogik – Pädagoge / Pädagogin
(anti)pedagógico	(un)pädagogisch
aprender	lernen
decorar um poema / uma poesia	ein Gedicht auswendig lernen
aprendizagem *f*	Lehre; Ausbildung
aprendente *m f*	Lerner
aprendiz *m f*	Lehrling / Auszubildende/-r; Lerner/-in
fazer uma aprendizagem de instalador	eine Ausbildung / Lehre als Klempner/-in / Installateur/-in machen
começar uma aprendizagem	eine Lehre anfangen
aprendiz de carpinteiro	Schreinerlehrling
estudar	studieren; lernen
Estudou Matemática no Rio.	Er studierte Mathematik in Rio.
estudar para o exame	für die Prüfung lernen
Preciso de mais tempo para estudar.	Ich brauche mehr Zeit zum Studieren / Lernen.
estudante *m f* / **aluno**/**-a**	Lernende/-r; Student/-in; Schüler/-in
É um bom – mau aluno.	Er ist ein guter – schlechter Student / Schüler.

professor/-a	Lehrer/-in
professor/-a do ensino primário	Grundschulehrer/-in
professor/-a do ensino secundário	Sekundar-und Oberstufelehrer/-in
(professor/-a) catedrático/-a	Lehrstuhlinhaber/-in
cátedra *f*	Professur
professor efe(c)tivo	Beamter auf Lebenszeit
professor contratado / com contrato temporário	Lehrbeauftragter auf Zeit
professor/-a convidado/-a / B. *auch* visitante (na universidade)	Gastdozent/-tin
instrutor/-a de condução P./ B. professor de auto-escola	Fahrlehrer/-in
assistente *m f* **universitário/-a**	Universitätsassistent/-in
mestre *m f* / **monitor/-a** / **formador/-a**	Ausbilder/-in
classe *f* / **turma** *f*	(Schul-)Klasse
curso *m*	Kurs; Lehrgang
ano *m* / B. *auch* **série** *f*	Schuljahr; Studienjahr
sala *f* **de aulas**	Lehrsaal
auditório *m*	Hörsaal
laboratório *m*	Labor
ginásio *m*	Turnhalle
motivar – **motivação** *f*	motivieren – Motivation; Anreiz
Os alunos não estão muito motivados.	Die Schüler sind nicht sehr motiviert.
falta de motivação	Mangel an Motivation
ler (irr.)	lesen
ler o texto em voz alta – baixa	den Text still – laut lesen
leitor/-a	Leser/-in; (Hochschul-)Lektor/-in
livro *m* **de textos**	Lehrbuch
deveres *m* / **trabalhos** *m* / **tarefas de / para casa**	Hausaufgaben
dar / passar deveres	Hausaufgaben aufgeben
Deu-nos um monte de deveres.	Sie hat uns viel aufgegeben.
Que trabalhos de casa trouxeste / você trouxe?	Was hast du auf?

„Não disseste / Você não disse que os deveres eram facílimos?"

Na sala de aula
Im Klassenzimmer

Livros fechados não fazem letrados.

Quem é que falta?	Wer fehlt heute?
Vamos começar.	Wir wollen anfangen.
Silêncio, por favor.	Bitte (etwas) Ruhe.
distribuir os livros / textos	die Bücher / Texte austeilen
Abram os livros na página 57.	Schlagt eure Bücher auf Seite 57 auf.
Fechem os livros, por favor.	Macht die Bücher bitte zu.
Leiam o terceiro **parágrafo**.	Schaut euch den dritten Absatz an.
Passamos ao seguinte parágrafo.	Wir gehen zum nächsten Absatz.
É melhor **tomarem** algumas **notas.**	Macht euch besser ein paar Notizen.
resumir a a(c)ção	die Handlung zusammenfassen
Procurem um **título** para a história.	Findet eine Überschrift für die Geschichte.
encenar um diálogo	einen Dialog spielen
copiar	abschreiben
Quero que copiem isto.	Ich möchte, dass ihr das abschreibt.
Por favor, escrevam com **letra clara** / **legível**.	Bitte schreibt deutlich / lesbar.
De quem é a **vez**? / Quem é o **próximo**?	Wer ist als Nächster dran?
O seguinte / **O próximo**, por favor.	Der Nächste, bitte.
Fazemo-lo **em pares.** / Fazemos em pares.	Das machen wir in Partnerarbeit.
trabalhar em **grupos** de quatro	in Vierergruppen arbeiten
Fala / **Fale mais alto**, por favor.	Sprich bitte lauter.
Podias / Podia falar um pouco **mais baixo**?	Könntest du etwas leiser sprechen?
Tenta / Tente falar **de uma maneira mais clara**.	Versuche, deutlicher zu sprechen.
Repete / **Repita** o que eu digo ...	Sprich mir bitte nach ...
Diz / **Diga outra vez**, por favor.	Sag das bitte noch einmal.
Vai / Vá ao **quadro**, por favor.	Geh bitte zur Tafel.
um pau P./B. **pedaço de giz**	ein Stück Kreide
apagar (-go; -ga > -gue) a palavra	das Wort (*von der Tafel*) abwischen
apagar / **limpar o quadro**	die Tafel abwischen
retroproje(c)tor *m*	Tageslicht- / Overheadprojektor
O proje(c)tor está **ligado**?	Ist der Projektor angeschlossen?
Já **terminaram** / **acabaram**? / **Pronto**?	Seid ihr fertig? / Fertig?
Devolvo / **Entrego** os trabalhos na segunda.	Ich gebe euch die Arbeiten am Montag zurück.
Terminaremos na próxima vez.	Wir machen es nächstes Mal zu Ende.

Visão do mundo
Weltanschauung

Religiões e confissões religiosas
Religionen und Konfessionen

A religião quer-se como o sal na comida: nem muito nem pouco, só o suficiente.

religião *f*	Religion
religioso/-a	religiös – Religions- – fromm – Ordensgeistliche/-r
crenças religiosas	religiöse Überzeugungen
liberdade religiosa	Religionsfreiheit
religiões *f pl*	Religionen
Budismo *m*	Buddhismus
O budismo espalhou-se pelo mundo ocidental.	Der Buddhismus hat sich im Westen ausgebreitet.
budista *m f*	buddhistisch – Buddhist/-in
Cristianismo *m* – **cristandade** *f*	Christentum – Christenheit
A cruz é o símbolo da cristandade / do cristianismo.	Das Kreuz ist das Symbol des Christentums.
cristão/-ã	christlich – Christ/-in
os primeiros cristãos	die Urchristen
Anglicanismo *m*	Anglikanismus
anglicano/-a	anglikanisch – Anglikaner/-in
a igreja anglicana	die anglikanische Kirche
Catolicismo *m*	Katholizismus
A religião predominante em Portugal é o catolicismo.	In Portugal ist der Katholizismus die vorherrschende Religion.
católico/-a	(römisch-)katholisch – Katholik/-in
Calvinismo *m*	Kalvinismus
Presbiterianismo *m*	Presbyterialverfassung
presbiteriano/-a	presbyterianisch – Presbyterianer/-in
Protestantismo *m*	Protestantismus
O luteranismo é um dos ramos mais importantes do protestantismo.	Das Luthertum ist einer der Hauptzweige des Protestantismus.
protestante *m f*	protestantisch – evangelisch – Protestant/-in
as igrejas protestantes	protestantische / evangelische Kirchen
a igreja *f* **reformada**	die reformierte Kirche
ba(p)tista *m f*	baptistisch – Baptist/-in
luterano/-a	lutherisch – Lutheraner/-in
as igrejas luteranas	lutherische Kirchen
metodista *m f*	methodistisch – Methodist/-in
Ela é metodista / ba(p)tista.	Sie ist Methodistin / Baptistin.
testemunhas *m f* **de Jeová**	Zeugen Jehovas
puritano/-a	puritanisch – Puritaner/-in

Muitos puritanos emigraram para o Novo Mundo.	Viele Puritaner wanderten in die Neue Welt aus.
Hinduísmo *m*	Hinduismus
hindu *m f* – **hindu** / **hinduísta**	Hindu – Hindu- / hinduistisch
Islamismo *m*	Islam(ismus)
(o) Islão – **islâmico**	(der) Islam – islamisch
muçulmanos / **maometanos**	Muslime / Anhänger des Islam
fundamentalismo islâmico	islamischer Fundamentalismus
fundamentalistas islâmicos	islamische Fundamentalisten
Judaísmo *m*	Judentum / Judaismus
judeu/**-ia**	Jude / Jüdin
judaico/**-a**	jüdisch
centros de cultura judaica	Zentren jüdischer Kultur
confissão *f* **religiosa**	Konfession; Glaubensgemeinschaft
Qual é a sua confissão religiosa?	Welche Konfession haben Sie?
escola *f* **confessional**	Konfessions- / Bekenntnisschule
converter(-se)	konvertieren; (sich) bekehren
Ele converteu-se ao catolicismo.	Er konvertierte zum Katholizismus.
Foram convertidos ao cristianismo.	Sie wurden zum Christentum bekehrt.
Ela tornou-se católica.	Sie wurde katholisch.
ortodoxo/**-a**	orthodox – Orthodoxe/-r
a igreja ortodoxa	die orthodoxe Kirche
judeus ortodoxos	orthodoxe Juden
Exército *m* **de** P./ B. **da Salvação**	Heilsarmee

„O que é que achas: são católicos, protestantes ou turistas?"

10
2

Deus e o divino
Gott und die Göttlichkeit

Deus escreve direito por linhas tortas.

Deus *m*	Gott
Creio em Deus Pai, todo poderoso, criador do céu e da terra.	Ich glaube an Gott den Vater, den Allmächtigen, den Schöpfer des Himmels und der Erde.
deus/-a	Gott / Göttin
Não terás outros deuses além de mim.	Du sollst keine anderen Götter haben neben mir.
Alá	Allah
Alá é o único Deus e Maomé o seu profeta.	Es gibt keinen Gott außer Allah und Mohammed ist sein Bote.
Buda *m*	Buddha
Buda significa „o iluminado".	Buddha heißt „der Erleuchtete".
(Deus) (o) Senhor – **(o) Criador**	(Gott) (der) Herr – (der) Schöpfer
o Criador do Universo	der Schöpfer des Weltalls
o Espírito Santo	der Heilige Geist
a Santíssima Trindade (= Pai, Filho e Espírito Santo)	die Heilige Dreifaltigkeit / Dreieinigkeit (= Vater, Sohn und Heiliger Geist)
todo poderoso – **o Todo Poderoso**	allmächtig – der Allmächtige
Oremos a Deus Todo Poderoso.	Lasst uns zum Allmächtigen beten.
Jesus / **Cristo** / **Jesus Cristo**	Jesus / Christus / Jesus Christus
nosso Senhor Jesus Cristo	unser Herr Jesus Christus
o Messias	der Messias
Jeová *m*	Jahwe / Jahve / Jehova
Vixnu e Xiva – **Krishna**	Wischnu und Schiwa – Krischna
Vixnu e Xiva são os dois deuses hindus mais importantes.	Wischnu und Schiwa sind die beiden hinduistischen Hauptgötter.
divindade *f*	Gottheit – die Göttlichkeit
a divindade de Cristo	die Göttlichkeit Christi
divino	göttlich
revelação divina	göttliche Offenbarung
crer num **ser supremo** / **divino**	an ein höchstes Wesen glauben
o(m)nipotente	allmächtig
o(m)nipresente	allgegenwärtig
o(m)nisciente	allwissend
ateu / **-ateia** [atéia]	Atheist /-in
Os **ateus** negam a existência de Deus / de uma divindade.	Atheisten leugnen die Existenz eines Gottes / einer Gottheit.
monoteísmo *m* – **monoteísta** *m f*	Monotheismus – Monotheist/-in
politeísmo *m* – **politeísta** *m f*	Polytheismus – Polytheist/-in

***Ditos e expressões com palavras relacionadas com a religião* (= Ausdrücke mit Wörtern aus dem Bereich der Religionen)**
Santinho! P. (= *beim Niesen:* Gesundheit!) • *não saber da missa a metade* (= schlecht informiert sein; gar nichts wissen) • *Deus queira que ... / Oxalá...* (= Gott gebe ...) • *se Deus quiser* (= so Gott will) • *ao deus-dará* (= auf gut Glück; in den Tag hinein) • *não está muito católico* P. (= sich nicht gut fühlen) • *ba(p)tizar o vinho* (= Wasser in den Wein tun) • *A coisa não me parece nada católica.* (= Die Sache scheint mir nicht ganz koscher.) • *rezar pela mesma cartilha* (= derselben Meinung sein) • *chorar como uma Madalena* P. (= wie ein Schlosshund weinen) • *um pobre de Cristo* (= ein armer Mensch) • *o céu sobre a terra* (= der Himmel auf Erden) • *isso brada aos céus* (= das schreit zum Himmel) • *estar no sétimo céu* (= im siebten Himmel sein)

„Está muito frio aqui em cima, não é?"

Doutrinas, práticas e instituições religiosas
Religiöse Lehren, Bräuche und Institutionen

De boas intenções está o inferno cheio.

doutrina *f*	Lehre; Lehrmeinung; Grundsatz
dogma *m* – **dogmático**	Dogma (*kirchlicher Glaubenssatz*) – dogmatisch
fé *f* – **ter fé**	Glaube – glauben
os livros sagrados	die heiligen Bücher
a Bíblia	die Bibel
o Antigo – Novo Testamento	das Alte – Neue Testament
evangelho *m*	Evangelium
as parábolas de Jesus	die Gleichnisse Jesu
salmo *m*	Psalm
exegese *f*	Exegese / (Bibel-)Auslegung
o Corão	der Koran
o Talmude	der Talmud *(Sammelwerk der jüdischen Lehre und Überlieferung)*
a Tora	die Tora (*jüdisch = die 5 Bücher Mose*)
céu *m*	Himmel
subir aos céus	in den / zum Himmel auffahren
inferno *m*	Hölle
limbo *m*	Limbus / Vorhölle
purgatório *m*	Fegefeuer
anjo *m*	Engel
demónio *m* [demônio] / **diabo** *m*	Teufel
santo/**-a**	heilig – Heilige/-r
São Jorge	der heilige Georg / Sankt Georg

Vor männlichen Namen, die mit einem Konsonanten anfangen, wird *são* benutzt: *São José, São Sebastião*. Es gibt allerdings einige Ausnahmen, z.B.: *Santo Cristo*. Vor Namen mit Vokal benutzt man *santo: Santo Antão, Santo Alberto*. Die weiblichen Namen und die Mehrzahlformen werden nicht verkürzt: *Santa Teresa, os santos Padres da Igreja*. Ebenso wenig die Formen, die nach einem Substantiv stehen: *um homem santo*.

os dez mandamentos	die Zehn Gebote
pecado *m*	Sünde
o pecado original	die (Erb-)Sünde
um pecado mortal – venial	eine Tod- – lässliche Sünde
reencarnação *f*	Reinkarnation
ressurreição *f*	Auferstehung (*Christi*)

a Última/Santa Ceia	das heilige Abendmahl
sacramento *m*	Sakrament

***Os sete sacramentos* (= Die sieben Sakramente)**
o ba(p)tismo (= die Taufe) • *a penitência* (= die Buße) • *a eucaristia* (= die Eucharistie) • *a crisma* (= die Firmung / Konfirmation) • *a ordenação sacerdotal* (= die Priesterweihe) • *o matrimónio* [*matrimônio*] (= die Trauung) • *a extrema unção* (= die letzte Ölung)

absolver – **absolvição** *f*	(*Sünden*) vergeben – Absolution
ba(p)tizar – **ba(p)tismo** *m*	taufen – Taufe
O ba(p)tismo foi a semana passada.	Die Taufe war letzte Woche.
comungar (-go; -ga > -gue) – **comunhão** *f*	die Kommunion empfangen – Kommunion
dar – receber a comunhão	die Kommunion geben – bekommen
fazer a primeira comunhão	zur Erstkommunion gehen
confessar(-se) – **confissão** *f*	beichten – Beichte
confirmar(-se) / **crismar-se**	firmen; konfirmieren; (gefirmt werden)
missa *f*	Gottesdienst; Messe
missa do galo	Christmette
missa de defuntos	Seelenmesse
homilia *f*	Homilie (*Erklärung; Bibelauslegung*) – Predigt
pregar (-go; -ga > -gue) – **pregador/-a**	predigen – Prediger/-in
pregar a homilia	predigen
sermão *m*	Predigt
o Sermão da Montanha	die Bergpredigt
dar (irr.) **a bênção**	den Segen sprechen – segnen
ajoelhar-se	niederknien
benzer(-se)	sich bekreuzigen (*von der Stirn zur Brust und von der linken Schulter zur rechten Schulter*)
persignar-se	sich bekreuzigen (*an der Stirn, am Mund und an der Brust*)
Israel	Israel
o Deus de Israel	der Gott Israels
Kadish *m* / **Kaddish** *m*	Kaddisch (*jüdisches Totengebet*)
kasher / **casher**	koscher
sábado *m* **judaico** / **sabat** *m*	Sabbat
oração *f*	Gebet
amém *m*	Amen
catecismo *m*	Katechismus
missal *m*	Messbuch
o Credo	das Glaubensbekenntnis
o Pai Nosso	das Vaterunser
o terço *m* / **o rosário** *m*	der Rosenkranz

rezar – **reza** *f* / **oração** *f*	beten – (Tages-)Gebet
rezar o terço	den Rosenkranz beten
culto *m*	Kult(us); Gottesdienst
altar *m*	Altar
capela *f*	Kapelle
convento *m*	Kloster
convento de clausura	von der Außenwelt abgeschlossenes Kloster; Klausurkloster
igreja *f*	Kirche
eclesiástico/**-a**	kirchlich / geistlich – Geistliche/-r
ir à igreja / à missa / B. *auch* ir na igreja / na missa	in die Kirche gehen
estar na igreja / missa	in der Kirche sein
mesquita *f*	Moschee
mosteiro *m* / **convento** *m*	(Mönchs-)Kloster
sacristia *f*	Sakristei
sé *f* / **catedral** *f*	Dom / Kathedrale
sinagoga *f*	Synagoge
templo *m*	Tempel
acólito *m*	Ministrant
bispo *m* – **arcebispo** *m*	Bischof – Erzbischof
cardeal *m*	Kardinal
clero *m*	Geistlichkeit – Klerus
O clero / A Igreja está contra essa lei.	Der Klerus / Die Kirche ist gegen dieses Gesetz.
diácono *m*	Diakon
frade *m* / **monge** *m* – **freira** *f* / **monja** *f*	Mönch – Nonne
religioso/**-a** – **ordem** *f* religiosa	Ordensgeistliche/-r – Orden
padre *m* / **sacerdote** *m*	Priester
Papa *m*	Papst
pároco *m*	Pfarrer
pastor/**-a**	Pastor/-in
rabino *m*	Rabbi(ner)
sacristão *m*	Messner
crente *m f*	Gläubige/-r
fiéis *m pl*	Gemeinde (*beim Gottesdienst*)
paróquia *f*	(Kirchen-)Gemeinde
infiel *m f*	Ungläubige/-r
escatologia *f*	Eschatologie (*Lehre von den letzten Dingen, vom Endschicksal des einzelnen Menschen und der Welt*)

Crenças não religiosas
Nichtreligiöse Überzeugungen

O diabo não é tão feio como o pintam.

agnosticismo *m*	Agnostizismus
agnóstico/-a	agnostisch / Agnostiker/-in
antroposofia *f*	Anthroposophie
ateísmo *m*	Atheismus
ateu – **ateia** [atéia]	atheistisch – Atheist/-in
cepticismo *m*	Glaubenszweifel / Skeptizismus
céptico/-a	skeptisch – Skeptiker/-in
descrença *f* – **descrente** *m f*	(religiöser) Unglaube – Ungläubige/-r
duvidar – **dúvida** *f*	zweifeln – Zweifel
Ele duvida da existência de Deus.	Er bezweifelt die Existenz Gottes.
falta *f* **de fé**	religiöser Unglaube
iluminismo *m*	Aufklärung
materialismo *m*	Materialismus
materialista *m f*	materialistisch – Materialist/-in
uma visão materialista do mundo	eine materialistische Weltsicht
metafísico *m*	metaphysisch – Metaphysiker/-in
niilismo *m*	Nihilismus
niilista *m f*	nihilistisch – Nihilist/-in
panteísmo *m*	Pantheismus
panteísta *m f*	pantheistisch – Pantheist/-in
racionalismo *m*	Rationalismus
(a) razão	(die) Vernunft
a Crítica da Razão Pura de Kant	Kants Kritik der reinen Vernunft
transcendental	transzendent (*jenseits der sinnlichen Erfahrung liegend*)

Pergunta: Deus existe? – A resposta do crente: Sim, existe. – A do ateu: Não, não existe. – A do agnóstico: Não sei.

superstição *f* – **supersticioso**	Aberglaube – abergläubisch
amuleto *m*	Amulett
astrologia *f* – **astrólogo/-a**	Astrologie – Astrologe / Astrologin
bruxo/-a – **bruxaria** *f*	Hexenmeister / Hexe – Hexerei
esoterismo *m* – **esotérico**	Esoterik – esoterisch (*nur für Eingeweihte*)
horóscopo *m*	Horoskop
ocultismo *m* – **oculto** – **o oculto**	Okkultismus – okkult – das Okkulte
previsão *f* **do futuro**	Wahrsagerei
magia *f* **negra** – **branca**	schwarze – weiße Magie
meditação *f* **(transcendental)**	(transzendentale) Meditation
quiromancia *f* – **adivinho/-a** / **quiromante** *f m*	Wahrsagerei – Wahrsager/-in
vidente *f m*	Hellseher/-in

10

5

Filosofia
Philosophie

Acaba-se o haver, fica o saber.

filosofia *f*	Philosophie
filosofia antiga	antike Philosophie
filosofia analítica	analytische Philosophie
filosofia da língua	Sprachphilosophie
filosófico	philosophisch
um problema / tema filosófico	ein philosophisches Problem / Thema
uma escola filosófica	eine philosophische Schule
conceitos filosóficos básicos	philosophische Grundbegriffe
filósofo/-a	Philosoph/-in
filosofar (sobre)	philosophieren (über)
ecle(c)tismo *m*	Eklektizismus
eclé(c)tico/-a	eklektisch – Eklektiker/-in
epistemologia *f*	Epistemologie / Erkenntnislehre
escolástica *f* – **escolástico**	Scholastik – scholastisch
os escolásticos	die Scholastiker
estética *f* – **estético**	Ästhetik – ästhetisch
A estética é uma área da filosofia.	Die Ästhetik ist ein Teilgebiet der Philosophie.
ética *f* – **ético**	Ethik – ethisch
É uma questão de ética.	Das ist eine Frage der Ethik.
hermenêutica *f*	Hermeneutik (*Auslegungskunst*)
lógica *f* – **lógico**	Logik – logisch
as leis da lógica	die Gesetze der Logik
pensamento lógico	logisches Denken / Argumentieren
materialismo *m* **dialé(c)tico**	dialektischer Materialismus
metafísica *f* – **metafísico**	Metaphysik – metaphysisch
a natureza da metafísica	das Wesen der Metaphysik
ontologia *f*	Ontologie
analisar – **análise** *f*	analysieren – Analyse
argumento *m* (a favor / contra)	Argument (für / gegen)
categórico	kategorisch
o imperativo categórico de Kant	Kants kategorischer Imperativ
causalidade *f*	Kausalität
a lei da causalidade	das Kausalgesetz
a coisa em si	das Ding an sich
compreender – **compreensão** *f*	verstehen – Verständnis
consistente	konsistent; widerspruchsfrei
uma teoria consistente	eine in sich stimmige Theorie
definir – **definição** *f*	definieren – Definition
empírico	empirisch – erfahrungsmäßig
conhecimento empírico	empirisches Wissen
o Eu	das Ich

experiência *f*	Erfahrung
a experiência mostra que …	die Erfahrung lehrt, dass …
falsificar (-ca, -co > -que) – **falsificação** *f*	falsifizieren – Falsifikation
ideia *f* [idéia] – **ideal** – **ideal** *m*	Idee – ideell / ideal – Ideal
moral *f*	Moral
moral	moralisch / Moral- / sittlich
amoral – **imoral**	amoralisch – unsittlich
valores / princípios morais	moralische Werte / Grundsätze
pensar – **raciocinar** / **refle(c)tir**	denken – nachdenken / reflektieren
pensamento *m* – **pensador**/-**a**	(das) Denken – Denker/-in
os pensadores gregos	die griechischen Denker
o pensamento científico	das (natur)wissenschaftliche Denken
o pensamento ocidental	das abendländische Denken
racional – **irracional**	rational / vernunftmäßig – irrational
explicar algo de forma racional	etwas auf rationale Weise erklären
teoria *f*	Theorie
desenvolver uma teoria	eine Theorie entwickeln
Teoria do Conhecimento	Erkenntnistheorie
verificar (-ca, -co > -que) – **verificação** *f*	verifizieren – Verifikation
verdade *f*	Wahrheit – wahr
verdadeiro	wahr – wahrhaftig – wirklich
aparência *f* **e realidade** *f*	(An-)Schein und Wirklichkeit
o belo e o feio	das Schöne und das Hässliche
o bem e o mal	das Gute und das Böse
causa *f* **e efeito** *m*	Ursache und Wirkung
corpo *m* **e espírito** *m*	Körper und Geist
espírito *m* **e matéria** *f*	Geist und Materie
tempo *m* **e espaço** *m*	Zeit und Raum

Philosophische Richtungen: *existencialismo* m (= Existenzphilosophie / Existenzialismus) • *idealismo* m (= Idealismus) • *materialismo* m (= Materialismus) • *positivismo* m (= Positivismus) • *pragmatismo* m (= Pragmatismus) • *racionalismo* m (= Rationalismus) • *realismo* m (= Realismus) • *cepticismo* m (= Skeptizismus)

Anhänger: *existencialista* m / f (= Existenzialist/-in) • *idealista* m / f (= Idealist/-in) • *materialista* m / f (= Materialist/-in) • *positivista* m / f (= Positivist/-in) • *pragmático*/-a (= Pragmatiker/-in) • *racionalista* m / f (= Rationalist/-in) • *realista* m / f (= Realist/-in) • *céptico*/-a (= Skeptizist/-in)

Adjektive: *existencialista* (= existenzialistisch) • *idealista* (= idealistisch) • *materialista* (= materialistisch) • *positivista* (= positivistisch) • *pragmático* (= pragmatisch) • *racional* (= rationalistisch) • *realista* (= realistisch) • *céptico* (= skeptizistisch)

Arte e literatura
Kunst und Literatur

1 Pintura e escultura
Malerei und Bildhauerei

2 Artes gráficas
Grafische Kunst

3 Fotografia
Fotografie

4 Música e dança
Musik und Tanz

5 Teatro e cinema
Theater und Film

6 Arquite(c)tura
Architektur

7 Literatura
Literatur

11
1

Pintura e escultura
Malerei und Bildhauerei

A arte é longa, a vida é curta.

arte *f*	Kunst
obra *f* **de arte**	Kunstwerk
obras de arte antigas	antike Kunstwerke
artista *m f*	Künstler/-in; Kunstmaler/-in
pintura *f*	Malerei; Gemälde; Bild
A pintura mostra uma paisagem.	Das Bild zeigt eine Landschaft.
pintar	malen
pintar um retrato	ein Porträt malen
pintor/**-a**	Maler/-in; Kunstmaler/-in; Anstreicher/-in
aquarela *f*	Aquarell; Wasserfarbe
desenho *m* – **desenhador**/**-a** P./B. **desenhista** *m f*	Zeichnung – Zeichner/-in
fazer um desenho de algo	eine Zeichnung anfertigen
desenhar	zeichnen
estúdio *m* / **atelier** *m*	Studio /Atelier
ao ar livre, sem ser no estúdio	im Freien, nicht im Atelier
cavalete *m*	Staffelei
óleo *m*	Öl
Ele pinta a óleo.	Er malt in Öl.
pincel *m* – **pincelada** *f*	Pinsel – Pinselstrich
com poucas pinceladas	mit wenigen Pinselstrichen
tela *f*	Leinwand
Pinta dire(c)tamente sobre a tela, sem fazer primeiro um esboço.	Er malt direkt auf die Leinwand, ohne vorherige Skizzen.
tinta *f* **a óleo**	Ölfarbe
uma pintura a óleo	ein Ölgemälde
tema *m*	Gegenstand
o tema de uma pintura	der Gegenstand eines Bildes
modelo *m f*	Modell
natureza *f* **morta**	Stillleben
nu *m*	Akt
desenhar / pintar um nu	einen Akt zeichnen / malen
nu sentado / em pé / deitado	sitzender / stehender / liegender Akt
paisagem *f*	Landschaft
retrato *m* – **auto-retrato** *m*	Porträt / Bildnis – Selbstporträt / Selbstbildnis
retratar – **retratista** *m f* / **pintor**/**-a de retratos**	porträtieren – Porträtmaler/-in
Ela deixou-se retratar.	Sie ließ sich porträtieren.
quadro *m*	Gemälde; Bild
composição *f*	Komposition

a composição perfeita do quadro	die perfekte Komposition des Bildes
distribuição *f* / **colocação** *f*	Anordnung
a distribuição das pessoas	die Anordnung der Personen
perspectiva *f*	Perspektive
restauração *f* – **restaurar**	Restaurierung – restaurieren
restaurador/-a	Restaurator/-in
reprodução *f* / **cópia** *f* – **reproduzir**	Reproduktion / Kopie – reproduzieren
reproduções de pinturas famosas	Reproduktionen berühmter Bilder
cole(c)cionar – **cole(c)ção** *f*	sammeln – Sammlung
cole(c)ção de arte	Kunstsammlung
expor (irr.) – **exposição** *f*	ausstellen – Ausstellung
os quadros aqui expostos	die hier ausgestellten Bilder
uma exposição de pintura(s)	eine Gemäldeausstellung
uma exposição itinerante	eine Wanderausstellung
galeria *f* **de arte**	(Kunst-)Galerie
galerista *m f*	Kunsthändler/-in / Galerist/-in
mecenas *m sg pl*	Mäzen/-in
museu *m*	Museum
Museu de Arte Moderna	Museum für moderne Kunst

Movimentos e estilos artísticos ***(= Kunstrichtungen und -stile)***
românico m (= romanische Kunst) • *gótico* m (= gotische Kunst) • *manuelino* m (portugiesische Spätgotik) • *renascimento* m (= Renaissance) • *barroco* m (= Barock) • *rococó* m (= Rokoko) • *neoclassicismo* m (= Neoklassizismus) • *romantismo* m (= Romantik) • *realismo* m (= Realismus) • *naturalismo* m (= Naturalismus) • *impressionismo* m (= Impressionismus) • *simbolismo* m (= Symbolismus) • *cubismo* m (= Kubismus) • *futurismo* m (= Futurismus) • *dadaísmo* m (= Dadaismus) • *expressionismo* m (= Expressionismus) • *surrealismo* m (= Surrealismus) • *arte* f *abstracta* (= abstrakte Kunst) • *pop art* m *(= Pop-Art)* • *modernismo* m (= Modernismus) • *Art Nouveau / arte nova (= Jugendstil)* • *arte f figurativa* (= gegenständliche Kunst)

Entsprechende Adjektive und Substantive:
românico / gótico / manuelino / renascentista / neoclássico / barroco / rococó / expressionista / impressionista / realista / naturalista / simbolista / surrealista / modernista / cubista / abstracto
os expressionistas / neoclassicistas / realistas / surrealistas / cubistas

escultura *f*	Bildhauerei; Bildhauerkunst; Skulptur / Plastik
escultura em / de pedra	Steinskulptur / -plastik
uma escultura de mármore	eine Marmorskulptur / -plastik
esculturas feitas de marfim	aus Elfenbein gearbeitete Plastiken
escultura em madeira / entalhe	Holzskulptur; Holzschnitzerei
escultor/-a	Bildhauer/-in
esculpir (irr.)	hauen; meißeln; schnitzen

esculpido em pedra calcária	aus Kalkstein gehauen / gearbeitet
um friso esculpido	ein mit Skulpturen verzierter Fries
busto *m* **de bronze**	Bronzebüste
estátua *f* – **estatueta** *f*	Statue – Statuette
uma estátua em bronze fundido	eine in Bronze gegossene Statue
uma estatueta de mármore	eine Marmorstatuette
figura *f* **de gesso**	Gipsfigur
uma figura modelada em argila	eine in Ton modellierte Figur
plástico	plastisch; bildhauerisch
a obra plástica de Leonardo	Leonardos plastisches Werk
relevo *m*	Relief
alto-relevo / baixo-relevo	Hoch- / Flachrelief
talhar – **cinzelar**	schnitzen – meißeln
mosaico *m*	Mosaik
incrustações *f* **de mármore**	Marmorintarsien

„Sem palavras“

Artes gráficas
Grafische Kunst

Quem faz arte é artista ou arteiro.

artes *f pl* **gráficas**	Grafik (*grafisches Schaffen*)
artista *m f* **gráfico/a**	Grafiker/-in (*als Künstler/-in*)
a artista gráfica Käthe Kollwitz	die Grafikerin Käthe Kollwitz
desenho *m* **publicitário**	Werbegrafik
artista *m f* **publicitário/a**	Werbegrafiker/-in
design *m* **gráfico** – **designer** *m f*	Grafikdesign – Grafikdesigner/-in
a partir dos desenhos originais do artista	nach Originalentwürfen des Künstlers
ilustrações *f*	Illustrationen
quadro *m*	(Bild-)Tafel (*in Büchern*)
cartaz *m* / **póster** *m* [pôster]	Plakat / Poster
caricatura *f*	Karikatur
cartoon *m* / B. *auch* **cartum** *m*	Cartoon
(filme *m* **de) desenhos** *m pl* **animados**	Zeichentrickfilm
tinta *f*	Tinte
tinta da china P./ B. tinta nanquim	Tusche
tinta de imprensa	Druckfarbe
desenho *m*	(Hand-)Zeichnung
desenho a pastel	Kreidezeichnung
desenho a tinta da china / a nanquim	Tuschzeichnung
gravar – **gravador/-a**	(ein)gravieren – Graveur/-in
gravura *f*	(Kupfer- / Stahl-)Stich; Holzschnitt
gravura em cobre – em aço – em madeira – em linóleo	Kupferstich – Stahlstich – Holzschnitt – Linolschnitt
xilografia *f* – **litografia** *f*	Holzschnitt – Lithographie
talha *f* / **entalhe** *f*	Schnitzerei
água-forte *m*	Radierung
fac-símile *m*	Faksimile
monocromo / **monocromático**	einfarbig
bicolor	zweifarbig – zweifarbiges Bild
trama *f* / **retícula** *f* / **rede** *f*	Raster
fotogravura *f*	Fotogravüre
cliché *m* – **matriz** *f*	Druckstock – Schablone / Matrize
imprimir	drucken
processo *m* **de impressão** – **offset** *m*	Druckverfahren – Offset(druck)
impressão em relevo	Hochdruck (*Verfahren*)
heliogravura *f* / **rotogravura** *f*	Heliogravüre / Tiefdruck

11
3

Fotografia
Fotografie

Pela obra se conhece o artesão.

fotografia *f*	Fotografie (*Kunst* / *Verfahren*)
foto(grafia) *f*	Foto / Aufnahme / Bild – Fotografie
As fotos ficaram boas – más.	Die Fotos sind gut – schlecht geworden.
fotografar algo/alguém	etwas/jemand fotografieren
fotógrafo/-a	Fotograf/-in
fotográfico – **fotogénico** [fotogênico]	Foto- / fotografisch – fotogen
equipamento fotográfico	Fotoausrüstung
És muito fotogénica [fotogênica].	Du bist sehr fotogen.
tirar fotos	Fotos / Aufnahmen machen
câmara *f* / **máquina** *f* fotográfica	Kamera / (Foto-)Apparat
câmara completamente automática	vollautomatische Kamera
acessórios de câmara	Kamerazubehör
corpo da câmara	Kameragehäuse
câmara reflexa / reflex	(*einäugige*) Spiegelreflexkamera
Pôs o filme na máquina?	Haben Sie den Film eingelegt?
foco *m* **automático** / **autofoco** *m*	Autofokus
cassete *f* – **negativo** *m*	Film(spule) – Negativfilm
diafragma *m* / **íris** *f*	Blende
abertura *f* do diafragma	Blendenöffnung
ajustar (o grau de) a abertura para 8	die Blende auf 8 einstellen
disparador *m* **(automático)**	(Selbst-)Auslöser
flash *m*	Blitz(licht)
uma fotografia com flash	eine Blitzlichtaufnahme
filtro *m*	Filter
fotómetro *m* [fotômetro]	Belichtungsmesser
obje(c)tiva *f*	Objektiv
mudar a obje(c)tiva	das Objektiv auswechseln
pôr / tirar a obje(c)tiva	das Objektiv einsetzen / abnehmen
obje(c)tiva grande angular	Weitwinkelobjektiv
teleobje(c)tiva	Teleobjektiv
tampa da obje(c)tiva	Objektivdeckel
a lente da obje(c)tiva	die Objektivlinse
obturador *m*	Kameraverschluss
ajustar a **velocidade de obturação**	die (Verschluss-)Zeit einstellen
telémetro *m* [telêmetro]	Entfernungsmesser
visor *m*	Sucher
zoom *m* / **obje(c)tiva** *f* **de focal variável**	Zoom
acessórios *m pl*	Zubehör

estojo *m* da câmara / máquina fotográfica	Kamera- / Fototasche
fotografar	fotografieren
foco *m*	Scharfeinstellung
focar (-co; -ca > -que) / **focalizar**	die Entfernung einstellen
Com esta câmara é fácil focar / focalizar.	Die Scharfeinstellung ist bei dieser Kamera einfach zu handhaben.
focado – desfocado	scharf – unscharf
O primeiro plano está (des)focado.	Der Vordergrund ist (un)scharf.
distância *f* **focal**	Brennweite
(em) **primeiro plano** *m* – (ao) **fundo** *m* / **em plano** *m* **de fundo**	Nahaufnahme – (im) Hintergrund
motivo *m*	(Aufnahme-)Objekt / Motiv
profundidade *f* / B. auch **nitidez** *f* **de campo**	Tiefenschärfe
sensibilidade *f* – **luminosidade** *f*	Empfindlichkeit – Lichtstärke
a sensibilidade da película / do filme	die Empfindlichkeit des Films
a abertura da obje(c)tiva	die Lichtstärke des Objektivs
tempo *m* **de exposição (à luz)**	Belichtung(szeit)
sobre-exposição *f* – **subexposição** *f*	Überbelichtung – Unterbelichtung
sobre-exposto – subexposto	überbelichtet – unterbelichtet
Os diapositivos ficam ó(p)timos com ligeira subexposição.	Dias sind am besten, wenn sie etwas unterbelichtet sind.
Sorria, por favor! / **Olhe o passarinho!**	Bitte lächeln!
ampliar – ampliação *f*	vergrößern – Vergrößerung
cópia *f*	Abzug
cópias a cores – a preto e branco / B. *auch* em cores – em preto e branco	Farbabzüge – Schwarz-Weiß-Abzüge
cópias (em papel) mate / B. *auch* foscas – brilhantes	Matt- – Hochglanzabzüge
diapositivo *m* (a cores) / **slide** *m*	(Farb-)Dia
filme *m* / **película** *f* / **rolo** *m*	Film(rolle)
colocar / pôr o rolo	den Film einlegen
um filme de 36 fotografias	ein Film für 36 Aufnahmen
um filme de alta sensibilidade	ein hoch empfindlicher Film
instantâneo *m*	Schnappschuss
pilha *f*	Batterie
pôr uma pilha nova	eine neue Batterie einsetzen
rebobinar o rolo / o filme	den Film zurückspulen
revelar o rolo / o filme	einen Film entwickeln / entwickeln lassen
revelado em uma hora	in einer Stunde entwickelt

Música e dança
Musik und Tanz

Quem canta seus males espanta.

música *f*	Musik
música clássica – ligeira	klassische – leichte Musik
Ele ouve muita música.	Er hört viel Musik.
musical	musikalisch – Musik-; Musical-
instrumento musical	Musikinstrument
acompanhamento musical	Musikbegleitung
um (espe(c)táculo) musical – um filme musical	Musical – Musikfilm
músico/-a	Musiker/-in
cantor/-a / **intérprete** *m f*	Sänger/-in
canto *m*	Singen – Gesang(skunst) – Lied
canção *f*	Lied / Song / Chanson
ter lições de canto	Gesangsstunden nehmen
compositor/-a	Komponist/-in
composição *f*	Komposition; (das) Komponieren
uma composição musical	Musikstück
arranjo *m*	Arrangement; Bearbeitung

Text: *a letra / o texto de uma canção* (= der Text eines Liedes), *o libreto de uma ópera* (= das Opernlibretto / Textbuch / der Text einer Oper)

estrofe *f* – **refrão** *m*	Strophe – Refrain
melodia *f* – **voz** *f*	Melodie – Stimme
soprano *m f* – **contralto** *m f*	Sopran – Alt
tenor *m* – **barítono** *m* – **baixo** *m*	Tenor – Bariton – Bass
concerto *m*	Konzert
concerto para violino de Beethoven	Violinkonzert von Beethoven
banda *f* (de música)	Kapelle / Band
banda de instrumentos de sopro	Blaskapelle
festival *m* – **recital** *m*	Festspiel – Konzertabend
maestro/-a – **solista** *m f*	Dirigent/-in – Solist/-in
orquestra *f* – **coro** *m*	Orchester – Chor
orquestra / música de câmara	Kammerorchester / -musik
quarteto *m* **de cordas**	Streichquartett
peça *f* **musical** – **abertura** *f*	Musikstück – Ouvertüre
ópera *f* – **opereta** *f*	Oper / Opernhaus – Operette
sonata *f* – **acorde** *m*	Sonate – Akkord
compasso *m* – **contraponto** *m*	Takt / -art – Kontrapunkt
compasso ternário	Dreivierteltakt
marcar / manter – perder o compasso / ir fora do compasso	den Takt schlagen / im Takt bleiben – aus dem Takt kommen / den Takt nicht halten

escala *f*	Tonleiter
a escala de dó maior	die C-Dur-Tonleiter
harmonia *f*	Harmonie
nota *f*	Note

Notas (= **Noten**)
breve (= Brevis) • *semibreve* (= ganze Note / Semibrevis) • *mínima* (= halbe Note) • *semínima* (= Viertelnote) • *colcheia* (= Achtelnote) • *semicolcheia* (= Sechzehntelnote) • *fusa* (= Zweiunddreißigstelnote) • *semifusa* (= Vierundsechzigstelnote)

tempo *m* – **timbre** *m*	Tempo – Klangfarbe
tom *m*	Ton(art); Tonlage; Stimmlage
clave *f* **de fá**	Bassschlüssel / F-Schlüssel
clave *f* **de sol**	Violinschlüssel / G-Schlüssel
clave *f* **de dó**	Tenorschlüssel / C-Schlüssel
um tom completo – semitom	ein ganzer Ton – halber Ton
tom *m* **maior** / **menor**	Dur- / Molltonart
mudar de tonalidade / tom	die Tonart wechseln

dó (= C) • ré (= D) • mi (= E) • fá (= F) • sol (= G) • lá (= A) • si (= H) dó (= C)

***Tonalidades* (= Tonarten)**
dó maior (= C-Dur) • *dó menor* (= c-Moll) • *dó-sustenido* (= cis-Moll) • *mi bemol* (= Es-Dur) • *fá sustenido menor* (= fis-Moll). Dis / dis wäre entsprechend *ré-sustenido*; Des / des dagegen *ré-bemol*. Beachten Sie besonders: *si bemol maior* (= B-Dur) und *si menor* (= h-Moll).

ritmo *m*	Rhythmus
acompanhar	(instrumental) begleiten
Ele acompanhou-a ao / no piano.	Er begleitete sie auf dem Klavier.
afinar – **desafinar**	stimmen; tonrein spielen / singen – verstimmt sein; falsch spielen / singen
cantar – **compor** (irr.)	singen – komponieren
tocar (-co; -ca > -que) (piano)	(Klavier) spielen
coreografia *f* – **coreógrafo/-a**	Choreographie – Choreogaph/-in
companhia *f* **de dança**	Tanztruppe
dançar (-ço; -ça > -ce) – **dança** *f* – **bailado** *m*	tanzen – Tanz – Tanzkunst
orquestra de baile – pista de dança	Tanzkapelle – Tanzfläche
academia / escola de dança	Tanzstudio / -schule
bailarino/a	Tänzer/-in
ballet *m* / **balé** *m*	Ballett
sapateado *m*	Stepptanz

Teatro e cinema
Theater und Film

→ 12.4 Espectáculos e diversões

A brincar, a brincar com a verdade me enganas.

teatro *m*	Theater
teatro experimental	experimentelles Theater
teatro de vanguarda	avantgardistisches Theater
companhia *f* **de teatro**	Ensemble / Theatergruppe
cena *f*	Bühne; Szene
entrar em cena	auftreten / die Szene betreten
encenar / **pôr** (irr.) **em cena**	inszenieren
uma peça bem encenada	ein gut inszeniertes Stück
uma encenação pouco convincente	wenig überzeugende Inszenierung
encenador/-a / **dire(c)tor/-a artístico/-a**	(Theater-)Regisseur/-in
encenação *f* / **dire(c)ção** *f*	Inszenierung / Regie
cenário *m*	Bühnenbild; Bühnendekoration
adereços *m pl* (de cena) / **acessórios** *m pl*	Requisiten
bastidor *m*	Kulisse
atrás dos bastidores	hinter den Kulissen
ensaio *m* – **ensaiar**	Probe – proben
guarda-roupa *m* / **vestuário** *m* / **fato** *m*	Kostüm
palco *m*	Bühne
apresentação *f*	Theateraufführung / Vorstellung
A apreşentação foi muito concorrida.	Die Vorstellung war gut besucht.
drama *m*	(Theater-)Stück / Drama
a obra dramática de Almeida Garret	die Dramen von Almeida Garret
O drama passa-se no Rio do pós-guerra.	Das Stück spielt im Rio der Nachkriegszeit.
dramaturgo/-a	Stückeschreiber/-in / Dramatiker/-in – Dramaturg/-in
a(c)ção *f*	Handlung; Aktion
A a(c)ção da peça tem lugar / passa-se em ...	Das Stück spielt in ...
A peça não tem muita a(c)ção.	In dem Stück passiert nicht viel.
argumento *m* / **trama** *f*	Handlung
comédia *f* – **tragédia** *f*	Komödie – Tragödie
peça *f* **de teatro**	(Theater-)Stück
De que é que trata a peça?	Wovon handelt das Stück?
primeiro a(c)to *m*, **terceira cena** *f*	1. Akt, 3. Szene / Auftritt
cinema *m*	Kino
ir ao cinema	ins Kino gehen

a indústria cinematográfica	die Filmindustrie
cinéfilo/-a	Kinoliebhaber/-in
argumento *m* / B. *m us* **roteiro** *m*	Drehbuch
argumentista *m f* / B. *m us* **roteirista** *m f*	Drehbuchautor/-in
adaptar um romance para o cinema	einen Roman für den Film bearbeiten
estrela *f* (de cinema) / **vedeta** *f*	(Film-)Star
écrã *m* / B. *auch* **tela** *f*	Leinwand
filme *m* / **película** *f*	Film
O filme está a correr P./B. está passando no „Cine-Boavista".	Der Film läuft im „Cine-Boavista".
filme de suspense / policial	Thriller / Krimi (*Film*)
passar / exibir um filme	einen Film zeigen / vorführen
longa-metragem *f*	Spielfilm
trailer *m* / P. *auch* **apresentação** *f*	Filmvorschau
realização *f* P./ B. **direção** *f*	Regie
realizador/-**a** P./ B. **diretor**/-**a**	Filmregisseur/-in
dobrar P./ B. **dublar** um filme	einen Film synchronisieren
Prefiro ver um filme com legendas a um dobrado/dublado.	Ich sehe mir lieber einen Film mit Untertiteln an als einen synchronisierten.
sala *f* **de proje(c)ção**	Vorführraum
assinatura *f*	Abonnement
arrumador/-**a** P./B. **lanterninha** *m f*	Platzanweiser/-in
bilheteira *f* P./B. **bilheteria** *f*	(Theater- / Kino-)Kasse
bilhete *m* / **entrada** *f*	Eintrittskarte
dois bilhetes de plateia [platéia]	zwei Plätze im Parkett
Ainda tem bilhetes / entradas para hoje à noite?	Gibt es noch Karten für heute Abend?
lugar *m* / P. *auch* **cadeira** *f*	Sitzplatz / Platz
fila *f* **de cadeiras** / B *auch* **fileira** *f*	Sitzreihe
camarote *m*	Loge
estreia [estréia] *f*	Premiere; Ur- / Erstaufführung
fracasso *m* – **sucesso** *m*	Reinfall – Erfolg
intervalo *m*	(Theater- / Kino-)Pause
matiné [**matinê**] *f* / **sessão** *f* **da tarde**	Matinee / Frühvorstellung
Temos bilhetes para a matiné [matinê]	Wir haben Karten für die Matinee.
programa *m*	Programm
reserva *f* – **reservar**	Reserve – reservieren
sessão *f*	Aufführung; Vorstellung
sessão da noite	Abendvorstellung
tema *m*	Thema
personagem *m f*	(*handelnde*) Person (*in einem Stück*)
a(c)tuar / **representar**/ **interpretar**	spielen
Quem é que a(c)tua nesta peça?	Wer spielt in diesem Stück?

interpretar um papel	eine Rolle spielen / schauspielern
Ela interpreta o papel de uma maneira convincente.	Sie spielt die Rolle überzeugend.
interpretação *f*	Spiel / Darstellung
boa interpretação	gute schauspielerische Leistungen
a(c)tor / **a(c)triz**	Schauspieler/-in
a(c)triz especializada em papéis complexos	Charakterdarstellerin
diálogo *m* – **monólogo** *m* / **solilóquio** *m*	Dialog – Monolog
o famoso solilóquio de Hamlet	Hamlets berühmter Monolog
elenco *m*	Besetzung; Mitwirkende
herói / **heroína**	Held/-in
vilão/**-ã**	Schurke / Schurkin / der/die Böse
O herói da peça é ...	Der Held des Stücks ist ...
fazer / interpretar o papel de vilão	die Rolle des Schurken spielen
papel *m*	Rolle
papel principal	Hauptrolle
protagonista *m f* – **secundário**	Nebenrolle
protagonista *m f* – antigonista *m f*	Protagonist – Antagonist / Widersacher
aplauso *m*	Applaus / Beifall / Klatschen
crítico/**-a**	(Theater- / Film-)Kritiker/-in
crítica *f*	Kritik / Besprechung
êxito *m* / **sucesso** *m* – **fracasso** *m* / **fiasco** *m*	Erfolg – Reinfall / Flop
um sucesso estrondoso – um fracasso total	ein Riesenerfolg – ein totaler Reinfall
Ganhou um prémio [prêmio] *m*	Er erhielt einen Preis.
público *m* – **espectador** *m*	Publikum – Zuschauer
O público ficou entusiasmado.	Das Publikum war begeistert.

„Os telejornais parecem cada vez mais filmes de terror."

Arquite(c)tura
Architektur

→ 5.1 Apartamentos e casas

Depois da casa feita se conhecem os defeitos.

arquite(c)to/-a – **arquite(c)tura** *f*	Architekt/-in – Architektur
arquite(c)tónico [arquitetônico]	architektonisch; baulich

Estilos m ***arquite(c)tónicos*** (= **Baustile**)
românico (= romanisch) • *mudéjar* (= ein auf der Iberischen Halbinsel vom 13. bis zum 16. Jahrhundert vorherrschender Baustil, der Elemente der christlichen Kunst mit arabischer Ornamentierung vereinte) • *gótico* (= gotisch) • *manuelino* (portugiesische Spätgotik) • *renascentista* (= Renaissance) • *barroco* (= Barock) • *colonial* (= amerikanischer Kolonialstil des 17. / 18. Jahrhunderts) • *neoclássico* (= klassizistisch) • *neogótico* (= neugotisch) • *Arte Nova / Art Nouveau* (= Jugendstil) • *Bauhaus* • *pós-modernismo* (= Postmodernismus)

proje(c)tar	entwerfen
Niemeyer proje(c)tou Brasília.	Niemeyer entwarf Brasilia.
proje(c)to *m*	Entwurf
proje(c)to de construção	Bauentwurf
em proje(c)to	im Planungsstadium
proje(c)tista *m f* / **autor/-a do proje(c)to**	Planer/-in
plano *m*	Planung
os planos de construção	die Baupläne
ganhar um concurso / B. *auch* **concorrência** *f* **de arquite(c)tura**	einen Architekturwettbewerb gewinnen
gabinete *m* **de arquite(c)tura** / **escritório** *m* **de arquite(c)tura**	Architekturbüro
planta *f*	Grundriss
andaime *m* **metálico**	Stahlgerüst
construção *f*	Bau; Bau-; (das) Bauen
em construção	im Bau
indústria de construção	Bauindustrie
a construção de uma ponte	der Bau einer Brücke
prazo de construção	Bauzeit
construção em aço / estrutura metálica	Stahlkonstruktion
Regulamento Geral das Edificações Urbanas P./B. Regulamento de Construção Civil	(*Bauordnung*)
terreno de construção	bebaubares Grundstück
autorização *f* / **alvará** *m* **de construção**	Baugenehmigung

construir (irr.) / **edificar**	bauen
empresa *f* **de construção (civil)** / **empresa** *f* **construtora** *f*	Baufirma / Bauunternehmen
agente *m f* **imobiliário/-a**	Immobilienmakler/-in
arquite(c)to/-a	Architekt/-in
carpinteiro/-a (da construção civil)	Bauschreiner/-in
construtor/-a civil / **empreiteiro/-a**	Bauunternehmer/-in
engenheiro/-a civil	Bauingenieur/-in
mestre-de-obra	Baumeister; Bauleiter
operário/-a / **trabalhador/-a da construção civil**	Bauarbeiter/-in
pedreiro/-a	Maurer/-in
serralheiro/-a (da construção civil)	(Bau-)schlosser/-in
apartamento *m*	Wohnung
casa *f*	Haus
moradia *f* / **vivenda** *f*	Einfamilienhaus
bloco *m* **de apartamentos**	Wohnblock
edifício *m*	Gebäude
O edifício ainda está em construção.	Das Gebäude ist noch im Bau.
O edifício está em perigo de desmoronamento.	Das Gebäude ist baufällig.
prédio *m* (de andares) / **arranha-céu** *m*	Hochhaus
material *m* **de construção**	Baumaterial
argamassa *f* – **cimento** *m*	Mörtel – Zement
cimento *m* **armado** / B. *auch* **concreto** *m* **armado**	(Stahl-)Beton
escora *f* / **apoio** *m*	Stütze
estuque *m*	Stuck
fachada *f*	Fassade
enxaimel *m*	Fachwerk(haus)
janela *f*	Fenster
muro *m* – **alvenaria** *f*	Mauer – Mauerwerk
parede *f*	Wand
pedra *f* – **tijolo** *m*	Stein – Ziegelstein; Backstein
vidro *m*	Glas
pré-fabricado *m*	in Fertigbauweise errichtet
arco *m* (do triunfo)	(Triumph-)Bogen
coluna *f* (coríntia / jónica [jônica] / dórica)	(korinthische / ionische / dorische) Säule
torre *f* – **pilar** *m*	Turm – Pfeiler

Arquite(c)tura religiosa **(= Kirchenarchitektur)**
nave f *central* (= Hauptschiff) • *nave lateral* (= Seitenschiff) • *nave* f *transversal* (= Querschiff) • *coro* m (= Chor) • *capela-mor* f (= Hauptaltarraum) • *cúpula* f (= Kuppel) • *agulha* f *de torre* (= Turmspitze)

Literatura
Literatur

Bons livros, bons amigos.

literatura *f* – **literário**	Literatur – literarisch
crítica literária	Literaturkritik
história da literatura	Literaturgeschichte
género [gênero] literário	Literaturgattung
literatura *f* **de ficção**	Erzähl- / Romanliteratur
biografia *f*	Biografie
autobiografia *f* – **(auto)biográfico**	Autobiografie – (auto)biografisch
conto *m* **de fada(s)** / **história** *f*	Märchen
os contos dos irmãos Grimm	die Märchen der Brüder Grimm
diário *m*	Tagebuch
ensaio *m*	Essay
fábula *f* – **lenda** *f*	Fabel – Legende
narrativa *f* – **narrativo**	Erzählung – erzählend / Erzähl-
narração *f*	Schilderung / Darstellung
narrador/-a na primeira pessoa	Ich-Erzähler/-in

Tipos de narrativa **(= Arten von Erzählliteratur)**
romance m / *novela* f (= Roman) • *romance picaresco* (= Schelmenroman) • *romance histórico* (= historischer Roman) • *romance biográfico* (= biografischer Roman) • *romance sensacional* (= Schauerroman) • *romance policial* (= Kriminalroman) • *romance de suspense* (= Thriller) • *novela* (= Novelle) • *conto* m (= Märchen; Kurzgeschichte) • *conto* m (= Kurzgeschichte) • *literatura* f *trivial* (= Trivialliteratur) • *ficção* f *científica* (= Science-Fiction) • *literatura barata* (= Schundliteratur) • *romance pornográfico* (= pornografischer Roman) • *romance* / *literatura de cordel* (= Groschenheft)

saga *f*	Sage
drama *m*	Drama
a(c)to *m*	Akt
comédia *f* – **tragédia** *f*	Komödie – Tragödie
tragicomédia *f*	Tragikomödie
cómico – **trágico**	komisch – tragisch
nota *f* **cénica**	Bühnenanweisung
paródia *f* – **burlesco**	Parodie – burlesk / possenhaft
sátira *f* – **satírico**	Satire – satirisch
prosa *f*	Prosa – Prosa-
poesia *f* / **lírica** *f*	(Vers-)Dichtung / Lyrik
uma antologia de poesia moderna	eine Anthologie moderner Lyrik
poético	dichterisch / poetisch
liberdade poética	dichterische Freiheit
épica *f* – **épico**	Epik / epische Dichtkunst – episch
epopeia [epopéia] *f*	(Helden-)Epos / (Helden-)Gedicht

estrofe *f*	Strophe
metro *m*	Metrum / Versmaß
refrão *m*	Refrain
rimar – rima *f*	(sich) reimen – Reim
estrutura *f* **da rima**	Reimschema
verso *m* – **em verso**	Vers – in Versform

Tipos de poesia **(= Arten von Lyrik)**
poema m / *poesia* f (= Gedicht) • *estância* f (= Stanze) • *balada* f (= Ballade) • *elegia* f (= Elegie) • *soneto* m (= Sonett) • *quadra* f (= vierzeiliges Gedicht) • *quintilha* f (= fünfzeiliges Gedicht)

autor/-a – biógrafo/-a	Autor/-in / Verfasser/-in – Biograf/-in
ensaísta *m f*	Essayist/-in
escritor/-a / romancista *m f*	Schriftsteller/-in / Romanautor/-in
crítico/-a literário/-a	Literaturkritiker/-in
dramaturgo/-a	Dramatiker/-in; Dramaturg/-in
poeta *m* / **poetisa** *f*	Dichter/-in
poeta *m f* lírico / poetisa lírica	Lyriker/-in
texto *m* **literário**	literarischer Text
ambiente *m*	Atmosphäre
argumento *m* / **trama** *f* / **a(c)ção** *f* /	Handlung
episódio *m*	Episode
cenário *m* – **espaço** *m*	Schauplatz – Ort der Handlung
clímax *m* / **ponto** *m* **culminante** / **auge** *m*	Höhepunkt
conteúdo *m* **e forma** *f*	Inhalt und Form
cor *f* **local**	Lokalkolorit
estilo *m*	Stil
estrutura *f* **(profunda / de base)**	(Tiefen-)Struktur
final *m* / **desfecho** *m*	Schluss
interpretação *f*	Interpretation / Auslegung
interpretar um texto	einen Text interpretieren
linguagem *f* **figurada / simbólica**	Bilder(sprache) / symbolische Sprache
alegoria *f*	Allegorie
ironia *f*	Ironie
metáfora *f* – **metafórico**	Metapher – metaphorisch
jogo *m* **de palavras / trocadilho** *m*	Wortspiel
monólogo *m* **interior**	innerer Monolog
recurso *m* **retórico**	rhetorisches Mittel
personagem *m f* **principal**	Hauptfigur
ponto *m* **de vista do narrador**	Erzählerperspektive
retrospectiva *f*	Rückblende
suspense *m*	Spannung
tempo *m*	Zeit der Handlung
plagiar – plágio *m*	plagiieren – Plagiat

Tempo livre e descanso
Freizeit und Erholung

1 Dias de festa e feriados
Feiertage und Urlaub

2 Ocasiões festivas
Festliche Anlässe

3 Relações sociais
Gesellschaftlicher Umgang

4 Espe(c)táculos e diversões
Veranstaltungen und Vergnügungen

5 Viagens e turismo
Reisen und Tourismus

6 Alojamento
Unterkunft

7 Ir às compras
Einkaufen

8 Deporto / Esporte
Sport

9 Passatempos
Hobbys

Dias de festa e feriados
Feiertage und Urlaub

O melhor da festa é esperar por ela.

férias *f pl*	Urlaub / Ferien
O senhor Castro está de férias.	Herr Castro ist in Urlaub.
As crianças têm férias na Páscoa.	Die Kinder haben an Ostern Ferien.
passar o Verão [verão]	den Sommer(urlaub) verbringen
descansar – **descanso** *m*	sich ausruhen – Erholung
tirar um dia livre / **tirar folga** *f*	einen freien Tag nehmen
ter (irr.) **livre** / **folga**	freihaben
fim *m* **de semana**	Wochenende
No fim de semana estamos fora.	Wir sind übers Wochenende weg.
feriado *m*	Feiertag
fazer (irr.) **ponte** *f*	(wörtlich: „eine Brücke machen")
Na sexta-feira fizemos ponte porque quinta foi feriado.	Am Freitag haben wir freigenommen, weil Donnerstag Feiertag war.
Carnaval *m*	Fasching / Karneval
desfile de carnaval	Karnevalsumzug
procissão *f* (religiosa)	Prozession
as procissões da Semana Santa	die Prozessionen in der Karwoche

Dias de festa mais importantes em Portugal e no Brasil **(= Die wichtigsten Feiertage in Portugal und Brasilien)**
Natal m (= Weihnachten) • *noite* f / *véspera* f *de Natal* (= Heiligabend) • *passagem* f *de ano* / *reveillon* (= Silvester) • *Ano* m *Novo* (= Neujahr) • *Semana* f *Santa* (= Karwoche) • *Domingo* m *de Ramos* (= Palmsonntag) • *Quinta-feira* m *Santa* (= Gründonnerstag) • *Sexta-feira* f *Santa* (= Karfreitag) • *Domingo de Páscoa* (= Ostersonntag) • *festa* f *do Corpo de Deus* / *Corpus Christi* (= Fronleichnamfest) • *o dia da Assunção* (= Mariä Himmelfahrt, 15.8.) • *Nossa Senhora Aparecida* B. (= Schutzpatronin Brasiliens, 12.10.) • *Dia de Todos os Santos* (= Allerheiligen, 1.11.) • *Finados* (= Allerseelen, 2.11.) • *Dia da Imaculada Conceição* (= Fest der Unbefleckten Empfängnis, 8.12.)

Feriados não religiosos **(= Nichtreligiöse Feiertage)**
terça-feira Gorda (= Faschingsdienstag) • *dia de Tiradentes* B. (= Gedenktag für den Freiheitskämpfer Tiradentes, 21.4.) • *Dia da Revolução do 25 de Abril* P. (= Jahrestag der Portugiesischen Nelken-Revolution) • *Dia do Trabalhador* / *Primeiro de Maio* (= Tag der Arbeit / 1. Mai) • *Dia de Portugal e de Camões* P. (= Portugal- und Camões-Tag, 10.6.) • *Dia da Independência* B. (= Unabhängigkeitstag, 7.9.) • *Dia da Proclamação da República* P. (= Tag der Republik 15/10) • *Proclamação da República* B. (= Ausrufung der Republik, 15.11.) • *Dia da Independência* P. (Unabhängigkeitstag, 1.12.: Ende der spanischen Herrschaft)

Ocasiões festivas
Festliche Anlässe

A casamento e batizado, não vá sem ser convidado.

celebração *f*	Feier; Begehung; Abhaltung
a celebração do matrimónio [matrimônio]	Eheschließung
celebrar / **comemorar** / **festejar**	feiern
celebrar o Natal	Weihnachten feiern
comemorar a Independência	die Unabhängigkeit feiern
festejar o aniversário	einen Geburtstag feiern
matrimónio [matrimônio]	Ehe; Heirat
cerimónia [cerimônia] *f*	Zeremonie; Feier
a cerimónia [cerimônia] de abertura	die Eröffnungsfeier
comemoração *f*	Feier; Festakt
a comemoração oficial	der ofizielle Festakt
festejos *m*	öffentliche Feste
festa *f*	Fest; Feier; Party
festa popular	Volksfest
organizar uma festa	ein Fest veranstalten
Boas festas!	Fröhliche Weihnachten / Ostern!
festividade *f* – **festivo**	Festlichkeit / Festtag – festlich / Fest-
ambiente festivo	feierliche Atmosphäre
festival *m*	Fest(ival); Festwoche(n)
Festival de cinema	Filmfestspiel
festival internacional da canção	internationales Liederfestival
feira *f*	(Jahr-)Markt; Messe
As festas populares do Porto são em Junho.	Die Volksfeste Portos sind im Juni.
romaria *f*	Wallfahrt
banquete *m*	Festessen / Festmahl
um banquete de boda	ein Hochzeitsmahl
aniversário *m*	Geburtstag / Jahrestag
presente de aniversário	Geburtstagsgeschenk
Feliz aniversário! / Parabéns!	Herzlichen Glückwunsch zum Geburtstag!
A nossa empresa comemora o seu quinquagésimo aniversário.	Unsere Firma feiert ihr fünfzigjähriges Jubiläum / Bestehen.
o décimo aniversário da sua morte	sein zehnter Todestag
jubileu *m* – **jubilar**	Jubiläum / Jubeljahr – Jubiläums-
bodas *f pl* **de prata** – **de ouro**	Silberhochzeit – goldene Hochzeit
celebrar as bodas de ouro	(die) goldene Hochzeit feiern

12
3
Relações sociais
Gesellschaftlicher Umgang

→ 1.10 Relações humanas

Antes só que mal acompanhado.

> Wenn sich in Portugal und Brasilien zwei Frauen begrüßen, „küssen" sie sich auf jede Wange, d.h., sie berühren sich nur mit den Wangen. Das Gleiche gilt bei einer Frau und einem Mann. Zwei Männer begrüßen sich dagegen per Handschlag. Wenn sie sich schon kennen, klopfen sie sich dabei oft ein paarmal auf den Rücken.

cumprimentar / **saudar**	(be)grüßen
cumprimentos *m pl* / **saudação** *f*	Gruß / Begrüßung
acompanhar	begleiten
Vem acompanhada pelo marido.	Sie kommt in Begleitung ihres Mannes.
companhia *f*	Begleitung; Gesellschaft; Umgang
A minha sobrinha faz-me companhia.	Meine Nichte leistet mir Gesellschaft.
más companhias	schlechter Umgang
visitar – **visita** *f*	besuchen – Besuch
Tínhamos pensado visitar-te.	Wir hatten vor, dich zu besuchen.
Os meus pais fizeram-me uma visita.	Meine Eltern haben mich besucht.
Hoje temos visitas.	Heute haben wir Besuch.
ver (irr.)	sehen – treffen
Amanhã vou vê-la.	Morgen werde ich sie sehen.
encontrar-se	zusammenkommen / sich treffen
Encontramo-nos às quintas-feiras.	Wir treffen uns jeden Donnerstag.
encontro *m*	Treffen; Verabredung
um encontro de amigos	Treffen mit Freunden
combinar encontrar-se / **marcar** (-co; -ca > -que) **um encontro**	sich verabreden
Combinei encontrar-me com o Miguel.	Ich bin mit Miguel verabredet.
Marcamos um encontro às 7.	Wir verabreden uns für sieben Uhr.
compromisso *m*	Verabredung
Tenho um compromisso de negócios.	Ich habe eine geschäftliche Verabredung.
reunião *f*	Sitzung; Zusammenkunft; Besprechung
Tenho uma reunião com o gerente.	Ich habe eine Besprechung mit dem Geschäftsführer.
uma reunião familiar	ein Familientreffen
sair (irr.) **com alguém**	mit jemand (aus)gehen
festa *f*	Party; Fest; Feier

dar / fazer / ter / celebrar uma festa	eine Party geben / machen / haben / feiern
Comemoraram a vitória com uma grande festa.	Sie feierten den Sieg mit einem großen Fest.
recepção *f*	Empfang
uma recepção em honra do presidente	ein Empfang zu Ehren des Präsidenten
anfitrião/**-ã**	Gastgeber/-in
hospitalidade *f* – **hospitaleiro**	Gastfreundschaft – gastfreundlich
Agradecemos-lhe a sua hospitalidade.	Wir sind Ihnen für Ihre Gastfreundschaft dankbar.
convidar – **convite** *m*	einladen – Einladung
Hoje és meu convidado.	Heute zahle ich.
receber um convite para um casamento	eine Hochzeitseinladung bekommen
convidado/**-a**	Gast
O convidado de honra é servido em primeiro lugar.	Der Ehrengast wird zuerst bedient.
receber / **acolher** – **acolhimento** *m*	empfangen / bewirten – Bewirtung
A anfitriã recebe / acolhe bem os convidados.	Die Gastgeberin bewirtet die Gäste gut.
homenagear (irr.) – **homenagem** *f*	ehren – Ehrung
brindar – **brinde** *m*	jemandem zutrinken – Trinkspruch
À saúde dos noivos!	Auf das Brautpaar!

Brindes usuais **(= Gebräuchliche Trinksprüche)**
À tua/vossa saúde! P. (= Auf dein/euer Wohl!) • *Saúde!* B. (= Prost! / Prosit! / Zum Wohl!) • *A ti!* P./B. *A você!* (= Auf dich!) • *À nossa!* (= Auf uns!) • *Ao novo trabalho!* (= Auf den neuen Job!)

Espe(c)ctáculos e diversões
Veranstaltungen und Vergnügungen

→ 11.5 Teatro e cinema

Festa acabada, músicos de pé.

espectá(c)ulo *m*	Schau; Schauspiel; Vorstellung; Veranstaltung
espe(c)táculo infantil	Kinderveranstaltung
espe(c)táculo de música	Musikveransstaltung
banda *f*	Kapelle
uma banda militar	eine Militärkapelle
uma banda municipal	eine städtische Kapelle
uma banda de rock	eine Rockband
grupo *m* / **conjunto** *m* **de música**	Band / Musikgruppe
um grupo de música rock	eine Rockband
cantar – **cantor/-a**	singen – Sänger/-in
fadista *m f*	Fadosänger/-in
casa *f* de fados	Fadolokal
concerto *m*	Konzert
um concerto de rock	ein Rockkonzert
ópera *f*	Oper
orquesta *f*	Kapelle; Orchester
espectá(c)ulo de dança	Tanzveranstaltung
bailado *m*	Ballett
baile *m*	Ball / Tanzveranstaltung
Esta noite há baile no clube.	Heute Abend gibt es im Klub eine Tanzveranstaltung.
Vamos a um baile de máscaras.	Wir gehen auf einen Maskenball.
dançar (-ço; ça > -ce) – **dança** *f*	tanzen – Tanz
sambar – sambista *m f*	Samba tanzen – Sambatänzer/-in
discoteca *f*	Diskothek
pista *f* de dança	Tanzfläche
espectáculo de variedades	Varieteeshow
casino *m* / B. *auch* **cassino**	(Spiel-)Kasino / Spielbank
cabaré *m* / **clube** *m* **no(c)turno**	Nachtlokal; Nachtklub
concurso *m*	(Wett-)Kampf; Wettbewerb; Quiz
concurso de beleza	Schönheitswettbewerb
teatro *m* **de revista**	(*volkstümliche Revue in Portugal*)
festa *f* **popular** – **mercado** *m*	Volksfest – Markt
feira *f* – **feira** *f* **popular**	Messe – Jahrmarkt
parque *m* **de atra(c)ções** / **diversões**	Vergnügungs- / Freizeitpark

Atra(c)ções f ***de feira*** **(= Jahrmarktsattraktionen)**
carrocel m (= Karussell) • *roda* f *gigante* (= Riesenrad) • *montanha* f *russa* (= Achterbahn) • *barraca* f *de feira* (= Schaubude) • *barraca de tiro* (= Schießstand / Schießbude) • *tômbola* f (= Spielbude) • *carrinhos* m pl *de choque* (= Autoskooter) • *comboio* m P./B. *trem* m *fantasma* (= Geisterbahn)

cinema *m*	Kino
ir ao cinema	ins Kino gehen
ver um filme no cinema	einen Film im Kino anschauen
circo *m*	Zirkus
teatro *m*	Theater
teatro ambulante	Kirmestheater; Wanderbühne
teatro ao ar livre	Freilichtbühne
teatro de fantoches	Kasperletheater
teatro de marionetas	Puppenspiel; Marionettenspiel

Corrida de touros em Portugal **(= Stierkampf in Portugal)**
praça f *de touros* (= Stierkampfarena) • *arena* f (= Arena) • *toureiro* m (= Stierkämpfer) • *capote* m (= Stierkämpfermantel) • *traje* m *de luzes* (= Stierkämpferanzug) • *forcado* m (= Stiertreiber) • *estoque* m (= Degen) • *bandarilheiro* m (= Banderillero) • *bandarilha* f (= Banderilla / Wurfpfeil) • *cavaleiro* m (= Reiter)

desfile *m* **de modas** / P. *auch* **passagem** *f* **de modelos**	Mode(n)schau
museu *m*	Museum
museu de cera	Wachsfigurenkabinett
exposição *f*	Ausstellung
A exposição mundial de 1998 foi em Lisboa.	1998 fand die Weltausstellung in Lissabon statt.
exposição de arte	Kunstaustellung
exposição de antiguidades	Antiquitätenaustellung
exposição de escultura / de pintura	Skulpturen- / Gemäldeaustellung
hipódromo *m*	Hippodrom / Reitbahn
autódromo *m*	Autodrom / Autorennstrecke
sambódrano *m*	Sambadrom / Sambastadion

Viagens e turismo
Reisen und Tourismus

→ 19 Meios de transporte

Devagar se vai ao longe.

viajar – **viagem** *f*	reisen – Reise / Fahrt
viajar pelo país	im Land herumreisen
ir à agência de viagens	zum Reisebüro gehen
prospectos de viagens	Reiseprospekte
uma viagem de barco pelo Guadiana	eine Schifffahrt auf dem Guadiana
a viagem de ida e volta	die Reise; Hin- und Rückfahrt
Boa viagem!	Gute Reise!
viajante *m f* – **passageiro**/**-a**	Reisende/-r – Fahrgast / Passagier/-in
turismo *m*	Tourismus
centro *m* / **posto** *m* **de turismo**	Verkehrsamt
turismo de massas	Massentourismus
turista *m f* – **turístico**	Tourist/-in – touristisch
A ilha vive dos turistas.	Die Insel lebt von den Touristen.
preparar a viagem	die Reise vorbereiten
marcar (-co; -ca > -que) – **marcação** *f*	buchen – Buchung
marcar uma viagem organizada / B. *auch* um pacote (para férias)	eine Pauschalreise buchen
reservar – **reserva** *f*	reservieren – Reservierung
reservar um quarto / um voo [vôo]	ein Zimmer / einen Flug reservieren
anular – **anulação** *f*	abbestellen / stornieren – Abbestellung / Stornierung
anular a reserva	die Reservierung rückgängig machen
cancelar – **cancelamento** *m*	streichen / ausfallen – Streichung
O voo [vôo] foi cancelado.	Der Flug wurde gestrichen.
cambiar P./B. **trocar** (-co; -ca > -que) dinheiro	wechseln / umtauschen
câmbio *m*	Umtausch; Wechselkurs
cambiar / trocar Euros em reais	Euros in Reais umtauschen
cheque *m* **de viagem**	Reisescheck
Queria descontar / P. *auch* cambiar um cheque de viagem.	Ich möchte einen Reisescheck einlösen.
consulado *m* **(geral)** – **cônsul** *m* / **consulesa** *f*	(General-)Konsulat – Konsul/-in
embaixada *f* – **embaixador**/**-a**	Botschaft – Botschafter/-in
embaixatriz	Ehefrau des Botschafters
bilhete *m* **de identidade** P./B. **carteira** *f* **de identidade**	Personalausweis
passaporte *m*	(Reise-)Pass
renovar o passaporte	den Pass verlängern

O meu passaporte caducou / venceu.	Mein (Reise-)Pass ist abgelaufen.
visto *m*	Visum
pedir / solicitar um visto	ein Visum beantragen
requerimento para um visto	Antrag auf ein Visum
válido	gültig
Este visto é válido durante / por 90 dias.	Dieses Visum ist 90 Tage gültig.
vacina *f*	(Schutz-)Impfung
vacina contra a varíola	Pockenschutzimpfung
boletim *m* **de vacinas**	Impfzeugnis
seguro *m*	Versicherung
seguro de viagem	Reiseversicherung
programa *f* (de viagem)	(Reise-)Programm
destino *m*	Reiseziel; Zielbahnhof / -flughafen
destino desconhecido	unbekanntes Ziel
passeio *m* / **excursão** *f*	Ausflug
fazer um passeio / passear	einen Ausflug machen
passeio turístico pela cidade	Stadtrundfahrt
excursionista *m f* / P. *auch* **caminheiro/-a**	Wanderer / Wanderin
guia *m*	(Fremden- / Reise-)Führer
um guia de Salvador	ein Führer von Salvador
guia *m f*	Reiseleiter/-in
circuito *m* **guiado** / **visita** *f* **guiada**	Stadtführung / -besichtigung
gorjeta *f*	Trinkgeld
dar gorjeta ao carregador	dem Gepäckträger Trinkgeld geben
itinerário *m* / **rota** *f* / **roteiro** *m*	Reiseplan / -ablauf / -route
programar um itinerário / um roteiro de viagens	einen Reiseplan aufstellen
visitar – **visita** *f*	besuchen / besichtigen – Besuch
visitar os monumentos	die Bauwerke besichtigen
uma visita guiada pelo palácio	eine Führung durch den Palast
horário de visita	Öffnungszeiten
estadia *f* / B. *auch* **estada** *f*	Aufenthalt
a minha estadia no Brasil	mein Aufenthalt in Brasilien
acampar – **acampamento** *m* / **parque** *m* **de campismo**	zelten – Camping(platz)
montanhismo *m* / **alpinismo** *m*	Bergsteigen
caminhar – **caminhada** *f*	wandern – Wanderung
fazer uma caminhada / P. *auch* um passeio pedestre	eine Wanderung machen
fazer passeios pedestres P./B. fazer trilha	wandern
lugar *m* / **local** *m* **de férias**	Urlaubsort
chegada *f* – **partida** *f*	Ankunft – Abfahrt / Abflug / Abreise
o painel de chegadas	die Ankunftstafel / -anzeige
o painel de partidas	die Abfahrtstafel / -anzeige
atraso *m*	Verspätung
A greve tem provocado atrasos.	Der Streik führt zu Verspätungen.

alfândega *f*	Zoll
funcionário/-a da alfândega / **guarda fiscal** *m f*	Zoll- – Zollbeamter / -beamtin
despacho *m* da alfândega	Zollabfertigung
direitos alfandegários	Zoll(abgabe)
bagagem *f*	Gepäck
Quer fazer o check-in da sua bagagem?	Möchten Sie Ihr Gepäck einchecken?
carrinho *m* **de bagagem**	Kofferkuli
depósito *m* **(automático) de bagagem**	Gepäckschließfach / -aufbewahrung
entregar (-go; -ga > -gue) a bagagem	Gepäck abgeben
mala *f*	Koffer
Há lugar para quatro malas.	Es ist Platz für vier Koffer.
mochila *f*	Rucksack
saco *m*	Tasche P./B. Tüte; Sack
saco *m* **de viagem** *m* P./B. **maleta** *f*	Reisetasche
saco de dormir	Schlafsack

„Que estranho, imaginava a Torre dos Clérigos duma forma diferente."

Alojamento
Unterkunft

Quem quer viajar até longe, poupa a sua montaria.

alojar-se – **alojamento** *m*	absteigen / – Unterkunft / Quartier
despesas de alojamento	Ausgaben für Unterkunft
hospedar-se	übernachten; zu Gast sein
dormida *f* P./B. **pernoite** *m*	Übernachtung – Nacht-
categoria *f*	Kategorie
estrela *f*	Stern
aldeamento *m* **turístico**	Ferienanlage
apartamento *m* (de férias)	Ferienwohnung
estúdio *m* P./B. **sala-dormitório**	Wohn-Schlaf-Raum
casa *f* **de hóspedes**	Pension (*mit familiärer Atmosphäre*)
estalagem *f*	Gasthaus
hotel *m* – **hoteleiro**	Hotel – Hotel-
ficar num hotel	in einem Hotel wohnen
cadeia hoteleira	Hotelkette
motel *m*	Motel
parque *m* **de campismo** – **acampar**	Campingplatz– zelten
pensão *f*	Pension (*niedrige Kategorie*)
albergue *m* **de** [da] **juventude** / P. *auch* **pousada de juventude**	Jugendherberge
pousada *f*	*staatliches* Hotel P./B. *einfaches, preisgünstiges* Hotel

Pousadas sind in Portugal eine Kette staatlich-privater Hotels, die in der Ausstattung der oberen, teuren Hotelklasse entsprechen und fast immer in historischen Gebäuden (Burgen, Schlössern, Palästen) untergebracht sind. Man kann auch in alten, renovierten Land- und Herrenhäusern übernachten, die Gästezimmer besitzen. Ein Verzeichnis ist beim Portugiesischen Fremdenverkehrsamt erhältlich.

In Brasilien haben viele (ehemalige) Farmer in der letzten Zeit ihre Landsitze renoviert, um mit diesen Hotel-*Fazendas* (= Farmhotels) im Tourismus neue Erwerbsquellen zu erschließen.

residencial *f* P.	*kleineres* Hotel / Pension
aluger [**aluguel**] *m*	Miete
hall *m* / **átrio** *m* P. / **vestíbulo** *m*	(Hotel-)Halle
completo / **cheio** – **livre**	ausgebucht / belegt – frei
almoço *m*	Mittagessen
jantar *m* – **sala** *f* **de jantar**	Abendessen – Speisesaal
merenda *f* / B. *auch* **lanche** *m*	Lunchpaket
pensão *f* **completa** – **meia pensão**	Vollpension – Halbpension

pequeno-almoço *m* P./B. **café** *m* **da manhã**	Frühstück
quarto com pequeno-almoço / café da manhã	Zimmer mit Frühstück
quarto *m*	Zimmer
apartamento *m* B.	Zimmer mit Bad
um quarto com casa de banho P./B. com banheiro	ein Zimmer mit Bad
quarto livre	freies Zimmer
quarto/apartamento individual – **duplo** / **de casal**	Einzelzimmer – Doppelzimmer
cama *f*	Bett
Deseja um quarto com cama de casal ou can duas camas?	Möchten Sie ein Doppelbett- oder ein Zweibettzimmer?
aquecimento *m* **central**	Zentralheizung
ar condicionado *m*	Klimaanlage
duche *m* P./B. **ducha** *f*	Dusche
deixar o quarto livre / **desocupar o quarto**	das Zimmer räumen
porteiro/-a	(Hotel-)Portier
recepção *f* – **recepcionista** *m f*	Empfang – Empfangschef / -dame
ficha f	Formular
Quer fazer o favor de preencher esta ficha *f*?	Füllen Sie bitte den Anmeldeschein aus.
registar-se [registrar-se]	sich (*am Empfang*) anmelden
reservar – **reserva** *f*	buchen / reservieren – Reservierung
reservas de quartos / apartamentos	(Zimmer-)Reservierungen
Ainda tem quartos / apartamentos livres para dois dias?	Haben Sie noch Zimmer für zwei Tage frei ?
anular a reserva	abbestellen / stornieren
anular a reserva do quarto.	die Zimmerbestellung stornieren
serviço *m* **de quartos**	Zimmerservice
sinal *m*	Anzahlung
Alguns hotéis exigem o pagamento de um sinal para reservar um quarto.	Manche Hotels verlangen bei der Zimmerbestellung eine Anzahlung.
suplemento *m* P./B. **adicional** *m*	Aufpreis
Por um quarto com vista para o mar é preciso pagar suplemento.	Für ein Zimmer mit Meeresblick wird ein Aufpreis erhoben.
chegar (-go; -ga > -gue) – **chegada** *f*	ankommen – Ankunft
A que horas é que o senhor chega?	Um wie viel Uhr kommen Sie an?
despertar / **acordar**	wecken
Por favor pode-nos acordar às seis?	Könnten Sie uns bitte um sechs wecken?
partir / **ir(-se)** (irr.) **embora**	abreisen
partida *f*	Abfahrt / Abreise
incomodar	stören
Por favor, não incomodar.	Bitte nicht stören.

Ir às compras
Einkaufen

Quem compra sem poder, vende sem querer.

comprar – **compra** *f*	kaufen / einkaufen – Einkauf
pagar com dinheiro / P. *auch* a pronto	bar zahlen
pagar a prestações	auf Raten / auf Kredit zahlen
ir às compras / ir fazer compras	einen Einkaufsbummel machen
ir à feira / ao mercado	auf den Markt gehen
saco / B. *auch* sacola de compras	Einkaufstasche
cesto de compras	Einkaufskorb
carrinho de compras	Einkaufswagen
vender – **venda** *f*	verkaufen – Verkauf
vender a prestações	auf Raten / auf Kredit verkaufen
venda por catálogo / por correspondência	Versandhandel / -geschäft
empresa de venda por catálogo / por correspondência	Versandhaus
catálogo de venda	Versandhauskatalog
comércio *m*	Handel
loja *f*	Geschäft / Laden
alfarrabista *m* / B. *auch* **sebo** *m*	(Bücher-)Antiquariat
loja de antiguidades	Antiquitätengeschäft
armazém *m* / B. *auch* **loja de departamentos**	Kaufhäuser / Warenhäuser
centro *m* **comercial**	Einkaufszentrum
boutique *f*	Boutique; Modegeschäft
cabeleireiro *m*	Friseur(salon)
confeitaria *f* / **pastelaria** *f*	Konditorei
drogaria *f*	Drogerie
farmácia *f* – **farmacêutico**/-**a**	Apotheke – Apotheker/-in
florista *f* P./B. **floricultura** *f*	Blumengeschäft
frutaria *f*	Obstgeschäft
galeria *f* **de arte**	Kunstgalerie
galerista *m f* P./B. **marchand** *m f*	Kunsthändler/-in
hipermercado *m*	großer Supermarkt
livraria *f* – **livreiro**/-**a**	Buchhandlung – Buchhändler/-in
loja de artigos fotográficos	Fotogeschäft
loja de brinquedos	Spielwarengeschäft
mercearia *f*	Lebensmittelgeschäft
ourivesaria *f* / **joalharia** *f* / B *auch* **joalheria** – **ourives** *m f*	Juweliergeschäft – Juwelier/-in
padaria *f* – **padeiro**/-**a**	Bäckerei – Bäcker/-in
papelaria *f*	Schreibwarengeschäft
peixaria *f*	Fischgeschäft
perfumaria *f*	Parfümerie

quiosque *m* / **venda** *f* **de jornais**	Kiosk / Stand / Zeitungskiosk
vendedor/-a de jornais / P. *auch* **ardina**	Zeitungshändler/-in
sapataria *f*	Schuhgeschäft
supermercado *m*	Supermarkt
tabacaria *f*	Tabakladen
Nas tabacarias também se pode comprar o totoloto.	In den Tabakgeschäften kann man auch den Lottoschein abgeben.
talho *m* P./B. **açougue** *m*	Metzgerei
charcutaria *f*	Wurstwaren(geschäft); Feinkostgeschäft
tinturaria *f* / **lavandaria** *f* P./B. **lavanderia** *f*	Reinigung

Outras „lojas" f **(= Andere Arten von Geschäften)**
pronto-a-vestir P. / *loja de roupa (feita)* / *loja de confecção* (= Konfektionshaus) • *loja de artigos para presente* (= Geschenkeladen) • *loja de artesanato* (= Kunstgewerbeladen) • *loja de artigos de música* (= Musikalienhandlung / Musikladen) • *loja de artigos de desporto* P./B. *esporte* (= Sportgeschäft) • *loja de electrodomésticos* (= Elektrogeschäft) • *loja de ferragens* (= Eisenwarengeschäft) • *loja de móveis* (= Möbelgeschäft) • *loja de alimentação dietética* (= Reformhaus) • *loja de discos* / P. auch *discoteca* (= (Musik-)Plattengeschäft) • *loja de bebidas alcoólicas* (= Spirituosengeschäft) • *loja de artigos domésticos* (= Haushaltswarengeschäft)

Frases úteis **(= nützliche Redenwendungen)**

Ando à procura ...	Ich suche …
Os senhores têm ...? / Vocês têm …?	Haben / Führen Sie ...?
Há …? P./B. *auch* Tem …?	Gibt es …?
Onde posso encontrar ...?	Wo finde ich ...?
Quanto custa ...?	Was kostet ...?

feira *f*	Messe; Jahmarkt; (Wochen-)Markt
feira da ladra	Flohmarkt
mercado *m*	Markt(halle)
barraca *f* / **banca** *f*	Straßenstand
produto *m* / **artigo** *m*	Ware / Artikel
balcão *m*	Ladentisch
Pergunte ao balcão P./B. no balcão.	Fragen Sie am Ladentisch.
cabine *f* **de provas** / **provador** *m*	Umkleidekabine
caixa *f* – **talão** *m* / B. **nota** *f* **da caixa**	Kasse – Kassenzettel
Por favor, pague na caixa.	Zahlen Sie bitte an der Kasse.
Para trocar um artigo tem que trazer o talão de compra / a nota da caixa.	Um eine Ware umtauschen zu können, braucht man den Kassenzettel.
cliente *m f* / **freguês** / **freguesa**	Kunde / Kundin
serviço *m* de atendimento de / a clientes	Kundendienst

empregado/-a de balcão / vendedor/-a / B. *auch* **balconista** *m f*	Verkäufer/-in (*im Laden, Kaufhaus usw.*)
marca *f*	Marke
as marcas que estão na moda	die Marken, die in Mode sind
montra *f* P./B. **vitrine** *f*	Schaufenster
pagar (-go; -ga > -gue) – **pagamento** *m*	zahlen – Zahlung
pagar a/em dinheiro	bar zahlen
pagar com o cartão	mit der Karte zahlen
pagar com um cheque	mit einem Scheck zahlen
descontar	abrechnen / abziehen / ermäßigen
desconto *m*	Rabatt / Skonto / Preisermäßigung
dar cinco por cento de desconto	fünf Prozent Rabatt geben
oferecer (-ço; -ça > -ce; -ci) – **oferta** *f* / **promoção** *f*	anbieten / herabsetzen / ermäßigen – Angebot / Preisnachlass
oferta especial	Sonderangebot
Estes artigos estão em promoção.	Diese Waren sind heruntergesetzt / im Angebot.
liquidação *f* total	Räumungsverkauf
É uma **pechincha.**	Es ist spottbillig.
poupar – **poupança** *f*	sparen – Ersparnis / Sparen
preço *m*	Preis
redução *f* / **baixa** *f* **de preços**	Preissenkung
recibo *m*	Quittung
saldar – **saldos** *m pl* / **liquidação** *f*	ausverkaufen – Ausverkauf
saldos de verão	Sommerschlussverkauf
saldos de inverno	Winterschlussverkauf
sinal *m*	Anzahlung
dar um sinal	eine Anzahlung leisten
comércio on line / electrónico [eletrônico]	E-Commerce / elektronischer Handel
lojas virtuais – livraria virtual	virtuelle Läden – virtuelle Buchhandlung

Desporto / Esporte
Sport

Ganhar ou perder tudo é desporto.

desporto *m* P./B. **esporte** *m* – **desportivo** P./B. **esportivo**	Sport / – sportlich / Sport-
Que desportos / esportes pratica / faz?	Welchen Sport treiben Sie?
clube desportivo / esportivo – associação desportiva / esportiva	Klub – Sportverein
espírito *m* desportivo / esportivo	Fairness / Sportlichkeit
modalidade *f* desportiva / esportiva	Sportart
desportista *m f* P./B. **esportista** *m f*	Sportler/-in
jogar (-go; -ga > -gue) – **jogo** *m*	Spielen – Spiel
jogo limpo	Fairplay
os Jogos Olímpicos	die Olympischen Spiele
jogador/-a – **jogada** *f*	Spieler/-in – Zug
partida *f*	Partie
Jogamos uma partida de xadrez?	Wollen wir eine Partie Schach spielen?
uma partida / um jogo de futebol	ein Fußballspiel
uma partida de ténis [tênis]	ein Tennismatch
competição *f*	Wettbewerb; (Wett-)Spiel; (Wett-) Kampf
torneio *m*	Turnier
campeonato *m*	Meisterschaft; Wettkampf
o Campeonato do Mundo de Futebol P./B. a Copa do Mundo	die Fußballweltmeisterschaft
encontro *m* **de atletismo**	(Leichtathletik-)Sportfest
desafiar – **desafio** *m*	herausfordern – Herausforderung
adversário/-a	Gegenspieler/-in
ganhar / **vencer** (-ço; -ça > -ce; -ci)	gewinnen
perder (irr.)	verlieren

Lugares de acontecimentos desportivos **P./B.** ***esportivos*** **(= Orte sportlichen Geschehens)**
instalações f *desportivas / esportivas* (= Sportstätten) • *campo* m *de desportos / esportes* (= Sportplatz) • *lugar* m *do encontro* (= Austragungsort) • *estádio* m (= Stadion) • *campo* m *de futebol* (= Fußballplatz) • *campo* m P./B. *quadra* f *de basquetebol* (= Basketballplatz) • *campo* m P./B. *quadra* f *de andebol* / B. auch *handebol* (= Handballplatz) • *campo* m P./B. *quadra* f *de voleibol* (= Volleyballplatz) • *campo* m / B. auch *quadra* f *de ténis* [*tênis*] (= Tennisplatz) • *campo* m *de golf* (= Golfplatz) • *ginásio* m (= Turnhalle) • *velódromo* m (= Radrennbahn) • *ringue* m (= Boxring) • *pista* f / *ringue* m *de patinagem artística* (= Eisbahn) • *pista* f *de corrida* (= Rennbahn) • *hipódromo* m (= Reitbahn) • *autódromo* m (= Autorennbahn)

campeão/-ã (mundial)	(Welt-)Meister/-in
segundo/-a / vice-campeão/-ã	Zweite/-r / Zweitplazierte/-r / Vizemeister/-in
recorde *m* **(mundial)**	(Welt-)Rekord
estabelecer / bater / manter um recorde	einen Rekord aufstellen / schlagen / halten
favorito/-a	Favorit/-in
amador/-a – profissional *m f*	Amateur/-in – Profi
desporto P./B. **esporte náutico**	Wassersport
esqui *m* **aquático**	Wasserski
natação *f* – **nadar**	Schwimmen – schwimmen
mergulho *m* – **mergulhar**	Tauchen – tauchen
pesca *f* – **pesca submarina**	Angeln – Unterwasserfischen
pólo *m* **aquático**	Wasserball
remo *m* – **remar**	Rudern – rudern
vela *f* – **velejar**	Segeln – segeln
jogo *m* **de bola**	Ballspiel
andebol *m* P./B. **handebol** *m*	Handball
basquetebol *m*	Basketball
futebol *m*	Fußball
golfe *m*	Golf
hóquei *m* – **hóquei em patins / no gelo**	(Feld-)Hockey – Eishockey
râguebi *m* P./B. **rúgbi**	Rugby
ténis [tênis] *m*	Tennis
ténis [tênis] **de mesa / pingue-pongue** *m*	Tischtennis
voleibol *m*	Volleyball
atletismo *m*	Leichtathletik
alpinismo *m* / **montanhismo** *m*	Bergsteigen
automobilismo *m*	Automotorsport
boxe *m* – **luta** *f* **livre**	Boxen – Ringen
caraté *m* [caratê]	Karate
ciclismo *m*	Radfahren
corrida *f*	Rennen; (Wett-)Lauf; Rennsport
corrida de carros / de fórmula 1	Autorennsport / Formel 1
carro / piloto de fórmula 1	Formel-1-Wagen / -Fahrer
circuito de corrida	Rennbahn / -strecke
corrida dos 100 metros livres	100-Meter-Lauf
corrida de obstáculos	Hindernis- / Hürdenlauf
estafeta P./B. revezamento	Staffellauf
400 metros estafeta P./B. de revezamento	4-x-100-Meter-Lauf
pista de corrida	(Renn-)Bahn; Piste; Rennstrecke
esgrima *f*	Fechten
esqui *m* – **esquiar**	Ski – Ski laufen / fahren
ginástica *f*– **ginástica** *f* **olímpica**	Gymnastik – Turnen
ginástica *f* **aeróbica**	Aerobik

halterofilismo *m*	Gewichtheben
hipismo *m* – **montar**	Reitsport – reiten
jogging *m*	Jogging
judo *m* [judô]	Judo
patim *m*	Schlittschuh / Rollschuh
patinagem *f* – **patinar**	Schlittschuhlauf(en) – Schlittschuh laufen
patinagem sobre o gelo	Schlittschuhlauf(en)
patinagem sobre rodas	Rollschuhlauf(en)
patinagem artística	Eiskunstlauf(en)
pára-quedismo *m*	Fallschirmspringen
pugilismo *m* / **boxe** *m* – **pugilista** *m f* / B. *auch* **boxeador** *m*	Boxsport – Boxer/-in
surf *m*	Surfen

Termos futebolísticos — Fußballausdrücke

árbitro *m* / **juiz** *m*	Schiedsrichter
avançado/-a P./B. **atacante** *m f*	Stürmer/-in
ataque *m*	Sturm
ponteiro/-a B. – **ponta-esquerda** *m f* – **ponta-direita**	Flügelstürmer/-in – Linksaußen – Rechtsaußen
líbero/-a	Libero/-a
defesa *m f* / B. *auch* **zagueiro** *m* – **defesa** *f* / **zaga** *f* B.	Verteidiger/-in – Verteidigung Mittelfeldspieler/-in
baliza *f* P./B. **cidadela** *f*	Tor
campeão *m* **da liga** / **copa**	Fußball- / Pokalmeister
capitão *m* **da equipa** [equipe]	Mannschaftskapitän
cartão *m* **vermelho** / **amarelo**	rote / gelbe Karte
Mostraram-lhe o cartão amarelo.	Sie haben ihm die gelbe Karte gezeigt.
centrar – **centro** *m*	flanken – Flanke
um centro da direita	eine Flanke von rechts
Ele centrou da esquerda.	Er flankte von links.
cruzar – **cruzamento** *m*	flanken – Flanken
chuto [chute] *m* / P. *auch* **pontapé** *m*	(Flach-)Schuss
pontapé livre *m* / **chuto** *m* **directo** P./B. **lance livre** / **cobrança** *f* **de falta**	Freistoß
arremesso *m*	Einwurf
pontapé *m* **de baliza** P./B. **tiro** *m* **de meta**	(Tor-)Abstoß
canto *m* P./B. **escanteio** *m*	Ecke / Eckball
equipa *f* P./B. **time** *m f* **de futebol**	Fußballmannschaft
expulsar (do campo)	(vom Platz) stellen / (des Platzes) verweisen
falta *f*	Foul
fora de jogo *m* P./B. **impedimento** *m*	Abseits

Ele estava em fora de jogo P./B. estava impedido.	Er stand im Abseits.
lance *m* **de cabeça**	Kopfball
lance *m*	Pass
passar P./B. **dar o passe** *m*	abgeben
fazer **tabelinha** *f*	Doppelpass
penálti [pênalti] *m*	Strafstoß; Elfmeterschießen
grande penalidade P./B. decisão por pênalti	Entscheidung durch Elfmeterschießen
grande área – pequena área	Strafraum – Torraum
golo *m* P./B. **gol** *m*	Treffer
Paulo meteu o golo P./B. fez o gol do empate.	Paulo erzielte den Ausgleichstreffer.
golo na própria baliza P./B. gol contra	Eigentor
guarda-redes *m f* P./B. **goleiro/-a**	Tormann / -frau
jogador/-a	Spieler/-in
árbitro *m* **auxiliar** *m* P./B. **bandeirinha** *m*	Linienrichter
meio-campo *m* P./B. **meio-de-campo** *m*	Mittelfeld
linha *f* **de fundo**	Torauslinie
primeiro / **segundo tempo**	erste / zweite Halbzeit
partida *f* / **encontro** *m* / **jogo** *m* **de futebol**	Fußballspiel
primeira divisão *f*	erste Liga
treinador/-a P./B. **técnico**	Trainer/-in
treinador nacional / P. *auch* seleccionador	Nationaltrainer
empate	unentschieden
jogo amigável P./B. amistoso	Freundschaftsspiel
jogo em casa – fora de casa	Heimspiel – Auswärtsspiel
vitória *f* – **derrota** *f*	Sieg – Niederlage
uma vitória fora de casa / em casa	ein Auswärts- / Heimsieg
a sua primeira vitória em seis jogos	sein erster Sieg in sechs Spielen

Termos do ténis P./B. ***tênis*** **(= Tenniswortschatz)**

campo *m* P./B. **quadra** f **de ténis** [tênis]	Tennisplatz
linha *f* **de fundo** / **lateral**	Grund- / Seitenlinie
raqueta *f* **(de ténis)**	(Tennis-)Schläger
singulares P./B. jogo **individual** / **de pares** / **dupla de pares misto**	Einzel / Doppel / gemischtes Doppel spielen
serviço *m*	Aufschlag
perder o serviço	den (eigenen) Aufschlag verlieren

12

9

Passatempos
Hobbys

Quem acha pau faz colher.

a(c)tividade *f* – **ocupação** *f*	Betätigung / Tätigkeit – Beschäftigung
ocupação dos tempos livres	Freizeitbeschäftigung
a(c)tividades artísticas	künstlerische Betätigungen
amador/-a	Amateur/-in
Ele é pintor amador.	Er ist Hobbymaler.
dedicar-se (-co; -ca > -que) **a**	sich widmen
Ela dedica-se a todo o tipo de a(c)tividades de beneficiência.	Sie widmet sich allen möglichen wohltätigen Aufgaben.
descontrair-se (irr.)	sich entspannen
Ele descontrai-se pintando.	Beim Malen entspannt er sich.
distra(c)ção *f*	Unterhaltung; Zeitvertreib; Beschäftigung
distrair-se (irr.) / **entreter-se** (irr.)	sich unterhalten / die Zeit vertreiben
Distrai-se a arranjar P./B. consertando relógios velhos.	Zum Zeitvertreib repariert er alte Uhren.
entreter-se a fazer/fazendo palavras cruzadas	die Zeit mit Kreuzworträtseln verbringen
gostar de	etwas gern tun / haben
Gosto muito de ler.	Ich lese sehr gern.
interessar-se – **interesse** *m*	sich interessieren – Interesse
Interesso-me por teatro.	Mich interessiert Theater.
ócio *m* – **ociosidade** *f*	Muße – Müßiggang
tempo *m* **livre** P. / **lazer** *m*	Freizeit
passar o tempo	die Zeit verbringen
Passamos muito tempo a jogar/jogando cartas.	Wir verbringen viel Zeit mit Kartenspielen.
hobby *m* – **passatempo** *m*	Hobby – Zeitvertreib
o meu passatempo / hobby preferido	meine Lieblingsbeschäftigung
praticar (-co; -ca > -que) **um desporto**	einen Sport treiben
Pratico natação todas as semanas.	Ich schwimme jede Woche.

Trabalhos manuais e artísticos **(= Handarbeit und Kunsthandwerk)**
trabalhos m pl *manuais* (= Nadel- / Handarbeiten) • *costura* f (= Nähen) • *fazer malha* / *fazer tricô* B. (= stricken) • *fazer croché* (= häkeln) • *tecer* (= weben) • *fiar* (= spinnen) • *bordar* (= sticken) • *corte* m *e costura* f (= Schneidern) • *fazer arranjos florais* (= Blumen stecken) • *olaria* f (= Töpfern) • *cestaria* f (= Korbflechten) • *carpintaria* f (= Holzarbeiten) • *trabalho* m *com metal* (= Metallarbeiten) • *bricolagem* f (= Heimwerken)

O que as pessoas cole(c)cionam (= **Was die Leute so sammeln**)
selos m (= Briefmarken) • *postais* m (= Postkarten) • *cartões* m *de telefone* (= Telefonkarten) • *moedas* f (= Münzen) • *autógrafos* m (= Autogramme) • *antiguidades* f (= Antiquitäten) • *livros* m *antigos* (= alte Bücher) • *caixas* f *de fósforos* (= Streichholzschachteln) • *caricas* f *de cerveja* P./B. *tampas de garrata de cerveja* (= Kronkorken) • *suportes* m *para copos de cerveja* (= Bierdeckel) • *alfinetes* m / *insígnias* f (= Anstecknadeln) • *borboletas* f (= Schmetterlinge)

A(c)tividades ao ar livre **(= Aktivitäten im Freien)**
jardinagem f (= Gartenarbeit) • *jogging* m (= Joggen) • *fazer caminhadas / fazer trilha* B. (= wandern) • *alpinismo* m (= Bergsteigen) • *escalar* (= klettern) • *observar pássaros* (= Vogelbeobachtung) • *ciclismo* m (= Radfahren) • *montar a cavalo* (= reiten) • *caça* f (= Jagd) • *esqui* m (= Skilaufen) • *patinagem* f *sobre rodas* (= Rollschuhlaufen) • *patinagem* f *sobre gelo* (= Schlittschuhlaufen) • *vela* f (= Segeln) • *surfing / surf* m (= Windsurfen) • *esqui* m *aquático* (= Wasserskilaufen) • *mergulho* m (= Tauchen) • *desporto subaquático* m (= Unterwassersport) • *paraquedismo* m (= Fallschirmspringen) • *voo* [*vôo*] m *livre* (= Segelfliegen) • *voo* [*vôo*] m *com asa delta* (= Drachenfliegen)

„Nada melhor do que descansar numa praia sossegada."

O universo
Das Weltall

Estrelas e planetas
Sterne und Planeten

O Sol nasce para todos.

a origem do universo	die Entstehung der Welt
o **cosmos**	der Kosmos / das Weltall
o **espaço sideral**	der Weltraum / das (Welt-)All
à velocidade da luz	mit Lichtgeschwindigkeit
uma distância de **anos luz**	eine Entfernung von Lichtjahren
a **galáxia** – **Via** *f* **Láctea**	die Galaxis / Galaxie – Milchstraße
nebulosa *f* (galáctica)	(galaktischer) Nebel
astro *m* / **corpo** *m* **celeste**	Himmelskörper
estrela *f*	Stern
estrela cadente / **chuva** *f* **de estrelas**	Sternschnuppe
estrela nova / **supernova**	(Super-)Nova
Estrela Polar	Polarstern
pulsar *m* – **quasar** *m*	Pulsar – Quasar
cometa *m*	Komet
meteoro *m* – **meteorito** *m*	Meteor – Meteorit
planeta *m*	Planet
A Terra é o terceiro planeta a partir do Sol.	Die Erde ist von der Sonne aus der dritte Planet.

Os nove planetas do sistema solar **(= Die neun Planeten im Sonnensystem)**
Mercúrio (= Merkur) • *Vénus* [*Vênus*] (= Venus) • *Terra* (= Erde) • *Marte* (= Mars) • *Júpiter* (= Jupiter) • *Saturno* (= Saturn) • *Urano* (= Uranus) • *Ne(p)tuno* (= Neptun) • *Plutão* (= Pluto)

órbita *f*	(Umlauf-)Bahn
uma órbita circular / elíptica	eine kreisförmige / elliptische Bahn
gravitar / **circular** – **volta** *f*	(um)kreisen – Umkreisung
A Terra gravita à volta do Sol.	Die Erde umkreist die Sonne.
girar / **rodar** – **rotação** *f*	sich drehen – Achsendrehung
rodar à volta de um eixo	sich um eine Achse drehen
girar à volta do Sol	sich um die Sonne drehen
satélite *m*	Satellit / Trabant
A Lua é o satélite da Terra.	Der Mond ist der Trabant der Erde.
o **Sol** – a **Lua**	die Sonne – der Mond
lua crescente – minguante	zunehmender – abnehmender Mond
lua cheia – nova	Voll- – Neumond
eclipse *m* **do Sol** / **da Lua**	Sonnen- / Mondfinsternis

Expressões e ditados com sol, lua e estrelas (= **Ausdrücke mit Sonne, Mond und Sternen**)
viver na lua (= nicht in der Wirklichkeit leben) • *estar com a cabeça na lua* (= mit den Gedanken abschweifen) • *andar no mundo da lua* (= zerstreut sein) • *lua de mel* (= Flitterwochen) • *querer a lua e as estrelas* (= nach dem Mond langen) • *ver estrelas* (= vor Schmerz die Engel im Himmel singen hören) • *nasceu sob uma boa / má estrela* (= unter einem günstigen / ungünstigen Stern geboren sein) • *sol de pouca dura* (= das Glück dauert nur kurz) • *o nascer do sol* (= der Sonnenaufgang) • *o pôr do sol* (= der Sonnenuntergang) • *um lugar ao sol* (= ein Platz an der Sonne) • *tapar o sol com a peneira* (= die Sonne mit einem Sieb verdecken, d.h.: etwas, das offenkundig ist, verheimlichen wollen) • *ver o sol aos quadradinhos* P./B. *o sol quadrado* fam (= im Gefängnis sitzen)

constelação *f*	Sternbild; Konstellation
A Ursa Maior é uma constelação.	Der Große Bär ist ein Sternbild.
cratera *f*	Krater
atmosfera *f*	Atmosphäre
campo *m* **magnético**	Magnetfeld
gravitação *f* / (força da) **gravidade**	Gravitation / Schwerkraft
A gravidade no Equador é menor que nos pólos.	Die Schwerkraft ist am Äquator geringer als an den Polen.
a teoria da gravidade de Newton	Newtons Gravitationstheorie
a **força de atra(c)ção** da terra	die Anziehungskraft der Erde
observatório *m* – **planetário** *m*	Observatorium / Sternwarte
astronomia *f*	Astronomie
cosmologia *f*	Kosmologie
a descrição da **criação** na Bíblia	die Schöpfungsgeschichte in der Bibel
a teoria da explosão inicial / do big bang P./B. **bigue-bangue**	die Urknalltheorie
um **buraco negro**	ein schwarzes Loch
a teoria da **relatividade** de Einstein	Einsteins Relativitätstheorie

„Olha, amor, a Ursa Maior e a Ursa Menor são as constelações mais fáceis de identificar."

Investigação espacial
Raumforschung

O Sol nasce para todos, a lua para quem a merece.

o **espaço**	der (Welt-)Raum / das (Welt-)All
espacial	(Welt-)Raum
a era espacial	das Zeitalter der Raumfahrt
cápsula espacial	Raumkapsel
estação / base espacial	(Welt-)Raumstation
fato P./B. roupa / traje espacial	Raumanzug
laboratório espacial	Raumfahrtlaboratorium
lixo espacial	Weltraummüll
medicina espacial	Raumfahrtmedizin
missão / voo P./B. vôo espacial	(Welt-)Raumflug
módulo / cápsula espacial	Raumfahrtmodul
nave espacial	Raumschiff / Raumfähre
programa espacial	Raumfahrtprogramm
sonda espacial	Raumsonde
veículo espacial	Raumfahrzeug
navegação *f* **espacial**	(Welt-)Raumfahrt
navegação *f* **interplanetária**	interplanetarische Raumfahrt
tripulado – **sem tripulação** *f*	bemannt – unbemannt
astronauta *m f*	Astronaut/-in
cosmonauta *m f*	Kosmonaut/-in
lançamento *m* – **lançar**	Abschuss; Start – starten
base de lançamento	(Raketen-)Abschussbasis
plataforma / rampa de lançamento	Start- / Abschussrampe
lançar um foguetão P./B. foguete	eine Rakete starten
campo *m* **de provas** / **de testes**	Versuchsgelände
foguetão *m* P./B. **foguete** *m* **lançador**	Trägerrakete
contagem *f* **regressiva**	Countdown
traje(c)tória *f*	Flugbahn
acoplamento *m*	Ankoppelung / Rendezvous
manobra de acoplamento	Kopplungsmanöver
dar (irr.) **a volta** (à lua)	(den Mond) umrunden
voo *m* [vôo] **de reconhecimento**	Vorbeiflug
alunar – **alunagem** *f* / B. *auch* **alunissagem** *f*	landen – Mondlandung
área *f* / **zona** *f* **de aterragem** / B. *auch* **aterrissagem**	Landezone
módulo *m* **lunar** / **de alunagem**	Mond(lande)fähre
recolher amostras *f* **(de) minerais**	Gesteinsproben aufsammeln
interromper / **suspender uma missão**	eine Mission abbrechen
A alunagem teve que ser interrompida / suspensa.	Die Mondlandung musste abgebrochen / ausgesetzt werden.

reentrada *f* / **reingresso** *m* (na atmosfera)	Wiedereintritt (in die Erdatmosphäre)
estação *f* / **base** *f* **terrestre**	Bodenstation
centro *m* **de controle**	Kontrollzentrum
foguete *m* **multiestágio** / **multifásico** / **de várias fases** / **de vários andares** / **andares múltiplos**	Mehrstufenrakete
foguete de travagem / B. de frenagem	Bremsrakete
foguete de arranque / cápsula / caixa de lançamento	Startrakete
foguete auxiliar / booster	Hilfstriebwerk / Booster
sistema *m* **de propulsão**	Antriebssystem
propulsor *m*	(Raketen-)Triebwerk
combustível *m*	Treibstoff
hidrogénio [hidrogênio] *m*	Wasserstoff
impulso *m*	Schub
cápsula *f* **de comando**	Kommandokapsel
módulo *m* **de abastecimento** / **depósito**	Versorgungsteil
módulo *m* **de serviço**	Betriebseinheit
peso *m* / **carga** *f* **útil**	Nutzlast
satélite *m* (artificial)	(künstlicher) Satellit
satélite de comunicações	Nachrichtensatellit
satélite meteorológico	Wettersatellit
órbita *f*	Umlaufbahn; (Um-)Kreisen
pôr / lançar um satélite em órbita	einen Satelliten in eine Umlaufbahn bringen
a órbita da Terra	die Umlaufbahn der Erde
ausência *f* / **falta** *f* **de gravidade** / **gravidade** *f* **zero**	Schwerelosigkeit
radiação *f*	Strahlung

A terra
Die Erde

14

1

Geologia
Geologie

Na terra barrenta, areia é estrume.

geologia *f* – **geológico**	Geologie – geologisch
geologia marinha	Meeresgeologie
geologia histórica	historische Geologie
processos geológicos	geologische Vorgänge
era geológica	Erdzeitalter
formação geológica	geologische Formation
mapa geológico	geologische Karte
levantamento geológico	geologische Aufnahme
geólogo/-a	Geologe/-gin
geotecnia *f* P./B. **geotecnologia** *f*	Ingenieurgeologie
geotectónica *f* [**geotectônica**]	Geotektonik
geografia *f*	Geographie; geographische Beschaffenheit

Weitere Wissenschaftsgebiete auf -alogia *f* **und -ologia** *f*
geocronologia (= Geochronologie) • *glaciologia* (= Glaziologie) • *mineralogia* (= Mineralogie) • *paleontologia* (= Versteinerungskunde) • *petrologia* (= Petrologie) • *sismologia* (= Erdbebenkunde) • *vulcanologia* (= Vulkanologie)

a **história** da terra	die Erdgeschichte
a **evolução** da terra	die Entwicklung der Erde
o **centro** da terra	der Erdkern
o **interior** da terra	das Erdinnere
a **crosta** *f* terrestre / **litosfera** *f*	die Erdkruste
hidrosfera *f*	Hydrosphäre
plataforma *f* **continental**	Kontinentaltafel; Festlandsockel
deriva *f* **de continentes**	Kontinentalverschiebung
expansão *f* **dos oceanos** / **mares**	Erweiterung der Ozeane
camada *f* / **estrato** *m*	Schicht / Stratum
substrato *m*	Substrat
falha *f* / **paráclase** *f*	Verwerfung; (Schichten-)Bruch
dobra *f*	(Boden-)Falte
maciço *m* **montanhoso**	Gebirgsmassiv
formação *f* **geológica** / **rochosa**	Gesteinsformation
rocha *f*	Gestein; Fels
fraga *f* / **penedo** *m*	(steiler) Fels
crista *f* **rochosa**	felsiger Gebirgskamm
calcário *m* – **calcário**	Kalkstein – kalkartig; kalkhaltig
granito *m* – **granítico**	Granit – granitisch
bloco *m* granítico / bloco calcário	Granit- / Kalksteinblock
quartzo *m* – **quartzoso**	Quarz – Quarz-
xisto *m* – **xístico** / **xistoso**	Schiefer – schieferig

mineral *m* / **minério** *m* – **mineral**	Mineral – mineralisch
analisar **minerais**	Mineralien analysieren
recursos *m pl* **minerais**	Bodenschätze
composição *f*	Zusammensetzung
formação *f* de cristais	Bildung von Kristallen
sedimentação *f*	Sedimentation
sediment	Sedimente
rocha sedimentar	Sedimentgestein
sedimento *m*	Ablagerung; Lagerstätte
jazida *f* / P. *auch* **jazigo** *m*	Vorkommen
jazidas de petróleo e gás natural	Öl- und Erdgasvorkommen
erosão *f*	Abtragung; Erosion
desagregação *f* / **decomposição** *f* das rochas por agentes atmosféricos	Verwitterung
fóssil (fósseis) *m* – **fossilização** *f*	Fossil(ien) – Versteinerung
índice fóssil / fóssil característico	Leitfossil
restos fossilizados / petrificados	Versteinerungen
fossilizar-se	fossilieren / versteinern
petrificar-se (-co; -ca > -que)	versteinern
datação *f*	Altersbestimmung
datação pelo carbono 14	Radiokarbondatierung
era *f*	Ära; (Erd-)Zeitalter
época *f*	Epoche
período *m*	Periode
período glaciário / época glaciária / glacial	Eiszeit
era jurássica / terciária / quaternária	Jura / Tertiär / Quartär
idade *f*	Zeit(alter)
a idade do bronze / do ferro	die Bronze- / Eisenzeit
glaciar *m* / B. *auch* **geleira** *f*	Gletscher
rompimento *m* **de gelo** / **degelo** *m*	Eisgang
água de degelo	Schmelzwasser
morena *f* / P. *auch* **moreia** *f*	(End-)Moräne
terramoto *m* / **terremoto** *m* / **tremor** *m* **de terra** / **sismo** *m*	Erdbeben
a **escala de Richter** / **de Mercalli**	die Richter- / Mercalli-Skala
vulcão *m* – **vulcânico**	Vulkan – vulkanisch
a(c)tividade vulcânica	vulkanische Tätigkeit
erupção *f* (vulcânica)	(Vulkan-)Ausbruch
topografia *f*	Topographie
topógrafo/-a	Topograph/-in

14
2

Metais e pedras preciosas
Metalle und Schmucksteine

Falar é prata, calar é ouro.

metal *m* **precioso**	Edelmetall
metais pesados – leves	Schwer- – Leichtmetalle
ouro *m* – **dourar** – **dourado**	vergoldet; golden (*Farbe*)
de ouro	aus Gold / golden (*aus Gold bestehend*)
áureo	golden
a época áurea	das Goldene Zeitalter
platina *f*	Platin
prata *f* – **pratear**	Silber – versilbern
de prata	aus Silber
prateado	silbern – versilbert – silberfarben

Beachten Sie den Unterschied zwischen *de ouro / de prata* und *dourado / prateado*:
de ouro / prata (= aus Gold / Silber): *um relógio de ouro / prata* (= eine goldene / silberne Uhr) • *uma medalha de ouro* (= eine Goldmedaille) • *uma moeda de prata* (= eine Silbermünze) • im übertragenen Sinn: *as bodas de prata / ouro* (= silberne / goldene Hochzeit) • *uma regra de ouro* (= eine goldene Regel)
dourado / prateado (= vergoldet / versilbert): *um relógio dourado / prateado* (= eine vergoldete; goldgelbe; versilberte; silberfarbene Uhr) • *cabelo dourado / prateado* (= goldgelbe(s) / silbergraue(s) Haare / Haar) • *batatas douradas* (= goldbraun gebackene Kartoffeln)

aço m (inoxidável)	(Edel-)Stahl
alumínio *m*	Aluminium
bronze *m*	Bronze – bronzen
a idade do bronze	die Bronzezeit
(de) **cobre** *m*	Kupfer – kupfern
chumbo *m*	Blei
sem chumbo	bleifrei / unverbleit
(de) **ferro** *m*	Eisen – eisern
a idade do ferro	die Eisenzeit
minério de ferro	Eisenerz
latão *m*	Messing
mercúrio *m*	Quecksilber
zinco *m* – **estanho** *m*	Zink – Zinn
ligar (-go; -ga > -gue) – **liga** *f*	legieren – Legierung
jóia *f*	Juwel; Kleinod; Schmuck
jóia falsa / de imitação	unechter Schmuck

***Expressões idiomáticas com pedras preciosas e metais* (= Idiomatische Ausdrücke mit Edelsteinen und Metallen)**
*És uma **jóia**.* (= Du bist ein Schatz.) • *deitar **pérolas** aos porcos* (= Perlen vor die Säue werfen) • *Nem tudo o que brilha é **ouro**.* (= Es ist nicht alles Gold, was glänzt.) • *Ele vale o seu peso em **ouro**.* (= Er ist Gold wert.) • *Falar é **prata**, calar é **ouro**.* (= Reden ist Silber, Schweigen ist Gold) • *A família dele nada em **ouro**.* (= Seine Familie schwimmt in Geld.) • *governar-se com a **prata** da casa* (= sich nach der Decke strecken) • *vontade de ferro* (= eiserner Wille) • *malhar em **ferro** frio* (= Unmögliches wollen; sich umsonst bemühen) • *pesado como **chumbo*** (= bleischwer)

gema *f* – **gemologia** *f*	Edelstein; Gemme; Schmuckstein – Gemmologie / Edelsteinkunde
pedra *f* **preciosa**	Edelstein
pedra lapidada – bruta	geschliffener (Edel-)Stein – Rohedelstein
lapidar pedras preciosas	Schleifen von Edelsteinen
pedras (preciosas) sintéticas	künstliche (Edel-)Steine
pedras semipreciosas	Halbedelsteine
brilhante	geschliffener Diamant / Brillant
âmbar *m* – **ambarino**	Bernstein – bernsteinfarben
esmeralda *f*	Smaragd
pérola *f*	Perle
um colar de pérolas	eine Perlenkette
pérolas de cultura / cultivadas	Zuchtperlen
(de) cor pérola	perlenfarbig
rubi *m*	Rubin
safira *f*	Saphir

„Brilhante este brilhante."

14
3

Divisões geográficas
Geographische Einteilungen

O mar aproxima as regiões que ele separa.

longitude *f* – **latitude** *f*	(geographische) Länge – Breite
a 5 graus de longitude este / leste	bei 5 Grad östlicher Länge
hemisfério *m*	Halbkugel / Hemisphäre
meridiano *m*	Längenkreis / Meridian
zona *f* **horária**	Zeitzone
o **Ártico**	die Arktis
o **Antártico**	die Antarktis
o **Pólo Norte** / **Sul**	der Nord- / Südpol
zonas / regiões polares	Polargebiete
os **trópicos**	die Tropen
zonas / regiões tropicais	Tropengebiete
trópico *m* de Câncer / de Capricórnio	Wendekreis des Krebses / Steinbocks
Equador *m*	Äquator
zona / região equatorial	Äquatorgebiet
A maior parte do Brasil está situada entre o Equador e o Trópico de Capricórnio.	Der größte Teil Brasiliens liegt zwischen dem Äquator und dem Wendekreis des Steinbocks.
o Mundo Novo – Velho	die Neue – Alte Welt
continente *m* – **continental**	Kontinent / Erdteil – kontinental
subcontinente	Subkontinent
Europa *f*	Europa
europeu / **europeia** [européia]	europäisch – Europäer/-in
Europa Ocidental – Central – Oriental / de Leste	Westeuropa – Mitteleuropa – Osteuropa
da Europa Ocidental – da Europa Central – da Europa de Leste	westeuropäisch – mitteleuropäisch – osteuropäisch
América *f*	Amerika
americano/**-a**	amerikanisch – Amerikaner/-in
norte-americano/-a	nordamerikanisch – Nordmerikaner/-in
sul-americano/-a	südamerikanisch – Südmerikaner/-in
América Central	Mittelamerika
América Latina	Lateinamerika
América do Norte	Nordamerika
América do Sul	Südamerika

Os pontos cardiais **(= Die Himmelsrichtungen)** werden großgeschrieben: *o Norte, o Sul, o Este / Leste e o Oeste* (= der Norden, der Süden, der Osten und der Westen), auch als Teil eines Eigennamens: *América do Sul* (= Südamerika). In den übrigen Fällen, z.B. als Teil eines Gebietes, als Richtung oder als Adjektiv, werden sie kleingeschrieben: *o sul da Argentina* (= Südargentinien) / *Vou para o norte.* (= Ich fahre / gehe nach Norden.) / *Lisboa norte.* (= Nordlissabon).

a costa leste de Espanha	die Ostküste Spaniens
África *f*	Afrika
africano/-a	afrikanisch – Afrikaner/-in
a África muçulmana	das moslemische Afrika
Ásia *f*	Asien
asiático/-a	asiatisch – Asiate / Asiatin
Austrália *f*	Australien
australiano/-a	australisch – Australier/-in
ocidente *m* – **ocidental**	Westen – westlich; West-
o mundo ocidental	die westliche Welt
Oriente *m* – **oriental**	Osten – östlich; Öst-
o Próximo Oriente P./B. o Oriente Próximo	der Nahe Osten
o Médio Oriente P./B. o Oriente Médio	der Mittlere Osten
o Extremo Oriente	der Ferne Osten
os estados do Extremo Oriente	die fernöstlichen Staaten

Beachten Sie den Unterschied:
Viviam na Alemanha do Leste. (= ... in Ostdeutschland; d.h. in der DDR vor der Vereinigung von 1989) • *Vivem no leste da Alemanha.* (= ... im Osten Deutschlands) • *África do Sul* (= Südafrika) • *o sul da África* (= das südliche Afrika)

Norte *m* – **nórdico**	Norden – Nord- – nordisch
Mudaram para o norte.	Sie sind nach Norden gezogen.
setentrional / **do norte**	nördlich; Nord-
os países nórdicos / escandinavos	die skandinavischen Länder
Sul *m* – **meridional** / **do Sul**	Süden; Süd- – südlich; Süd-
os países meridionais / do Sul	die südlichen Länder
litoral *m* – **interior** *m*	Küstengebiet – Landesinnere
região *f*	Gegend
uma região montanhosa	eine bergige Gegend
área *f* / **zona** *f*	Gebiet
superfície *f*	Fläche
Portugal tem uma superfície total de 88 944 km².	Portugal hat eine Gesamtfläche von 88 944 km².
território *m*	Gebiet / Territorium
territórios ocupados	besetzte Gebiete
fora das águas **territoriais**	außerhalb der Hoheitsgewässer

Mares, lagos, rios
Meere, Seen, Flüsse

A água corre para o mar e as coisas para o seu natural.

água *f* **doce – salgada**	Süß- – Salzwasser
águas subterrâneas	Grundwasser
águas termais / **minerais**	Thermal- / Mineralwässer
mar *m*	See / Meer
o Mar Mediterrâneo	das Mittelmeer
o Mar Báltico	die Ostsee
mar interior / fechado	Binnenmeer
alto mar – no alto mar	hohe / offene See – auf hoher See
mar bravo / agitado	stürmische See
marinho / **marítimo** / **naval**	Meer- / See-
sal marinho	Meersalz
viagem marítima	Seereise
forças navais	Seestreitkräfte
as marés	die Gezeiten
maré *f* **baixa** / **maré vazia** / **baixa-mar** *f*	Ebbe
maré alta / **maré cheia** / **preia-mar** *f* / B. *auch* **preamar** *f*	Flut
corrente *f* **marítima**	(Meeres-)Strömung
marinheiro *m*	Seemann
fundo *m* **do mar**	Meeresboden
oceano *m*	Ozean / Meer
o Oceano Atlântico / Pacífico / Índico	der Atlantische / Pazifische / Indische Ozean
estreito *m*	Meerenge
o Estreito de Gibraltar	die Straße von Gibraltar
golfo *m*	Golf; Meerbusen
o Golfo Pérsico	der Persische Golf
costa *f* – **litoral** *m* / **faixa** *f* **costeira** / **orla** *f* **marítima**	die Küste – der Küstenstrich
península *f*	Halbinsel
a Península Ibérica	die Iberische Halbinsel
ilha *f* – **ilhéu** *m* – **ilhota** *f*	Insel – Felseninsel – kleine Insel
terra *f* **firme**	Festland
baía *f*	Bucht
cabo *m* / **promontório** *m*	Kap
o Cabo da Boa Esperança	das Kap der Guten Hoffnung
falésia *f*	Steilküste
recife *m*	Riff
língua *f* **de terra** P./B. **restinga** *f*	Landzunge
praia *f*	Strand
porto *m*	Hafen(stadt)

porto marítimo / fluvial	See- / Flusshafen
cais *m* / **docas** *f*	Hafenanlagen
lago *m* – **lagoa** *f*	See – Lagune; kleiner See
albufeira *f* / **barragem** *f* – **represa** *f*	Stausee – Wehr
tanque *m* – **viveiro** *m* (de peixes)	Teich / Weiher – Fischteich
rio *m* – **ribeira** *f* / **ribeiro** *m* / **riacho** *m* / **regato** *m*	Fluss – Bach
o Reno / o Danúbio	der Rhein / die Donau
O rio corre por uma planície.	Der Fluss fließt durch eine Ebene.
fluvial	Fluss-
afluente *m*	Nebenfluss
braço do rio P./B. **igarapé** *m*	Flussarm; schmaler (*natürlicher*) Kanal
nascente *f* / **fonte** *f*	Quelle
A nascente do Mondego é na Serra da Estrela.	Die Quelle des Mondegos liegt im Estrela-Gebirge.
fonte termal	Thermalquelle
corrente *f*	die Strömung
nadar contra a corrente	gegen den Strom schwimmen
bacia *f* **fluvial**	Flussbecken
a Bacia do Rio Amazonas	das Amazonasbecken
caudal *m*	Wassermenge
curso *m* **do rio**	Flusslauf
zona *f* **navegável**	Fahrrinne
leito *m* **(do rio)**	(Fluss-)Bett
desaguar / **desembocar**	münden
delta *m*	Delta
foz *f* / **estuário** *m* / **desembocadura** *f*	(*Fluss*) Mündung
ria *f*	Flussarm; Haff; Wattenmeer

Ria f sind fjordähnliche, vom Meer überflutete und den Gezeiten ausgesetzte Mündungstäler von Flüssen. Berühmt sind in Nordportugal die *Ria de Aveiro* und in Südportugal die *Ria de Tavira*.

mangue *m* B.	Mangroven – Mangrovenwald
margem *f*	Fluss- / Seeufer
nas P./B. às margens do Tejo	an den Ufern des Tejos
beira *f* do mar / de um lago / rio	Meeres- / See- / Flussufer
à beira rio / mar	am Fluss / Meer
canal *m*	Kanal
o Canal do Suez	der Suezkanal
queda *f* **de água**	Wasserfall
catarata *f* – **cascata** *f* / **cachoeira**	(großer) Wasserfall – (kleiner) Wasserfall
Cataratas do Iguaçu	die Iguaçu-Fälle
iceberg *m*	Eisberg

A paisagem
Die Landschaft

→ 14.4 Mares, lagos, rios
→ 14.6 A agricultura, 15.1 Animais, 15.2 Plantas

Seco o monte, seca a fonte.

paisagem *f* – **paisagístico**	Landschaft – landschaftlich
a prote(c)ção da paisagem	der Landschaftsschutz
uma paisagem montanhosa	eine hügelige Landschaft
a beleza paisagística do Nordeste	die landschaftliche Schönheit des Nordostens
zonas *f* **rurais**	ländliche Gegenden
aldeia *f* – **lugar** *m*	Dorf – kleines Dorf
província *f*	Provinz
campo *m*	Land
viver no campo / na província	auf dem Land leben
pastagem *f*	Weide
planície *f* / **planura** *f*	Ebene / Flachland
pampa *m f*	Pampa
prado *m* / P. *auch* **lameiro** *m*	Wiese
pradaria *f*	Grasland / Prärie
pastagem *f* / **pasto** *m*	Weideland
terra *f*	Boden; Erde; Land
terreno *m*	Gelände / Terrain
terra / terreno de cultivo	Ackerland
terreno baldio / terra inculta	brachliegendes Grundstück / Ödland
terreno acidentado – montanhoso	unebenes – bergiges Gelände
vinha *f* – **videira** *f*	Weinberg – Weinstock
relevo *m*	(*geographisches*) Relief
mapa em relevo	Reliefkarte
colina *f* / **cabeço** *m* / **morro** *m*	Hügel
montanha *f* – **montanhas** *f pl*	(*hoher*) Berg – Gebirge
serra *f*	Gebirgszug
cadeia *f* **de montanhas** / **cordilheira** *f*	Gebirgskette
monte *m* – **vale** *m*	Berg – Tal
vales escarpados / estreitos	steile / schmale Täler
cume *f* / **cimo** *m* / **pico** *m*	(Berg-)Gipfel
encosta *f* / **vertente** *f* / **ladeira** *f*	Bergseite; Hang
encosta íngreme – suave	steiler – sanfter Hang
falda *f* / **sopé** *m* **da serra**	Fuß des Berges
falésia *f*	Felswand (*am Meer*); Steilküste
os **Alpes**	die Alpen
canhão *m* / B. *auch* **cânion** *m*	Schlucht / enges, tiefes Tal / Canyon
desfiladeiro *m* / **barranco** *m* /	Schlucht
garganta *f* **caverna** *f* / **cova** *f*	Höhle

gruta *f*	Grotte
mina *f* **de ouro** / **de água**	(Gold-)Mine / Wasserquelle
planalto *m* – **planície** *f*	Hochebene / Plateau – (Tief-)Ebene
chapada *f*	Hochebene
Chapada dos Guimarães B.	Guimarães-Hochebene
deserto *m* – **estepe** *f*	Wüste – Steppe
região *f* **(h)úmida**	Feuchtgebiet
pântano *m* / **brejo** *m*	Moor / Sumpf
terreno pantanoso	Moorboden
a região do Pantanal B.	das Pantanal-Gebiet
charneca *f* – **urze** *f*	Heide – Heidekraut
arbusto *m* / **moita**	Strauch / Busch
uma região desarborizada em que crescem pequenos arbustos e urze	eine baumlose Gegend, in der niedrige Sträucher und Heidekraut wachsen
mata *f* / **matagal** *m*	Büsche; Gebüsch
cerrado *m* B.	Savanne / Steppe (Minas, Goiás, Bahia)
caatinga *f* B.	Buschwald (*Vegetation der trockenen Region des Nordostens Brasiliens)*
floresta *f* – **bosque** *m*	(*größerer*) Wald – (*kleinerer*) Wald
rico em floresta – arborizado	waldreich – bewaldet
uma floresta cerrada / densa	ein dichter Wald
regiões / áreas florestais	große Waldgebiete
a Floresta Negra	der Schwarzwald
Fomos passear pela/na floresta.	Wir gingen im Wald spazieren.
floresta / mata (virgem)	(Ur-)Wald
a floresta tropical	der Regenwald
arvoredo *m*	Wäldchen
clareira *f*	Lichtung
selva *f*	Dschungel / Urwald
a selva amazónica [amazônica]	Amazonas-Urwald
região *f* **despovoada** / **inculta**	Wildnis
parque *m*	Park
parque nacional	(*geschützter*) Nationalpark
reserva *f* **natural**	Naturschutzgebiet
parque periférico P./B. **cinturão verde**	Grüngürtel (*um die Städte*)
costa *f* / **litoral** *m*	Küste
praia *f* – **praia** de areia	Strand – Sandstrand
dunas *f* (de areia)	(Sand-)Dünen

A agricultura
Die Welt der Landwirtschaft

→ 14.5 A paisagem, 15.1 Animais, 15.2 Plantas

Terra com sede, criação com fome.

terra *f* **cultivável** / **terra de lavoura**	Kulturland; Ackerland
agricultura *f* / **lavoura** *f* –	Landwirtschaft
agricultura de subsistência	Subsistenzlandwirtschaft
agrícola	landwirtschaftlich – Landwirtschafts-
produtos agrícolas	landwirtschaftliche Erzeugnisse
agricultor/-a / **lavrador/-a**	Landwirt/-in
camponês/-a – **rural** / **campestre**	Bauer / Bäuerin – ländlich; bäuerlich
trabalhador/-a rural	Landarbeiter/-in
obreiro/-a / **jornaleiro/-a** / B. *auch* **peão/peoa**	Tagelöhner/-in
agro-indústria *f* [agroindustria]	Agroindustrie

In Brasilien fing in den 70er-Jahren im Laufe der Modernisierung der Landwirtschaft der Prozess der Verdrängung der Landarbeiter an. Viele zogen in die Großstädte um, aber tausende von Landarbeitern fanden an der Peripherie der mittelgroßen Städte eine Bleibe. Nun pendeln sie während der Erntezeit (Zuckerrohr, Orangen, Kaffee) zu den Plantagen, um dort zu arbeiten. Weil sie zu Mittag ihre mitgebrachte *bóia* f (= Essen) kalt essen, werden sie *bóia-fria* m f genannt.

casa *f* **rural**	Farmhaus; Bauernhaus; Gutshaus
quinta *f* / **herdade** *f* P.	landwirtschaftlicher Betrieb
chácara *f* B.	kleines (*ländliches*) Grundstück in Stadtnähe
sítio *m* B.	kleiner Landsitz; Farm; Bauernhof
nerdale *f* P./B. **fazenda** *f*	(große) Farm / (große) Länderei
latifúndio *m*	Großgrundbesitz / Latifundium
minifúndio *m*	Kleinbetrieb / Minifundium
terra *f* – **solo** *m*	Erde – Boden
terra / solo fértil – pobre	fruchtbare – karge Böden
terra de cultivo / terrade de lavradio	Ackerland
horta *f*	(*großer*) Gemüsegarten; (*bewässertes*) Obst- und Gemüseland
campo *m*	Feld; Acker; Weide; Wiese
um campo de pousio / inculto	brachliegendes Feld / Brache
pasto(s) *m* / **pastagem** *f* / **prado** *m*	Weide(land)
gado bovino	Rinder(herden)
cultura *f* / **cultivo** *m* / **plantação** *f*	(An-)Bau; Bodenbewirtschaftung
cultura *f*	Feldfrucht

métodos de cultivo / técnicas agrícolas	Anbaumethoden
cultura de cereais / hortaliças	Getreide- / Gemüseanbau
cultura intensiva – extensiva	intensive – extensive Landwirtschaft
cultura alternada	wechselnde Fruchtfolge
roçar (-ço; ça > -ce) – **roça** *f* / **roçado** *m* B.	(aus-)roden – kleiner Acker(bau); Feld
roça de mandioca / milho / de feijão	Maniok- / Mais- / Bohnenfeld
regar (-go; -ga > -gue) / **irrigar** (-go; -ga > -gue)	bewässern
rega *f* / **irrigação** *f* / **regadio** *m*	Bewässerung
terras de regadio	Bewässerungsland
terra de regadio *m*	Rieselfeld
sistema de irrigação / regadio	Bewässerungsystem
cultura *f* de **sequeiro**	Trockenanbau
esterco *m* / **estrume** *m*	Mist / (*natürlicher*) Dünger
adubo *m* / **fertilizante** *m*	Dünger
adubo vegetal / animal	pflanzlicher / tierischer Dünger
fertilizante químico	(Kunst-)Dünger
adubar / **fertilizar** / **estrumar**	düngen
pesticida *m* – **inse(c)ticida** *m*	Pestizid – Insektizid
ervas *f* **daninhas**	Unkraut
herbicida *m*	Unkrautbekämpfungsmittel
vinicultura *f* – **vinicultor/-a**	Weinbau – Weinbauer/-in
vinha *f*	Weinberg
vindima *f* – **vindimar**	Weinlese – (*Weintrauben*) lesen
cultivar	kultivieren; bebauen; bestellen; anbauen
No Alentejo cultiva-se trigo.	In Alentejo wird Weizen angebaut.
plantar – **plantação** *f* – **planta** *f*	(an-/be-)pflanzen – Pflanzung / Plantage – Pflanze
plantar trigo / cevada / centeio / milho / feijão	Weizen / Gerste / Roggen / Mais / Bohnen anbauen
uma plantação de café / açúcar / tabaco / laranjas	eine Kaffee- / Zucker- / Tabak- Orangenplantage
semear (irr.) – **sementeira** *f* **semeadura** *f* – **semente** *f*	säen – Saat – Samen; Saatgut
grão *m* – **cereal** *m*	Korn – Getreide
colher / **apanhar** – **colheita** *f* / **apanha** *f*	ernten – Ernte
má(s) colheita(s)	Missernte(n)
O uso de pesticidas aumentou o rendimento das colheitas.	Der Einsatz von Pestiziden hat die Ernteerträge erhöht.
ceifa *f*	Getreideernte
ceifar – **ceifeiro/-a**	mähen – Mäher/-in
crescer (-ço; -ça > -ce; -ci)	wachsen
Aqui não cresce arroz.	Reis gedeiht hier nicht.
criação *f* **(industrial)**	(Massen-)Tierhaltung

criar galinhas / porcos	Hühner / Schweine züchten / aufziehen
exploração leiteira P./B. granja leiteira	Milchviehhaltung
exploração avícola P./B. granja avícola	Geflügelfarm
exploração *f* **pecuária** / **de gado** P./B. **fazenda de criação de gado**	auf Viehzucht spezialisierter (Groß-)Betrieb
aquicultura *f* [aqüicultura]	Wassertier-/Wasserpflanzenzucht
viveiro *m* **de marisco**	Schalentierzucht
piscicultura *f*	Fischzucht
avicultura *f* – **avicultor**/**-a**	Geflügelzucht – Geflügelzüchter/-in
capoeira *f* / **galinheiro** *m*	Hühner- / Geflügelhof
pecuária *f* / **criação** *f* **de gado**	Viehzucht
ganadaria *f* P.	Kampfstierzucht
gado *m* – **vaca** *f*	Vieh; Viehbestand – Kuh
Há muitas quintas que criam gado.	Viele Farmen betreiben Viehzucht.
gado bovino / suíno / ovino	Rind(-vieh) / Schweine / Schafe
ordenhar uma vaca	eine Kuh melken
vacas leiteiras	Milchkühe
a doença das vacas loucas	Rinderwahnsinn
pastoreio *m* /	Weide / Weiden
pastor/**-a**	Schafhirte / -hirtin / Schäfer/-in
vara *f*	Schweineherde
rebanho *m* de cabras / ovelhas	Ziegenherde / Schafherde
ração *f*	Viehfutter
forragem *f*	Vieh- / Pferdefutter (*besonders Grünfutter*)
O milho é utilizado como ração.	Mais wird als Viehfutter verwendet.
feno *m* – **meda** *f* **de feno**	Heu – Heuschober; Heuhaufen
palha *f* – **palheiro** *m*	Stroh – Scheune
celeiro *m* / B. *auch* **paiol** *m* (de milho)	Kornspeicher; Scheune
estábulo *m* – **cavalariça** *f* – **pocilga** *f*	(Kuh-)Stall – Pferdestall – Schweinestall
loja *f* / **barracão** *m*	(Geräte-)Schuppen
manjedoura *f*	Futtertrog
bebedouro *m*	(Vieh-)Tränke
presépio *m*	(*biblisch*) (Futter-)Krippe
estufa *f*	Gewächshaus
silo *m* – **silagem** *f*	Silo – Silage
alfaias *f* / **máquinas** *f* **agrícolas**	Landmaschinen
arado *m* – **arar** / **lavrar**	Pflug – (be-)ackern / pflügen
ceifeira *f* – **debulhadora** *f*	Mäh- / Dreschmaschine
ceifeira-debulhadora *f*	Mähdrescher
colheitadeira *f* B. / **colhedeira** *f* B.	Erntemaschine
tra(c)tor *m*	Traktor

***Expressões idiomáticas „agrícolas"* (= Idiomatische Ausdrücke aus dem ländlichen Bereich)**

*Como se **semeia**, assim se **colhe**.* (= Wie die Saat, so die Ernte.) • *Quem **semeia** ventos **colhe** tempestades.* (= Wer Wind sät, wird Sturm ernten.) • *à mão de **semear*** P. (= in der Nähe) • *mandar **plantar** batatas* (= zum Teufel schicken) • ***Erva daninha** não a cresta a geada.* (= Unkraut vergeht nicht.) • *É como procurar agulha em **palheiro**.* (= Es ist, wie wenn man eine Stecknadel im Heuhaufen sucht.) • *Tens que tomar o **touro** pelos cornos.* (= Du musst den Stier bei den Hörnern packen.) • *Agora vem o tempo das **vacas** magras / gordas.* (= Jetzt kommen die mageren / fetten Jahre.) • *A **cavalo** dado, não se olha os dentes.* (= Einem geschenkten Gaul schaut man nicht ins Maul.) • *Venderam-me **gato** por lebre.* (= Man hat mir eine Katze als Hasen verkauft; d.h.: man hat mich beim Kauf betrogen.) • *Sou a **ovelha** negra da família.* (= Ich bin das schwarze Schaf der Familie.) • *Aí é que a **porca** torce o rabo* (= Da liegt der Hase im Pfeffer.)

„O filho do patrão é ecologista."

A cidade
Die Stadt

→ 5.1 Apartamentos e casas, 6.1 Comunidades, 7.1 Escassez de moradias, 19.5 Transportes públicos

Ir à cidade só por necessidade.

população *f*	Bevölkerung / Einwohnerschaft
povoado *m*	Ortschaft
aldeia *f*	Dorf
metrópole *f* – **metropolitano**	Metropole – großstädtisch
cidade *f* – **urbano** / **municipal**	Stadt – städtisch; Stadt-
a cidade de São Paulo	die Stadt São Paulo / São Paulo-Stadt
a cidade e os seus habitantes	die Stadt und ihre Bewohner
estar na cidade / fora da cidade	in / außerhalb der Stadt sein
uma cidade de província	eine Provinzstadt
uma cidade industrial	eine Industriestadt
cidade satélite – cidade dormitório	Trabantenstadt – Schlafstadt
a minha cidade natal	meine Geburtsstadt
dentro dos limites da cidade	innerhalb der Stadtgrenzen
a planta da cidade	der Stadtplan
capital *f* – **vila** *f*	Hauptstadt – (Klein-)Stadt / Städtchen

Im Gegensatz zu *cidade* bezeichnet *vila* in der Regel eine kleinere Stadt (*uma pequena vila* = eine Kleinstadt). Ursprünglich war *uma vila* eine Siedlung, die aufgrund ihrer Größe oder Wichtigkeit Sonderrechte und bestimmte Privilegien gegenüber anderen kleineren oder nicht so bedeutenden Siedlungen hatte. Die *cidade* besaß noch mehr Privilegien im Vergleich zur *vila*. Die Bezeichnungen stammen aus der Zeit der *Reconquista* f (= Wiedereroberung, 8. bis 15. Jahrhundert) und der entsprechenden Wiederbevölkerung von verwüsteten Gebieten. Frühere Städte sind jedoch heute Kleinstädte, und manche *vilas* sind Großstädte geworden.

„Städtisch" im Sinn von zu bestimmten Städten gehörend = *municipal*; im Sinn von mit Städten allgemein zusammenhängend = *urbano*: *os parques / hospitais / teatros municipais* (= die städtischen Parks / Krankenhäuser / Theater) • *a administração municipal / municipalidade* (= die Stadtregierung / -verwaltung) • *eleições* f pl *municipais* (= Kommunalwahlen) • *jardim* m *municipal* (=Stadtgarten) • *vida* f *urbana* (= Leben in der Stadt) • *população* f *urbana* (= Stadtbevölkerung) • *urbanização* f (= Stadtplanung) • *desenvolvimento* m *urbano* (= Stadtentwicklung) • *renovação* f *urbana* (= Stadterneuerung) • *centro* m *urbano* (= Stadtzentrum) • *expansão* f *urbana* (= Stadterweiterung) • *área* f *urbana* (= Stadtgebiet)

centro *m* (da cidade)	Innenstadt
subúrbio *m*	Vorort

nos **arredores** de Lisboa	am Stadtrand von Lissabon
estabelecer-se na **periferia**	sich an der Peripherie ansiedeln
bairro *m* – **bairro residencial**	Stadtviertel – Wohnviertel
bairro de lata P./B. **favela** *f*	Slum
bairro económico P./B. bairro popular	Siedlung
zona *f* (industrial)	(Industrie-)Gebiet / Zone
na zona do centro	im Innenstadtbereich
zona B.	Rotlichtviertel
zona nobre	gehobenes Wohnviertel
uma zona / uma área urbana decadente	ein heruntergekommenesStadtgebiet
urbanização *f*	Urbanisierung; Siedlung
avenida *f* – **praça** *f* / **largo** *m* – **passeio** *m*	Allee – Platz – Promenade

Unterschied zwischen rua und estrada

Ruas befinden in der Stadt zwischen den Häusern. Sie haben Bürgersteige (= *passeios* m), Geschäfte usw.: *Moramos na Rua do Sol. Estradas* sind Landstraßen: *a estrada para Faro* (= die Straße nach Faro). Viele *estradas*, die ursprünglich Orten verbanden, befinden sich heute infolge des Wachstums der Städte mitten in der Stadt.

travessa *f* / **viela** *f* / **beco** *m*	Gasse
beco sem saída	Sackgasse
município *m*	Gemeinde / Stadtgemeinde
reunião da câmara *m* **municipal**	Stadtrat / Gemeinderat
assembleia *m* **municipal** P./B. **câmara** *f* **dos vereadores**	Stadtverordnetenversammlung
câmara *f* **municipal** P./B. **prefeitura** *f*	Rathaus; Stadtverwaltung
presidente *m f* **da câmara** P./B. **prefeito**	Bürgermeister/-in
vereador/-a	Gemeinderat(smitglied) / Stadtrat(smitglied)
freguesia *f* P.	(*Verwaltung*) Stadtteil / Stadtbezirk
serviços *m pl*	Dienste; Einrichtungen
serviços públicos	öffentliche Dienste
serviços culturais / médicos	kulturelle / medizinische Einrichtungen
melhorar as **condições de vida** nas cidades	die Lebensbedingungen in den Städten verbessern
cidadão/-ã	Städter/-in; Bürger/-in
residir / **morar**	wohnen
residente *m f*	wohnhaft – Ansässige/-r
morador/-a	(Haus-)Bewohner/-in / Anwohner/-in
habitante *m f*	Bewohner/-in / Einwohner/-in
vizinho/-a – **vizinhança** *f*	Nachbar/-in – Nachbarschaft

O meio ambiente
Die Umwelt

A natureza criou os prazeres, o homem criou os excessos.

meio *m* **ambiente**	Umwelt
poluição do (meio) ambiente	Umweltverschmutzung
prote(c)ção / defesa do (meio) ambiente	Umweltschutz
Você também pode ajudar a proteger o meio ambiente.	Auch Sie können zum Umweltschutz beitragen.
educação *f* **ambiental**	Umweltschutzerziehung
investigação *f* **ambiental**	Umweltschutzforschung
ecologia *f*	Ökologie
ecologismo *m* – **ecologista** *m f* / P. *auch* ambientalista *m f*	Umweltschutz – Umweltschützer/-in; (*Politik*) Grüne/-r
ecológico	Umwelt-; umweltfreundlich; ökologisch
equilíbrio ecológico	ökologisches Gleichgewicht
problemas / desastres ecológicos	Umweltprobleme / -katastrophen
consciência ecológica	Umweltbewusstsein
organizações ecologistas / ambientalistas como a Greenpeace	Umweltorganisationen wie etwa Greenpeace
ecossistema *m*	Ökosystem
verde *m f*	grün; zu einer grünen Partei gehörig

Verben zum Thema „Umweltschutz"
preservar (= erhalten) • *conservar* (= erhalten) • *educar* (= erziehen) • *respeitar* (= achten) • *valorizar* (= aufwerten) • *proteger* (= schützen) • *salvar* (= retten) • *salvaguardar* (= beschützen)

recursos *m pl* **naturais**	natürliche Ressourcen
flora *f* / **vegetação** *f*	Flora / Vegetation
floresta *f* – **floresta virgem** / **selva** *f*	Wald – Ur- / Regenwald
desflorestamento *m* / B. *auch* **desmatamento** *m*	Entwaldung
deserto *m* – **desértico**	Wüste – wüstenartig
fauna *f*	Fauna
reserva *f* / **área** *f* **protegida**	Reservat / Schutzgebiet
parque *m* **nacional**	Nationalpark
uma **espécie em perigo de extinção**	eine vom Aussterben bedrohte Art
a prote(c)ção das espécies	der Artenschutz
poluição *f*	Verschmutzung
a poluição do ar / da água / do solo	die Luft- / Wasser- / Bodenverschmutzung
a poluição radioa(c)tiva	die radioaktive Verseuchung

a poluição sonora	die Lärmbelästigung
poluidor / **poluente** – **não poluidor**	verseuchend / umweltschädlich – umweltfreundlich
substâncias prejudiciais / nocivas poluidoras / agentes poluidores	Schadstoffe
lixo *m* – **detritos** *m* / **desperdícios** *m*	Müll – Abfälle
serviço *m* de recolha do lixo P./B. serviço público de limpeza	Müllabfuhr
lixo doméstico – lixo industrial	Hausmüll – Gewerbemüll
saco *m* de lixo – **lata** *f* de lixo / **caixote** *m* de lixo P.	Müllbeutel – Mülleimer
incineração de lixo	Müllverbrennung
depósito *m* de lixo	Mülldeponie / Müllkippe
resíduo *m*	Abfall
resíduos industriais	Gewerbeabfälle
resíduos perigosos / tóxicos / nucleares	Sonder- / Gift- / Atommüll
remoção / destruição de resíduos	Abfallbeseitigung / -entsorgung
despejar – **despejo** *m*	abladen / abkippen – (das) Abladen
o despejo de resíduos nucleares no mar / oceano	die Versenkung von radioaktivem Müll im Meer / Ozean
vazamento *m* / **derrame** *m* **de petróleo**	das Auslaufen von Öl
alteração *f* / **mudança** *f* **climática**	Klimaveränderung
aquecimento *m* (da Terra)	Temperaturanstieg (auf der Erde)
ozono *m* / **ozónio** [ozônio] *m*	Ozon
camada *f* de ozono	Ozonschicht
buraco *m* de ozônio	Ozonloch
os **clorofluorcarbonetos** (CFC) / os **aeorossóis**	die Fluorchlorkohlenwasserstoffe (FCKW)
o efeito de estufa P./B. **o efeito estufa**	der Treibhauseffekt
dióxido *m* / **bióxido** *m* **de carbono**	Kohlendioxid
energia *f* **solar** / **nuclear** / **atómica** [atômica]	Sonnen- / Kern- / Atomenergie
contaminação radioa(c)tiva	radioaktive Verseuchung
chuva *f* **ácida**	saurer Regen
combustível *m* **fóssil**	fossile Brennstoffe
recursos *m pl* **energéticos**	Energieträger
reciclar	recyclen / wieder verwerten
reciclagem *f*	Wiederverwertung / Recycling
papel reciclado	Recyclingpapier
gasolina *f* **sem chumbo**	bleifreies Benzin
garrafa(s) *f* **com depósito** / **com vasilhame**	Mehrwegflasche(n)
garrafa descartável	Einwegflasche
embalagem *f*	Verpackung

14

9 Tempo e clima
Wetter und Klima

Depois da tempestade vem a bonança.

tempo *m*	Wetter
Como está o tempo hoje?	Wie ist denn das Wetter heute?
bom – mau tempo	schönes – schlechtes Wetter
um tempo horrível	ein furchtbares Wetter
dia maravilhoso / cheio de sol	ein wunderschöner / sonniger Tag
melhoria *f* do tempo	Aufheiterung
sol *m* – **raio** *m* **de sol**	Sonne – Sonnenschein
quente – **calor** *m*	heiß – Hitze
uma **frente** de ar quente e (h)úmido	eine feuchtwarme Luftfront
quente para a época do ano	warm für die Jahreszeit
uma onda de calor	eine Hitzewelle
Parece que começa a fazer mais calor.	Es scheint wärmer zu werden.
Tenho calor. / Estou com calor.	Es ist mir heiß.
frio *m*	Kälte – kalt
Tenho frio. / Estou com frio.	Es ist mir kalt.
Hoje está um frio de rachar / cortar.	Es ist heute eine schneidende Kälte.
uma **frente** fria / quente	eine Kaltluft- / Warmluftfront
ameno – **temperado**	mild – lauwarm
(h)umidade *f* – **(h)úmido/-a**	(Luft-)Feuchtigkeit – feucht; nass
seca *f* – **seco/-a**	Trockenheit / Dürre(periode) – trocken
calor *m* **sufocante** – **abafadiço** / **abafado**	Schwüle – schwül / drückend heiß
Hoje está muito abafado.	Es ist heute ziemlich drückend.
arrefecer (-ço; -ça > -ce; -ci) P./B. **esfriar**	kühl werden / abkühlen
fresco	kühl / frisch
As noites são frescas.	Die Abende sind kühl.
gelar / **congelar**	frieren
Faz um frio de gelar.	Es ist eiskalt.
O chão congelou.	Der Boden ist gefroren.
geada *f*	Frost – Raureif
Parece que vai cair geada.	Es gibt wahrscheinlich Frost.
orvalho *m*	Tau
inverno **suave** / **rigoroso**	milder / strenger Winter
Instituto *m* **de Meteorologia**	Wetteramt
mapa *m* **meteorológico**	Wetterkarte
boletim *m* **meteorológico**	Wetterbericht
previsão *f* **do tempo** (para amanhã)	die Wettervorhersage (für morgen)
termómetro [termômetro] *m*	Thermometer
temperaturas *f* **médias**	Durchschnittstemperaturen
temperatura **máxima** – **mínima**	höchste – niedrigste Temperatur

acima – abaixo de **zero**	über – unter null
acima – abaixo do **ponto** *m* **de congelação**	über – unter dem Gefrierpunkt
subida *f* – **descida da temperatura**	Temperaturanstieg – -rückgang
escala *f* **Celsius** / **Fahrenheit**	Celsius- / Fahrenheit-Gradeinteilung
nublar(-se) / **anuviar(-se)** – **nuvem** *f*	sich bewölken – Wolke
um céu sem nuvens	ein wolkenloser Himmel
O dia ficou nublado.	Der Himmel hat sich bewölkt.
nebulosidade *f*	Bewölkung; Wolkenbildung
nublado – **encoberto** / **tapado**	bewölkt / wolkig – bedeckt
O tempo continua nublado.	Es wird bewölkt bleiben.
O céu está encoberto.	Der Himmel ist bedeckt.
nevoeiro *m* / **névoa** *f* – **enevoado**	Nebel – neb(e)lig
nevoeiro cerrado	dichter Nebel
neblina *f* / **nebulosidade** *f*	Dunst
smog *m*	Smog
claro / **límpido** – **limpo de nuvens**	heiter – wolkenlos
precipitação *f*	Niederschlag
chover – **chuva** *f* – **chuvoso**	regnen – Regen – regnerisch
chuva fraca – torrencial	leichter – wolkenbruchartiger Regen
Chove a cântaros / a potes.	Es gießt in Strömen.
tempo chuvoso	regnerisches Wetter / Regenwetter
aguaceiro / B. *auch* **pancadas** *f* **de chuva**	Regenschauer / -guss; Wolkenbruch
aguaceiros isolados	vereinzelte Regenschauer
chuviscar / B. *auch* **garoar**	nieseln
chuvisco *m* / B. *auch* **garoa** *f*	Nieselregen / Sprühregen
pluviómetro [pluviômetro] *m*	Pluviometer / Niederschlagsmesser
nevar – **neve** *f*	schneien – Schnee
granizo *m* / B. *auch* **chuva de pedra**	Hagel
cair (irr.) **granizo**	hageln
vento *m* – **ventoso**	Wind – windig
vento sul / norte / de Leste / de Oeste	Süd- / Nord- / Ost- / Westwind
vento fraco / moderado / forte	schwacher / mäßiger / starker Wind
vento quente / seco / (h)úmido	warmer / trockener / feuchter Wind
uma **brisa** suave / fresca	eine leichte / frische Brise
vendaval *m*	Sturm; starker Wind
temporal *m* – **trovoada** *f*	Unwetter – Gewitter
tempestade *f* / **tormenta** *f*	Sturm
aviso *m* / alarme *m* de tempestade	Sturmwarnung
trovão *m* – **relâmpago** *m* / **raio** *m*	Donner – Blitz / Wetterleuchten
trovejar – **relampejar**	donnern – blitzen
ser fulminado por um raio	von einem Blitz erschlagen werden
clima *m*	Klima
um clima temperado	ein gemäßigtes Klima
clima marítimo	See- / Meeresklima
clima continental – clima tropical	Kontinentalklima – tropisches Klima

14 10

Catástrofes naturais
Naturkatastrophen

Não lembra Santa Bárbara senão quando faz trovões.

catástrofes *f* **naturais**	Naturkatastrophen
zona de catástrofe	Katastrophengebiet
sismo *m* – **sismologia** *f*	Erdbeben – Erdbebenkunde
terramoto *m* / B. *m us* **terremoto** / **tremor** *m* **de terra**	Erdbeben
um terramoto / terremoto fraco – forte	ein kleineres – größeres Erdbeben
deslizamento *m* de terra(s)	Erdrutsch / Bergrutsch
epicentro *m*	Epizentrum
devastar / **destruir** – **devastador**	verwüsten – verheerend
uma **erupção** violenta do Vesúvio	ein gewaltiger Ausbruch des Vesuvs
lava *f*	Lava
A cidade ficou soterrada por uma espessa camada de lava e cinzas.	Die Stadt wurde unter einer dicken Lava- und Ascheschicht begraben.
vulcão *m* – **cratera** *f* (do vulcão)	Vulkan – Vulkankrater
avalancha *f*	Lawine
redemoinho *m* – **ciclone** *m*	Wirbelwind – Wirbelsturm
um ciclone violento	ein heftiger Wirbelsturm
tornado *m*	Tornado / Wirbelsturm
furacão *m*	Hurrikan / Orkan
O furacão provocou 500 mortes.	Der Hurrikan forderte 500 Todesopfer.
tufão *m*	Taifun
enchente *f* – **inundação** *f* / **cheia** *f*	Flut – Überschwemmung
perigo de inundações / cheias	Hochwassergefahr
prote(c)ção contra as inundações	Hochwasserschutz
zonas ameaçadas de inundação	hochwassergefährdete Gebiete
inundar	überfluten / überschwemmen
Uma extensa região ficou inundada.	Ein großes Gebiet wurde überflutet / überschwemmt.
o dilúvio (universal)	die Sintflut
maremoto *m*	Flutwelle
afogar(-se) (-go; -ga > -gue)	ertrinken
Centenas de pessoas morreram afogadas.	Hunderte von Menschen ertranken.
seca *f*	Dürre(periode)
um período de seca devastadora	eine verheerende Dürreperiode
praga *f* **de gafanhotos** *f*	Heuschreckenplage
fogo *m* – **incêndio** *m*	Feuer – Brand
um incêndio devastador	eine Brandkatastrophe
incêndios provocados por um raio	durch Blitzschlag verursachte Waldbrände

o **corpo de bombeiros** – os **bombeiros**	die Feuerwehr – die Feuerwehrleute
os **efeitos secundários** da catástrofe	die Nachwirkungen der Katastrophe
as **vítimas** de catástrofes naturais	die Opfer von Naturkatastrophen
A cidade X foi a mais afe(c)tada com 34 **vítimas** *f* **mortais**.	Die Stadt X war mit 34 Todesopfern am stärksten betroffen.
O **número de mortos** aumentou para 68.	Die Zahl der Todesopfer hat sich auf 68 erhöht.
perder (irr.) a vida	umkommen
Estima-se que 600 pessoas tenham perdido a vida.	Die Zahl der Todesopfer wird auf 600 geschätzt.
Segundo as estimativas, o número de **vítimas** é de 15.	Den Schätzungen zufolge gab es 15 Todesopfer.
salvar – **salvamento** *m*	bergen – Bergung
Os trabalhos de salvamento continuam.	Die Bergungsarbeiten dauern noch an.
corpo *m* / **equipa** [equipe] *f* **de salvamento** / B. *auch* **equipe** *f* **de socorro**	Rettungsmannschaft; Bergungskommando
ileso	unversehrt
Sobreviveram ilesos à catástrofe.	Sie überlebten die Katastrophe unversehrt.
Os danos materiais devem atingir dois milhões de euro.	Der Sachschaden wird auf zwei Millionen Euro geschätzt.
causar grandes danos *m*	große Verwüstungen anrichten
a **Cruz Vermelha**	das Rote Kreuz

„Que maravilha sentir o suave rumor das ondas!"

Seres vivos
Lebewesen

15
1

Animais
Tiere

→ 3.1 Alimentos, 14.6 A agricultura

Mais vale um pássaro na mão que dois a voar.

fauna *f*	Fauna
animal *m* / **bicho** *m*	Tier
animais domésticos – selvagens	zahme – wilde Tiere
crueldade para com os animais	Tierquälerei
sociedade prote(c)tora de animais	Tierschutzverein
prote(c)ção / defesa de animais	Tierschutz
o reino animal	das Tierreich
cobaia *f*	Versuchstier
fera *f* / **besta** *f*	Tier / Bestie
gado *m* / **cabeça** *f* (de gado) / **rês** *f*	Vieh
o homem e a besta / a fera	der Mensch und die Bestie
besta de carga	Lasttier
pele *f* / **pelo** *m*	Fell
um casaco de peles	ein Pelzmantel
O teu cão tem um pelo bonito.	Dein Hund hat ein schönes Fell.
pele *f*	Haut
cabedal *m* / **couro** *m*	Leder
um casaco de couro / P. *m us* de cabedal	eine Lederjacke
uma carteira de couro / P. *m us* de pele	eine Ledertasche
mamífero *m*	Säugetier
cria *f*	Wurf; Jungtier
animais domésticos	Haustiere
burro/**-a** / **asno**/**-a**	Esel/-in
Portei-me como um burro.	Ich habe mich wie ein Esel verhalten.
cão / **cadela** / B. *m us* **cachorro**/**-a**	Hund / Hündin
cachorro/-a P.	Welpe; Jungtier
cão de caça – cão de guarda	Jagdhund – Wachhund
cão de raça	Rassehund
matilha *f* (de cães)	Meute
pastor *m* **alemão**	deutscher Schäferhund
rafeiro *m* / B. **vira-lata** *m*	Köter; Bastard; Promenadenmischung
bode / **cabra** – **cabrito**/**-a**	Ziegenbock / Ziege – Zicklein
cavalo / **égua** – **potro**/**-a**	Pferd / Stute – Fohlen
gato/**-a**	Kater / Katze
hamster *m*	Hamster
mula *f*	Maulesel
carneiro / **ovelha** – **cordeiro**	Hammel / Schaf – Lamm
porco/**-a**	Schwein / Sau

porquinho da Índia	Meerschweinchen
vaca – **boi** – **vitelo/-a**	Kuh – Ochse – Kalb
caça *f* (grossa – miúda P./B. menor)	(Groß- – Nieder-)Wild; Jagd
coutada *f* / **reserva** *f* **de caça**	Jagdrevier
reserva *f* de animais selvagens	Wildreservat
castor *m*	Biberratte
coelho/-a	Kaninchen
corço/-a	Rehbock / Reh
doninha *f*	Wiesel
esquilo *m*	Eichhörnchen
javali *m*	Wildschwein
lebre *f*	Hase
lince *m*	Luchs
lobo/-a	Wolf / Wölfin
marmota *f*	Murmeltier
morcego *m*	Fledermaus
ouriço-cacheiro *m*	Igel
raposo/-a	Fuchs / Füchsin
ratazana *f*	Ratte
rato *m*	Maus
texugo *m*	Dachs
toupeira *f*	Maulwurf
urso/-a	Bär/-in
urso pardo / polar	Braun- / Eisbär
veado / **cerva**	Hirsch / Hirschkuh
chacal *m*	Schakal
canguru *m*	Känguru
camelo *m*	Kamel
capivara *f* B.	Wasserschwein (*ein großes Nagetier*)
crocodilo *m*	Krokodil
dromedário *m*	Dromedar
elefante *m*	Elefant
girafa *f*	Giraffe
hipopótamo *m*	Nilpferd
jacaré *m*	Kaiman / Krokodil
lama *m* / **hama** *m f*	Lama
leão / **leoa**	Löwe / Löwin
leopardo *m*	Leopard
macaco/-a	Affe / Äffin
antropóide *m*	Menschenaffe
chimpanzé *m*	Schimpanse
orangotango *m* – gorila *m*	Orang-Utan – Gorilla
mico *m* (mico-leão) B.	*ein kleiner Affe*
onça *f*	(*brasilianischer*) Jaguar
pantera *f*	Panther
rinoceronte *m*	Nashorn
tigre / **tigresa**	Tiger/-in
zebra *f*	Zebra

ave *f*	Vogel; Geflügel
aves aquáticas	Wasservögel
aves cantoras	Singvögel
aves migratórias	Zugvögel
aves de rapina / aves predadoras	Raubvögel
pássaro *m*	Vogel
asa *f*	Flügel
bico *m*	Schnabel
pata *f*	Pfote; Klaue
pena *f*	Feder
coruja *f*	Eule
As corujas têm patas fortes, garras afiadas e penas macias.	Eulen haben kräftige Klauen, scharfe Krallen und weiche Federn.
ninho *m*	Nest
abelheiro *m*	Meise
açor *m*	Habicht
andorinha *f*	Schwalbe
águia *f*	Adler
arara *f*	Ara
avestruz *m*	Strauß
beija-flor *m* / **colibri** *m*	Kolibri
canário *m*	Kanarienvogel
cacatua *f*	Kakadu
cegonha *f*	Storch
cisne *m*	Schwan
codorniz *f*	Wachtel
corvo *m*	Rabe
cotovia *f*	Lerche
falcão *m*	Wanderfalke
gaivão *m*	Mauersegler
gaivota *f*	Möwe
ganso/-a	Gänserich / Gans
garça *f*	Reiher
gavião *m*	Sperber
gralha *f*	Krähe
joão-de-barro *m* B.	*ein kleiner Vogel, der sein Nest aus Lehm baut*
melro *m*	Amsel
papagaio *m* / **louro** *m*	Papagei
pardal *m*	Sperling / Spatz
pato/-a	Enterich / Ente
pelicano *m*	Pelikan
perdiz *f*	Rebhuhn
periquito *m*	Wellensittich
peru *m*	Truthahn
picapau *m*	Specht
pinguim *m* [pingüim]	Pinguin
pintassilgo *m*	Stieglitz

pomba *f*	Taube
rola *f*	Turteltaube
rouxinol *m*	Nachtigall
tordo *m* P./B. **sabiá** *m*	Singdrossel
tucano *m*	Tukan
peixe *m*	Fisch
barbatana *f*	Flosse
escama *f*	Schuppe
baleia *f*	Wal(fisch)
cachalote *m*	Pottwal
cavalo *m* **marinho**	Seepferdchen
golfinho *m* / **delfim** *m*	Delphin
peixe *m* **dourado**	Goldfisch
tubarão *m*	Hai(fisch)
foca *f*	Seehund
morsa *f* / B. *auch* **vaca-marinha** *f*	Polarmeerwalross
estrela *f* **do mar**	Seestern
cágado *m*	Schildkröte (*lebt auf dem Land und im Süßwasser*)
tartaruga *f* / **marinha**	Land- / Wasserschildkröte
réptil *m*	Reptil / Kriechtier
camaleão *m*	Chamäleon
cobra *f* / **serpente** *f*	Schlange
crocodilo *m*	Krokodil
lagartixa *f*	Mauereidechse
lagarto *m*	Eidechse
osga *f*	Gecko
salamandra *f*	Salamander
víbora *f*	Viper
escorpião *m* / **lacrau** *m*	Skorpion
inse(c)to *m*	Insekt
abelha *f*	Biene
aranha *f*	Spinne
barata *f*	Küchenschabe / Kakerlake
besouro *m*	Maikäfer
borboleta *f*	Schmetterling
carraça *f* P./B. **carrapato** *m*	Zecke
cigarra *f*	Zikade
escaravelho *m*	Käfer
escaravelho da batata	(Kartoffel-)Käfer
formiga *f*	Ameise
grilo *m*	Grille
joaninha *f*	Marienkäfer
libélula *f*	Libelle
louva-a-deus *m*	Gottesanbeterin / Fangheuschrecke
melga *f* P./B. **pernilongo** *m* / **muriçoca** *f*	Schnake
picada de melga / de pernilongo	Mückenstich

mosca *f* / B. *auch* **mosquito** *m*	Fliege
percevejo *m*	Wanze
piolho *m*	Laus
pulga *f*	Floh
traça *f*	Motte
vespa *f*	Wespe
zangão *m*	Hummel
parasita *m* – **ácaro** *m*	Parasit / Schmarotzer – Milbe
bicharada *f* / **bichos** *m pl*	Ungeziefer
caracol *m*	Schnecke
minhoca *f*	Regenwurm
verme *m*	Wurm
rã *f*	Frosch
sapo *m*	Kröte
veterinário/-a	Tierarzt / -ärztin
zoo *m* – **jardim** *m* **zoológico**	Zoo – zoologischer Garten
jaula *f*	Käfig

„Ainda há um espacinho para nós?"

Plantas
Pflanzen

→ 3.1 Alimentos, 14.5 A paisagem, 14.6 A Agricultura

Quem a boa árvore se chega, boa sombra o cobre.

flora *f*	Flora
botânica *f*	Botanik / Pflanzenkunde
jardim *m* **botânico**	botanischer Garten
plantar – **planta** *f*	(an-)pflanzen – Pflanze
planta de jardim / P. *auch* de exterior	Gartenpflanze
planta de vaso / P. *auch* de interior	Topfpflanze
planta silvestre – flor silvestre	Wildpflanze – Wildblume
reino *m* **vegetal**	Pflanzenreich
árvore *f*	Baum
árvores de folha caduca	Laubhölzer
árvores de folha perene	Nadelhölzer
tronco *m* – **haste** *f* / **ramo** *m*	(Baum-)Stamm – Ast / Zweig
casca *f*	Borke; Rinde
folha *f*	Blatt; Laub
As árvores perdem as folhas.	Die Bäume werfen ihr Laub ab.
abacateiro *m*	Avocadobaum
bananeira *f*	Bananenstaude
cacaueiro *m*	Kakaobaum
cafeeiro *m*	Kaffeebaum
diospireiro *m* P./B. **caquizeiro** *m* – **diospiro** *m* P./B. **caqui** *m* / **cáqui**	Kakibaum – Kaki(frucht)
coqueiro *m* – **coco** *m*	Kokospalme – Kokosnuss
flamboaiã *m* P./B. **flamboyant** *m*	Flamboyant (Poinciana regia)
araucária *f* / **pinheiro-do-paraná** *m*	Araukarie
castanheira-do-Pará *f* – **castanha-do-Pará** *f*	Paranussbaum – Paranuss
goiabeira *f* – **goiaba** *f*	Guavenbaum – Guavenbirne
guaraná *m* P./B. **guaranazeiro** *m* – **guaraná** *m*	Guaranabaum (Paulllinia cupana) – Guarana
jabuticabeira *f*	Jabuticababaum (Myrciaria cauliflora)
jacarandá *m*	Palisanderholzbaum
mamoeiro *m* – **mamão** *m*	Papayabaum – Papaya
mangueira *f* – **manga** *m*	Mangobaum – Mango
maracujazeiro *m* – **maracujá** *m*	Passionsfruchtbaum – Maracuja / Passionsfrucht
palmeira *f*	Palme
pau-brasil *m*	Brasilholz
seringueira *f* / P. *auch* **árvore-da-borracha** *f*	Kautschukbaum
abeto *m*	Tanne

acácia *f*	Akazie
ácer *m*	Ahorn
álamo *m* / **choupo** *m*	Pappel
alfarrobeira *f* – **alfarroba** *f*	Johannisbrotbaum - Johannisbrot
ameixoeira *f* – **ameixa** *f*	Pflaumenbaum – Pflaume
amendoeira *f* – **amêndoa** *f*	Mandelbaum – Mandel
amieiro *m*	Erle
amoreira *f* – **amora** *f*	Maulbeerbaum – Maulbeere
aveleira *f* – **avelã** *f*	Haselnussstrauch – Haselnuss
azinheira *f*	Steineiche
bétula *f*	Birke
carvalho *m* – **bolota** *f*	Eiche – Eichel
castanheiro *m* – **castanha** *f*	Kastanienbaum – Kastanie
tirar as castanhas do lume	die Kastanien aus dem Feuer holen
cerejeira *f* – **cereja** *f*	Kirschbaum – Kirsche
cedro *m*	Zeder
cipreste *m*	Zypresse
coníferas *f*	Nadelbäume
floresta de coníferas	Nadelwald
Os pinheiros e os abetos são coníferas.	Kiefern und Tannen sind Nadelbäume.
eucalipto *m*	Eukalyptus
faia *f*	Buche
figueira *f* – **figo** *m*	Feigenbaum – Feige
freixo *m*	Esche
laranjeira *f* – **laranja** *f*	Orangenbaum – Orange
limoeiro *f* – **limão** *m*	Zitronenbaum – Zitrone
loureiro *m*	Lorbeerbaum
macieira *f* – **maçã** *f*	Apfelbaum – Apfel
marmeleiro *m* – **marmelo** *m*	Quittenbaum – Quitte
nespereira *f* – **nêspera** *f*	Nispelbaum – Nispel
nogueira *f* – **noz** *f*	Nussbaum – Walnuss
oliveira *f* – **azeitona** *f*	Olivenbaum – Olive
pereira *f* – **pêra** *f*	Birnbaum – Birne
pessegueiro *m* – **pêssego** *m*	Pfirsichbaum – Pfirsich
pinheiro *m* – **pinhal** *m*	Kiefer – Kiefernwald
pinha *f*	(Tannen-)Zapfen
sobreiro *m* – **cortiça** *f*	Korkeiche – Kork
teixo *m*	Eibe
tília *f*	Linde
ulmeiro *m*	Ulme
salgueiro *m* / **chorão** *m*	(Trauer-)Weide
arbusto *m*	Strauch; Staude
azevinho *m*	Stechpalme
carqueja *f*	Ginster
esteva *f*	Zistrose
giesta *f*	Besenginster
pistácia *f*	Pistazie
macela *f* / **camomila** *f*	Kamille

madressilva *f*	Geißblatt
medronheiro *m*	Erdbeerbaum
malva *f*	Malve
murta *f*	Myrte
trovisco *m*	Seidelbast
turfa *f*	Torf
urze *f*	Heidekraut
zimbro *m*	Wacholder
liana *f* / **cipó** *m* B.	Liane
trepadeira *f*	Kletterpflanze
flor *f*	Blume
flores de corte	Schnittblumen
ramo de flores	Blumenstrauß
raiz *f* – **caule** *m*	Wurzel – (*Blume*) Stiel
pétala *f*	Blumen- / Blüten- / Kronblatt
as pétalas de uma rosa	die Blätter einer Rose
botão *m*	Knospe
brotar	sprossen; keimen; ausschlagen
estar em flor	in Blüte stehen
florescer (-ço, -ça > -ce; -ci)	blühen
açucena *f*	(weiße) Lilie
azálea *f*	Azalee
begónia [begônia] *f*	Begonie
fucsia *f* / **brinco-de-princesa** *m*	Fuchsie
buganvília *f* / B. *auch* **primavera** *f*	Bougainvillea
cardo *m*	Distel
cravo *m*	Nelke
dente-de-leão *m*	Löwenzahn; Pusteblume
escovinha *f*	Kornblume
gerânio *m*	Geranie
girassol *m*	Sonnenblume
gladíolo *m* / B. *auch* **palma-de-santa-rita** *f*	Gladiole
lírio *m*	Lilie
lírio-do-vale *m*	Maiglöckchen
margarida *f*	Margerite
narciso *m*	Osterglocke / (gelbe) Narzisse
nenúfar *m*	Seerose
vitória-régia *f*	Victoria Regia / Amazonseerose
orquídea *f*	Orchidee
papoula *f*	Mohn(blume)
petúnia *f*	Petunie
rosa *f*	Rose
tulipa *f* / **túlipa** *f*	Tulpe
violeta *f*	Veilchen
cacto *m*	Kaktus
erva *f* – **ervas** *f pl*	Kraut – Kräuter
erva daninha	Unkraut

basílico *m* / **manjericão** *m*	Basilikum
cominho *m*	Kümmel
coentro *m*	Koriander
erva-cidreira *f*	Melissenkraut
erva-doce *f*	Fenchel
hortelã *f*	Minze
manjerona *f*	Majoran
orégão *m* [orégano]	Oregano
rosmaninho *m*	Rosmarin
salsa *f*	Petersilie
tomilho *m*	Thymian
gramíneas *f* – **erva** *f* / B. *auch* **capim** *m*	Gräser
relva *f* / B. *auch* **grama** *f*	Gras
feto *m* / B. *auch* **samambaia** *f*	Farn(kraut)
videira *m* – **uva** *f*	Wein(rebe); Ranke – Traube
cogumelo *m* / **fungo** *m* – **champignon** *m*	Pilz – Champignon
cogumelo comestível	essbarer Pilz
cogumelo venenoso	Giftpilz

„Olhe, minha flor, como são bonitas estas plantas!"

Formas de vida mais simples
Einfachere Lebensformen

Nos pequenos vasos estão as grandes essências.

organismo *m*	Organismus
organismo unicelular	Einzeller
microorganismo *m*	Mikroorganismus / Kleinstlebewesen
gene *m*	Gen; Erbfaktor
código *m* **genético**	genetischer Code
informação *f* **genética**	Erbinformation / genetische Information
ADN (ácido *m* **desoxirribonucleico)**	DNA (Desoxyribonukleinsäure)
proteína *f*	Protein / Eiweiß(körper)
aminoácido *m*	Aminosäure
enzima *m*	Enzym
célula *f* – **celular**	Zelle – Zell- / Zellular-
formação celular	Zellbildung
divisão celular	Zellteilung
núcleo *m* da célula	Zellkern
unicelular – **pluricelular**	einzellig – mehrzellig
animais unicelulares / **pluricelulares**	Ein- / Vielzeller
alga *f*	Alge
ameba *f* / **amiba** *f*	Amöbe
esponja *f*	Schwamm
protozoário *m*	Einzeller / Protozoon
fungo *m*	Pilz
bolor *m*	Schimmel(pilz)
levedura *f*	Hefe
líquen *m*	Flechte
míldio *m*	Mehltau(pilz)
micróbio *m*	Mikrobe
bactéria *f*	Bakterie / Spaltpilz
bacilo *m*	Bazillus / (Stäbchen-)Bakterie
esporo *m*	Spore
vírus *m*	Virus
microbiologia *f*	Mikrobiologie

Ciências
Wissenschaften

16

1

Física
Physik

→ 16.2 Química, 17.3 Ele(c)tricidade e electrónica

Matéria atrai a matéria.

física *f*	Physik – physikalisch
físico/-a	Physiker/-in – physisch
física teórica	theoretische Physik
física das partículas (elementares)	(Elementar-)Teilchenphysik
física dos (corpos) sólidos	Festkörperphysik
física atómica [atômica]	Atomphysik
física nuclear	Kernphysik
leis *f* **físicas**	physikalische Gesetze
mecânica *f*	Mechanik
estática *f* **e dinâmica** *f*	Statik und Dynamik
termodinâmica *f*	Thermodynamik
óptica *f*	Optik – optisch
óptico/-a	Optiker/-in
acústica *f*	Akustik
acústico/-a	akustisch – Akustiker/-in
a **teoria** da relatividade de Einstein	Einsteins Relativitätstheorie
teórico/-a	theoretisch – Theoretiker/-in
experiência *f* / **experimentação** *f*	Experiment / Versuch
realizar / fazer uma experiência	einen Versuch ausführen / machen
experimental	experimentell; Experimental-
resultados da experiência	Versuchsergebnisse
demonstrar algo experimentalmente	etwas experimentell beweisen
átomo *m* – **atómico** [atômico] / **nuclear**	Atom – Atom- / Kern-
peso atómico [atômico]	Atomgewicht
as propriedades do núcleo atómico	die Eigenschaften des Atomkerns
energia atómica / nuclear	Atom- / Kernenergie
matéria *f* **e energia** *f*	Materie und Energie
antimatéria *f*	Antimaterie
ele(c)tricidade *f* – **elé(c)trico**	Elektrizität – elektrisch
corrente elé(c)trica	elektrischer Strom
medir a corrente	den Strom / die (Strom-)Spannung messen
uma **carga** elé(c)trica	eine elektrische Ladung
uma **descarga** elé(c)trica	ein Stromschlag
carregado / **descarregado**	(elektrisch) geladen – entladen
(semi- / supra-)**condutor** *m*	(Halb- / Supra-)Leiter
magnetismo *m*	Magnetismus
um campo **magnético**	ein Magnetfeld
ondas **ele(c)tromagnéticas**	elektromagnetische Wellen

calor *m*	Wärme
converter o calor em energia	Wärme in Energie umwandeln
as leis do **movimento** de Newton	Newtons Bewegungsgesetze
o momento de **inércia** *f*	das Trägheitsmoment
aceleração *f* – **desaceleração** *f*	Beschleunigung – Verlangsamung
a **velocidade** da luz	die Lichtgeschwindigkeit
um **corpo em repouso**	ein ruhender Körper
a **força** exercida sobre um corpo	die auf einen Körper einwirkende Kraft
a **massa** de um obje(c)to / corpo	die Masse eines Objekts / Körpers
sólido *m*	fest – Festkörper / fester Körper
líquido *m*	flüssig – Flüssigkeit
substância *f* sólida – líquida – gasosa	fester – flüssiger – gasförmige Stoff
converter algo em **vapor** *m*	etwas in Dampf umwandeln
fluido *m*	fließend – Fluid
Os líquidos e os gases são fluidos.	Flüssigkeiten und Gase sind Fluide.
pressão *f* **hidráulica**	hydraulischer Druck
volume *m*	Volumen / (Raum-)Inhalt
partícula(s) *f* **elementar(es)**	Elementarteilchen
electrão *m* P./B. **elétron** *m*	Elektron
electrónico [eletrônico]	elektronisch – Elektronen-
a estrutura electrónica de um átomo	die Elektronenstruktur eines Atoms
electrónica [eletrônica] *f* – **ele(c)trostática** *f*	Elektronik – Elektrostatik
protão *m* P./B. **próton** *m*	Proton
neutrão *m* P./B. **nêutron** *m*	Neutron
fotão *m* P./B. **fóton** *m*	Photon
quark *m*	Quark (= *hypothetisches Elementarteilchen*)
quanta *m pl* – **quântico**	Quant – Quanten-
mecânica / teoria quântica	Quantenmechanik / -theorie
salto quântico	Quantensprung
vácuo *m*	Vakuum
ondas *f* longitudinais – transversais	Longitudinal- – Transversalwellen
comprimento de onda	Wellenlänge
microonda *f* – (forno) **microondas** *m*	Mikrowelle – Mikrowelle(nherd)
frequência *f*	Frequenz
espectro *m*	Spektrum
força *f* **centrífuga** – **centrípeta**	Zentrifugal- – Zentripetalkraft
densidade *f*	Dichte
peso *m* **específico** / **gravidade** *f* específica	spezifisches Gewicht
a lei da gravidade	das Schwerkraftgesetz
o centro de gravidade	der Schwerpunkt
equilíbrio *m* estável – instável	stabiles – labiles Gleichgewicht

Química
Chemie

→ 16.1 Física

A experiência é a mãe da ciência.

química *f*	Chemie
químico/-a	chemisch – Chemiker/-in
química orgânica – inorgânica	organische – anorganische Chemie
química analítica	analytische Chemie
físico-química	physikalische Chemie
bioquímica	Biochemie
radioquímica / química das radiações	Radio- / Strahlenchemie
as propriedades químicas do carvão	die chemischen Eigenschaften des Kohlenstoffes
produto(s) químico(s)	Chemikalie(n)
o uso de produtos químicos tóxicos	der Einsatz giftiger Chemikalien
uma rea(c)ção química	eine chemische Reaktion
investigação química	Chemieforschung
a indústria química	die Chemieindustrie
tecnologia química	Chemotechnik
engenheiro/-a químico/-a	Chemieingenieur/-in; Chemotechniker/-in
químico/-a industrial	Chemotechniker/-in
farmacêutico/-a	pharmazeutisch – Pharmazeut/-in; Apotheker/-in
a indústria farmacêutica	die Pharmaindustrie
farmacologia *f* – **farmacológico**	Pharmakologie – pharmakologisch
ciências exa(c)tas	exakte (Natur-)Wissenschaften
instrumentos **científicos**	wissenschaftliche Instrumente
laboratório *m*	Labor(atorium)
assistente de laboratório	Laborant/-in
microscópio *m* **electrónico** [eletrônico]	Elektronenmikroskop
microscópico	mikroskopisch
pipeta *f*	Pipette
bureta *f*	Bürette
analisar uma amostra / prova	eine Probe untersuchen
análise *f*	Analyse / Untersuchung
a **composição** de uma substância	die Zusammensetzung eines Stoffes
substâncias *f* **cancerígenas**	Krebs erzeugende Stoffe
as **propriedades** químicas de um elemento	die chemischen Eigenschaften eines Elements
composto químico / síntese química	chemische Verbindung
liga *f*	Legierung

mistura *f*	Gemisch
dissolução *f*	Lösung (*Vorgang*)
solução *f* / **soluto** *m*	Lösung (*Ergebnis*)
uma solução diluída	eine verdünnte Lösung
hidrossolúvel / **solúvel** em água	wasserlöslich
dissolver	(sich) auflösen / zersetzen
cristais dissolvidos em água	in Wasser aufgelöste Kristalle
A acetona é um **dissolvente.**	Azeton ist ein Lösungsmittel.
componente *m*	Bestandteil
um **derivado** (de hidrocarboneto)	ein (Kohlenwasserstoff-)Derivat
fórmula *f*	Formel
símbolo *m*	Symbol / Zeichen
O é o símbolo do oxigénio [oxigênio].	O ist das Zeichen für Sauerstoff.
classificação *f* dos elementos	Anordnung der Elemente
a **tabela periódica**	das Periodensystem
ácido *m* **e base** *f*	Säure und Base
a disposição dos **átomos**	die Anordnung der Atome
peso **atómico** [atômico]	Atomgewicht
molécula *f*	Molekül
a estrutura **molecular**	die Molekularstruktur
isótopos *m pl* radioa(c)tivos	radioaktive Isotope
hidrogénio *m* [hidrogênio]	Wasserstoff
hidrocarboneto *m* / B. *auch* **hidrocarbureto** *m*	Kohlenwasserstoff
hidrato *m* **de carbono** / B. *auch* **carboidrato** *m*	Kohle(n)hydrat
álcool *m*	Alkohol
combustão *f*	Verbrennung – brennbar
combustível *m*	Brenn- / Treibstoff
corrosão *f* – **corroer**	Korrosion – korrodieren
oxidação *f* – **redução** *f*	Oxidation – Reduktion
ponto *m* **de ebulição**	Siedepunkt
ferver	sieden
catalizador *m*	Katalysator
a(c)tuar como catalizador	als Katalysator wirken
síntese *f* – **produzir sinteticamente** / B. *auch* **sintetizar**	Synthese – synthetisch herstellen
fibras *f* **sintéticas**	Chemiefasern
ele(c)trólise *f* – **elé(c)trodo** *m*	Elektrolyse – Elektrode
ânodo *m* / **anodo** – **cátodo** *m* / B. *m us* **catodo**	Anode – Kathode
ião *m* P./B. **íon** *m*	Ion

Medicina
Medizin

→ 1.2 Partes do corpo, 4.4 No médico

Os erros dos médicos, a terra os cobre.

medicina *f*	Medizin
medicina geral – medicina especializada	Allgemeinmedizin – Fachmedizin
medicina cirúrgica / P. *auch* operatória	Chirurgie
medicina dentária	Zahnmedizin
medicina desportiva P./B. esportiva	Sportmedizin
medicina do trabalho	Arbeitsmedizin
mededicina legal	Rechtsmedizin
micina nuclear	Nuklearmedizin
medicina preventiva / profilática	präventive / prophylaktische Medizin
medicina social	Sozialmedizin
medicina tropical	tropische Medizin
medicina veterinária	Tiermedizin

Bei den Bezeichnungen auf *-ologia* lauten die Namen der betreffenden Fachärzte (= *especialistas*) auf *-ologista: urologista* (= Urologe/-gin). Die Adjektive haben die Endung *-ológico/-a: urológico* (= urologisch).

anestesia *f*	Anästhesie
cardiologia *f*	Kardiologie
cirurgia *f* **geral** / **plástica**	allgemeine / plastische Chirurgie
clínica *f* – **policlínica** – **clínico**	Klinik – Poliklinik – klinisch-
dermatologia *f*	Dermatologie
diálise *f*	Dialyse(n) / Blutwäsche
endocrinologia *f*	Endokrinologie
endoscopia *f* – **endoscópio** *m*	Endoskopie – Endoskop
epidemiologia *f*	Epidemiologie
gastroenterologia *f*	Gastroenterologie
geriatria *f* / **gerontologia** *f*	Geriatrie / Gerontologie
ginecologia *f*	Gynäkologie / Frauenheilkunde
hematologia *f*	Hämatologie
homeopatia *f*	Homöopathie
imunologia *f*	Immunologie
medicina *f* / **clínica** *f* **geral**	Allgemeinmedizin
neurologia *f*	Neurologie
obstetrícia *f*	Geburtshilfe
oftalmologia *f*	Ophthalmologie / Augenheilkunde
oncologia *f*	Onkologie
ortopedia *f*	Orthopädie
otorrinolaringologia *f*	Hals-Nasen-Ohren-Heilkunde

patologia *f*	Pathologie
pediatria *f*	Pädiatrie / Kinderheilkunde
psiquiatria *f*	Psychiatrie
radiologia *f*	Radiologie / Strahlenkunde
radioterapia *f*	Strahlentherapie
reumatologia *f*	Rheumatologie
terapia *f* (intensiva)	(Intensiv-)Therapie
tomografia *f*	Tomographie
tomografia computadorizada	Computertomographie
transplante *m* / **transplantação** *f* **de órgãos**	Organverpflanzung / -transplantation
transplante de pele	Hauttransplantation / -übertragung
fazer um transplante / transplantar	eine Transplantation durchführen
radiografia *f*	Röntgenaufnahme
urologia *f*	Urologie
anatomia *f*	Anatomie
biologia *f*	Biologie
farmacologia *f*	Pharmakologie
fisiologia *f*	Physiologie
microbiologia *f*	Mikrobiologie
parasitologia *f*	Parasitologie
médico/-a	ärztlich – Arzt / Ärztin
anestesista *m f*	Anästhesist/-in
cirurgião/-ã	Chirurg/-in
dermatologista *m f*	Dermatologe/-gin
ginecologista *m f*	Gynäkologe/-gin
internista *m f*	Internist/-in
médico/-a de clínica geral	Allgemeinmediziner/-in
obstetra *m f* / **médico/-a parteiro/-a**	ärztliche/-r Geburtshelfer/-in
ortopedista *m f*	Orthopäde/-din
otorrinolaringologista *m f*	Hals-Nasen-Ohren-Arzt / -Ärztin
pediatra *m f*	Kinder-Arzt / -Ärztin
enfermagem *f*	Krankenpflege – Krankenpflege-personal
enfermeiro/-a	Krankenpfleger / Krankenschwester
higiene *f* – **higiénico** [higiênico]	Hygiene – hygienisch
assistência *f* **médica**	Krankenfürsorge

16

4

Matemática
Mathematik

Boas contas fazem os bons amigos.

matemática *f*	Mathematik(wissenschaft)
matemático/-a	mathematisch – Mathematiker/-in
aritmética *f* / **cálculo** *m* (aritmético)	Arithmetik / Rechnen
aritmético	arithmetisch
progressão aritmética	arithmetische Progression
uma operação aritmética	eine Rechenoperation
resolver / solucionar um problema aritmético	eine Rechenaufgabe lösen
geometria *f* – **geométrico**	Geometrie – geometrisch
uma figura geométrica	eine geometrische Figur
progressão geométrica	geometrische Progression
trignometria *f*	Trigonometrie
teoria *f* **dos conjuntos**	Mengenlehre
álgebra *f*	Algebra
cálculo *m*	(Be-)Rechnung
cálculo *m* **diferencial** / **integral**	Differenzial- / Integralrechnung
cálculo de probabilidades	Wahrscheinlichkeitsrechnung
efectuar cálculos	(Be-)Rechnungen durchführen
métodos de cálculo	Rechenarten / -methoden
se os meus cálculos estiverem corre(c)tos / certos	wenn meine Berechnungen stimmen
calcular / **fazer contas**	rechnen; abrechnen; (er- / aus-)rechnen
calcular a superfície de um quadrado	die Fläche eines Quadrats ausrechnen
calcular uma distância	eine Entfernung ausrechnen
calcular / tirar a raiz quadrada de um número	aus einer Zahl die Quadratwurzel ziehen
contar	zählen
O menino sabe contar até oito.	Der Junge kann bis acht zählen.
conta *f*	Rechenaufgabe / Rechnung
O empregado não pôs o café na conta.	Der Kellner hat den Kaffee nicht berechnet.
fazer / resolver **problemas** *m*	Textaufgaben bearbeiten / lösen
as quatro **operações básicas**	die Grundrechenarten
somar / **adicionar**	addieren / zusammenrechnen
somar números	Zahlen addieren / zusammenrechnen
subtrair (irr.) / **diminuir** (irr.)	subtrahieren / abziehen
adição *f* / **soma** *f* – **subtra(c)ção** *f*	Addition – Subtraktion
fazer uma soma – subtra(c)ção	Zahlen zusammenrechnen – abziehen
multiplicar (-co; -ca > -que) – **dividir**	multiplizieren – dividieren
multiplicação *f* – **divisão** *f*	Multiplikation – Division

decorar a **tabuada**	das Einmaleins auswendig lernen

55 + 44 = 99: 55 mais 44 são 99.
55 e / mais 44 igual a / são / faz / dá 99.
Se somarmos 55 com 44, (ob)temos / ficamos com 99.
99 – 44 = 55 : 99 menos 44 são 55.
Se a / de 99 tirarmos 44, ficamos com 55.
Subtraindo 44 a / de 99, (ob)tens 55.
11 x 6 = 66: 11 vezes 6 são 66.
11 a multiplicar por 6 é igual a 66.
Multiplicando 11 por 6, (ob)temos 66.
66 : 11 = 6 : 66 a dividir por / dividido por 11 são 6.
Se dividirmos / Dividindo 66 por 11, ficamos com 6.

uma **função** (matemática)	eine (mathematische) Funktion
uma **grandeza matemática**	eine mathematische Größe
finito – **infinito**	endlich – unendlich
constante *f*	konstant – Konstante
variável *f*	veränderlich – Variable
número *m*	Zahl
algarismo *m*	Ziffer
um número de quatro dígitos / P. *m us* algarismos	eine vierstellige Zahl
número absoluto	absolute Zahl
número cardinal – ordinal	Kardinal- – Ordinalzahl
número abstracto	abstrakte Zahl
número concreto	konkrete Zahl
número fra(c)cionário	Bruchzahl
número inteiro – decimal	ganze Zahl – Dezimalzahl
número irracional	irrationale Zahl
número misto	gemischte Zahl
número par – ímpar	gerade – ungerade Zahl
número positivo – negativo	positive – negative Zahl
número primo	Primzahl
números primos menores que ou iguais a 101	Primzahlen kleiner oder gleich 101
quadrado *m*	quadratisch – Quadrat-
dois metros quadrados	zwei Quadratmeter
144 é o quadrado de 12.	144 ist das Quadrat von 12.
12^2 (= 12 ao quadrado) é igual a 144.	12^2 (= 12 Quadrat / 12 hoch 2) ist 144.
cubo *m*	(*dritte Potenz*) Würfel
2^3 (= 2 ao cubo / o cubo de 2)	2 hoch 3 / die 3. Potenz von 2
extrair o cubo	die dritte Wurzel ziehen
potência *f*	Potenz
2 elevado à quarta potência é igual a 16.	2 hoch 4 ist 16.
a **raiz quadrada** / **cúbica**	die Quadrat- / Kubikwurzel

logaritmo *m*	Logarithmus
fra(c)ção *f* – **número fra(c)cionário** / P. *auch* **quebrado** *m*	Bruch – Bruchzahl
fra(c)ção decimal	Dezimalbruch
fra(c)ção própria – imprópria	echter – unechter Bruch
numerador *m* – **denominador** *m*	Zähler – Nenner
quociente *m*	Quotient
procurar o denominador comum	einen gemeinsamen Nenner suchen
equação *f*	Gleichung
resolver uma equação com duas incógnitas	eine Gleichung mit zwei Unbekannten (auf-)lösen
igual a	gleich
círculo *m*	Kreis
o centro de um círculo	der Mittelpunkt eines Kreises
circular	kreisförmig – Kreis-
circunferência *f*	(Kreis-)Umfang
a relação da circunferência com o diâmetro	das Verhältnis des Umfangs zum Durchmesser
diâmetro *m*	Durchmesser
tangente *f*	Tangente; Tangens
re(c)tângulo *m* – **re(c)tangular**	Rechteck – rechteckig
quadrado *m* – **quadrangular**	Quadrat – quadratisch
triângulo *m* – **triangular**	Dreieck – dreieckig
um **ângulo** de 90 graus	ein Winkel von 90 Grad
ângulo adjacente	Nebenwinkel
ângulo agudo	spitzer Winkel
ângulo de abertura	Öffnungswinkel
ângulo raso	gestreckter Winkel
ângulo re(c)to	rechter Winkel
a **base** de uma pirâmide	die Grundfläche einer Pyramide

„Um momento, por favor."

Números
Zahlen

Nem oito, nem oitenta.

números *m* **pares – ímpares** gerade – ungerade Zahlen

***Números cardinais* (= Die Kardinalzahlen / Grundzahlen)**
zero (im Portugiesischen ist jede Zahl männlich)
*4 – 4 = 0: Quatro menos quatro é igual a **zero**.*
*3,06 = três vírgula **zero** seis*
*No número mil há três **zeros**.* (= Die Zahl tausend hat drei Nullen.)
*A temperatura era de dez graus abaixo de **zero**.* (= 10° unter null)
*O meu número de conta é 7030 (= sete, **zero**, três, **zero**).*
*crescimento **zero*** (= Nullwachstum) • *ponto **neutro*** (= Nullpunkt)
*As nossas possibilidades são practicamente **nulas**.* (= Unsere Chancen sind gleich null.) • *O Flamengo ganhou (de B.) 3:0 (três [a] **zero**).* (= Flamengo hat 3:0 gewonnen.) • *Expressão idiomática: És um **zero** à esquerda.* (= Du bist eine Null.)

um (= eins / einer) / ***um*** (= ein; vor männlichen Substantiven) / ***uma*** (= eine; vor weiblichen Substantiven)
*Quero só **um** / **uma**.* (= Ich möchte nur einen / eine.) • ***uma** mulher e **um** homem* (= eine Frau und ein Mann)
dois (= zwei) / ***dois*** (= zwei; vor männlichen Substantiven) / ***duas*** (= zwei; vor weiblichen Substantiven)
três (= drei) • ***quatro*** (= vier) • ***cinco*** (= fünf) • ***seis*** (= sechs) • ***sete*** (= sieben) • ***oito*** (= acht) • ***nove*** (= neun) • ***dez*** (= *zehn*) • ***onze*** (= elf) • ***doze*** (= zwölf) • ***treze*** (= dreizehn) • ***catorze*** / B. auch *quatorze* (= vierzehn) • ***quinze*** (= fünfzehn) ***dezasseis*** P./B. ***dezesseis*** (= sechzehn) • ***dezassete*** P./B. ***dezessete*** (= siebzehn) • ***dezoito*** (= achtzehn) • ***dezanove*** P./B. ***dezenove*** (= neunzehn) • ***vinte*** (= zwanzig) • ***vinte e um*** / ***uma*** (= einundzwanzig) • ***vinte e dois*** / ***duas*** (= zweiundzwanzig) • ***vinte e três*** (= dreiundzwanzig) • ***vinte e quatro*** (= vierundzwanzig) • ***vinte e cinco*** (= fünfundzwanzig) • ***vinte e seis*** (= sechsundzwanzig) • ***vinte e sete*** (= siebenundzwanzig) • ***vinte e oito*** (= achtundzwanzig) • ***vinte e nove*** (= neunundzwanzig) • ***trinta*** (= dreißig)
trinta e um / ***uma*** – ***trinta e dois*** ... (= einunddreißig – zweiunddreißig ...) • ***quarenta*** (= vierzig) • ***cinquenta*** [*cinqüente*] (= fünfzig) • ***sessenta*** (= sechzig) • ***setenta*** (= siebzig) • ***oitenta*** (= achtzig) • ***noventa*** (= neunzig) • ***cem*** (= [ein]hundert) • ***cento e um*** / ***uma*** (= 101)

Cem und ***cento*** sind unveränderlich.
Cem verwendet man vor Substantiven, vor *mil* (= tausend) oder *milhões* (= Millionen) sowie als allein stehende Zahl:
cem / cem mil / cem milhões de euro (= hundert / hunderttausend / hundert Millionen Euro)
Cento verwendet man im Singular vor den Zahlen 101 (= *cento e um / uma*) bis 199 (= *cento e noventa e nove*), sonst nur bei Prozentangaben: *5% (por cento)* (= 5 Prozent)
uma ***centena*** (= eine Gruppe von hundert): *centenas de automóveis* (= hunderte von Autos)

Ab der Zahl 200 (= *duzentos*) sind die Hunderter veränderlich und richten sich nach dem dazugehörigen Substantiv:
duzentos euro (= zweihundert Euro) • ***duzentas pesetas*** (= zweihundert Peseten) • ***trezentos/-as*** (= dreihundert) • ***quatrocentos/-as*** (= vierhundert) • ***quinhentos/-as*** (= fünfhundert) • ***seiscentos/-as*** (= sechshundert) • ***setecentos/-as*** (= siebenhundert) • ***oitocentos /-as*** (= achthundert) • **novecentos/*-as*** (= neunhundert)

Mil (= [ein]tausend) bleibt unverändert:
dois mil (= zweitausend), *quinze mil* (= fünfzehntausend)
as mil e uma noites (= tausendundeine Nacht)

Um milhar (= eine Gruppe von tausend); ***dois milhares*** (zweitausend); wird vor einem Substantiv immer von der Präposition *de* begleitet:
Havia lá milhares de pessoas! (= Da waren tausende von Leuten!)

Milhão (= Million) wird vor einem Substantiv immer von der Präposition *de* begleitet: *dois* ***milhões*** *de Reais* (= zwei Millionen Reais)
Em São Paulo vivem mais de quinze milhões de pessoas. (= In São Paulo leben mehr als fünfzehn Millionen Menschen.)
mil milhões P./B. *um bilhão* (= Milliarde) • *bilião* P./B. *trilhão* (= Billion)

***Números ordinais* (= Die Ordinalzahlen / Ordnungszahlen)**
Ihr Geschlecht wird durch -*o* bzw. -***a*** angegeben und gewöhnlich werden sie vor das dazugehörige Substantiv gestellt. Schreibt man die Ordinalzahlen in Zifferschrift, so erhalten sie im Portugiesischen über dem Punkt je nach Geschlecht ein hochgestelltes kleines **o** bzw. ***a***: *5º andar* (= 5. Stock), *a 9ª sinfonia de Beethoven* (= die 9. Sinfonie von Beethoven). In Brasilien ohne Punkt.

primeiro – **segundo** – **terceiro**	erstens – zweitens – drittens
o **primeiro** dia na escola	der erste Tag in der Schule
a **segunda** oportunidade	die zweite Chance
o **terceiro** lugar	der dritte Platz
a **quarta** fila	die vierte Reihe
o **quinto** aniversário	der fünfte Jahrestag

a **sexta** vez — das sechste Mal
o **sétimo** mês — der siebte Monat
o **oitavo** dia — der achte Tag
a **nona** sinfonia de Beethoven — die neunte Sinfonie von Beethoven
o **décimo** — der zehnte
décimo/-a primeiro/-a — elfte/-r / elftens
décimo/-a segundo/-a — zwölfte/-r /zwölftens
décimo/-a terceiro/-a (...) — dreizehnte/-r / dreizehntens (...)

vigésimo/-a (20.) • vigésimo primeiro/-a (21.) • trigésimo/-a (30.) • quadragésimo/-a (40.) • quinquagésimo/-a (50.) • sexagésimo/-a (60.) • septuagésimo/-a (70.) • octogésimo/-a (80.) • nonagésimo/-a (90.) • centésimo/-a (100.)

Höhere Ordinalzahlen werden in der Umgangssprache kaum verwendet. Wendungen mit der entsprechenden Kardinalzahl nach dem Substantiv werden bevorzugt: *andar 37* (= Stock 37).

Beim Datum stehen in der Regel Kardinalzahlen. Wird der erste Tag eines Monats mit dem Hinweis auf seine besondere Bedeutung genannt, so kann man die Ordinalzahl verwenden: o *primeiro de Maio*. In Brasilien dagegen wird für den ersten Tag des Monates immer die Ordinalzahl gebraucht und der Monat kleingeschrieben: *dia primeiro de março, dia-primeiro de abril.*

Fra(c)ções *f* **(= Brüche)**
$^1/_2$ = *um meio* • $^3/_2$ = *três meios* • $1^1/_2$ = *um e meio*
$^1/_3$ = *um terço* • $^2/_3$ = *dois terços* • $2^1/_3$ = *dois e um terço*
$^1/_4$ = *um quarto* • $^3/_4$ = *três quartos*
$^4/_5$ = *quatro quintos* • $3^3/_5$ = *três e três quintos*

Die Nenner ab 11 werden durch Kardinalzahlen mit nachstehendem ***avos*** wiedergegeben: 1/12 = *um doze avos* • $^{14}/_{36}$ = *catorze trinta e seis avos* Bei höheren Zahlen werden die Brüche so gelesen: 1/100: *um centésimo* (= ein Hundertstel) • 1/1000 *um milésimo* (= ein Tausendstel) • 1/1000 000 *um milionésimo* (= ein Millionstel)

Decimais **(= Dezimalzahlen)**
2,684 = *dois vírgula seiscentos e oitenta e quatro*
0,259 = *zero vírgula duzentos e cinquenta e nove*

Números multiplicativos **(= Vervielfältigungszahlen)**
duplo (= doppelt) • *triplo* (= dreifach) • *quádruplo* (= vierfach) • *quíntuplo* (= fünffach) • *sêxtuplo* (= sechsfach) • *sé(p)tuplo* (= siebenfach) • *óctuplo* (= achtfach) • *nónuplo* [*nônuplo*] (= neunfach) • *décuplo* (= zehnfach) • *cêntuplo* (= hundertfach)

***Números cole(c)tivos* (= Kollektivzahlen)**
Die wichtigsten sind: *o* ***par*** (= Paar) • *a* ***dezena*** (= zehn) • *a* ***dúzia*** (= Dutzend) • *a* ***vintena*** (= zwanzig) • *o* ***cento*** / *a* ***centena*** (= hundert) • *a* ***grosa*** (= das Gros) • *o* ***milhar*** (= tausend)

Gewisse Kollektivzahlen wie *dúzia, vintena, centena* können auch zur annähernden Bezeichnung ihres Zahlenwertes gebraucht werden: ***uma centena de pessoas*** (= etwa hundert Personen).

uma vez	einmal
duas vezes	zweimal

Jahreszahlen
1900 = *mil e novecentos*
1975 = *mil novecentos e setenta e cinco*
1992 = *mil novecentos e noventa e dois*
2005 = *dois mil e cinco*

„Tenho a impressão que já vi estas ruínas em algum lugar."

Medidas e pesos
Maße und Gewichte

Por causa de peso e medida, tem muita alma perdida.

mícron *m* / **micro** *m* / **micrometro** *m*	Mikron / Mikrometer
Um mícron só se pode ver com um microscópio.	Ein Mikron ist nur mit einem Mikroskop erkennbar.
medida *f* – **medir**	Maß – messen
milímetro *m* – **centímetro** *m* – **decímetro** *m*	Millimeter – Zentimeter – Dezimeter
metro *m*	Meter; Metermaß
Ele correu uns metros.	Er ist ein paar Meter gelaufen.
quilómetro *m* [quilômetro]	Kilometer
milha *f* **(marítima)**	(See-)Meile
ano *m* **luz**	Lichtjahr
peso *m*	Gewicht
miligrama *m* – **centigrama** *m* – **decigrama** *m*	Milligramm – Zentigramm – Dezigramm
grama *m* – **quilo(grama)** *m*	Gramm – Kilo(gramm)
Dê-me meio quilo de tomates.	Geben Sie mir bitte ein Pfund Tomaten.
Ele pesa 90 (= noventa) quilos.	Er wiegt 90 Kilo.
tonelada *f*	Tonne
O camião [caminhão] pode transportar uma carga máxima de 10 toneladas.	Der Lastwagen darf mit maximal 10 Tonnen beladen werden.
volume *m*	Hohlmasse
mililitro *m* – **centilitro** *m* – **decilitro** *m*	Milliliter – Zentiliter – Deziliter
litro *m*	Liter
meio litro de água	(ein) halber Liter Wasser
um quarto de litro de vinho	ein viertel Liter Wein
decalitro *m* – **hectolitro** *m*	Dekaliter – Hektoliter
superfície *f*	Flächenmaß
área *f*	Fläche
metro *m* **quadrado** / **cúbico**	Quadrat- / Kubikmeter
are *m*	Ar
hectare *m*	Hektar (10 000 m^2)
alqueire *m*	*Flächenmaß:* 2,42 ha (*in São Paulo*)

Alte Maße und Gewichte
quintal m (= Zentner) • *arroba* f (= etwa 15 Kilo) • *quarteirão* m (= 25 Einheiten) • *vara* f (= Elle / Yard, etwa 1 m) • *légua* f (5000 m P./B. 6600 m)

Técnica
Technik

Materiais, ferramentas, máquinas
Werkstoffe, Werkzeuge, Maschinen

Bendita a ferramenta que pesa mas alimenta.

tecnologia *f* – **tecnológico**	Technik; Technologie – technisch; technologisch
tecnologia de ponta / alta tecnologia	Spitzen- / Hochtechnologie
técnica *f*	Technik
técnico/-a	Techniker/-in – technisch
inovações técnicas	technische Neuerungen
o progresso técnico / da técnica	der technische Fortschritt
técnica (aplicada)	(angewandte) Technik
engenharia *f* – **engenheiro/-a**	Ingenieurwesen – Ingenieur/-in
matéria *f*	Stoff; Substanz
matéria prima	Rohstoff
material *m*	Material; Werkstoff
as propriedades dos materiais	die Materialeigenschaften
trabalhar um material	ein Material bearbeiten
metal *m*	Metall
O desabamento da ponte foi causado por fadiga de metal.	Der Einsturz der Brücke war auf Metallermüdung zurückzuführen.
ferro *m* – **aço** *m*	Eisen – Stahl
uma chapa de aço	ein Stahlblech
chumbo *m*	Blei
estanho *m*	Zinn
liga *f*	Legierung
os componentes de uma liga	die Bestandteile einer Legierung
madeira *f* – **de madeira**	Holz – hölzern / aus Holz
madeira dura / madeira de lei	Hartholz
madeira macia / B. *auch* madeirabranca	Weichholz
contraplacado P./B. compensado	Sperrholz
madeira de construção	(Nutz-)Holz; Bauholz
madeira prensada	Pressspan
placa de madeira conglomerada	Spanplatte
vidro *m* – **de vidro** / **cristal** *m*	Glas – Glas- – Kristall
cerâmica *f*	Keramik
plástico *m*	Plastik – Plastik-; Kunststoff
borracha *f*	Kautschuk; Gummi
ser (irr.) **de**	bestehen / sein aus
É de vidro / plástico / aço.	Es ist aus Glas / Kunststoff / Stahl.
silício *m*	Silicium
célula solar de silício	Siliciumsolarzelle
elasticidade *f*	Elastizität
resistência *f*	(*z.B. Bruch-*)Festigkeit; Beständigkeit
resistência ao calor	Hitzebeständigkeit
refractário (ao calor)	(hitze-)beständig

resistência à corrosão	Korrosionsbeständigkeit
elasticidade *f* / **extensibilidade** *f* / **maleabilidade** *f*	Dehnbarkeit
expansibilidade *f*	Ausdehnungsfähigkeit
ductilidade *f*	Duktilität / Dehnbar- / Verformbarkeit
condutibilidade *f* – **condutividade** *f*	Leitfähigkeit – Leitvermögen
semicondutor *m*	Halbleiter
quebradiço / **frágil**	spröde / zerbrechlich
ferramenta *f*	Werkzeug
martelo *m*	Hammer
cinzel *m* – **formão** *m*	Meißel (*für Stein*) – Stechbeitel (*für Holz*)
prego *m*	Nagel
escápula *f* P./B. **gancho (de parede)** *m*	Wandhaken
parafuso *m*	Schraube
chave *f* **de fenda(s)**	Schraubenzieher
rosca *f* – **porca** *f*	(Schrauben-)Gewinde – Schraubenmutter
pino *m* / **cavilha** *f*	Bolzen
chave *f* **inglesa**	(*verstellbare*) Zange („Engländer“)
alavanca *f*	Hebel
limar – **lima** *f*	feilen – Feile
furar	bohren
broca *f* / **máquina** *f* **de furar** / B. *auch* **furadeira** *f* / P. *auch* **berbequim** *m*	Bohrer / Bohrmaschine
perfuradora *f* **pneumática**	Pressluftbohrer
torno *m* **de banco**	Schraubstock
tesoura *f*	Schere
turquês *f* P./B. **torquês** *f*	Beißzange / Kneifzange
alicate *m* **de bico** / **alicate universal**	Kombizange
serrar – **serra** *f* – **serrote** *m* **de mão**	sägen – Säge – Fuchsschwanz
serra de arco – serra circular	Bügelsäge – Kreissäge
machado *m*	Axt
plaina *f* – **aplainar**	Hobel – hobeln
máquina *f*	Maschine
máquina para trabalhar metais	Metallbearbeitungsmaschine
máquina para trabalhar madeira	Holzbearbeitungsmaschine
máquina de costura	Nähmaschine
máquina de afiar	Schleifmaschine (*für Metall*)
lixadeira	Schleifmaschine (*für Holz*)
máquina de/a vapor	Dampfmaschine
máquina-ferramenta	Werkzeugmaschine
peça de máquina	Maschinenteil
plaina / máquina aplainadora	Hobelmaschine

maquinaria *f*	Maschinerie; Maschinen; Maschinenpark; Maschineneinrichtungen
a maquinaria de uma fábrica	die Maschineneinrichtung einer Fabrik
aparelho *m*	Apparat / Gerät
equipamento *m*	Ausrüstung; Geräte; Maschinen
a construção de máquinas e equipamentos	der Bau von Maschinen und Anlagen
dispositivo *m*	Vorrichtung; Gerät
A manivela é um dispositivo para pôr algo em movimento.	Die Kurbel ist eine zur Bewegungsübertragung dienende Vorrichtung.
mecanismo *m*	Mechanismus
torno *m*	Drehbank
motor *m*	Motor
motor elé(c)trico	Elektromotor
motor de explosão / de combustão	Verbrennungsmotor
motor de quatro tempos	Viertaktmotor
carburador *m*	Vergaser
cilindro *m* – **pistão** *m* / **êmbolo** *m*	Zylinder – Kolben
caixa *f* **de mudanças** P./B. **de câmbio**	Getriebe(gehäuse)
engrenagem *f*	Zahnrad
fresadora de engrenagem	Zahnradfräsmaschine
árvore *f* / **eixo** *m* de a(c)cionamento	(Antriebs-)Welle
árvore / eixo de manivelas / B. *auch* girabrequim *m*	Kurbelwelle
biela *f*	Pleuelstange
volante *m* **do motor**	Schwungrad
momento *m* **de rotação /** B. *auch* **torque** *m*	Drehmoment
rolamento *m* (de esferas)	(Kugel-)Lager
mola *f*	Feder
válvula *f* (de segurança)	(Sicherheits-)Ventil
arruela *f* / **calço** *m*	Unterlegscheibe
anilha *f*	Dichtungsscheibe
travão *m* P./B. **freio** *m* / B. *auch* **breque** *m*	Bremse
carregar no travão P./B. pisar no freio	die Bremse betätigen
travar P./B. **frear / brecar**	bremsen
embraiar P./B. **embrear**	kuppeln
engatar	schalten
meter P./B. **engrenar** a segunda mudança P./B. marcha	den zweiten Gang einlegen
embraiagem *f* P./B. **embreagem** *f*	Schaltung
pedal de embraiagem *f* P./B. **pedal da embreagem** *f*	Kupplungspedal
acelerador *m* – **acelerar**	Gaspedal – beschleunigen
patente *f*	Patent
patente solicitada	(zum) Patent angemeldet

Fabricação
Fabrikproduktion

Pela obra se conhece o obreiro.

fabricar (-co; -ca > -que) – **fabricação** *f* / P. *auch* **fabrico** *m*	fertigen / herstellen – Fabrikation / Herstellung
fabricado na Alemanha	in Deutschland hergestellt
método / modo de fabricação	Fabrikationsmethode / -weise
processo de fabricação	Fertigungsablauf
fábrica *f*	Fabrik; Werk; Herstellerfirma
fábrica de algodão	Baumwollfabrik
operário/-a / trabalhador/-a de fábrica	Fabrikarbeiter/-in
devolver à fábrica	an die Herstellerfirma zurückschicken
fazer (irr.)	machen; erzeugen; herstellen
Fazemos / Fabricamos brinquedos.	Wir stellen Spielwaren her.
confecção *f* / **produção** *f* de roupa para crianças	Konfektion / Produktion von Kinderkleidung
produzir	herstellen; produzieren; erzeugen
o aço produzido no Brasil	der in Brasilien hergestellte Stahl
artigo produzido em massa	Massenartikel
produção *f* – **produto** *m*	Produktion / Fertigung – Produkt / Erzeugnis / Fabrikat
produto acabado	Fertigerzeugnis
produção em massa	Massenherstellung / -fertigung
produzir / fabricar em série	in Serie herstellen
a produção de bens de consumo	die Herstellung von Konsumgütern
fabricante *m f* / **produtor/-a**	Hersteller/-in / Produzent/-in
manufa(c)turar	fabrizieren / fertigen
manufa(c)tura *f*	Manufaktur – Fertigwaren
produtos manufa(c)turados / acabados	Fertigwaren
processamento *m*	Verarbeitung / Anfertigung
processamento de gorduras e óleos	Fett- und Ölverarbeitung
transformação *f*	Bearbeitung; Verarbeitung; Umarbeitung
indústria *f* – **industrial**	Industrie – industriell
produtos industriais	Industrieerzeugnisse
a indústria automobilística	die Automobilindustrie
a indústria de transformação	die verarbeitende Industrie
indústria de construção de máquinas	Maschinenbauindustrie
montar – **montagem** *f*	montieren – Montage
(oficina de) montagem / montadora B.	Montagewerk / -halle
linha de montagem – esteira de montagem	Montageband; Fließband
montagem automática regulada por computador / montagem informatizada	computergesteuerte Montage

oficina *f*	Werkstatt
uma oficina de consertos	eine Reparaturwerkstatt
oficina de pintura de carroçaria / carroceria	Autolackierwerkstätte
instalação *f*	Anlage; Einrichtung; Ausstattung
instalação de engarrafamento	Flaschenfüllanlage
instalações de produção	Fertigungs- / Produktionsanlagen
estação *f* **de tratamento de esgotos**	Kläranlage
manutenção *f*	Wartung; Instandhaltung
empresa *f* / **firma** *f* / **fábrica** *f*	Betrieb
em funcionamento	in Betrieb
(capacidade *f* **de) rendimento** *m*	Leistung(sfähigkeit)
capacidade produtora / de produção	Produktionsleistung
aumentar a capacidade produtora em 5 por cento	die Produktionsleistung um 5 Prozent steigern
eficiência *f* / **rendimento** *m*	Wirkungsgrad
rendimento por hora de trabalho	Ausstoß pro Arbeitsstunde
rendimento de uma máquina	Maschinenwirkungsgrad
produtividade *f*	Produktivität
aumentar a produtividade	die Produktivität erhöhen
índice de produtividade	Produktivitätsrate
mecanizar – **mecanização** *f*	mechanisieren – Mechanisierung
mecânico/-a	Mechaniker/-in – mechanisch; maschinell
automatizar – **automatização** *f*	automatisieren – Automatisierung
um processo de produção automatizado	ein automatisierter Produktionsablauf
automático	automatisch
ajustamento / regulação automática	automatische Einstellung / Regelung
processo *m*	Prozess
controle do processo	Prozesssteuerung
gasto *m* / **custo** *m*	Ausgaben; Kosten
reduzir os custos salariais	die Lohnkosten senken
reduzir o gasto por unidade	die Stückkosten senken
tapete *m* **rolante** P./B. **esteira** *f* **transportadora**	Förderband
peça *f* **(de reposição / sobressalente** / P. *m us* **sobresselente)**	(Ersatz-)Teil
peças permutáveis / substituíveis	auswechselbare Teile
mecânico/-a de máquinas	Maschinenschlosser/-in
operador/-a	(Maschinen-)Bediener/-in
montador/-a / – **ele(c)tricista** *m f*	Monteur/-in – Elektriker/-in
fornecedor/-a	Zulieferer/-in; Lieferant/-in

Ele(c)tricidade e electrónica
Elektrizität und Elektronik

→ 16.1 Física

Do trovão escapei e no relâmpago dei.

ele(c)tricidade *f* – **corrente elé(c)trica**	Elektrizität – elektrischer Strom
companhia elé(c)trica / de ele(c)tricidade	Elektrizitätsgesellschaft
gerar ele(c)tricidade	Elektrizität / Strom erzeugen
elé(c)trico	elektrisch
uma descarga elé(c)trica	ein elektrischer Schlag / Stromschlag
central elé(c)trica	Kraftwerk; Elektrizitätswerk
ele(c)trotécnica *f* – **ele(c)trotécnico**	Elektrotechnik – elektrotechnisch
engenheiro/-a ele(c)trotécnico/-a	Elektroingenieur/-in
ele(c)tricista *m f*	Elektriker/-in
contador *m* de electricidade P./ B. **medidor** *m* de eletricidade / B. *auch* **relógio** *m* **de luz**	(Strom-)Zähler
gerador *m*	Generator; Lichtmaschine
dínamo *m*	Dynamo; Lichtmaschine
bateria *f* (elé[c]trica)	(elektrische) Batterie
bateria de um carro	Autobatterie
pilha *f*	Batterie (*Radio*)
acumulador *m*	Akku(mulator)
condensador *m*	Kondensator
faísca *f*	Funke
vela de ignição *f*	Zündkerze
carregar – **carga** *f*	aufladen – Aufladung
uma carga ele(c)troestática	eine elektrostatische Aufladung
(re)carregar uma bateria	eine Batterie (wieder) aufladen
carga máxima	Spitzenbelastung
corrente *f* / **ele(c)tricidade** / **luz** *f fam*	Strom
Ontem faltou a luz.	Gestern ist der Strom ausgefallen.
A companhia de ele(c)tricidade cortou a luz.	Die Stromgesellschaft hat den Strom abgestellt.
corrente contínua	Gleichstrom
corrente alterna(da)	Wechselstrom
gerador de corrente alterna(da)	Wechselstromgenerator
intensidade de corrente / amperagem	Stromstärke
corrente trifásica	Dreiphasenstrom / Drehstrom
220 **volts** *m pl*	220 Volt
voltagem *f* / **tensão** *f*	(Netz-)Spannung
alta voltagem / alta tensão	Hochspannung

cabo de alta tensão	Hochspannungskabel
watt *m*	Watt
uma lâmpada de 100 watts	eine 100-Watt-Birne
ampere *m*	Ampere
um fusível de 30 amperes	eine 30-Ampere-Sicherung
amperagem *f*	Stromstärke
conversor *m*	Umformer
transformador *m*	Transformator
bobina *f*	Spule
rede *f* **elé(c)trica**	Stromnetz
cabo *m*	(Anschluss-)Kabel; Leitung
cabo coaxial	Koaxialkabel
cabo de terra	Massekabel
fio *m* **elé(c)trico**	Leitung; Draht
(fio *m* **de) extensão**	Verlängerungsschnur / -kabel
fio com corrente	Strom führender Draht
o fio com corrente / a fase	die Strom führende Ader / Phase
ligação *f* **à terra** P./B. fio-terra	Erde; Erdung; Masse
A máquina de lavar não estava bem ligada à terra / B. estava sem fio-terra.	Die Waschmaschine war nicht richtig geerdet.
circuito *m*	Stromkreis; Schaltkreis
circuito integrado	integrierte/-r Schaltkreis / Schaltung
curto-circuito *m*	Kurzschluss
fusível *m*	Sicherung
O fusível saltou.	Die Sicherung ist raus(geflogen).
O fusível fundiu-se.	Die Sicherung ist durchgebrannt.
caixa *f* **de distribuição**	Verteilerdose
tomada *f*	Steckdose
uma tomada dupla	eine Doppelsteckdose
tomada múltipla	Mehrfachsteckdose
ficha *f* **eléctrica** P./B. **plugue** *m*	Stecker
tirar a ficha / o plugue	den Stecker herausziehen
ficha dupla / tripla – adaptador *m*	Zwischenstecker – Adapter
botão *m*	Druckschaltknopf
botão comutador	Umschaltknopf
interruptor *m*	Schalter; Unterbrecher
interruptor geral	Hauptschalter
ligar (-go; -ga > -gue)	einschalten; einstecken; anschließen; anmachen
desligar (-go; -ga > -gue)	ausschalten; ausmachen; auslöschen
ligar – desligar a televisão / P. *auch* acender / apagar a televisão	den Fernseher ein- – ausschalten
ligar – desligar a luz / P. *auch* abrir / fechar a luz *fam*	das Licht an- – ausmachen
cortar / **desligar** (-go; -ga > -gue)	abschalten
cortar a corrente / a luz	den Strom abschalten
lâmpada *f*	Glühbirne
lâmpada de **halogéneo** [halogênio]	Halogenlampe

lâmpada **fluorescente** / tubo a néon	Leuchtstofflampe / -röhre / Neonröhre
isolar – **isolamento** *m*	isolieren – Isolierung
fita *f* **isolante / isoladora**	Isolierband
Morreu **ele(c)trocutado**	Er starb durch einen Stromschlag.
Ele apanhou um **choque elé(c)trico**.	Er hat einen Stromschlag erhalten.
processamento *m* **electrónico** [eletrônico] **de dados**	elektronische Datenverarbeitung (EDV)
informática *f*	Informatik
informatizar	auf EDV umstellen
computador e outros aparelhos electrónicos [eletrônicos]	Computer und andere elektronische Geräte
microelectrónica [microeletrônica]	Mikroelektronik
(micro)chip *m*	(Mikro-)Chip
microprocessador *m*	Mikroprozessor
transistor *m*	Transistor; Transistorradio
amplificar (-co; -ca > -que) – **amplificador** *m*	verstärken – Verstärker
digital	digital; Digital-
digitar / P. *auch* **digitalizar**	digitalisieren
digitação *f* / P. *auch* **digitalização** *f*	Digitalisierung
digitar os dados	die Daten eingeben

„Há algum tempo que temos o nosso próprio gerador de ele(c)tricidade."

17
4

Recipientes
Behälter

Tantas vezes o cântaro vai à fonte que lá fica.

recipiente *m*	Behälter
embalagem *f*	Verpackung
contentor *m* / B. *auch* **contêiner** *m*	(*genormter*) Container
conter (irr.) – **conteúdo** *m*	enthalten – Gehalt; (Raum-)Inhalt
A caixa contém peças sobressalentes	Die Kiste enthält Ersatzteile.
empacotar / embrulhar	einpacken; verpacken
Já empacotei os livros.	Ich habe die Bücher schon eingepackt.
embrulho *m*	Paket; Päckchen
papel de embrulho	Einwickel- / Packpapier
embalar – **embalagem** *f*	verpacken – Verpackung(smaterial)
embalar as coisas para a mudança	die Sachen für den Umzug verpacken
pôr (irr.) **/ colocar** (-co; -ca > -que) / P. *auch* **meter**	hineinpacken / -stecken
pôr / meter numa caixa de cartão	in einen Pappkarton packen
pacote *m*	Paket; Packung; Becher
um pacote de bolachas	eine Packung Kekse
um pacote de leite	eine Packung Milch
encomenda *f* P./B. **pacote** *m*	Postpaket
caixa *f*	Schachtel; Kiste; Kasten
caixa de papelão / P. *auch* de cartão	Karton; Pappschachtel
caixa forte / cofre	Tresor
uma caixa de vinho	eine Kiste Wein
uma caixa / grade de cerveja	ein Kasten Bier
uma caixa de metal / uma lata	eine Blechdose
caixote *m*	(*große)* (Holz-)Kiste
lata *f* **de lixo** / P. *auch* **balde** *m* / **caixote do lixo**	Mülleimer
arca *f*	(*große Holz-*)Kiste; Truhe
cofre de jóias *m* / **porta-jóias** *m*	Schmuckkästchen
saco *m*	Sack; Tüte
saco / B. **sacola** *f*	Tragetasche
um saco de plástico	Plastiktüte
um saco de batatas	ein Sack Kartoffeln
mochila *f*	Rucksack
mala *f* P./ B. **bolsa** *f* / P. *auch* **carteira** *f*	Handtasche
carteira *f*	Brieftasche
porta-moedas *m*	Geldbeutel
mala *f*	(Reise-)Koffer
maleta *f*	(Reise-)Handtasche
cesta *f* / **cesto** *m*	Korb

pasta *f*	Aktentasche; Aktenordner
pasta de executivo	Diplomatenkoffer
dossier *m* P./B. **arquivo** *m*	Aktenordner
capa *f* / **pasta** *f*	Aktendeckel; Mappe
arquivar uma carta	einen Brief ablegen
envelope *m* / P. *auch* **sobrescrito** *m*	(Brief-)Umschlag
jarro *m*	Krug / Karaffe; Wasserkrug (*mit Henkel*)
cântaro *m*	Henkelkrug
jarra *f* P./B. **vaso** *m* (de flores)	(Blumen-)Vase
vaso *m* / B. **vaso de plantas**	Blumentopf
copo *m*	Wasserbecher; Glas
vasilha *f*	Gefäß
cafeteira *f*	Kaffeekanne; -maschine
chaleira *f* / **bule** *m*	Teekanne
garrafa *m*	Flasche
uma garrafa com depósito	eine Pfandflasche
garrafa térmica / P. *auch* **termo** *m*	Isolierkanne / Thermosflasche
garrafão *m*	Fünf-Liter(-Korb / -Plastik)-Flasche
frasco *m* / B. *auch* **vidro** *m*	Glasfläschchen
frasco de perfume	Parfümflasche / -flakon
tubo *m*	(*zylindrischer*) Behälter; Büchse; Tube
um tubo de tinta	eine Farbdose / -tube
lata *f*	Blechbüchse; Blechdose; Blechkanne
uma lata de tinta	eine Farbdose
uma lata de ervilhas	eine Büchse / Dose Erbsen
uma lata de óleo	eine Ölkanne
bidão *m* P./B. **galão** *m*	Blechbehälter; Kanne; Kanister; Eisenfass
um bidão / galão de gasolina	Benzinkanister
um bidão / **tambor** *m* de petróleo	Ölfass
balde *m*	Eimer
pipa *f*	(Wein-)Fass
barril *m* – **barrica** *f*	Fass – Fass (*mittlerer Größe*)
um barril de cerveja	ein Fass Bier
tonel *m*	Fass; Tonne
O vinho do Porto deposita-se em tonéis / pipas / barris de carvalho.	Portwein wird in Eichenfässern gelagert.
depósito *m* / **tanque** *m*	Tank
depósito / tanque de gasolina / de óleo	Benzin- / Öltank
encher o depósito / o tanque	den Tank voll machen
despejar	gießen; schütten
despejar o líquido num balde	die Flüssigkeit in einen Eimer schütten
servir (irr.) / **pôr** (irr.) / **deitar**	einschenken

Informação e comunicação
Information und Kommunikation

1 Fontes de informação
Nachschlagemöglichkeiten

2 Os livros e o mundo editorial
Bücher und Verlagswesen

3 A Imprensa
Die Presse

4 Rádio e televisão
Rundfunk und Fernsehen

5 O serviço postal
Der Postdienst

6 Telefone e fax
Telefon und Fax

7 Computadores
Computer

18

1

Fontes de informação
Nachschlagemöglichkeiten

→ 18.7 Computadores

Não digas tudo o que vês, nem contes tudo o que lês.

livro *m* / **obra** *f* **de consulta**	Nachschlagewerk
dicionário *m*	Wörterbuch / Lexikon
consultar o dicionário	im Wörterbuch nachschlagen
dicionário de sinónimos [sinônimos]	Synonymenlexikon
enciclopédia *f*	Enzyklopädie
uma entrada numa enciclopédia	ein Eintrag in einem Lexikon
volume *m* **suplementar** / **de a(c)tualização**	(*Lexikon*) Ergänzungs- / Nachtrags-band
glossário *m*	Glossar; Wörterverzeichnis
registar [registrar] – **registro** [registro] *m*	eintragen / anmelden / aufzeichnen – Eintragung / Anmeldung / Auf-zeichnung
índice *m*	Inhaltsverzeichnis; Register / Index
relatório *m* P./B. **boletim** *m*	Bericht
almanaque *m*	Almanach
manual *m* / **guia** *m*	Handbuch
consultar o manual	im Handbuch nachsehen
catálogo *m*	Katalog
anuário P./B. **guia (comercial)**	Jahrbuch
lista *f* **telefónica** [telefônica]	Telefonbuch
atlas *m*	Atlas
bibliografia *f* / **referências** *f pl*	Bibliografie
biblioteca *f* – **bibliotecário**/**-a**	Bibliothek – Bibliothekar/-in
requisitar P./B. emprestar um livro da biblioteca	ein Buch aus der Bibliothek entleihen
biblioteca pública	öffentliche Bibliothek
biblioteca só para consulta	Präsenzbibliothek
biblioteca audiovisual	Mediothek
hemeroteca *f*	Zeitungsarchiv
arquivo *m*	Archiv
ficheiro *m* P./B. **fichário** *m*	Kartei
ficha *f*	Katalog- / Archivzettel; Karteikarte
microfilme *m* – **microficha** *f*	Mikrofilm – Mikrofiche
fotocopiar – **fotocópia** *f*	fotokopieren – Fotokopie
investigar (-go; -ga > -gue) / **pesquisar**	forschen
folhear um livro	in einem Buch blättern
dar (irr.) **uma vista de olhos** P./B. **dar uma lida num artigo**	einen Artikel überfliegen
procurar uma determinada palavra	ein bestimmtes Wort suchen

informação *f* – **relatório** *m*	Information; Mitteilung – Bericht
procurar uma informação	eine Information suchen
procura / B. *auch* busca de informação	Informationsanfrage
dado *m* – **dados** *pl*	Angabe – Angaben; Daten
base de dados	Datenbestand
banco de dados	Datenbank
processamento de dados	Datenverarbeitung
verificação de dados	Datenüberprüfung
transmitir dados	Daten übertragen
realidade *f* **virtual**	virtuelle Realität
serviço *m* **em linha** / **on-line**	Online-Dienst
internet *f*	Internet
carregar / P. *auch* transferir um texto da internet	einen Text aus dem Internet herunterladen
correio *m* **electrónico** [eletrônico] / **e-mail** *m*	elektronische Post / E-Mail
mensagem *f* **electrónica** [eletrônica] / uma mensagem por e-mail	elektronischer Brief
CD-ROM *m*	CD-ROM
navegar (-go;-ga > -gue) – **navegação** *f* **na/pela rede**	surfen – Net-Surfing
programa *m* **de navegação** / **navegador** *m* / B. *auch* **paginador** *m*	Browser
hipertexto *m*	Hypertext
ligação *f* / **canal** *m* / **link** *m*	Link
página *f* **net** / **homepage**	Homepage
multimédia *m* P./B. **multimídia** *m*	Multimedia
intera(c)tivo	interaktiv
cibernauta *m f* / **internauta** *m f*	Internetbenutzer/-in

„Estes microfilmes são realmente difíceis para ler."

18

2

Os livros e o mundo editorial
Bücher und Verlagswesen

→ 11.7 Literatura

Livros e amigos, poucos e bons.

livro *m* – **livraria** *f* – **livreiro/-a**	Buch – Buchhandlung – Buchhändler/-in
livros técnicos	Sachbücher
banca de livros	Bücherstand
clube do livro	Buchklub
livro de bolso	Taschenbuch
livros usados / antigos	gebrauchte / antiquarische Bücher
alfarrabista *m* P./B. **sebo** *m*	Antiquariat
tomo *m* / **volume** *m*	Band
um dicionário de / em dois volumes	ein zweibändiges Lexikon
encadernar – **encadernação** *f*	(ein)binden – Einband
encadernar em brochura	broschieren
encadernação em linho	in Leinen gebunden
capa *f*	Bucheinband
um livro de / com capa dura	ein Buch mit festem Einband
dorso *m* / **lombada** *f* de livro	Buchrücken
sobrecapa *f* – **orelha** *f* / P. *auch* **badana** *f*	Schutzumschlag – Umschlagklappe
título *m* **da página de rosto**	die Titelseite
prólogo *m* / **prefácio** *m* – **introdução** *f*	Vorwort – Einleitung
índice *m* – **página** *f*	Inhaltsverzeichnis – (Buch-)Seite
nota *f* **de rodapé**	Fußnote
apêndice *m* – **glossário** *m*	Anhang – Glossar; Wörterverzeichnis
autor/-a – **leitor/-a**	Autor/-in – Leser/-in
pseudónimo [pseudônimo] *m*	Pseudonym
traduzir (irr.)	übersetzen; übertragen
tradução *f* – **tradutor/-a**	Übersetzung – Übersetzer/-in
tradução para o – do inglês	Übersetzung ins Englische – aus dem Englischen
adaptar – **adaptação** *f*	bearbeiten – Bearbeitung
abreviar / **resumir**	kürzen
uma versão abreviada	eine gekürzte Fassung
copyright *m* / **direito** *m* **de propriedade intelectual**	Copyright / Urheberrecht
direitos *m pl* **do autor**	Autorenhonorar – Autorenrechte
publicar (-co; -ca > -que) – **publicação** *f*	herausgeben; veröffentlichen; publizieren; verlegen – Veröffentlichung; Herausgabe

O livro saiu / foi publicado no mês passado.	Das Buch ist im vergangenen Monat erschienen.
manuscrito *m*	Manuskript
editar – **reeditar**	verlegen; herausgeben – neu auflegen
editora *f* – **editor/-a**	Verlag / Verlagshaus – Verleger/-in
uma editora de livros didá(c)ticos	ein Schulbuchverlag
organizador/-a – **organizado por** …	Herausgeber/-in– herausgegeben von …
edição *f*	Ausgabe; Auflage
edição de luxo	Luxusausgabe
uma edição de 5.000 exemplares	eine Auflage von 5000 Exemplaren
edição corrigida	verbesserte Ausgabe / Auflage
edição príncipe / princeps / primeira edição	Erstauflage
edição fac-similada / fac-similar	Faksimileausgabe
dirigir uma edição	eine Ausgabe lektorieren / redigieren
leitor/-a – **leitorado** *m*	Lektor/-in; Redakteur/-in – Lektorat
compor (irr.) o texto para impressão	(*Buchdruck*) setzen
tipógrafo/-a / **compositor/-a**	Setzer/-in
tipográfico	typografisch; Buchdruck- – drucktechnisch
corrigir (-jo; -ja > -ge; -gi) / **rever** (irr.) P./B. **revisar**	korrigieren; überarbeiten
corre(c)ção *f* / **revisão** *f*	Korrektur
corre(c)ção de provas	Fahnenkorrektur
revisor/-a de provas	Korrektor/-in
prova *f* **tipográfica** / B. *auch* **prova de galé**	(Druck-)Fahnen
paginação *f* / B. *auch* **diagramação** *f*	Umbruch
erro *m* – **erro** *m* **tipográfico**	Fehler – Druckfehler
erro de composição	Satzfehler
corre(c)ção *m* **do autor**	Autorenkorrektur
imprimir – **impressão** *f*	drucken – Druck / Abdruck
gráfica *f* / **tipografia** *f*	Druckerei
O livro está na gráfica / no prelo.	Das Buch ist in den Druck gegangen.
data *f* **de publicação**	Erscheinungstermin
exemplar *m*	Exemplar
cinco exemplares do livro	fünf Exemplare des Buches
exemplar de prova	Vorausexemplar; Probeexemplar
feira *f* **do livro**	Buchmesse
devolução *f* **dos livros à editora**	Remittenden
esgotado	vergriffen
O livro está esgotado.	Das Buch ist vergriffen.
best-seller *m* / **êxito** *m* **editorial**	Bestseller

Ein sehr spannendes Buch *devora-se / lê-se de uma enfiada* (= man frisst es auf / man liest es in einem Zug).

A Imprensa
Die Presse

Notícia ruim corre depressa.

os meios de comunicação de massa(s) / os média P./B. **mídia**	die Massenmedien
imprensa *f*	Presse
liberdade – censura de imprensa	Pressefreiheit – -zensur
dar uma conferência de imprensa P./B. entrevista coletiva	eine Pressekonferenz geben
imprensa sensacionalista P./B. imprensa marrom	Sensationspresse / Regenbogenpresse
jornalismo *m* – **jornalista** *m f*	Journalismus – Journalist/-in
jornal *m* / (jornal) **diário** *m*	Zeitung – Tageszeitung
jornal da manhã / matutino	Morgenzeitung
jornal da tarde / vespertino	Abendzeitung
jornal local – jornal de cobertura nacional	Lokalzeitung – überregionale Zeitung
colocar / lançar um jornal na rede	eine Zeitung ins Internet bringen
jornaleiro/**-a** / **vendedor**/**-a de jornais** / P. *auch* **ardina** *m f*	Zeitungshändler/-in / Zeitungsverkäufer/-in
banca *f* / **quiosque** *m* **de jornais**	Zeitungskiosk / -stand
jornalístico	journalistisch – Journalisten-; Zeitungs-
cadeia *f* **de jornais** / **grupo** *m*	Zeitungskette / -konzern
semanário *m*	Wochenzeitung / -zeitschrift
revista *f*	Magazin / Zeitschrift
uma revista semanal / mensal	Wochen- / Monatszeitschrift
quinzenal / semestral / anual	vierzehntägig / halbjährlich / jährlich
revista feminina – revista de moda	Frauenzeitschrift – Modezeitschrift
revista de informação – revista ilustrada	Nachrichtenmagazin – Illustrierte
revista especializada	Fachzeitschrift

Die größten Zeitungen in **Brasilien** sind:
aus São Paulo: *O Estado de São Paulo* • *A Folha de S.Paulo* • *Diário Popular* • *A Folha da Tarde* • *A Gazeta Mercantil* (= Handelsblatt);
aus Rio de Janeiro: *O Dia* • *O Globo* • *Extra* • *Jornal do Brasil*;
aus anderen Städten: *Zero Hora,* • *Correio do Povo* (Porto Alegre) • *Gazeta do Povo* (Curitiba)
Die größten *Diários* (= Tageszeitungen) in **Portugal** sind:
Público • *O Diário de Notícias* • *A Capital* • *O Jornal de Notícias* • *O Correio da Manhã* • *Semanários* (= Wochenzeitungen): *O Expresso* • *O Semanário* • *O Independente*

notícia *f*	Nachricht
agência de notícias / noticiosa	Nachrichtenagentur

trazer uma notícia	eine Meldung bringen
uma notícia de última hora	eine letzte Meldung
destacar (-co; -ca > -que) uma notícia	eine Story groß herausstellen
furo *m* **jornalístico**	Erstmeldung (*oft Sensationsmeldung*)
informar / **relatar** – **informação** *f* / **notícia** *f* / **relato** *m*	berichten / melden – Bericht / Meldung
acontecimento *m*	Ereignis
cobrir (irr.) **um acontecimento**	über ein Ereignis berichten
correspondente *m f*	Korrespondent/-in
artigo *m* – **articulista** *m f*	Artikel – Artikelschreiber/-in
artigo *m* P./B. **matéria** *f*	Stoff; Text(e); Artikel
reportagem *f* – **repórter** *m f*	(*längerer*) Bericht / Reportage – Berichterstatter/-in / Reporter/-in
crónica *f* [crônica]– **cronista** *m f*	Chronik – Chronist/-in
coluna *f* – **colunista** *m f*	Spalte / Kolumne – Kolumnist/-in
repórter fotográfico/-a	Pressefotograf
anunciar – **anúncio** *m*	bekannt geben / verlautbaren / anzeigen – Anzeige / Reklame
pôr um anúncio no jornal	eine Anzeige in die Zeitung setzen
anúncio publicitário	Werbeanzeige
se(c)ção *f* – **se(c)ção** *f* **de anúncios** / **classificados**	Anzeigenteil – Teil; Seite
capa *f* – **notícia** *f* **de capa**	(*Magazin*) Titelseite – Titelgeschichte
a primeira página	(*Zeitung*) die Titelseite
cabeçalho *m* P./B. **manchete** *f*	Schlagzeile / Überschrift
editorial *m*	Leitartikel
desporto P./B. **esportes**	Sport
cartas *f pl* **do leitor** / **ao editor**	Leserbriefe
necrologia *f*	Todesanzeige
oferta *f* / **bolsa** *f* **de emprego**	Stellenangebot
suplemento *m*	Beilage
edição *f* **internacional**	internationale Ausgabe
dire(c)tor/-a	Direktor/-in; Leiter/-in; Herausgeber/-in
reda(c)ção *f* – **reda(c)tor/-a** (chefe)	Redaktion – (Chef-)Redakteur/-in
colaborador/-a de A Folha	Mitarbeiter/-in der *A Folha*
legenda *f*	Bildunterschrift; Bildtext
recorte *m* **de jornal**	Zeitungsausschnitt
prazo *m* (de entrega)	(*Manuskriptabgabe*) (letzter) Termin
encerramento *m* **do trabalho de edição**	Redaktionsschluss
rotativa *f*	Rotations(druck)maschine
tiragem *f*	Auflage
tiragem de mil de exemplares	Auflage von tausend Exemplaren
assinar um jornal	eine Zeitung abonnieren
assinante *m f* – **assinatura** *f*	Abonnent/-in – Abonnement
fazer assinatura de um jornal	eine Zeitung abonnieren
porta-voz *m f*	(Presse-)Sprecher/-in

Rádio e televisão
Rundfunk und Fernsehen

→ 11.5 Teatro e cinema, 18.3 A imprensa

As notícias não andam, voam.

rádio *m f*	Rundfunk(-); Radio(-); Hörfunk
rádio *m* / **aparelho** *m* **de rádio**	Radiogerät
Ouvi o jogo no rádio.	Ich habe das Spiel im Radio gehört.
rádio *f* – **estação** *f* **emissora**	Rundfunkanstalt – Sender
A Rádio Tupi foi fundada em 1937.	Der Tupi-Rundfunk wurde 1937 gegründet.
escutar / **ouvir** (irr.) **rádio**	Radio hören
sintonizar uma emissora de rádio	einen Radiosender einstellen
ondas *f pl* **curtas** / **médias** / **longas**	Kurz- / Mittel- / Langwellen
emissora *f* **de frequência** [freqüência] **modulada** / **FM**	Ultrakurzwellensender / UKW-Sender
transmissão *f* **via satélite**	Satellitenübertragung
jornal *m* **radiofónico** P./B. **radiojornal** *f*	Nachrichtensendung im Radio
novela *f* **radiofónica** P./B. **radionovela** *f*	Hörspiel
televisão *f*	Fernsehen
ver televisão	fernsehen
televisão a cabo – televisão por assinatura	Kabelfernsehen – Bezahl-Fernsehen / Pay-TV
transmissão de TV em alta resolução (HDTV)	hochauflösendes Fernsehen (HDTV)
televisão a P./B. em preto-e-branco / a P./B. em cores	Schwarz-Weiß- / Farbfernsehen
sistema digital de transmissão	digitales Übertragungssystem
sistema de transmissão analógica	analoges Übertragungssystem
televisor *m* / B. auch **televisão** *f* – **televisivo**	Fernsehapparat – Fernseh-
um programa televisivo	eine Fernsehsendung
telespectador/-a	Fernsehzuschauer/-in
transmitir (na televisão)	(im Fernsehen) bringen / übertragen
O jogo foi transmitido em directo P./B. ao vivo.	Der Spiel wurde direkt / live übertragen.
O jogo foi transmitido em diferido P./B. em videoteipe.	Der Spiel wurde als Aufzeichnung übertragen.
(re)transmitir – **(re)transmissão** *f*	(*Rundfunk / Fernsehen*) übertragen – Übertragung
(re)transmissão do concerto	Übertragung des Konzerts
transmitir / **emitir** / **pôr** (irr.) **no ar**	senden / ausstrahlen
emissora *f* – **transmissão** *f* / **emissão** *f*	Sender – Sendung

muitas horas de transmissão / emissão	viele Stunden Sendezeit
começar / encerrar a transmissão	die Sendung beginnen / beenden
encerramento / fim da transmissão	Sendeschluss
canal *m*	(Fernseh-)Kanal; Programm
mudar / trocar de canal	das Programm wechseln
zapping *m* – **fazer zapping** / **zapear** B.	Zappen – zappen
programação *f*	Programm
programa *m* (de rádio / TV)	(Rundfunk- / Fernseh-)Sendung
concurso *m* / quiz show *m*	Quizsendung
programa de entrevistas / talkshow	Talkshow
programa em directo P./B. de auditório	Live-Sendung
noticiário *m* / **notícias** *f pl*	Nachrichtensendung
documentário *m*	Dokumentarfilm
publicidade *f* – **anúncio** *m*	Werbung – Werbespot
telefilme *m* – **telenovela** *f*	Fernsehfilm – Seifenoper
série *f* **televisiva** – **comédia** *f*	Fernsehserie – Komödie
câmara *f* **oculta** / P. *m. us* **os apanhados** *m pl*	versteckte Kamera
programa *m* **educativo**	Bildungsprogramm
episódio *m*	Folge (*einer Fernsehserie*)
repetir – **repetição** *f* P./B. **reprisar** – **reprise** *f*	wiederholen – Wiederholung
entrevista *f* – **entrevistador/-a**	Interview – Interviewer/-in
moderador/-a	Moderator/-in
locutor/-a	Ansager/-in; Sprecher/-in
apresentador/-a	Moderator/-in; Talkmaster/-in
o apresentador do noticiário	der Nachrichtensprecher
comentador/-a P./B. **comentarista** *m f*	Kommentator/-in
discjockey *m f* / P. auch **discojóquei** *m f*	Diskjockey
boletim *m* **meteorológico** / **previsão** *f* **do tempo**	Wettervorhersage
produtor/-a – **patrocinador/-a**	Produzent/-in – Sponsor/-in
audiência	Einschaltquote
hora de maior audiência	Haupteinschaltzeit
índice de audiência elevado – baixo	hohe – niedrige Einschaltquoten
ouvinte *m f*	(Rundfunk-)Hörer/-in
radiodespertador *m*	Radiowecker
gravador *m*	Tonbandgerät / Kassettenrekorder
cassete *f* / B. *auch* **fita** *f*	Kassette
vídeo *m* – **videogravador** *m*	Video(-) – Videorekorder
microfone *m*	Mikrofon
recepção *f* boa – má / B. *auch* ruim	guter – schlechter Empfang

O serviço postal
Der Postdienst

Falta de notícias, boas notícias.

correio *m* / P. *auch* **correios** *m pl*	Post(filiale / amt)
Enviaremos o livro pelo correio.	Wir schicken das Buch mit der Post.
Já chegou o correio?	Ist die Post schon da?
correio nacional	Inlandspost
no retorno do correio	postwendend
correio aéreo / marítimo	Luft- / Seepost
levar uma carta ao correio	einen Brief auf die Post bringen
caixa *f* **de correio**	(*privater*) Briefkasten
marco *m* **do correio** P./B. **caixa** *f* **de coleta (de cartas)**	(*öffentlicher*) Briefkasten
pôr uma carta na caixa / no correio	einen Brief einwerfen
apartado *m* P./B. **caixa** *f* **postal** / **CP**	Postfach
tarifa / franquia postal – franquear (irr.)	Postgebühren / Porto – freimachen
funcionário/**-a** / **empregado**/**-a do correio**	Postbeamter / -beamtin
carteiro/**-a**	Briefträger/-in
lista *f* **de endereços** / P. *auch* **moradas**	Adressenliste

Die Post bietet folgende Sonderdienstleistungen an: *correio-azul* m P. (= Eilpost); *vales-correio* m (= Postscheckdienst bzw. Geldanweisungen); *postarestante* f (= postlagernde Sendungen); *aviso de recepção* m (= Empfangsbestätigung); *telegramas* m (= Telegramme); *telefax* m (= Telefaxdienste) sowie *serviços* m *bancários* P. (= Postbankdienste); *Sedex* m B. (= ein Spezialdienst gegen erhöhte Gebühr, der schneller und verlässlicher ist)

carta *f* – **selo** *m*	Brief – Briefmarke
carta registada [registrada]	Einschreiben
(carta de) publicidade / propaganda	Werbebrief
A carta demorou dez dias para chegar.	Der Brief war zehn Tage unterwegs.
encomenda *f* / **pacote** *m* B.	Paket
pacote pequeno / B. *auch* pacotinho	Päckchen
(cartão) postal *m* / B. *m us* **cartão**	Postkarte
impresso *m*	Drucksache
telegrama *m*	Telegramm
entregar – **entrega** *f*	zustellen – Zustellung
mandar / **enviar** – **envio** *m* / **remessa** *f*	schicken – Sendung
Mandar algo por **reembolso** *m* **postal**	etwas per Nachnahme schicken
receber (uma encomenda)	(ein Paket) bekommen / erhalten

por via *f* **aérea** / **por avião** *m*	mit / per Luftpost
correspondência *f*	Post; Briefwechsel; Korrespondenz
posta-restante *f*	postlagernd
selo *m*	Briefmarke
carimbo *m* do correio – **carimbar**	Poststempel – stempeln
A carta foi carimbada em Salvador.	Der Brief ist in Salvador abgestempelt.
franquear (irr.) – **franquia** *f* / **tarifa** *f* **postal**	freimachen – Porto
endereço *m* / P. *auch* **morada** *f*	Adresse / Anschrift
código *m* **postal**	Postleitzahl
destinatário/-a – **remetente** *m f*	Empfänger/-in – Absender/-in
Não sendo possível encontrar o destinatário, favor reenviar ao remetente.	Falls unzustellbar, bitte an Absender zurück.

„É o nosso carteiro especial para cartas urgentes."

18

6

Telefone e fax
Telefon und Fax

Quem diz o seu segredo mal calará o alheio.

telefone *m* – **telefónico** [telefônico]	Telefon – Telefon-
O nosso telefone não está a funcionar P./B. funcionando.	Unser Telefon funktioniert nicht.
Maria, telefone para ti P./B. para você.	Maria, du wirst am Telefon verlangt.
atender o telefone	ans Telefon / an den Apparat gehen; den Hörer abnehmen
uma chamada telefónica [telefônica]	ein Telefongespräch
tarifa telefónica [telefônica]	Telefongebühren
telefone sem fio	schnurloses Telefon
telemóvel *m* P./B. **celular** *m*	Handy
telefone portátil P./B. telefone móvel	Funk- / Mobiltelefon; Mobilfunk
telefonar / **ligar** (-go; -ga > -gue) –	anrufen
Posso ligar-te mais tarde?	Kann ich dich später zurückrufen?
Obrigado/-a por ter telefonado / ligado.	Vielen Dank für Ihren/deinen Anruf.
pôr (irr.) **o telefone no descanso** P./B. **no gancho**	den Hörer auflegen
O telefone está fora do descanso / gancho.	Der Hörer ist nicht aufgelegt.
tirar o telefone do descanso P./B. **do gancho**	den Hörer abnehmen
desligar (-go; -ga > -gue) **(o telefone)**	den Hörer auflegen
falar ao / **por telefone**	telefonieren; am Telefon sprechen
ligar de volta / B.*auch* fazer o retorno	zurückrufen
chamada *f* / **ligação** *f* / **telefonema** *m*	Anruf / Telefonat
Recebemos algumas chamadas.	Wir bekamen ein paar Anrufe.
ligação / chamada urbana / local	Ortsgespräch
chamada a pagar no destino P./B. **chamada a cobrar**	R-Gespräch
telefonema *m*	Telefongespräch
telefonema interurbano / internacional	Ferngespräch / Auslandsgespräch
dar (irr.) **sinal de ocupado**	besetzt sein
número *m* **do telefone**	Telefonnummer
O número está errado. / É engano.	Sie sind falsch verbunden.
número de telefone gratuito	kostenfreie Nummer
número de telefone secreto	Geheimnummer
indicativo *m* / **código** *m* P./B. **prefixo** *m*	Vorwahl

Como se dizem os números de telefone **(= Wie man Telefonnummern spricht)**
2232 8306 (*dois, dois, três, dois, oito, três, zero, seis*). Um Verwechslungen zu vermeiden, wird in **Brasilien** *meia* (von *meia dúzia* = halbes Dutzend) anstatt sechs gesagt.

lista *f* **telefónica** / **de telefones**	Telefonbuch
páginas *f* **amarelas**	Gelbe Seiten / Branchentelefonbuch
serviço *m* **de informações** / P. *auch* **as informações**	Telefonauskunft
cliente *m f* / **assinante** *m f*	(Telefon-)Kunde / Kundin
marcar (-co; -ca > -que) P./B. **discar um número**	eine Nummer wählen
sinal *m*	Freizeichen; Wählton; Rufton
O telefone não dá sinal / está mudo.	Das Telefon gibt keine Freizeichen / ist tot.
estar (irr.) **ocupado** / P. *auch* **interrompido**	(*Telefon*) besetzt sein
A linha está ocupada.	Die Leitung ist besetzt.

Frases utilizadas ao telefone **(= Redensarten, die man am Telefon benutzt)**
(*Es*)*tou* P./B. *Alô*? (= Hallo? [Wenn man den Hörer abnimmt.]) • *De onde fala*? (= Wer ist am Apparat?) • *O Carlos está*? (= Ist Carlos da?) • *É o Paulo*? (= Sind Sie Paulo ?) • *É o próprio. / É ele mesmo. / Sim, sou eu.* (= Ja, ich bin's.) • *Por favor, posso falar com Carlos*? (= Kann ich bitte Carlos sprechen?) • *Um momento, vou passar a chamada* / B. auch *a ligação.* (= Moment, ich verbinde Sie.) • *Um momento, por favor.* (= Einen Augenblick, bitte.) • *Por favor, aguarde / espere um momento.* (= Warten Sie bitte einen Moment. / Bleiben Sie bitte am Apparat.) • *Pode falar um pouco mais alto, por favor?* (= Können Sie bitte ein bisschen lauter sprechen?) • *Caiu a ligação / a linha.* (= Die Verbindung wurde unterbrochen.)

ligação *f*	Verbindung
A ligação está péssima.	Die Leitung / Verbindung ist sehr schlecht.
ligação dire(c)ta	Durchwahl
linha *f* **telefónica**	Leitung
A linha está sobrecarregada.	Die Leitung ist überlastet.
instalar uma nova linha telefónica	einen neuen Anschluss einrichten lassen
escutar / **interceptar** um telefone / B. *auch* **grampear**	ein Telefon anzapfen / mithören
escutas *f* **telefónicas** [telefônicas]	Abhörposten
serviço *m* **telefónico** [telefônico]	Servicetelefon; telefonischer Beratungsdienst
extensão *f* / B. *auch* **ramal** *m*	Nebenstelle / Nebenapparat

Tenho a extensão 244.	Ich habe Apparat 244.
auscultador *m*	(Telefon-)Hörer
atendedor *m* **de chamadas** P./B. **secretária** *f* **eletrônica**	Anrufbeantworter
mensagem *f*	Nachricht
ficha *f* **de telefone** B.	Telefonmünze
telefone de moedas P./B. de ficha	Münztelefon
cartão *m* **de telefone** – **telefone de cartão**	Telefonkarte – Kartentelefon
telefone *m* **público** / **cabine** *f* **telefónica** /B. *auch* **orelhão** *m*	öffentlicher Fernsprecher
companhia *f* **telefónica**	Telefongesellschaft
central *f* **telefónica**	(Telefon-)Zentrale / Fernsprechamt
operador/-a – **telefonista** *m f*	Vermittler/-in – Telefonist/-in
telex *m* – **(tele)fax** *m*	Fernschreiben; Telex – (Tele-)Fax; (Tele-)Faxgerät
Poderiam mandar / enviar por fax?	Könnten Sie es per Fax schicken?

„Querida, dá-me, por favor, o teu cartão de telefone."

Computadores
Computer

→ 18.1 Fontes de informações

Quem não se comunica, se trumbica. (*Abelardo Barbosa, o Chacrinha*)

computador *m*	Computer / Rechner
computador pessoal / PC	Personalcomputer / PC
computador portátil	tragbarer Computer / Laptop
agenda electrónica [eletrônica]	elektronisches Notizbuch
ensino assistido por computador / aulas com apoio informático	computergestützter Unterricht
jogo de computador / B. *auch* game	Computerspiel
informática *f* – **informático**	Informatik – Informatik-
pirata informático / hacker	Computerhacker
jargão informático / linguagem informática	Computerjargon
conhecimentos de informática	Computerkenntnisse / -wissen
interactivo	interaktiv
processamento *m* **de textos**	Textverarbeitung
programa de processamento de textos	Textverarbeitungsprogramm
(sistema de) processamento de dados	Datenverarbeitung(sanlage)
microprocessador *m*	Mikroprozessor
dados *m pl*	Daten
introduzir / digitar dados no computador	Daten in den Computer eingeben
intercâmbio / troca / permuta de dados	Datenaustausch
transferência de dados	Datentransfer / -übertragung
recuperação de dados	Datenwiedergewinnung
prote(c)ção de dados	Datenschutz
compressão de dados	Datenkomprimierung
programar – **programa** *m*	programmieren – Programm
software *m* **de demonstração**	Demo(-Programm)
software para distribuição limitada – **livre**	Software, die beschränkt – frei vertrieben werden kann
software gratuito	Gratissoftware
a(c)tualizar	aktualisieren
uma versão a(c)tualizada do software / um update	eine aktualisierte Fassung der Software / ein Update
melhorar / **modernizar**	verbessern
uma versão melhorada	verbesserte Version
programador/-a	Programmierer/-in
programação *f*	Programmieren / Programmierung
hardware *m* / **equipamento** *m* **físico**	Hardware
software *m* / **suporte** *m* **lógico**	Software

pacote *m* **de programas** / B. *auch* **pacote integrado**	Softwarepaket / Programmpaket
erro *m* / **falha** *f*	Programmfehler
testar um programa	ein Programm testen
localizar e eliminar erros	Fehler suchen und beseitigen
ir-se abaixo / B. *auch* **cair**	abstürzen
sistema *m* **operacional**	Betriebssystem
fornecedor *m* **de acesso** / **servidor** *m*	Internetanbieter / Server
navegar (-go; -ga > -gue) / **procurar** / B. *auch* **folhear** (irr.)	navigieren / blättern
consulta / **procura** / **pesquisa**	Suche
consultar / **procurar** / **pesquisar** / B. *auch* **buscar**	suchen
estação *f* **de trabalho**	Arbeitsplatz(rechner)
em linha / **ligado** / **on-line** / B. *auch* **conectado**	angeschlossen / online
fora de linha / **desligado** / **off-line** / B. *auch* **desconectado**	nicht angeschlossen / offline
teclado *m*	Tastatur
monitor *m* – **visor** *m* / **écrã** *m* / B. *auch* **tela** *f*	Monitor; Display – Bildschirm
modificar o texto no visor / na tela	den Text am Bildschirm ändern
visualizador *m* **de cristal líquido** / **LCD**	Flüssigkristallanzeige / LCD (*Liquid Crystal Display*)
rato *m* P./B. **mouse** *m*	Maus
unidade *f* / **drive** *f*	Laufwerk
unidade / **drive de CD-ROM**	CD-ROM-Laufwerk
disquete / **disco** *m* **flexível**	Diskette
unidade de disco / **disk drive**	Diskettenlaufwerk
disco *m* **rígido** / P. *auch* **duro**	Festplatte / Harddisk
ROM (memória exclusiva de leitura)	ROM (Read Only Memory)
RAM (memória de acesso aleatório)	RAM (Random Access Memory)
modem *m* / **modulador** *m*	Modem
impressora *f* **a ja(c)to de tinta** / **a laser**	(Tintenstrahl- / Laser-)Drucker
impressora térmica	Thermoprinter
configurar a impressora	Drucker einstellen
imprimir – **impressão** *f*	ausdrucken – Ausdruck
digitalizador *m* / **rastreador** *m* / **scanner** *m*	Scanner
interface *f*	Interface / Schnittstelle
porta *f* **série** P./B. **porta serial** – **porta paralela**	serieller Anschluss – paralleler Anschluss
porta de jogos / joystick	Joystick-Anschluss
ligar (-go; -ga > -gue) – **desligar**	an- / einschalten – ab- / ausschalten

parar / **interromper**	abschalten
activar o protector de ecrã / B. *auch* **suspender**	den Bildschirmschoner aktivieren
iniciar / **arrancar**	hochladen / hochfahren
carregar (-go; -ga > -gue)	laden
arquivo *m*	File / Ordner
transferir / **descarregar** (-go; -ga > -gue) / **fazer o download**	herunterladen
transferir / descarregar um ficheiro P./B. arquivo da rede	eine Datei aus dem Netz herunterladen
instalar – **instalação** *f*	installieren – Installation
senha *f* / **código** *m* / **palavra-passe** *f*	Passwort / Kennwort
sair	beenden
entrar no sistema – **sair do sistema**	(sich) anmelden – (sich) abmelden
entrada *f* / input – **saída** *f* / output	Eingabe / Input – Ausgabe / Output
(sub)dire(c)tório *m* / **(sub)pasta** *f*	(Unter-)Verzeichnis
ficheiro *m* P./B. **arquivo** *m*	Dateiordner
criar um ficheiro / arquivo	eine Datei anlegen / erstellen
abrir – fechar um ficheiro / arquivo	eine Datei öffnen – schließen
gerir os ficheiros P./B. gerenciar arquivos	Datei verwalten – Dateiverwaltung
compressão de ficheiros / arquivos	Dateikomprimierung
mover ficheiros / arquivos	Dateien verschieben
gestor *m* P./B. **gerenciador** *m*	Dateimanager
acesso *m* à Internet	Zugang zum Internet
acesso a dados – acessar dados B.	Datenzugriff – auf Daten zugreifen
sair de um programa	ein Programm verlassen
formato *m* – **formatar**	Format – formatieren
mover para cima – para baixo / scroll up – down	(*den Bildschirmausschnitt*) nach oben – unten bewegen / rauf- – runterscrollen
sele(c)cionar	hervorheben; markieren
editar	editieren; bearbeiten
localizar P./B. **buscar e substituir**	suchen und ersetzen
refazer (irr.) / **restaurar** P./B. **recuperar**	wiederherstellen
copiar – **colar**	kopieren – einfügen
eliminar / **limpar** P./B. **apagar** (-go; -ga > -gue)	löschen
inserir – **limpar** P./B. **excluir**	einfügen – löschen
guardar P./B. **salvar**	sichern / (ab)speichern
arrastar e largar / **puxar e deixar cair**	ziehen und einfügen / drag and drop
guardar P. /B. **armazenar**	speichern
armazenamento *m*	Speicherung

dados guardados / armazenados no disco rígido	auf der Festplatte gespeicherte Daten
capacidade *f* **de memória**	Speicherkapazität
memória *f*	(Arbeits-)Speicher
expansão da memória	Speichererweiterung
memória temporária / **intermediária** / **buffer**	Zwischenablage
cópia *f* **de segurança** / B. *auch* **cópia de reserva** *f*	Sicherungskopie
menu *m* / **lista** *f* **de opções**	Menü
controlo *m* [controle] **de menu**	Menüsteuerung
menu iniciar P./B. principal – menus dire(c)tos	Hauptmenü – Kurzmenüs
menu de atalho P./B. instantâneo – submenu P./B. menu suspenso / pop up menu	Pop-up-Menü / Balkenmenü
coluna *f*	Balken
barra *f* **de título**	Titelleiste
barra de menus	Menüleiste
barra de ferramentas	Symbolleiste
barra de deslocamento P./B. movimentação vertical – horizontal	vertikaler – horizontaler Rollbalken
(lista / menu de) **comando** *m*	Befehl(szeile / smenü)
executar um comando	einen Befehl ausführen
caixa *f* **de diálogo**	Dialogfeld
a(c)tivar – **desa(c)tivar**	aktivieren – deaktivieren
codificar (-co; -ca > -que) – **descodificar** (-co; -ca > -que)	verschlüsseln – entschlüsseln
janela *f* **de aplicação**	Anwendungsfenster
janela a(c)tiva – ina(c)tiva	aktives – inaktives Fenster
modo *m*	Modus – Betriebsart
opção *f* **pré-definida** / **padrão**	Standardeinstellung
clicar a tecla „pesquisar"	auf der Schaltfläche „Suchen" anklicken
ícone *m*	Bildsymbol / Icon
clicar duas vezes sobre um ícone	auf ein Bildsymbol doppelklicken
tabulador *m*	Tabulator
configuração *f*	Konfiguration
tecla *f* **de maiúsculas** / shift key	Umschalttaste
teclas de função	Funktionstasten
cursor *m* – **tecla de flecha**	Cursor – Pfeiltaste
teclas de movimentos do cursor	Cursortasten
apertar / P. *m us* premir a tecla retornar	die Returntaste drücken
controle *m* / **ctrl**	Steuerung / Strg
barra *f* P./B. **tecla** *f* **de espaço**	Leertaste
tipo *m* **de letra** / B. *auch* **caractere** *m*	Zeichen
parâmetro *m*	Parameter

espaçamento *m* **ajustado**	Proportionalschrift
sinal *m* **de parágrafo**	Absatzmarke
sinal de barra invertida / backslash	Backslash
corre(c)tor *m* **ortográfico**	Rechtschreibhilfe
a(c)tivar o corre(c)tor ortográfico	die Rechtschreibhilfe aktivieren
ciberespaço *m*	Cyberspace
cibernauta *m f* / **internauta** *m f*	Internetbenutzer/-in / -surfer/-in
navegar (-go; -ga > -gue) – **navegador** *m*	surfen – Browser
endereço *m* **na internet**	Internetadresse
mensagem *f*	Mitteilung / Meldung / Nachricht
e-mail *m* / **correio** *m* **electrónico** [eletrônico]	E-Mail
mensagem electrónica [eletrônica] / e-mail	E-Mail-Nachricht
legível por máquina	maschinenlesbar
reconhecimento *m* **ó(p)tico de caracteres** / **OCR**	optische Zeichenerkennung / OCR (*Optical Character Recognition*)
reconhecimento *m* **de voz**	Spracherkennung
leitor *m* **óptico** P./B. **leitora** *f* **ótica** / **scanner** *m*	optischer Abtaster / Scanner
código *m* **de barras**	Strichcode / Streifencode / Balkencode / Bar-Code
apoio *m* / **suporte** *m* **técnico**	technische Unterstützung
utilizador/-**a** P./B **usuário**/-**a**	Anwender/-in / Benutzer/-in
nome do usuário	Benutzername
interface *f* **do utilizador** / **usuário**	Benutzeroberfläche
vírus *m*	(Computer-)Virus
telebanco *m*	Telebanking
telecomunicação *f*	Telekommunikation
teleconferência *f*	Telekonferenz
criar uma página / um site	eine Internetseite aufbauen
motor *m* **de busca**	Suchmaschine
conta *f* **e-mail**	E-Mail-Konto
página *f* **inicial**	Startseite
grupo *m* de notícias	Newsgroup
mover (para) / reenviar	weiterleiten
anexar	anhängen
anexo *m*	Attachment
faixa *f* / **título** *m*	Banner
endereço *m*	Adresse
livro *m* de endereços	Adressbuch
parar / **interromper**	abbrechen
indicador *m* – **favoritos** *m*	Bookmark / Lesezeichen – Favoriten
configurar	erstellen

Meios de transporte
Transportmittel

1 Veículos motorizados e trânsito
Kraftfahrzeuge und Straßenverkehr

2 Transportes ferroviários
Beförderung mit der Eisenbahn

3 Transportes aéreos
Beförderung mit dem Flugzeug

4 Transporte marítimo e fluvial
Beförderung auf dem Wasserweg

5 Transportes públicos
Öffentlicher Nahverkehr

19

1

Veículos motorizados e trânsito
Kraftfahrzeuge und Straßenverkehr

→ 12.5 Viagens e turismo, → 14.7 A cidade

Não ponha o carro adiante dos bois.

veículo *m*	(Kraft-)Fahrzeug
meio *m* **de transporte**	Transportmittel / Verkehrsmittel
carro *m* / **automóvel** *m*	Auto / Wagen
aluguer P./B. locação de carro(s)	Autovermietung
carro alugado	Mietwagen
carro de desporto P./B. carro esporte – carro de corrida	Sportwagen – Rennwagen
carro de passageiros P./B. de passeio	Personenwagen
limusina *f* [limusine]	Limousine
descapotável *m* P./B. **conversível** *m*	Cabrio
autocarro *m* P./B. **ônibus** *m*	(Reise-)Bus
caminhão *m* / **camião** *m*	Lastwagen
caminhão-tanque	Tankzug
camionista *m f* P./B. **caminhoneiro/-a**	Lkw-Fahrer/-in; Fernfahrer/-in
camioneta *f* / B. *auch* **caminhonete** *f* / **picape** *f*	Kleinlasttransporter
carrinha *f* P. / **furgoneta** *f* P./B. **perua** *f* / **furgão** *m*	(geschlossener) Lieferwagen; Kombi
moto (cicleta) *f* / P. *auch* **mota** *f*	Motorrad
moto(cicleta) todo terreno	Geländemaschine / -motorrad
motocicleta *f* P./B. **motoneta** *f*	Kleinmotorrad
vespa *f* / **lambreta** *f*	Motorroller
ciclomotor *m* / **bicicleta** *f* **motorizada**	Moped / Mofa
ir (irr.) / **andar de carro**	fahren
Nunca vou para o trabalho de carro.	Ich fahre nie mit dem Auto zur Arbeit.
levar alguém (de carro)	jemand fahren
dar (irr.) **boleia** *f* P./B. **dar carona** *f*	jemand mitnehmen
apanhar uma boleia P./B. pegar uma carona	bei jemand mitfahren
andar à boleia P./B. de carona	per Anhalter fahren / trampen
dirigir (-jo, -ja > -ge; -gi) / P. *m us* **conduzir**	fahren (*d.h. am Steuer sitzen*)
Ela dirige / conduz muito bem	Sie fährt sehr gut.
motorista *m f* / **condutor/-a**	Fahrer/-in
passageiro/-a / **acompanhante** *m f*	Insasse; Fahrgast
escola *f* **de condução** P./B. **autoescola** *f*	Fahrschule
velocidade *f*	Geschwindigkeit

excesso *m* **de velocidade**	überhöhte Geschwindigkeit
andar a uma velocidade média de 90 quilómetros [quilômetros] por hora	mit einer Durchschnitts- / Reisegeschwindigkeit von 90 km/h fahren
rápido / **veloz** – **lento**	schnell – langsam
arrancar (-co; -ca > -que) / **partir** / B. *auch* **dar** (irr.) **partida**	starten
acelerar – **travar** P./B. **frear**	beschleunigen / Gas geben – bremsen
ultrapassar	überholen
ir (irr.)	gehen; fahren; fliegen
ir e voltar	pendeln
Vou e volto todos os dias.	Ich pendle jeden Tag.
gastos *m* / **despesas** *f* **de viagem** / B. *auch* **condução**	Fahr(t)kosten
viajar – **viagem** *f*	fahren; reisen – Fahrt; Reise
auto-estrada *f* / B. *auch* **de rodovia** *f*	Autobahn
área de serviço à beira da auto-estrada P./B. da rodovia	(Autobahn-)Raststätte
pista *f*	Fahrbahn / -spur
uma auto-estrada / rodovia de três pistas	eine dreispurige Autobahn
portagem *f* P./B. **pedágio** *m*	Autobahngebühr / Maut
cobrar – pagar portagem / pedágio	Maut verlangen – zahlen
via *f*	Straße *(im Stadtbereich und außerhalb)*
via de circulação / P. *auch* circular *f*	Durchgangs- / Durchfahrtsstraße
via *f* **rápida** P./B. **expressa**	Schnellstraße
estrada *f*	Straße (*außerhalb von Ortschaften*)
estrada secundária	Nebenstraße
estrada nacional P.	Nationalstraße
estrada federal B.	Bundesstraße (*obliegt dem Bund*)
estrada estadual B.	Landstraße (*obliegt den Bundesstaaten*)
estrada municipal	Ortsstraße (*obliegt den Kommunen*)
itinerário principal IP P.	Hauptstraße
estrada *f* **de desvio** P./B. **contorno**	Umgehungsstraße
desvio *m*	Umleitung
nó *m* P./B. **anel** *m* **viário**	Ring
curva *f* – **re(c)ta** *f*	Kurve – Gerade
A estrada faz uma curva.	Die Straße macht eine Kurve.
rotunda *f* / **tráfego** *m* **circular** / B. *auch* **rotatória** *f*	Kreisverkehr; Kreisel
transitar	durchfahren; -gehen
trânsito *m* / **tráfego** *m* / B. *auch* **tráfico** *m*	Verkehr
trânsito pesado	Schwerverkehr
nenhum problema de trânsito / tráfego	(*Radio*) keine Verkehrsstörungen

segurança do trânsito	Verkehrssicherheit
tráfego na hora de ponta / B. *auch* de pico	Berufsverkehr; Stoßverkehr
ficar preso no trânsito P./B. pegar trânsito	im Stau stecken bleiben
sinal *m* **de trânsito** / **placa** *f* **de sinalização**	(Verkehrs-)Zeichen
regras *f pl* **de trânsito**	Verkehrsregeln
rua *f* – **avenida** *f*	Straße (*im Stadtbereich*) – Allee
rua / via principal – secundária	Haupt- – Nebenstraße
rua de sentido único / de mão única	Einbahnstraße
rua sem saída / beco *m*	Sackgasse
rua calçada	gepflasterte Straße
rua asfaltada	asphaltierte Straße
esquina *f*	(Straßen-)Ecke
passeio *m* / **calçada** *f*	Bürgersteig / Gehsteig
passadeira *f* **de peões** P./B. **faixa** *f* **de pedestres**	Fußgängerüberweg / Zebrastreifen
cruzamento *m*	(Straßen-)Kreuzung
parar no cruzamento	an einer Kreuzung (an)halten
sinal *m* / **semáforo** *m* / B. *auch* **farol** *m*	Verkehrsampel
sinal vermelho – verde	rote – grüne Ampel
O sinal está fechado – aberto.	Die Ampel ist rot – grün.
não respeitar / passar o sinal vermelho	die Ampel missachten
virar / **dar** (irr.) **a volta**	wenden
virar / **cortar** P./B. **dobrar**	ein- / abbiegen
No semáforo vire / dobre à direita.	Biegen Sie an der Ampel rechts ab.
caminho *m*	Weg
o caminho mais rápido para o centro	der schnellste Weg ins Zentrum
volta *f*	Umweg; Spaziergang; -fahrt
Demos uma volta.	Wir haben einen Umweg gemacht.
atalho *m*	Abkürzung
Atenção *f*: **obras** *f pl*	Achtung: Baustelle
congestionamento *m* / **engarrafamento** *m* / P. *auch* **bicha** *f*	Stau
congestionamentos nas horas de ponta	Staus während der Hauptverkehrszeiten
ficar preso num congestionamento	in einen Stau geraten
ruas congestionadas	verstopfte Straßen
caos *m* nas estradas	Chaos auf den Straßen
rua interditada – **interdição** *f* / **proibição de trânsito**	gesperrte Straße – Straßensperrung
gasolina *f* – **posto** *m* **de gasolina**	Benzin – Tankstelle
avaria *f* P./B. **pane** *f*	Panne
oficina *f*	Werkstatt

levar o carro à oficina	das Auto in die Werkstatt bringen
pneu *m* – **pneumático** *m* / **câmara** *f* **de ar**	Reifen
roda *f*	Rad
pneu sobressalente / **de reserva** / B. *auch* **estepe** *m*	Ersatzreifen / -rad
examinar a pressão dos pneus	den Reifendruck prüfen
trocar um pneu / o óleo	einen Reifen / das Öl wechseln
pneu furado / P. *auch* furo	platter Reifen; Reifenpanne
consertar / P. *m us* **arranjar**	reparieren
conserto *m* / P. *auch* **arranjo** *m*	Reparatur
revisão *f*	Inspektion
O meu carro acaba de passar pela revisão.	Mein Auto war gerade zur Inspektion.
estacionar	parken
sinal / placa de estacionamento proibido	Parkverbotsschild
lugar *m* **de estacionamento** *m*	Parkplatz; Parken
guarda de estacionamento	Parkplatzwächter
parquímetro *m*	Parkuhr
parque *m* **de estacionamento**	Parkhaus
guarda *m f* (de trânsito)	Verkehrspolizist/-in
infra(c)ção *f* / **transgressão** *f*	Verstoß (gegen die Straßenverkehrsordnung)
multa *f*	Strafzettel; Bußgeld
multa por excesso de velocidade	Bußgeldbescheid wegen Geschwindigkeitsüberschreitung
reboque *m* / B. *auch* **carro-guincho** *m*	Abschleppwagen
rebocar (o carro)	abschleppen
atropelar alguém	jemand überfahren
conduzir bêbado / **alcoolizado**	betrunken fahren
teste *m* **de alcoolemia**	Alkoholtest
controle *m* **por radar**	Radarkontrolle
acidente *m* **de tráfego** / **de trânsito**	Verkehrsunfall
mortos em acidente de trânsito	Verkehrstote
provocar um acidente	einen Unfall verursachen
carta *f* **de condução** P./B. **carteira** *f* **de motorista**	Führerschein
documentação *f* / **documentos** *m* / **papéis** *m* **do carro**	Auto- / Fahrzeugpapiere

Transportes ferroviários
Beförderung mit der Eisenbahn

Companheiro divertido em viagem vale uma carruagem.

caminho-de-ferro *m* P./B. **ferrovia** *f*	Eisenbahn
privatizar os caminhos de ferro / a ferrovia	die Eisenbahn privatisieren
via *f* **férrea** / **linha** *f* **férrea**	Eisenbahnlinie; Eisenbahngleis
ferroviário/-a	Eisenbahner/-in – Eisenbahn-
greve dos ferroviários	Eisenbahnerstreik
linha ferroviária / traje(c)to ferroviário	Eisenbahnlinie / -strecke
entroncamento ferroviário	Eisenbahnknotenpunkt
plataforma *f* – **linha** *f*	Bahnsteig – Gleis
trilho *m* / **carril** *m*	Schiene
trilhos *m pl*	Gleis(e)
Proibido andar nos trilhos.	Betreten der Gleise verboten.
descarrilar – **descarrilamento** *m*	entgleisen – Entgleisung
comboio *m* P./B. **trem** *m*	Zug
ir / viajar de comboio / de trem	mit dem Zug / der Bahn fahren
apanhar P./B. pegar um comboio / trem	einen Zug nehmen
comboio / trem suburbano	Nahverkehrszug; Vorortzug
expresso / rápido	Schnellzug
comboio / trem de alta velocidade	Hochgeschwindigkeitszug
(comboio / trem) dire(c)to	ein durchgehender / direkter Zug

Expressões com as palavras comboio e „trem" **(= Ausdrücke mit „Zug")**
Ela deixou os trens no canto da sala. B. fam (= Sie hat ihre Sachen in einer Ecke des Zimmers gelassen.) • *perder o comboio* P./B. *o bonde* (= die Chance verpassen)

passageiro/-a	Fahrgast; Reisende/-r; Passagier/-in
carga *f*	Güter; Waren; Fracht
transporte de cargas / passageiros	Güter- / Personentransport
comboio / trem de cargas / de passageiros	Güter- / Personenzug
rede *f* / B. *auch* **malha** *f* **ferroviária**	Eisenbahnnetz
trânsito *m* **ferroviário**	Zugverkehr / Eisenbahnverkehr
traje(c)to *m* / **percurso** *m*	Strecke
duração do traje(c)to / percurso	Fahrzeit
itinerário *m*	Dienstfahrplan; Reiseweg
ligação *f* P./B. **conexão** *f*	Anschluss; Zugverbindung
ter ligação / conexão	Anschluss haben
uma ligação / conexão dire(c)ta	eine Direktverbindung
transbordo P./B. **baldeação** *f*	(das) Umsteigen
mudar de comboio P./B. **fazer** (irr.) **baldeação** / **baldear**	umsteigen

paragem *f* P./B. **parada** *f* em Munique	Zwischenaufenthalt in München
vagão *m* / P. *auch* **carruagem** *f*	Eisenbahnwagen
cama *f* / **leito** *m*	Bett
carruagem-cama P./B. vagão-leito	Schlafwagen
carruagem- restaurante P./B. vagão-restaurante	Speisewagen
locomotiva *f*	Lokomotive
maquinista *m f*	Lok(omotiv)führer/-in
cobrador/-a	Schaffner/-in
compartimento *m* / **cabina** *f*	Abteil
compartimento para fumadores P./B. fumantes	Raucherabteil
cabina de primeira / de segunda classe	Erster- / Zweiter-Klasse-Abteil
estação *f* – **terminal**	Bahnhof – Endstation
estação central	Hauptbahnhof
parar numa estação	an einem Bahnhof halten
sala *f* **de espera**	Wartesaal
carregador *m*	Gepäckträger
bagagem *f*	Gepäck
carrinho de bagagem	Kofferkuli
depósito *m* **de bagagens**	Gepäckaufbewahrung
achados e perdidos	Fundbüro
bilhete *m* / **passagem** *f*	Fahrkarte
um bilhete de ida e volta	Rückfahrkarte
guiché *m* [guichê] / **bilheteira** *f* P./B. **bilheteria** *f*	Fahrkartenschalter
lugar *m*	Platz; Sitz
ocupado – **livre**	besetzt – frei
reserva *f* – **reservar um lugar**	Reservierung – einen Platz reservieren
suplemento *m*	Zuschlag
entrar num comboio / trem	in einen Zug einsteigen
sair (irr.) / **descer** (-ço; -ça > -ce; -ci) de um comboio / trem	aus einem Zug aussteigen
viajar – **viagem** *f*	reisen – Fahrt; Reise
uma viagem de comboio / de trem	eine Bahnfahrt
perder (irr.) o comboio / trem	den Zug verpassen / versäumen
partir / **sair** (irr.) – **partida** *f* / **saída** *f*	abfahren – Abfahrt
O comboio / trem sai da plataforma 7.	Der Zug fährt von Gleis 7 ab.
chegar (-go; -ga > -gue) – **chegada** *f*	ankommen – Ankunft
a hora prevista de chegada	die vorgesehene Ankunftszeit
pontual / **pontualmente**	pünktlich
horário *m* **dos comboios / trens**	Fahrplan; Kursbuch
atrasar-se / **demorar** – **adiantar-se**	sich verspäten – zu früh ankommen
atraso *m* / **demora** *f*	Verspätung
atrasado – **adiantado**	verspätet – zu früh

19
3

Transportes aéreos
Beförderung mit dem Flugzeug

O Céu é para Deus e a Terra para os homens.

ir (irr.) / **andar** / **viajar de avião** / **voar**	fliegen
voo *m* [vôo]	Flug
Vou de avião para São Paulo.	Ich fliege nach São Paulo.
Tenho medo de andar de avião.	Ich habe Angst vor dem Fliegen.
viajar em classe turística	in der Touristenklasse fliegen
A duração do voo [vôo] é de seis horas.	Die Flugzeit beträgt sechs Stunden.
voo [vôo] dire(c)to	Direktflug
voo [vôo] regular / de linha – voo [vôo] charter / fretado	Linienflug – Charterflug
voo [vôo] doméstico – voo [vôo] internacional	Inlandsflug – Auslandsflug
confirmar o voo [vôo]	den Flug bestätigen
Os voos [vôos] foram cancelados por causa do mau tempo.	Wegen schlechten Wetters wurden die Flüge gestrichen.
avião *m*	Flugzeug
Este avião é muito rápido.	Dieses Flugzeug ist sehr schnell.
um avião supersónico [supersônico]	ein Überschallflugzeug
avião de passageiros	Verkehrsflugzeug
avião a ja(c)to	Düsenflugzeug / Jet
porta-aviões *m*	Flugzeugträger
aéreo	Luft-
Ele morreu num acidente aéreo.	Er kam bei einem Flugzeugabsturz ums Leben.
enviar mercadorias por via aérea	Waren auf dem Luftweg versenden
companhia aérea	Luftfahrtgesellschaft
linha aérea	Luftverkehrslinie
rede de linhas aéreas	Luftverkehrsnetz
aeroporto *m*	Flughafen
aeródromo *m*	Flugplatz
helicóptero *m* – **heliporto** *m*	Hubschrauber – Hubschrauberlandeplatz
terminal *f*	Terminal / Abfertigungshalle
o terminal de chegada – de partida	Ankunfts- – Abflughalle
horário *m* **de voos** [vôos]	Flugplan
chegada *f* – **partida** *f*	Ankunft – Abflug
cancelar	streichen / ausfallen lassen
reserva *f* – **reservar**	Reservierung – reservieren
cancelar uma reserva	eine Reservierung stornieren
passagem *f* / **bilhete** *m* P./B. **ticket** *m*	Flugkarte / -ticket
aumento dos preços das passagens aéreas	Erhöhung der Flugpreise

classe *f* **turistica** / **executiva** / **primeira classe**	Touristenklasse / Business-Class / erste Klasse
destino *m*	Zielflughafen; Reiseziel
escala *f*	Zwischenlandung
fazer escala	zwischenlanden
voo (vôo) sem escala / dire(c)to	Non-Stop-Flug
controle *m* / **inspe(c)ção de segurança**	Sicherheitskontrolle
check in *m* / **registro** *m* **de embarque**	einchecken
fazer o check in	einchecken
balcão *m* de check in	(Fluggast-)Abfertigungsschalter
mala *f* – **bagagem** *f*	Koffer – Gepäck
bagagem de mão	Handgepäck
A bordo só é permitido levar uma bagagem de mão.	Sie können nur ein Stück Handgepäck mit an Bord nehmen.
excesso *m* **de peso**	(*Gepäck*) Übergewicht
embarcar (-co; -ca > -que) / **embarque** *m*	einsteigen / an Bord gehen
O embarque é pela porta / B. *auch* pelo portão 4.	Ihr Flug geht von Ausgang 4 ab.
cartão *m* **de embarque**	Bordkarte
menor desacompanhado/-a	Kind ohne Begleitung
passageiro/-a	Fluggast / Passagier/-in
passageiro na lista de espera	Passagier auf der Warteliste
cinto *m* **de segurança**	Sicherheitsgurt
Por favor, apertem os cintos.	Bitte schnallen Sie sich an.
máscara *f* **de oxigénio** [oxigênio]	Sauerstoffmaske
colete *m* **salva-vidas**	Schwimmweste
compartimento *m* **para a bagagem de mão**	über dem Sitz befindliches Gepäckfach
cabina *f* **do piloto**	Cockpit
cabina *f* **de passageiros**	Passagierraum
tripulação *f*	Besatzung / Mannschaft
pessoal *m* **de terra**	Bodenpersonal
piloto *m f*	Pilot/-in
comissário *m*	Steward / Flugbegleiter
hospedeira *f* P./B. **aeromoça** *f*	Stewardess / Flugbegleiterin
descolar P./B. **decolar** – **pousar** / **aterrar**	starten – landen
pista *f* **de descolagem e aterragem** P./B. **decolagem e aterrissagem**	Start- und Landebahn
altitude *f* **de voo** [vôo]	Flughöhe
tapete *m* P./B. **esteira** *f* **(de entrega) de bagagens**	Gepäckausgabeband
torre *f* **de controle**	Kontrollturm
controlador/-a de tráfego aéreo	Fluglotse/-lotsin

Transporte marítimo e fluvial
Beförderung auf dem Wasserweg

→ 14.4. Mares, lagos, rios

Grandes naus, grandes tormentas.

mar *m* – **marítimo**	See – See- / Meer- / Marine-
ir ao mar	zur See gehen
em alto mar	auf hoher See
mar bravo – mar calmo	raue See – ruhige See
por mar / por via marítima	auf dem Seeweg
transportar por via marítima	verschiffen
águas *f*	Gewässer
em águas internacionais	in internationalen Gewässern
em águas territoriais brasileiras	in den brasilianischen Hoheitsgewässern
rio *m* – **fluvial**	Fluss – Fluss-
navegação fluvial	Binnen- / Flussschifffahrt
por via fluvial	auf dem Schiffsweg
navio *m* – **barco** *m* – **barca** *f*	Schiff – Boot – Barke
a bordo de um navio	an Bord eines Schiffes
embarcação *f*	Wasserfahrzeug
naval	Marine- / See-
navegar (-go; -ga > -gue) – **navegável**	schiffen / segeln – schiffbar
navegar a toda vela	mit vollen Segeln fahren
águas navegáveis	Fahrwasser
navegador *m* / **navegante** *m* – **navegação** *f*	Schiffer / Seefahrer – Schifffahrt / Schiff
interditado à navegação	für die Schifffahrt gesperrt

Tipos de embarcações **(= Arten von Wasserfahrzeugen)**
o transatlântico (= Ozeandampfer) • *o barco de passageiros* (= Passagierschiff) • *o barco a vapor* (= Dampfschiff / Dampfer) • *o cacilheiro* P./B. *a balsa* (= Fähre) • *o navio cargueiro* (= Frachtschiff / Frachter) • *o navio mercante* (= Handelsschiff) • *o petroleiro* (= Öltanker) • *o navio-tanque / o navio-cisterna* (= Tankschiff) • *o navio quebra-gelos* (= Eisbrecher) • *o navio frigorífico* (= Kühlschiff) • *a traineira* (= Hecktrawler) • *o barco de pesca / o navio pesqueiro* (= Fischerboot) • *a baleeira* (= Walfänger) • *o rebocador* (= Schlepper) • *o navio-piloto* (= Lotsenboot) • *o bote salva-vidas* (= Rettungsboot) • *o navio patrulha* P./B. *o (barco) patrulheiro* (= Patrouillenboot) • *a corveta da polícia marítima* P./B. *o (barco) guarda costas* (= Küstenwachschiff) • *o barco / a lancha a motor* (= Motorboot) • *o iate* (= Jacht) • *o barco à vela* (= Segelboot) • *o barco a remos* (= Ruderboot) • *a canoa* (= Kanu; Paddelboot) • *a balsa / a jangada* (= Floß)

náutica *f* – **náutico**	Schifffahrtkunde / Nautik – nautisch / Schifffahrts-
leme *m* / **timão** *m*	Steuerruder
remar – **remo** *m*	rudern – Ruder
estaleiro *m*	Werft
cruzeiro *m* – fazer um cruzeiro	Kreuzfahrt – eine Kreuzfahrt machen
viagem *f*	Reise
viagem por mar / marítima	Seereise
a viagem inaugural do Titanic	die Jungfernfahrt der Titanic
passagem *m* – **passageiro**/**-a**	Überfahrt – Passagier/-in
reservar um passagem para a América	eine Schiffsreise nach Amerika buchen
passageiro clandestino	blinder Passagier
embarcar (-co; -ca > -que) – **desembarcar**	sich einschiffen – von Bord gehen / an Land gehen
embarque *m*	Einschiffung
embarcadouro *m* / **cais** *m* **de embarque**	Anlegeplatz / Landungsbrücke
aviso de embarque	Verschiffungsbescheinigung
chegar (-go; -ga > -gue) **a terra**	an Land kommen
encalhar	auf Grund laufen / stranden
virar / **soçobrar**	kentern
afundar-se – **afundamento** *m*	sinken – Versenkung
A balsa virou e afundou-se.	Die Fähre kenterte und sank.
ir (irr.) **a pique**	scheitern; untergehen
O barco foi a pique com o capitão.	Der Kapitän ging mit seinem Schiff unter.
chocar (-co; -ca > -que)	prallen gegen
O Titanic chocou contra um iceberg.	Die Titanic lief gegen einen Eisberg.
naufragar (-go; -ga > -gue) – **naufrágio** *m*	Schiffbruch erleiden – Schiffbruch
submersível	tauchfähig – Tauch- / Unterseeboot
insubmersível	unsinkbar
rota *f* / **rumo** *m*	Kurs
mudar / trocar de rota / rumo	den Kurs ändern
perder a rota / o rumo	vom Kurs abkommen
corrigir a rota / o rumo	den Kurs korrigieren
proa *f* – **popa** *f*	Bug – Heck
bombordo *m* – **estibordo** *m* / B. *auch* **boreste** *m*	Backbord – Steuerbord
porto *m* – **cais** *m sg pl*	Hafen – Kai
atracar (-co; -ca > -que) no cais	am Kai anlegen
ancorar – **âncora** *f*	(ver-)ankern – Anker
estar ancorado	vor Anker liegen
lançar a âncora – levantar a âncora	(den) Anker werfen – lichten
tripulação *f*	Mannschaft / Besatzung
marinheiro *m*	(*Fischfang*) Seemann; Matrose
capitão *m*	Kapitän

grumete *m*	Schiffsjunge
(radio)telegrafista *m f*	Funker/-in
proprietário/-a do barco	Schiffseigner/-in; Schiffsbesitzer/-in
armador *m*	Reeder
piloto *m*	Lotse
convés *m*	Deck
camarote *m*	Kabine
ponte *f* **de comando**	Brückendeck
porão *m*	Laderaum
mastro *m*	Mast
enjoar a bordo / marear	seekrank werden
pirata *m f* – **pirataria** *f*	Pirat – Piraterie
farol *m* – **faroleiro/-a**	Leuchtturm – Leuchtturmwärter/-in
comporta *f* / **reclusa** *f*	Schleuse
barragem *f* / **represa** *f*	Wehr

Algumas expressões relacionadas com a navegação e com o mar
(= Einige Ausdrücke mit Seefahrer- und Seewortschatz)
ficar a ver navios (= in den Mond gucken) • *viver num mar de rosas* (= im siebten Himmel leben) • *Barco parado não faz viagem.* (= Man soll nicht trödeln, sondern gleich zupacken.) • *O negócio foi à vela.* (= Das Geschäft ging schief.) • *embarcar numa canoa furada* (= sich auf ein zum Scheitern verurteiltes Unternehmen einlassen) • *tomar outro rumo* (= einen anderen Kurs einschlagen) • *Os negócios tomaram um rumo favorável.* (= Die Geschäfte haben eine günstige Wendung genommen.) • *Seguem a todo pano.* (= Man geht erfolgreich durch das Leben.) • *Tudo vai de vento em popa.* (= Alles läuft glänzend.) • *chegar a um porto seguro* (= gut ausgehen) • *navegar na esteira dos outros* (= sich im Fahrwasser anderer treiben lassen) • *navegar conforme os ventos* (= sich der Situation anpassen, um das beste Ergebnis zu erreichen) • *agarrar-se à última tábua de salvação* (= bis zum Schluss kämpfen / die letzte Chance ergreifen)

„Antigamente a vida de pirata era bem mais fácil."

Transportes públicos
Öffentlicher Nahverkehr

É mais importante bem viajar que chegar.

metro [metrô] *m*	U-Bahn
estação de metro [metrô]	U-Bahnhof / U-Bahn-Station
ir / andar de metro [metrô]	mit der U-Bahn fahren
viagem *f* – **traje(c)to** *m* / **percurso** *m*	Fahrt – Strecke / Weg
itinerário *m* – **horário** *m*	Fahrstrecke – Fahrplan
comboio *m* P./B. **trem** *m* **suburbano**	S-Bahn; Vorortzug
passageiro/-a / P. *auch* **utente** *m f* / B. *auch* **usuário/-a**	Fahrgast

In Brasilien ist der Bus das Hauptverkehrsmittel im öffentlichen Nahverkehr, was sich sehr negativ auf den Verkehrsfluss auswirkt. São Paulo und Rio de Janeiro haben erst in den 70er Jahren angefangen, Untergrundbahnen zu bauen, und haben bis jetzt nur wenige Linien in Betrieb.
In São Paulo gibt es folgende Fahrkarten: *unitário* (= Einzelfahrschein) gültig für eine Fahrt; *múltiplo* (= Zehnerkarte), gültig für 10 Fahrten, und *escolar* (= 5 Fahrscheine). Diese Fahrscheine gelten nur für die *metrô*. Es gibt auch kombinierte Karten *metrô-ônibus* (= für U-Bahn und Bus) und *metrô-ferrovia* (= für U-Bahn und Zug). Die Magnetkarte wird am Fahrtziel in ein Drehkreuz gesteckt, das dann den Durchgang freigibt.

In Lissabon unterhält die städische Transportgesellschaft CARRIS ein ausgedehntes Netz von *autocarros* (= Bussen), *eléctricos* (= Straßenbahnen) und *elevadores* (= Aufzügen). An den *paragens* (= Haltestellen) finden Sie einen Plan der jeweiligen Buslinien. Informationen, Fahrpläne und Fahrkarten können Sie an den CARRIS-Kiosken erhalten. *O Metro* (= die U-Bahn) hat durch die Weltausstellung ihr Netz stark erweitert. *A Rodoviária Nacional* (= ehemalige staatliche Busgesellschaft) unterhält ein Liniennnetz zwischen den Vororten und dem Stadtzentrum.
In Lissabon gibt es folgende Sonderfahrkarten: *módulos* (= Karte für mehrere Strecken mit dem Bus oder mit der Straßenbahn), *caderneta de 10 bilhetes* (= Zehnerkarte für die U-Bahn), *passe semanal ou mensal* (= Wochen- oder Monatskarte) mit verschiedenen Kombinationsmöglichkeiten: nur *Metro*; nur *Carris*; nur *Rodoviária Nacional; Metro + Carris; Metro + Carris + Rodoviária Nacional*).

eléctrico *m* P./B. **bonde** *m*	Straßenbahn
funicular *m* / **teleférico** *m*	Standseilbahn / Drahtseilbahn
autocarro *m* P./B. **ônibus** *m*	Bus
Vou para o trabalho de autocarro / ônibus.	Ich fahre mit dem Bus zur Arbeit.
autocarro / ônibus de dois andares	Doppeldecker(bus)
trolei *m* P./B. **trolebus** *m*	Oberleitungsbus / Obus

paragem *f* P./B. **parada** *f*	Haltestelle
minibus *m* P./B. **lotação** *m*	Kleinbus
motorista *m f* / **condutor/-a**	Fahrer/-in
bilhete *m* / **passagem** *f*	Fahrkarte
bilheteira *f* P./B. **bilheteria** *f*	Fahrkartenschalter
máquina *f* automática de vendas de de bilhetes	Fahrkartenautomat
bilhete de preço único	Einheits- / Pauschalfahrpreis
bilhete de / para um dia	Tageskarte
viajar sem bilhete	schwarzfahren
módulo *m* P.	Mehrfahrtenkarte
picar / P. *auch* obliterar	entwerten
pagar (-go; -ga > -gue)	(be-)zahlen
táxi *m* – **taxista** *m f* – **taxímetro** *m*	Taxi – Taxifahrer/-in – Taxameter
parar / chamar um táxi	ein Taxi heran- / herbeiwinken
uma corrida de táxi	eine Taxifahrt
praça de táxis P./B. ponto de táxi	Taxistand
ligar – desligar o taxímetro	die Taxiuhr ein- – ausschalten
bandeirada *f*	Grundgebühr (bei Taxis)

Alguns conselhos práticos **(= Einige praktische Tipps)**
Für Brasilien: *fazer sinal para parar o ônibus* (= ein Zeichen machen, um den Bus anzuhalten) muss man an jeder Haltestelle. Man steigt ein, zahlt bei dem/der *cobrador/-a* (Schaffner/-in) und geht durch die *catraca* f (= Sperre) oder *borboleta* (= Sperre, wörtlich Schmetterling). Es ist ratsam, immer Kleingeld bei sich zu haben, denn auf große Geldscheine gibt es meist kein Wechselgeld.

Expressões úteis	**(= Nützliche Redensarten)**
estação de metro [metrô]	nächste U-Bahn-Station
Por favor, como posso ir para a Praça de Portugal?	Wie komme ich bitte zur Praça de Portugal?
Qual é plataforma do metro [metrô] para Santana?	Von welchem Bahnsteig aus geht es nach Santana?
Siga a placa.	Folgen Sie dem Schild.
Este comboio / trem vai para ...?	Fährt dieser Zug nach ...?
Que autocarro / ônibus vai para ...?	Welcher Bus fährt nach ...?
Este eléctrico / bonde passa pelo Rossio?	Fährt diese Straßenbahn über Rossio?
Onde tenho que mudar de metro [metrô]?	Wo muss ich umsteigen?
Pode dizer-me, por favor, quando tenho que descer?	Können Sie mir bitte sagen, wann ich aussteigen muss?
São cinco estações / paragens / paradas até São Bento.	Zum São Bento sind es fünf Stationen / Haltestellen.
Para lá o senhor toma / a linha dois.	Da kommen Sie mit der Linie 2 hin.

A economia
Die Wirtschaft

20

1

Teoria e política económicas [econômicas]
Wirtschaftstheorie und -politik

A economia é a chave da riqueza.

economia *f*	Wirtschaft; Sparsamkeit
a economia (nacional)	die (Volks-)Wirtschaft
economia planificada / dirigida	Planwirtschaft
economia (social) de mercado livre	(soziale) Marktwirtschaft
uma recuperação lenta da economia	eine langsame Erholung der Wirtschaft
económico [econômico]	wirtschaftlich; ökonomisch; preiswert- – Wirtschafts-; Finanz-
sistema económico [econômico]	Wirtschaftssystem
situação económica [econômica]	wirtschaftliche Lage
desempenho económico [econômico]	Wirtschaftsleistung
política económica [econômica]	Wirtschaftspolitik
crescimento económico [econômico]	Wirtschaftswachstum
É viável economicamente?	Ist es wirtschaftlich sinnvoll?
mundo das finanças	Finanzwelt
economista *m f*	Volkswirt/-in; Volkswirtschaftler/-in; Wirtschaftswissenschaftler/-in
se(c)tor *m* **(de prestação** *f***) de serviços**	Dienstleistungsbereich / -sektor
oferta *f* **e procura** *f* / B. *auch* **demanda** *f*	Angebot und Nachfrage
mercado *m* – **mercadoria** *f*	Markt – Ware
as forças do mercado	die Marktkräfte
participação no mercado	Marktanteil
mercado mundial	Weltmarkt
concorrência *f*	Wettbewerb
a livre concorrência	der freie Wettbewerb
concorrência desleal	unlauterer Wettbewerb
regulamentação *f* / **controle** *m* / P. *auch* **controlo** *m* (estatal)	(staatliche) Regulierung / Kontrolle
supressão dos controle estatais	Aufhebung staatlicher Kontrollen
produção *f*	Produktion
fa(c)tores de produção	Produktionsfaktoren
custo(s) de produção	Produktionskosten
propriedade *f* **privada**	Privateigentum
propriedade privada dos meios de produção	Privateigentum an den Produktionsmitteln
economia privada / **se(c)tor privado**	Privatwirtschaft
empresa *f* (estatal / privada)	(staatliches / Privat-)Unternehmen

empresário/-**a**	Unternehmer/-in
lucro *m* **empresarial**	Unternehmergewinn
maximizar / aumentar ao máximo os lucros	die Gewinne maximieren
capital *m*	Kapital
acumular capital	Kapital bilden
bens *m*	Güter; Vermögen
bens de produção / investimento / de equipamento	Investitionsgüter / Ausrüstung(sgüter)
bens de consumo	Konsum-/ Gebrauchs- / Verbrauchsgüter
prosperidade *f* / **bem-estar** *m*	Wohlstand
riqueza *f*	Reichtum
gerar / criar riqueza	Vermögen bilden
volume *m* **total** *m* **de receitas**	Gesamteinkommen
custos *m*	Kosten
produto *m* **nacional bruto** / **PNB**	Bruttosozialprodukt
balança *f* **comercial**	Handelsbilanz
balança de pagamentos	Zahlungsbilanz
déficit *m* / P. *auch* **défice** – **deficitário**	Defizit – Defizit- / defizitär
financiamento do déficit (pelo estado)	Defizitfinanzierung (*durch den Staat*)
orçamento *m* – **orçamental** / B. *auch* **orçamentário**	(Staats-)Haushalt – Haushalt-
um orçamento nacional equilibrado	ein ausgeglichener Staatshaushalt
défice orçamental / déficit orçamentário	Haushaltsdefizit
dívida *f* **nacional**	Staatsschuld / -verschuldung
medidas *f* **de austeridade**	Sparmaßnahmen
racionamento *m*	Rationierung
cortar / reduzir **as subvenções**	Subventionen abbauen
eliminar **as barreiras comerciais**	Handelsschranken beseitigen
intercâmbio *m* **comercial**	Handelsaustausch / -verkehr
baixar **os juros**	die Zinsen senken
fazer **subir** os juros	die Zinsen in die Höhe treiben
aumentar **a produtividade**	die Produktivität erhöhen
nível *m* **de vida**	Lebensstandard
custo *m* **de vida**	Lebenshaltungskosten
aumento *m* **dos custos**	Kostensteigerungen
poder *m* **de compra**	Kaufkraft
consumo – **consumidor**/-**a**	Verbrauch / Konsum – Verbraucher/-in
preços de venda ao consumidor	Verbraucherpreise
depressão *f* **económica** [econômica]	Depression / wirtschaftlicher Abschwung
a grande depressão	die Weltwirtschaftskrise (*1929*)
estagnação *f* da economia	Stagnation / wirtschaftliche Flaute
recessão *f* económica [econômica]	Rezession / Konjunkturrückgang

20

1

estabilidade *f* – **instabilidade** *f*	Stabilität – Instabilität
flutuação *f* **conjuntural**	Konjunkturschwankung
retra(c)ção *f* da conjuntura	Rückgang der Konjunktur
surto *m* / **período** *m* **de crescimento** / **boom** *m*	Aufschwung
retomada *f* **do crescimento**	erneutes Wirtschaftswachstum
economia *f* **em expansão**	wirtschaftlicher Aufschwung
inflação *f* – **deflação** *f*	Inflation – Deflation
taxa de inflação	Inflationsrate
inflação galopante	galoppierende Inflation
estagflação *f* / **recessão** *f* **com inflação**	Stagflation / Rezession mit Inflation

„Hoje a nossa oferta de mercadorias está um pouco reduzida."

Os negócios
Das Geschäftsleben

→ 12.7 Ir às compras, 20.3 Dinheiro e finanças

Abre um olho para vender, abre dois para comprar.

negócio *m*	Geschäft / Geschäfts-
Os negócios vão / correm bem – mal.	Die Geschäfte gehen gut – schlecht.
Fazemos muitos negócios com eles.	Wir haben geschäftlich viel mit ihnen zu tun.
Está aqui a negócios?	Sind Sie geschäftlich hier?
um encontro / uma reunião de negócios	ein geschäftlicher Termin / eine geschäftliche Besprechung
almoço *m* de negócios / de trabalho	Geschäfts- / Arbeitsessen
É a responsável pelos nossos negócios com a África.	Sie ist für unser Afrikageschäft zuständig.
ter faro para os negócios	Geschäftssinn / Riecher für Geschäfte haben
homem *m* / **mulher** *f* **de negócios**	Geschäftsmann / -frau
técnico/-a comercial – **comerciante** *m f*	Kaufmann / -frau – Händler/-in
grossista *m f* / B. *auch* **atacadista** *m f*	Großhändler/-in
retalhista *m f* / B. *auch* **varejista** *m f*	Einzelhändler/-in
atacado *m* – **retalho** *m* / B. *auch* **varejo** *m*	Großhandel – Einzelhandel
por atacado – a retalho *m* / B. *m us* a varejo	Großhandel(s-) – Einzelhandel(s-)
comércio *m*	Handel
Câmara de Comércio	(Industrie- und) Handelskammer
Ministério do Comércio B.	Handelsministerium
Secretário de Estado do Comércio P.	Staatssekretär für Handel
comercial	kaufmännisch; kommerziell – Handels-
interesses comerciais	kommerzielle Interessen
português comercial	Handelsportugiesisch
feira / exposição comercial	(Handels-)Messe; Ausstellung
negociar / **fazer** (irr.) **comércio**	handeln / Handel treiben
negociar / fazer comércio com vinhos	Weinhandel treiben
ramo *m*	Branche; Gewerbe
Ele trabalha no ramo têxtil.	Er arbeitet in der Textilbranche.
mercadoria *f* (de qualidade)	(Qualitäts-)Ware
artigo *m*	(Waren-)Artikel
Este artigo é um êxito de venda.	Dieser Artikel ist ein Verkaufsrenner.
loja *f*	Laden
armazém *m*	Lager(haus); Kaufhaus

mercearia *f* / B. *auch* **loja** *f* **de secos e molhados**	Gemischtwarenhandlung
dono/-a / **proprietário/-a**	Besitzer/-in / Eigentümer/-in
empresa *f* / **firma** *f* / **companhia** *f*	Unternehmen; Firma; Gesellschaft
uma empresa com dificuldades económicas [econômicas]	ein in Schwierigkeiten geratenes Unternehmen
concentração de empresas	Unternehmenskonzentration
uma empresa de exportação próspera	ein florierendes Exportunternehmen
uma empresa multinacional	ein multinationaler Konzern / Multi
companhia comercial	Handelsgesellschaft
sociedade *f*	Gesellschaft
filial *f* / sucursal *f* / B. *auch* sociedade filiada	Tochtergesellschaft
sociedade em nome cole(c)tivo	offene Handelsgesellschaft (oHG)
sociedade sem fins lucrativos	gemeinnützige Gesellschaft
sociedade comanditária	Kommanditgesellschaft (KG)
sociedade anónima [anônima] (S.A.)	Aktiengesellschaft (AG)
sociedade limitada (Lda. P./B. Ltda.)	Gesellschaft mit beschränkter Haftung (GmbH)

Die Abkürzung *S.A.* nach portugiesischen/brasilianischen Firmennamen bedeutet, dass es sich um eine *sociedade anónima* [*anônima*] handelt, d.h. eine Gesellschaft, die etwa einer Aktiengesellschaft entspricht. Die Abkürzung Lda. / *Ltda.* deutet auf eine GmbH-ähnliche Gesellschaftsform hin. *Cia.* nach portugiesischen/brasilianischen Namen heißt *companhia*: *Casa Lopes & Cia.* (= Firma Lopes & Co).

grupo *m* / P. *auch* **agrupamento** *m* **complementar de empresas** /B. *auch* **empresas coligadas**	Konzern
o grupo Daimler-Chrysler	Daimler-Chrysler-Konzern
cooperativa *f*	Genossenschaft
industrial *m f*	Industrielle/-r – industriell – Industrie-
a(c)cionista *m f* – **a(c)ção** *f*	Aktionär/-in – Aktie
dire(c)tor/-a	Direktor/-in
dire(c)tor/-a de vendas	Verkaufsdirektor/-in
dire(c)ção *f* / B. *auch* **diretoria** *f* / P. *auch* **administração** *f*	Vorstand
membro da dire(c)ção / administração	Vorstandsmitglied
presidente (da administração)	Vorstandsvorsitzende/-r / Präsident/-in
conselho *m* **administrativo** / **conselho** *m* **fiscal**	der Aufsichtsrat (*einer AG*)
gerente *m f* / **chefe** *m f*	Leiter/-in / Geschäftsführer/-in
sócio/-a-gerente	geschäftsführende/-r Gesellschafter/-rin

chefe / P. *m us* dire(c)tor do departamento de vendas	Leiter/-in der Verkaufsabteilung
chefe / P. *m us* dire(c)tor de pessoal / recursos humanos	Personalchef/-in / Human Resources / Manager/-in
administração *f* / **gerência** *f* / **gestão** *f* / **dire(c)ção** *f*	Führung / Leitung
administração / gestão de empresas	Unternehmensführung
uma gestão dinâmica	ein zupackender Führungsstil
gestor/-a / **executivo/-a**	leitende/-r Angestellte/-r / Manager/-in
executivos do primeiro escalão	Spitzenmanager
vender – **venda** *f*	verkaufen – Verkauf; Umsatz; Vertrieb
a arte de vender	die Kunst des Verkaufens
métodos de venda agressivos	aggressive Verkaufsmethoden
fazer crescer as vendas	die Umsätze in die Höhe treiben
as últimas cifras de vendas	die neuesten Verkaufs- / Umsatzzahlen
queda / diminuição das vendas	Umsatzrückgang
As vendas caíram / diminuíram de uma forma alarmante.	Die Umsätze sind stark / dramatisch zurückgegangen.
uma campanha de vendas muito agressiva	eine sehr aggressive Werbekampagne
lucro *m* / **resultado** *m*	Gewinn
obter lucros	Gewinne erzielen
Os resultados cresceram vertiginosamente.	Die Erträge sind sprunghaft angestiegen.
margem grande – pequena de lucros	große – kleine Gewinnspanne
vendedor/-a – **comprador/-a**	Verkäufer/-in / Händler/-in – Käufer/-in
a nossa equipa P./B. equipe de vendedores	unser Vertreterstab / Außendienst
vendedor/-a / **balconista** *m f*	(*Laden*) Verkäufer/-in
representante *m f*	Vertreter/-in; Repräsentant/-in
representante comercial / de comércio	(Handels-)Vertreter/-in
delegado/-a comercial P./B. **viajante** *m f*	(Handels-)Vertreter/-in / -Reisende/-r
um/-a **cliente potencial**	ein/-e potenzielle/-r Kunde / Kundin
uma **comissão** de 25 por cento	eine Provision von 25 Prozent
comissões ilegais	illegale Provisionen
Gastaram milhões em **subornos.**	Sie haben Schmiergelder in Millionenhöhe bezahlt.
distribuir – **fornecer** (-ço; -ça > -ce; -ci)	vertreiben / verteilen – ausliefern
distribuir – fornecer mercadorias	Waren vertreiben / verteilen – Waren ausliefern
distribuição *f*	Vertrieb; Verteiler
nossos **distribuidores** no exterior	unsere Vertriebspartner im Ausland
distribuição *f* **exclusiva**	Alleinvertrieb / -vertretung

concessão *f*	Konzession
acordo de distribuição	Vertriebsvereinbarung
sociedade distribuidora	Vertriebsgesellschaft
segundo **a disposição contratual**	gemäß den Vertragsbestimmungen
comprar – **vender**	(an- / ein-)kaufen – verkaufen
compra *f* **e venda** *f*	Ein- und Verkauf
preço de compra / de custo	Einkaufspreis
preço de venda ao consumidor	Einzelhandels- / Ladenpreis
volume *m* **de vendas**	Umsatz
O volume de vendas aumentou 9 por cento.	Der Umsatz ist um 9 Prozent gestiegen.
um volume de vendas de um milhão	ein Umsatz von einer Million
rentável	Gewinn bringend / rentabel
deficitário	unrentabel – Verlust-
rentabilidade *f*	Rentabilität
perder (irr.) – **perda** *f* / **prejuízo** *m*	verlieren – Verlust
sofrer enormes perdas / prejuízos	enorme Verluste erleiden
Têm que enfrentar grandes perdas.	Es drohen ihnen große Verluste.
saldo *m* (comercial)	Saldo
saldo positivo – negativo	positiver – negativer Saldo
preço *m*	Preis
cobrar um preço exagerado	einen übertriebenen Preis verlangen
lista *f* **de preço(s)**	Preisliste
etiqueta *f* com o preço	Preisschild
subir (irr.) – **baixar** os preços	die Preise erhöhen – senken
reduzir drasticamente os preços	die Preise / Kosten drastisch senken
regatear (irr.) para conseguir o melhor preço	um den besten Preis feilschen
caro – **barato**	teuer – billig
encarecer (-ço; -ça > -ce; -ci)	überteuern
encarecimento *m*	Überteuerung
artigos *m* **excessivamente caros**	zu teure / überteuerte Waren
desconto *m*	Nachlass; Rabatt
um desconto de 25 por cento	ein Rabatt von 25 Prozent
produto *m* **de marca**	Markenartikel
imitação	Imitation / Imitat
concorrência *f* forte / feroz	heftige / scharfe Konkurrenz
concorrência selvagem / B. *auch* predatória	Verdrängungswettbewerb
afastar / eliminar um **concorrente**	einen Konkurrenten / Mitanbieter aus dem Markt verdrängen
entrar em **liquidação** *f* / **liquidar** um negócio	in Liquidation gehen / ein Geschäft auflösen
saldos *m pl* P./ B. **liquidação** *f*	Schlussverkauf
oferecer (-ço; -ça > -ce; -ci) – **oferta** *f*	anbieten – Angebot
aquisição *f*	Neuerwerbung; Übernahme
aquisição de uma empresa	Firmenaufkauf

(oferta de) aquisição amistosa	(Angebot einer) freundlichen Übernahme
aquisição hostil	feindliche Übernahme
fusão *f*	Fusion
sala *f* **de exposição**	Ausstellungsraum
pedido *m*	Bestellung; Auftrag
fazer um pedido a uma firma.	einen Auftrag an eine Firma erteilen
mandar uma encomenda por escrito	eine schriftliche Bestellung schicken
fornecer – **fornecimento** *m*	liefern – Lieferung
fornecimento de mercadorias	Warenlieferung
fornecedor/-a	Lieferant/-in; Vertreter/-in – Lieferungs-
empresa fornecedora	Lieferfirma
abastecer (-ce; -ci > -ço; -ça)	liefern / versorgen –
abastecedor/-a	Lieferant/-in
enviar / mandar algo	etwas versenden
envio *m* (de mercadorias)	(Waren-)Sendung / Lieferung
guia *f* **de expedição** / **de remessa**	Versandpapiere / -dokumente
lista *f* **de conteúdo**	Packliste
armazém *m* / **depósito** *m* / B. *auch* **almoxarifado** *m*	Lager(haus)
estoque *m* / P. *auch* **stock** *m* / P. *auch* **existências** *f pl* **em armazém**	Vorrat / Lagerbestände
(Não) Temos esse modelo em armazém.	Das Modell ist (nicht) vorrätig.
sortimento *m* / P. *auch* **sortido** *m*	Sortiment / Auswahl
sortimento de produtos	Warensortiment
sortimento variado – limitado	reiche – beschränkte Auswahl
inventariar – **inventário** *m*	Bestand aufnehmen – Inventar / Bestandsliste
fazer inventário	Bestand aufnehmen / Inventur machen
garantir – **garantia** *f*	garantieren (für) – Garantie(schein)
uma garantia de dois anos	eine zweijährige Garantie
licença *f*	Lizenz
conceder – recusar uma **concessão**	eine Konzession erteilen – verweigern
importação *f* – **exportação** *f*	Import – Export
importar – **exportar**	importieren – exportieren
importador/-a – **exportador/-a**	Importeur/-in – Exporteur/-in
boicote *m* – **boicotar**	boykottieren – Boykott

Dinheiro e finanças
Geld und Finanzwesen

→ 6.9 Impostos, 20.2 Os negócios

Se Deus é onipotente, o dinheiro é o seu lugar-tenente.

dinheiro *m*	Geld
ganhar muito – pouco dinheiro	viel – wenig verdienen
uma grande – pequena quantia (de dinheiro)	ein großer – kleiner Geldbetrag
Há pouco dinheiro.	Das Geld ist knapp.
Ele tem pouco dinheiro.	Er hat wenig Geld.
cinco mil euros em numerário P./B. em dinheiro vivo	5000 Euro in bar
Não tenho dinheiro comigo.	Ich habe kein (Bar-)Geld bei mir.
Vai pagar em dinheiro ou com cartão?	Zahlen Sie bar oder mit Karte?
Estou **liso**. *fam* / B. *auch* Estou **duro**. *fam*	Ich bin pleite.
massa *f fam* P./B. **grana** *f fam*	Knete
caixa *f* **registadora** [registradora]	Registrier- / Ladenkasse
caixa *f* **multibanco** P./B. **caixa eletrônico**	Geldautomat

Die Zahlen 200 bis 900 müssen mit dem darauf folgenden Substantiven übereinstimmen: *seiscentos mil euros* (= 600.000 Euro) • *trezentas libras* (= 300 Pfund)

cobrar	einnehmen; kassieren; berechnen
Quanto cobrou pelo trabalho?	Was hat er für die Arbeit berechnet?
comissões *f* **bancárias**	Bankgebühren
despesas *f* **bancárias**	Bankspesen
custar – **custos** *m*	kosten – Kosten
trocar (-co; -ca > -que) uma nota de cem euros	einen Hunderteuroschein wechseln

Nome das moedas dos países lusófonos **(= Die Währungen in den portugiesischsprachigen Ländern)**
O euro é a moeda de Portugal. • O real é a moeda do Brasil. • O kwanza é a moeda de Angola. • O escudo é a moeda de Cabo Verde. • O peso é a moeda da Guiné-Bissau. • O metical é a moeda de Moçambique. • A dobra é a moeda de São Tomé e Príncipe.

pagar (-go; -ga > -gue)	(be-)zahlen
pagar as mercadorias	Waren bezahlen
Ele pagou todas as suas dívidas.	Er hat alle seine Schulden bezahlt.

pagar **com um cheque / com o cartão de crédito**	mit Scheck / Kreditkarte bezahlen
pagar em dinheiro	bar bezahlen
pagar **a prazo / a prestações**	in Raten bezahlen
A quarta prestação é em Maio [maio].	Die vierte Rate ist im Mai fällig.
pôr na conta	anschreiben lassen / das Konto belasten
recibo *m*	Quittung
fa(c)tura *f*	(Waren-)Rechnung
pagar / liquidar / saldar uma fa(c)tura	eine Rechnung bezahlen / begleichen
liquidação *f* / B. *auch* **quitação** *f* de uma fa(c)tura pendente	Bezahlung / Begleichung einer offenen Rechnung
carteira *f*	Brieftasche
porta-moedas *m* / **carteira** *f*	Portemonnaie / Geldbeutel

Algumas expressões com dinheiro **(= Einige Ausdrücke mit Geld)**
nadar em dinheiro (= im Geld schwimmen) • *O dinheiro faz milagres.* (= Für Geld ist alles zu haben.) • *Dinheiro chama dinheiro.* (= Geld zieht Geld an.) • *estar sem um tostão furado* (= pleite sein) • *cara ou coroa* (= Zahl oder Wappen) • *ter dinheiro aos montes* (= Geld wie Heu haben) • *atirar dinheiro pela janela fora* (= sein Geld zum Fenster hinauswerfen)

gastar dinheiro	Geld ausgeben
despesas *f* / **gastos** *m*	Ausgaben / Aufwendungen
gastos gerais	Gemeinkosten
emprestar dinheiro a alguém	jemand Geld leihen
pedir (irr.) **emprestado**	(sich) Geld von jemand leihen
empréstimo *m*	Darlehen
crédito *m*	Kredit
crédito à habitação P./B. empréstimo para construção	Baudarlehen
conceder – pagar um crédito	einen Kredit gewähren – zurückzahlen
hipoteca *f*	Hypothek
conta *f*	Bankkonto
abrir – fechar uma conta	ein Konto eröffnen – schließen
depositar / pôr dinheiro numa conta	Geld auf ein Konto einzahlen
transferir / mandar dinheiro para uma conta	Geld auf ein Konto überweisen
conta corrente / P. *auch* conta à ordem	Girokonto
conta de poupança	Sparkonto
conta (com dinheiro) a prazo fixo	Festgeldkonto
conta poupança-habitação P./B. **conta de poupança para construção**	Bausparkonto
poupar / economizar dinheiro	Geld sparen
fomentar a **poupança**	die Spartätigkeit fördern

índice *m* **de poupança**	Sparquote
caderneta *f* **de poupança**	Sparbuch
transferência *f* **bancária**	Überweisung
transa(c)ção *f* **bancária**	Transaktion
número de identificação bancária NIB P./B. **código** *m* **bancário**	Bankleitzahl
depósito *m* **bancário**	Bankeinlage
sacar (-co; -ca > -que) / **retirar** / P. *m us* **levantar** dinheiro	Geld abheben
Gostaria de sacar / levantar 20.000 euros.	Ich möchte 20.000 Euro abheben.
Caixa *f* **Geral de Depósitos** P./B. **Caixa Econômica Estadual / Federal**	Sparkasse
banco *m* – o **Banco Central**	Bank – die Zentralbank
o Banco de Portugal	portugiesische Zentralbank
o Banco Central	brasilianische Zentralbank
banqueiro/-a – **bancário/-a**	Banker/-in – Bankangestellte/-r
gerente *m f* **de filial**	Zweigstellenleiter/-in
a **reserva (nacional) em ouro**	die Goldreserve (des Landes)
o **tesouro público**	die Staatskasse
o **Ministério das Finanças** P./B. **da Fazenda**	das Finanzministerium
ministro/-a das Finanças / da Fazenda	Finanzminister/-in
política *f* **monetária**	Geld- / Währungspolitik
mercado *m* **monetário**	Geldmarkt
o Sistema Monetário Europeu	das Europäische Währungssystem
a União Monetária	die Währungsunion
criar uma **moeda** comum	eine gemeinsame Währung schaffen
a política **fiscal**	die Finanzpolitik
uma **desvalorização** de 10%	eine zehnprozentige Abwertung
O real foi **desvalorizado** em 5%.	Der Real wurde um 5% abgewertet.
cotação *f* **da moeda**	Wechsel- / Devisenkurse
divisa *f*	Devise(n)
mercado de divisas	Devisenbörse
reserva de divisas	Devisenbestand
investir (irr.)	investieren
investidor/-a – **investimento** *m*	Investor/-in – Investition
investir milhões num proje(c)to	Millionen in ein Projekt investieren
um investimento altamente lucrativo	eine höchst lukrative Geldanlage
financiar um proje(c)to	ein Projekt finanzieren
financeiro	Finanz- – finanziell
a situação financeira	die finanzielle Lage
fazer frente aos compromissos financeiros	den finanziellen Verpflichtungen nachkommen
a saúde financeira da empresa	die Finanzkraft des Unternehmens
os mercados financeiros	die Finanzmärkte
o exercício comercial anterior	das vorangegangene Geschäftsjahr

solvente – insolvente	zahlungsfähig / flüssig – zahlungsunfähig
evitar a **insolvência**	die Zahlungsunfähigkeit abwenden
a(c)tivo *m* e **passivo** *m*	Aktiva und Passiva
rendimento *m* P./B. **renda** *f* **per capita**	Pro-Kopf-Einkommen
rendimento / B. *auch* **renda** disponível	verfügbares Einkommen
a **bolsa**	die Börse
bolsa de mercadorias	Warenbörse
corretor/-a da bolsa	Börsenmakler/-in
alta *f* – **baixa** *f* / **queda** *f*	Hausse – Baisse
especular com a baixa	auf die Baisse spekulieren
quebra *f* **da bolsa**	Zusammenbruch der Börse / Börsenkrach
a(c)ções *f* – **valores** *m* **mobiliários**	Aktien – Wertpapiere
valores não cotados / B. *auch* anotados	nicht notierte Wertpapiere
obrigações *f* **de taxa fixa** / B. *auch* **títulos** *m* **de renda fixa**	festverzinsliche Wertpapiere
títulos de dívida pública	Staatsschuldscheine
letra *f* **endossada** P./B. **conversível**	Wandelschuldverschreibung
fundos *m* **de investimento**	Investmentfonds
especular – **especulador/-a**	spekulieren – Spekulant/-in
dividendo *m*	Dividende / Gewinnanteil
rendimentos *m* **máximos**	maximale Erträge
gestor/-a de fundos P./B. **administrador/-a de fundos**	Fondsverwalter/-in

„Teria a gentileza de fazer-me uma transferência bancária para a minha conta na Suíça?"

Publicidade
Werbung

A propaganda é a alma do negócio.

publicidade *f* / **propaganda** *f*	Werbung / Reklame / Propaganda
publicitário	Werbe- / Werbungs- / Reklame-
publicitário/-a / P. *m us* **criativo/-a de publicidade**	Werbefachmann / -frau
tornar a publicidade mais eficaz	(die) Werbung wirksamer gestalten
publicidade enganosa	irreführende Werbung
a indústria publicitária	die Werbeindustrie / -branche
agência publicitária / de publicidade	Werbeagentur
departamento de publicidade / de marketing	Werbeabteilung
chefe de publicidade / director/-a de marketing	Werbeleiter/-in
obje(c)tivos publicitários	Werbeziele
campanha publicitária	Werbekampagne / -feldzug
meios publicitários	Werbemittel; Werbeträger
slogan publicitário	Werbeslogan / -spruch
material publicitário	Werbematerial / -unterlagen
publicidade / venda por telefone / telemarketing	Werbung / Verkauf per Telefon
um orçamento para publicidade muito alto	ein großer Etat für Werbung
publicidade subliminar	unterschwellige Werbung
publicidade encoberta	Schleichwerbung
publicidade / propaganda comercial	Geschäftsreklame
fazer publicidade / propaganda para / de um produto	für ein Produkt Werbung machen
artigos de publicidade / propaganda	Reklamewaren / -artikel
os clientes de uma agência publicitária	die Kunden einer Werbeagentur
publicidade / propaganda por correio	Infopost; Postwurfsendungen
anunciar um produto	für ein Produkt Reklame machen
anunciante *m f*	Inserent/-in
anúncio *m* / P. *auch* **reclame** *m*	(Werbe-)Anzeige; Werbespot; Reklame
anúncios de televisão / de rádio	(*Rundfunk* / *Fernsehen*) Werbespots
se(c)ção de anúncios	Anzeigenteil
anúncio luminoso	Leuchtreklame
pôr anúncios	Anzeigen schalten
uma série de anúncios / uma campanha	eine Anzeigenserie
(anúncios) classificados	Kleinanzeige
tarifa / preço dos anúncios	Anzeigentarif(e) / -preis(e)
gestor/-a de clientes P./B. **assessor/-a do cliente**	Kundenberater/-in / -betreuer/-in

orçamento *m* / **estimativa** *f* **de custos**	Kostenvoranschlag
dire(c)tor/-a artístico/-a	künstlerische/-r Leiter/-in / Art-Director/-in
reda(c)tor/-a publicitário/-a	(Werbe-)Texter/-in
texto *m* **publicitário**	Werbetext
criativo	kreativ / schöpferisch; gestaltend
marketing *m*	Marketing
dirigido / B. *auch* **direcionado ao mercado**	marktorientiert
pesquisa *f* / **análise** *f* / **estudo** *m* **de mercado**	Marktforschung
promoção *f*	Verkaufsförderung
promoção de vendas	Verkaufs- / Absatzförderung
relações *f pl* **públicas**	Öffentlichkeitsarbeit
Foram buscar um especialista em relações públicas para melhorar a imagem.	Sie holten einen PR-Fachmann, um ihr Image aufzupolieren.
a **identidade** da empresa	die Identität des Unternehmens
a **imagem** da empresa	der Firmen-Image
logotipo *m*	(Firmen-)Signet / Logo
o **prestígio** / o **nome** de uma empresa	das Prestige / der (gute) Name einer Firma
fidelidade *f* (do consumidor) **a uma marca**	Markentreue (der Verbraucher)
pasta *f* / B. *auch* **dossiê** *m* (com informações) **para a imprensa**	Pressemappe (mit Infomaterial)
sessão *f* **fotográfica**	Fototermin
prospecto *m* **publicitário**	Werbeschrift / Prospekt
folheto *m* / **folha** *f* **volante**	Werbezettel; Handzettel
espaço *m* **para anúncios**	Reklame- / Plakatwand
cartaz *m* / **outdoor** *m*	Plakat
coluna *f* **para publicidade** / **propaganda**	Litfaßsäule
exposição *f* / **exibição** *f*	Auslage; Ausstellung
exposição dos produtos na montra P./B. vitrine	Schaufensterauslage
brinde *m* **de publicidade** / **propaganda**	Werbegeschenk
rea(c)ção *f* / **resposta** *f*	Rücklauf
grupo *m* **alvo** (de uma campanha)	Zielgruppe (*einer Werbekampagne*)
mercado-teste P./B. **mercado** *m* **de testagem**	Testmarkt
faixa *f* **etária**	Altersgruppe

Seguros
Versicherungen

O Seguro morreu de velho e a Dona Prudência foi ao enterro.

seguro *m*	Versicherung
contratar / fazer um seguro / uma apólice de seguro	eine Versicherung abschließen
ter um seguro de saúde privado	privat krankenversichert sein
seguro de vida / de invalidez	Lebens- / Invaliditätsversicherung
seguro de / contra acidentes	Unfallversicherung
seguro contra incêndios	Feuerversicherung
seguro casa e recheio P./B. contra danos aos equipamentos domésticos	Hausratversicherung
seguro (de) automóvel	Kraftfahrtzeugversicherung
seguro contra todos os riscos	Vollkaskoversicherung
seguro obrigatório parcial	Teilkaskoversicherung
seguro obrigatório contra terceiros	Haftpflichtversicherung
apólice *f* **de seguro**	Versicherung(spolice / schein)
conceder prote(c)ção por seguro	Versicherungsschutz gewähren
fazer um seguro / P. *auch* **segurar-se** / B. *auch* **assegurar-se** contra riscos / roubo	sich gegen Risiken / Diebstahl versichern
risco assegurável	versicherbares Risiko
segurado/-a	Versicherungsnehmer/-in
(companhia) seguradora *f* / **companhia de seguros**	Versicherer
agente *m f* / **corretor/-a de seguros**	Versicherungsvertreter/-in
cobertura *f* **de um seguro**	Versicherungsschutz
cobrir (irr.) **os danos**	den Schaden decken
Este seguro cobre danos a terceiros.	Diese Versicherung deckt Schäden an Dritten.
preencher um **formulário**	ein Formular ausfüllen
segundo as **condições estipuladas** na apólice de seguro	gemäß den Versicherungsbedingungen
ler com cuidado as **entrelinhas**	das Kleingedruckte sorgfältig lesen
prémio [prêmio] *m* / B. *auch* **cota** *f* **anual**	Jahresprämie / jährlicher Beitrag
pagar os prémios [prêmios] do seguro	die Versicherungsbeiträge zahlen
danos *m* / **prejuízos** *m*	Schäden
pagar os danos	Schadenersatz leisten
indemnizar [indenizar]	ersetzen – entschädigen
indemnização [indenização] *f*	Schmerzensgeld / Entschädigung / Abfindung
pagar uma indemnização [indenização]	einen Schaden regulieren

Bens imóveis
Immobilien

→ 5.1 Apartamentos e casas, 7.1 Escassez de habitações, 11.6 Arquite(c)tura

Mais vale uma casa na vila do que duas fora dela.

bens *m* **imóveis**	Immobilien; Grundstücke; Grundbesitz
investimento em imóveis	Investition in Immobilien
imobiliário	Immobilien-; Grundstück-; Boden-
Está no negócio imobiliário.	Er / Sie ist im Immobiliengeschäft.
mercado imobiliário	der Immobilien- / Grundstücksmarkt
sociedade imobiliária	Immobilien- / Grundstücksgesellschaft
preços no mercado imobiliário	Grundstücks- / Immobilienpreise
especulador/-a imobiliário	Grundstücksspekulant/-in
agência *f* **imobiliária** / P. *m us* **mediadora** *f* **imobiliária**	Immobilienbüro
agente *m f* / **corretor/-a imobiliário/-a**	Immobilien- / Grundstücksmakler/-in
propriedade *f*	Eigentum; Grundstück; Besitz
propriedade rural	Landbesitz
delito contra a propriedade privada	Eigentumsvergehen
administrador/-a de propriedade	Grundstücksverwalter/-in
administração de propriedade	Grundstücksverwaltung
Propriedade privada. Proibida a entrada.	Privatgrundstück. Betreten verboten.
proprietário/-a de um terreno	Grundstückseigentümer/-in
terreno *m* / **lote** *m*	Grundstück
Terreno para vender.	Grundstück zu verkaufen.
um terreno (não) construído	ein (un)bebautes Grundstück
um terreno em área não urbanizada	ein unerschlossenes Gelände
terreno urbano / P. *auch* prédio *m* urbano	Grundstück in der Stadt
terreno para construção	Baugrundstück; Bauplatz; Gelände
o terreno para a nova escola	das Gelände für die neue Schule
propriedade *f* **rural**	Landbesitz
quinta *f* P./B. **fazenda** *f*	Farm
Ele tem uma fazenda de café em Minas.	Er hat eine Kaffeefarm in Minas.
sítio *m* B.	kleine Farm
terra *f* / **terras** *f pl*	ein Stück Land / Ländereien
10.000 hectares de terra	10.000 Hektar Land
Possuem muitas terras.	Sie besitzen viele Ländereien.
terreno de cultivo / B. *auch* **gleba** *f*	Grundstück / Parzelle zum Anbauen
Cada colono cultiva uma gleba. B.	Jeder Siedler baut eine Parzelle an.
arrendar terras	Land pachten

parcelar – **parcela** *f*	parzellieren – Parzelle
faixa *f* (de terra)	ein Streifen (Land)
área *f* (de 10.000 hectares)	Gebiet – Fläche (von 10.000 Hektar)
registo [registro] *m* **de propriedade**	Grundbucheintrag
cadastro *m* – **cadastral**	Grundbuch – Grundbuch-
registar [registrar] no cadastro	ins Grundbuch eintragen
direito *m* **de propriedade** (de uma casa)	Eigentumsrecht (an einem Haus) haben
avaliar – **avaliador/-a** – **avaliação** *f*	schätzen – Schätzer/-in – Schätzung
alugar uma casa a alguém – de alguém	ein Haus an jemand vermieten – von jemand mieten
Aluga-se.	Zu vermieten.
renda *f* **de casa** P./B. **aluguel** *m*	Miete
regulamento *m* **geral das edificações urbanas** P./B. **regulamento** *m* **da construção civil**	Bauordnung
alvará *m* / **autorização** *f* **de construção**	Baugenehmigung
notário/-a / B. **tabelião/-ã**	Notar/-in
escritura *f*	Eigentumsnachweis
título *m* **de propriedade**	Eigentumsurkunde
hipotecar (-co; -ca > -que) – **hipoteca** *f*	belasten / eine Hypothek aufnehmen – Hypothek / Grundschuld
hipotecar uma casa	ein Haus mit einer Hypothek belasten
hipotecário	hypothekarisch – Hypotheken-; Pfand-
altos juros hipotecários	hohe Hypothekenzinsen
dívida hipotecária	Pfandschuld
título de hipoteca P./B. cédula hipotecária / letra pignoratícia	Pfandbrief
crédito hipotecário	Hypothekenkredit
especular – **especulação** *f*	spekulieren – Spekulation
especulador/-a	Spekulant/-in

Profissões e cargos
Berufe und Funktionsbezeichnungen

Não se meta a oficial quem não é do ofício.

profissão *f*	Beruf
exercer uma profissão	einem Beruf nachgehen
exercer uma profissão liberal	freiberuflich tätig sein
Qual é a profissão dele?	Was macht er beruflich?
cargo *m*	Stellung / Amt / Posten
ocupação *f*	Beschäftigung
ofício *m* / **arte** *f*	Amt; Handwerk
trabalho *m*	Arbeit
vocação *f*	Berufung

Traditionelle Handwerksberufe
artesão/-ã (= Handwerker/-in) • *alfaiate* m (= Herrenschneider) • *talhante* f m P./B. *açougueiro/-a* (= Fleischer/-in / Metzger/-in) • *canalizador/-a* P./B. *bombeiro/-a; encanador/-a* m (= Klempner/-in) • *cabeleireiro/-a* (= Friseur/-in) • *carpinteiro/-a* (= Zimmermann; Bautischler/-in; Tischler/-in; Schreiner/-in) • *cesteiro/-a / vimeiro/-a* B. (= Korbmacher/-in) • *costureiro/-a* (= Damenschneider/-in; Näher/-in) • *marceneiro/-a / ebanista* m f B. (= Kunst- / Möbeltischler/-in) • *ferreiro/-a* m (= Schmied/-in) • *electricista* m f (= Elektroinstallateur/-in) • *estilista* m f (= Modeschöpfer/-in) • *estofa-dor/-a / forrador/-a* B. (= Tapezierer/-in; Polsterer/-in) • *limpa-chaminés* m f (= Schornsteinfeger/-in) • *modista* f (= Modistin; Schneiderin) • *oleiro/-a* (= Töpfer/-in) • *ourives* m f (= Gold- / Silberschmied/-in) • *padeiro/-a* (= Bäcker/-in) • *pasteleiro/-a* (= Konditor/-in) • *pedreiro/-a* m (= Maurer/-in) • *peleiro/-a* / B. auch *peleteiro/-a* (= Kürschner/-in) • *pintor/-a* (= Maler/-in) • *relojoeiro/-a* (= Uhrmacher/-in) • *sapateiro/-a* (= Schuster/-in) • *serralhei-ro/-a* (= Schlosser/-in) • *vidraceiro/-a* m (= Glaser/-in)

aprendiz/-a	Lehrling / Auszubildende/-r
aprendiz de carpinteiro	Zimmermannslehrling
assessor/-a / consultor/-a	Berater/-in
assistente *m f*	Assistent/-in
trabalhador/-a por conta própria / independente *m f* P./B. **autónomo/-a**	Selbstständige/-r
chefe *m f* / **superior/-a / hierarquico/-a**	Chef/-in / Vorgesetzte/-r
subordinado/-a	Untergebene/-r
colega *m f*	Kollege/-gin
colaborador/-a	Mitarbeiter/-in
dire(c)tor/-a	Direktor/-in / Leiter/-in
dona *f* **de casa**	Hausfrau
empregado/-a	Angestellte/-r / Mitarbeiter /-in

encarregado/**-a** / **responsável** *m f*	Beauftragte/-r / Zuständige/-r
fornecedor/**-a**	Zulieferer/-in / Lieferant/-in
funcionário/-a	Angestellte/-r
funcionário/**-a público**/**-a**	Beamter/-tin
gerente *m f* / **gestor**/**-a**	Geschäftsführer/-in; Werksführer/-in
presidente *m f*	Präsident/-in / Vorsitzende/-r
vice-presidente	Vizepräsident/-in / stellvertretende/-r Vorsitzende/-r
patrão *m* / **patroa** *f*	Arbeitgeber/-in
supervisor/**-a** (de produção)	(Produktions-)Leiter/-in
ajudante *m f* / **servente** *m f*	Hilfsarbeiter/-in / ungelernte/-r Arbeiter/-in
biscateiro/**-a**	Gelegenheitsarbeiter/-in
moço *m* **de recados** / **contínuo** *m* / P. *auch* **paquete** *m* / B. *auch* **ofice-boy** *m*	Laufbursche; Page
jornaleiro/**-a** P./B. **bóia-fria** *m f*	Saisonlandarbeiter/-in
trabalhador/**-a rural** / **do campo**	Landarbeiter/-in
vendedor/**-a ambulante** / B. *auch* **camelô** *m*	(Straßen-)Verkäufer/-in
entregador/**-a de jornais**	Zeitungsausträger/-in
vendedor/**-a de loja** / B. *auch* **balconista** *m f*	Verkäufer/-in (*Laden, Kaufhaus usw.*)
salva-vidas *m f* / P. *m us* **banheiro**/**-a**	Bademeister/-in
bombeiro/**-a**	Feuerwehrmann / -frau
caixa *m f*	Kassierer/-in
cobrador/**-a**	Schaffner/-in
criada *f* **de quarto** P./B. **camareira** *f*	Zimmermädchen
empregada *f* **doméstica** / **criada** *f*	Hausmädchen
empregado/**-a da limpeza** P./B. **faxineiro**/**-a**	Reinigungsfachkraft / Putzfrau / -mann
empregado/**-a** P./B. **garçom** / **garçonete**	Kellner/-in
ama *f* P./B. **pajem** *f* / **babá** *f*	Babysitter/-in
pescador/**-a**	Fischer/-in; Angler/-in
porteiro/**-a**	Pförtner/-in
recepcionista *m f*	Empfangschef / -dame
telefonista *m f*	Telefonist/-in
porteiro/**-a** P./B. **zelador**/**-a**	Hausmeister/-in
representante *m f* **comercial** / P. *m us* **delegado**/**-a comercial**	Handelsvertreter/-in
técnico/**-a**	Techniker/-in
técnico/**-a de informática**	informationstechnische/-r Assistent/-in
assistente P./B. **técnico**/**-a de laboratório**	Laborant/-in
auxiliar *m f* **de enfermagem**	Krankenpflegerhelfer/-in

desenhador/**-a** P./B. **desenhista** *m f* **técnico**/**-a**	technische/-r Zeichner/-in
capataz *m*	Vorarbeiter/-in
cozinheiro/**-a**	Koch / Köchin
da(c)tilógrafo/**-a**	Schreibkraft / Schreibhilfe
esteno-datilógrafo/**-a**	Stenotypist/-in
governanta *f*	Haushälterin; Wirtschafterin
instrutor/**-a**	Lehrer/-in (*meist in Sport*)
instrutor/-a de natação	Schwimmlehrer/-in
jardineiro/**-a**	Gärtner/-in
joalheiro/**-a**	Juwelier/-in
lavrador/**-a** / **agricultor**/**-a**	Bauer / Bäuerin
mecânico/**-a**	Mechaniker/-in
mestre-de-obras *m*	Bauführer; Baumeister
modelo *m f*	Dressman; Mannequin / Fotomodell
motorista *m f* / **chofer** *m*	Chauffeur/-in / Fahrer/-in
operário/**-a**	(Fabrik-)Arbeiter/-in
operário/-a especializado/-a	Facharbeiter/-in
operário/-a (não) qualificado/-a	(un)gelernte/-r Arbeiter/-in
piloto *m f*	Pilot/-in
soldador/**-a**	Schweißer/-in
torneiro/**-a mecânico**/**-a**	Dreher/-in
vendedor/**-a**	Verkäufer/-in (*Laden, Kaufhaus usw.*)
advogado/**-a**	Anwalt / Anwältin
agrónomo/**-a** [agrônomo]	Agronom/-in
analista *m f* (de sistemas)	(System-)Analytiker/-in
arquite(c)to/**-a**	Architekt/-in
assistente *m f* **social**	Sozialarbeiter/-in
auditor/**-a**	Wirtschafts- / Buchprüfer/-in; Revisor/-in
contabilista *m f* P./B. **contador**/**-a**	Buchhalter/-in
bancário/**-a**	Bankangestellte/-r
banqueiro/**-a**	Bankier/-e (= *Bankbesitzer/-in*)
bibliotecário/**-a**	Bibliothekar/-in
decorador/**-a** / **arquitecto**/**-a de interiores**	Innenarchitekt/-in
dentista *m f*	Zahnarzt / -ärztin
editor/**-a**	Verleger/-in / Herausgeber/-in
enfermeiro/**-a**	Krankenpfleger /-in / -schwester
engenheiro/**-a**	Ingenieur/-in
escritor/**-a**	Schriftsteller/-in
farmacêutico/**-a**	Apotheker/-in
fisioterapeuta *m f*	Physiotherapeut/-in
fiscal *m f* **dos impostos** P./B. **do imposto de renda**	Steuerprüfer/-in / -inspektor/-in
físico/**-a**	Physiker/-in
foniatra *m f* / **fonoaudiólogo**/**-a** / **logopedista** *m f*	Logopäde/-din

fotógrafo/-a	Fotograf/-in
geólogo/-a	Geologe/-gin
gráfico/-a	Grafiker/-in
intérprete *m f*	Dolmetscher/-in
jornalista *m f*	Journalist/-in
maestro/-a	Dirigent/-in / Komponist/-in
médico/-a	Arzt / Ärztin
nutricionista *m f*	Ernährungswissenschaftler/-in
padre – pastor/-a	(katholischer) Pater – (evangelische/-r) Pfarrer/-in
professor/-a	Lehrer/-in
pedagogo/-a	Pädagoge/-gin
programador/-a	Programmierer/-in
psicólogo/-a	Psychologe/-gin
químico/-a	Chemiker/-in
repórter *m f*	Reporter/-in
secretário/-a	Sekretär/-in
notário/a / B. *auch* **tabelião/-ã**	Notar/-in
tesoureiro/-a	Schatzmeister/-in / Kassenverwalter/-in
tradutor/-a	Übersetzer/-in
veterinário/-a	Tierarzt / -ärztin

Guardas **m f und** ***vigilantes*** **m f sind Männer oder Frauen, die an öffentlichen Orten aufpassen oder Dienstleistungen erbringen**
guarda-carros sg pl (= Parkplatzwächter/-in) • *guarda / vigilante de museu* (= Museumswärter/-in) • *guarda / vigilante no(c)turno/-a* (= Nachtwächter/-in) • *responsável pela segurança* (= Sicherheitsbeauftragte/-r) • *guarda forestal* (= Förster/-in) • *guarda-costas* sg pl (= Leibwächter/-in) • *guarda-linha* (= Streckenwärter/-in) • *guarda-fiscal* P. (= Zöllner/-in) • in Portugal sagt man auch: *guarda-redes* (= Torwart / -frau)

„Antigamente era banqueiro, agora vivo num banco."

No escritório
Im Büro

→ 18.6 Telefone e fax, 18.7 Computadores

O bom escrivão com toda a pena escreve.

escritório *m* / **sala** *f*	Büro; Amtsraum; Arbeitszimmer
chefe de escritório	Bürovorsteher/-in / -leiter/-in
edifício de escritórios	Bürogebäude
empregado/-a de escritório	Büroangestellte/-r
expediente do escritório	Dienst- / Arbeitsstunden
trabalho / serviço de escritório	Bürotätigkeit / -arbeit
móvel *m* para escritório	Büromöbel
equipamento *m* de para escritório	Büroausstattung
armário *m* para arquivos / P. *auch* **arquivo** *m*	Aktenschrank
cadeira *f* de escritório	Schreibtischsessel
mesa *f* / **secretária** *f* / **escrivaninha** *f*	Schreibtisch
mural *m*	Anschlagtafel; schwarzes Brett
ar *m* **condicionado**	Klimaanlage
ventilador *m* / P. *auch* **ventoinha** *f*	Ventilator
material *m* / **artigos** *m pl* de escritório	Büromaterial; Bürobedarf
agenda *f* **(de mesa)**	(Tisch-)Kalender
agrafo *m* P./B. **grampo** *m*	Heftklammer
agrafador *m* P./B. **grampeador** *m*	Heftmaschine / Hefter
agrafar P./B. **grampear** (*papéis*)	(*Papiere*) zusammenheften
almofada *f* (para carimbos)	Stempelkissen
apara-lápis *m* / **afiadeira** *f* P./B. **apontador** *m*	Bleistiftspitzer
arquivo *m* – **arquivar**	Archiv – archivieren / ablegen
bloco *m* / P. *auch* **livro** *m* **de apontamentos** / B. *auch* **caderneta** *f*	Notizblock / Notizbuch
borracha *f*	Radiergummi
caderno *m*	Heft
(caneta) esferográfica *f*	Kugelschreiber / Kuli
caneta *f* **(tinteiro)**	Füll(feder)halter / Füller
caneta de feltro	Filzstift / Filzschreiber
carga *f*	Kugelschreibermine; (Tinten-)Patrone
mina *f*	Bleistiftmine
carimbo *m*	Stempel(abdruck)
selo *m*	Briefmarke
classificador *m* / P. *auch* **arquivador** *m* / B. *auch* **fichário** *m*	Aktenordner
clipe *m*	Büroklammer
fita *f* **cola** P./B. **adesiva** / **Durex**™	Tesafilm™ / Klebefilm

ficha *f*	Kartei
furador *m* **de papel**	Locher
lápis *m* – **marcador** *m*	Bleistift – Markierstift
papel *m* **para escrever**	Schreibpapier
pasta *f*	Aktenmappe; Schreibunterlage
pionés *m* P./B. **percevejo** *m*	Reißzwecke / Reißnagel
régua *f*	Lineal
Tipp-Ex™ / **fita** *f* **corre(c)tora de erros**	Tipp-Ex™ / Korrekturstreifen
Tipp-Ex™ / **líquido** *m* **corre(c)tor**	Tipp-Ex™ / Korrekturflüssigkeit
equipamento *m* para escritório	Büroausrüstung
atendedor *m* **de chamadas** P./B. **secretária** *f* **eletrônica**	Anrufbeantworter
deixar uma mensagem / um recado	eine Nachricht hinterlassen
ligar – **desligar**	ein- – ausschalten
computador *m*	Computer
di(c)tafone *m*	Diktiergerät / Diktaphon
ditado – **ditar**	Diktat – diktieren
e-mail *m* – **por e-mail**	E-Mail – per E-Mail
mensagem *f*	Nachricht
mandar – receber uma mensagem	eine Nachricht schicken – erhalten
fotocopiadora *f* / B. *auch* **xerocadora** *f*	Fotokopierer
fotocopiar – **fotocópia** *f*	fotokopieren – Fotokopie
fazer uma fotocópia / B. *auch* uma xérox (xerox ™) do documento	eine Fotokopie des Dokuments machen
máquina *f* **de calcular** – **calculadora** *f*	Rechenmaschine / Rechner
máquina *f* **de escrever**	Schreibmaschine
escrever a carta à máquina	den Brief auf der Maschine schreiben
(tele)fax *m* – **por fax**	(Tele-)Fax – per Fax
interfone *m* / **walkie-talkie** *m*	Haussprechanlage; Wechselsprechgerät
internet *f*	Internet
telefone *m* – **telefonema** *m* / ligação *f*	Telefon – Telefonanruf
estenografar / taquigrafar	stenografieren
cartão *m* **de visita**	Visiten- / Geschäftskarte
combinar / marcar uma **hora**	einen Termin vereinbaren
conversa *f*	Unterredung
ter uma conversa com alguém	mit jemand eine Unterredung haben
reunião *f*	Besprechung; Sitzung
ter uma reunião	eine Sitzung / Besprechung abhalten
sala *f* **de conferências** / **reuniões**	Konferenz- / Sitzungszimmer
fazer o **rascunho** de uma carta	einen Brief entwerfen
redigir (-jo, -ja > -ge; -gi) um contrato	einen Vertrag abfassen
erro *m* **tipográfico**	Tippfehler

Relações de trabalho
Beziehungen zwischen den Tarifpartnern

→ 6.10 A Segurança Social, 7.2 Desemprego

Mãos a mais, trabalho a menos.

trabalho *f* – **trabalhador/-a**	Arbeit – Arbeiter/-in
trabalhador / P. *auch* **laboral** / B. *auch* **trabalhista** *m*	Arbeits-
operário/-a	Arbeiter – Arbeits-
classe trabalhadora / operária	Arbeiterschaft / -klasse
direito / legislação do trabalho / P. *auch* laboral / B. *auch* trabalhista	Arbeitsrecht / -gesetze
relação de trabalho	Arbeitsverhältnis
proletariado *m*	Proletariat
quadro *m* **de funcionários** / **pessoal** *m*	Belegschaft
salário *m* / **ordenado** *m* / **remuneração** *f*	Lohn
exigir / pedir aumento de salário	Lohnerhöhung fordern
salário *m* **mínimo**	Mindestlohn
congelamento dos salários	Einfrieren der Löhne
salário / remuneração *f* **por hora**	Stundenlohn
salário / remuneração empreitada	Akkordlohn
jornaleiro/-a P./B. **diarista** *m f*	Tagelöhner/-in
horista *m f* B.	(Stunden-)Lohnempfänger/-in
assalariado/-a P. – **empregado/-a**	Lohnempfänger/-in – Angestellete/-r
reajuste *m*	Lohnanpassung
fazer **hora(s)** *f* **extra(ordinárias)**	Überstunde(n) machen
férias *f pl* **pagas**	bezahlter Urlaub
gratificação *f* / **bónus** *m* [bônus]	Zulage; Bonus / Prämie
subsídio *m* P./B. **abono** *m* de Natal	Weihnachtsgeld
posto *m* **de trabalho**	Arbeitsplatz
promoção *f*	Beförderung

Perder o trabalho **(= Die Arbeit verlieren)**
demitir / despedir (= entlassen) • *mandar embora* (= feuern) • *pôr no olho da rua* (= rauswerfen) • *exonerar do cargo* (= des Amtes entheben / entlassen / abberufen) • *transferir* (= versetzt werden)
Als *relações laborais* P./B. *trabalhistas* bezeichnet man die Beziehungen zwischen der Unternehmensleitung (= *a dire(c)ção de uma empresa*) und den Mitarbeitern (= *os empregados*), zwischen Arbeitgebern (= *os empregadores / os patrões*) und Gewerkschaften (= *os sindicatos*).

conselho *m* **de empresa** P./B. **comissão** *f* **de fábrica**	Betriebsrat
delegado / membro da comissão de fábrica	Betriebsratsmitglied
sindicato *m* – **sindical**	Gewerkschaft – Gewerkschafts-
membro de um sindicato	Gewerkschaftsmitglied
pertencer a um sindicato / estar sindicalizado	einer Gewerkschaft angehören
dirigente sindical	Gewerkschaftsführer/-in
delegado sindical	Gewerkschaftsvertreter/-in
cota P./B. imposto sindical	Gewerkschaftsbeitrag
sindicalismo *m*	Gewerkschaftsbewegung
sindicalista *m f*	Gewerkschaft(l)er/-in
sindicalizar(-se)	(sich) gewerkschaftlich organisieren
trabalhador/-a (não) sindicalizado/-a	(nicht) gewerkschaftlich organisierte/-r) Arbeiter/-in
federação *f* **dos sindicatos**	Gewerkschaftsbund

Brasilien
Gewerkschaftsverbände (= *Centrais Sindicais*): *CUT Central Única dos Trabalhadores • FS Força Sindical, • CGT Central Geral dos Trabalhadores*
Arbeitgeberverbände (= *Associação dos empregadores*): *CNI Confederação Nacional da Indústria • CNC Confederação Nacional do Comércio • CNA Confederação Nacional da Agricultura • FIESP Federação das Indústrias do Estado de São Paulo*

Portugal
Gewerkschaftsverbände (= *Centrais Sindicais*): *CGTP-IN Confederação Geral dos Trabalhadores Portugueses – Intersindical Nacional • UGT União Geral de Trabalhadores • Federação Nacional dos Sindicatos da Função Pública • Fenprof Federação Nacional de Professores*
Arbeitgeberverbände (= *Associações patronais*): *CAP Confederação dos Agricultores de Portugal • AIP Associação Industrial Portuguesa • AEP Associação Empresarial de Portugal • CCP Confederação do Comércio e Serviços de Portugal • PME Portugal Associação das Micro, Pequenas e Médias Empresas de Portugal*

greve *f*	Streik
grevista *m f*	Streikende/-r – Streik-
A greve paralisou os transportes públicos.	Der Streik hat den öffentlichen Nahverkehr lahm gelegt.
apelo à greve	Streikaufruf
bloqueio de ruas pelos grevistas	Straßensperre von Streikenden
comissão de greve	Streikleitung
convocar uma greve (geral)	einen (General-)Streik ausrufen
declarar a greve	den Streik ausrufen
desconvocar P./B. desmobilizar uma greve	einen Streik beilegen

direito à / de greve	Streikrecht
entrar – estar em greve	in Streik treten – sein
terminar uma greve	einen Streik beenden
evitar uma greve	einen Streik abwenden
fazer / organizar uma greve	einen Streik durchführen / organisieren
fura-greve *m f* / B *auch* furador/-a de greve	Streikbrecher/-in
greve de apoio – greve de solidariedade – greve de fome	Unterstützungsstreik – Solidaritätsstreik – Hungerstreik
greve estratégica / greve pipoca B.	Schwerpunktstreik
greve selvagem P./B. ilegal	wilder / rechtswidriger Streik
greve de zelo P./B. operação padrão	Dienst nach Vorschrift
paralisação *f* – **paralisar o trabalho**	Arbeitsniederlegung – die Arbeit niederlegen
conflito *m*	Auseinandersetzung; Kraftprobe
piquete *m* (de greve)	Streikposten
votação *f* para entrar em greve	Urabstimmung
dispensa *f* **temporária de mão-de-obra** *f* / **lockout** *m*	Aussperrung
exigência *f*	Forderung
advogado/-a especializado em direito do trabalho P./B. **advogado/a trabalhista**	Arbeitsrechtler/-in; Anwalt / Anwältin für Arbeitsrecht
arbitragem *f*	Schlichtung
procedimento de arbitragem	Schlichtungsverfahren
arbitrar – **árbitro** *m*	schlichten – Schlichter/-in
melhorar as **condições de trabalho**	die Arbeitsbedingungen verbessern
contrato *m* **de trabalho**	Arbeits- / Dienstvertrag
contrato cole(c)tivo de trabalho	Tarifvertrag
flexibilização *f*	Flexibilisierung
jornada *f* **reduzida**	Kurzarbeit
mediador/-a	Vermittler/-in / Schlichter/-in
mediar uma disputa	in einem Streit vermitteln
negociar com os sindicatos	mit den Gewerkschaften verhandeln
negociar um contrato cole(c)tivo	einen Tarifvertrag aushandeln
delegados *m* P./B. **negociadores** *m* sindicais	Verhandlungsführer der Gewerkschaften
reclamação *f* / **queixa** *f*	Beschwerde / Klage
a(c)ção *f* **judicial**	(*gerichtliche*) Klage
redução *f* **da jornada de trabalho**	Verkürzung der Arbeitszeit
redução de pessoal	Personalabbau
segurança *f* **no local de trabalho**	Sicherheit am Arbeitsplatz
tribunal *m* **de trabalho**	Arbeitsgericht
violar os direitos	die Rechte verletzen
voltar ao trabalho / **retomar o trabalho**	die Arbeit wieder aufnehmen

Register

A

A

B

C

D

F

I

L

M

O

P

P

R

S

T

V

Verbos irregulares (irr.) (= Unregelmäßige Verben)

In dieser Liste werden für jedes Tempus, das unregelmäßige Formen enthält, jeweils alle Personalformen aufgeführt.
Die 2. Person Plural *vós* wird in dieser Liste nicht berücksichtigt, da sie im modernen Portugiesisch kaum benutzt wird. An ihrer Stelle wird die 3. Person Plural verwendet.
Verben in Klammern folgen dem Muster des Verbs vor der Klammer.
Verben mit geringeren Unregelmäßigkeiten finden Sie ab Seite 410.

abster → ter, **compor → pôr**, **conter → ter**	
dar	
indicativo presente	dou, dás, dá, damos, dão
pretérito perfeito simples	dei, deste, deu, demos, deram
pretérito mais-que-perfeito simples	dera, deras, dera, déramos, deram
conjuntivo P./B. *subjuntivo presente*	dê, dês, dê, demos, dêem
imperfeito	desse, desses, desse, déssemos, dessem
futuro	der, deres, der, dermos, derem
imperativo afirmativo	dá, dê, demos, dêem
imperativo negativo	não dês, não dê, não demos, não dêem
deter → ter	
dizer	
indicativo presente	digo, dizes, diz, dizemos, dizem
pretérito perfeito simples	disse, disseste, disse, dissemos, disseram
pretérito mais-que-perfeito simples	dissera, disseras, dissera, disséramos, disseram
futuro do presente	direi, dirás, dirá, diremos, dirão
condicional P./B. *futuro do pretérito*	diria, dirias, diria, diríamos, diriam
conjuntivo P./B. *subjuntivo presente*	diga, digas, diga, digamos, digam
imperfeito	dissesse, dissesses, dissesse, disséssemos, dissessem
futuro	disser, disseres, disser, dissermos, disserem
imperativo afirmativo	diz, diga, digamos, digam
imperativo negativo	não digas, não diga, não digamos, não digam
doer (nur in der 3. Person)	
indicativo presente	dói, doem
pretérito perfeito simples	doeu, doeram
entreter → ter	
estar	
indicativo presente	estou, estás está, estamos, estão
pretérito perfeito simples	estive, estiveste, esteve, estivemos, estiveram
pretérito mais-que-perfeito simples	estivera, estiveras, estivera, estivéramos, estiveram
conjuntivo P./B. *subjuntivo presente*	esteja, estejas, esteja, estejamos, estejam
imperfeito	estivesse, estivesses, estivesse, estivéssemos, estivessem
futuro	estiver, estiveres, estiver, estivermos, estiverem
imperativo afirmativo	está, esteja, estejamos, estejam
imperativo negativo	não estejas, não esteja, não estejamos, não estejam
expor → pôr	
fazer (refazer)	
indicativo presente	faço, fazes, faz, fazemos, fazem

pretérito perfeito simples	fiz, fizeste, fez, fizemos, fizeram
pretérito mais-que-perfeito simples	fizera, fizeras, fizera, fizéramos, fizeram
futuro do presente	farei, farás, fará, faremos, farão
condicional P./B. *futuro do pretérito*	faria, farias, faria, faríamos, fariam
conjuntivo P./B. *subjuntivo presente*	faça, faças, faça, façamos, façam
imperfeito	fizesse, fizesses, fizesse, fizéssemos, fizessem
futuro	fizer, fizeres, fizer, fizermos, fizerem
imperativo afirmativo	faz, faça, façamos, façam
imperativo negativo	não faças, não faça, não façamos, não façam
haver (unpersönlich, nur in der 3. Person Singular)	
indicativo presente	há
pretérito perfeito simples	houve
pretérito mais-que-perfeito simples	houvera
conjuntivo P./B. *subjuntivo presente*	haja
imperfeito	houvesse
futuro	houver
ir	
indicativo presente	vou, vais, vai, vamos, vão
pretérito perfeito simples	fui, foste, foi, fomos, foram
pretérito mais-que-perfeito simples	fora, foras, fora, fôramos, foram
conjuntivo P./B. *subjuntivo presente*	vá, vás, vá, vamos, vão
imperfeito	fosse, fosses, fosse, fôssemos, fossem
futuro	for, fores, for, formos, forem
imperativo afirmativo	vai, vá, vamos, vão
imperativo negativo	não vás, não vá, não vamos, não vão
manter → ter, opor → pôr	
poder	
indicativo presente	posso, podes, pode, podemos, podem
pretérito perfeito simples	pude, pudeste, pôde, pudemos, puderam
pretérito mais-que-perfeito simples	pudera, puderas, pudera, pudéramos, puderam
conjuntivo P./B. *subjuntivo presente*	possa, possas, possa, possamos, possam
imperfeito	pudesse, pudesses, pudesse, pudéssemos, pudessem
futuro	puder, puderes, puder, pudermos, puderem
pôr (compor, expor, opor)	
indicativo presente	ponho, pões, põe, pomos, põem
imperfeito	punha, punhas, punha, púnhamos, punham
pretérito perfeito simples	pus, puseste, pôs, pusemos, puseram
pretérito mais-que-perfeito simples	pusera, puseras, pusera, puséramos, puseram
conjuntivo P./B. *subjuntivo presente*	ponha, ponhas, ponha, ponhamos, ponham
imperfeito	pusesse, pusesses, pusesse, puséssemos, pusessem
futuro	puser, puseres, puser, pusermos, puserem
imperativo afirmativo	põe, ponha, ponhamos, ponham
imperativo negativo	não ponhas, não ponha, não ponhamos, não ponham
prever → ver	
querer	
indicativo presente	quero, queres, quer, queremos, querem
pretérito perfeito simples	quis, quiseste, quis, quisemos, quiseram
pretérito mais-que-perfeito simples	quisera, quiseras, quisera, quiséramos, quiseram
conjuntivo P./B. *subjuntivo presente*	queira, queiras, queira, queiramos, queiram

imperfeito	quisesse, quisesses, quisesse, quiséssemos, quisessem
futuro	quiser, quiseres, quiser, quisermos, quiserem
imperativo negativo	não queiras, não queira, não queiramos, não queiram

refazer → fazer, rever → ver

saber

indicativo presente	sei, sabes, sabe, sabemos, sabem
pretérito perfeito simples	soube, soubeste, soube, soubemos, souberam
pretérito mais-que-perfeito simples	soubera, souberas, soubera, soubéramos, souberam
conjuntivo P./B. *subjuntivo presente*	saiba, saibas, saiba, saibamos, saibam
imperfeito	soubesse, soubesses, soubesse, soubéssemos, soubessem
futuro	souber, souberes, souber, soubermos, souberem
imperativo afirmativo	sabe, saiba, saibamos, saibam
imperativo negativo	não saibas, não saiba, não saibamos, não saibam

ser

indicativo presente	sou, és, é, somos, são
imperfeito	era, eras, era, éramos, eram
pretérito perfeito simples	fui, foste, foi, fomos, foram
pretérito mais-que-perfeito simples	fora, foras, fora, fôramos, foram
conjuntivo P./B. *subjuntivo presente*	seja, sejas, seja, sejamos, sejam
imperfeito	fosse, fosses, fosse, fôssemos, fossem
futuro	for, fores, for, formos, forem
imperativo afirmativo	sê, seja, sejamos, sejam
imperativo negativo	não sejas, não seja, não sejamos, não sejam

ter (abster, conter, deter, entreter, manter etc.**)**

indicativo presente	tenho, tens, tem, temos, têm
imperfeito	tinha, tinhas, tinha, tínhamos, tinham
pretérito perfeito simples	tive, tiveste, teve, tivemos, tiveram
pretérito mais-que-perfeito	tivera, tiveras, tivera, tivéramos, tiveram
conjuntivo P./B. *subjuntivo presente*	tenha, tenhas, tenha, tenhamos, tenham
imperfeito	tivesse, tivesses, tivesse, tivéssemos, tivessem
futuro	tiver, tiveres, tiver, tivermos, tiverem
imperativo afirmativo	tem, tenha, tenhamos, tenham
imperativo negativo	não tenhas, não tenha, não tenhamos, não tenham

Die Komposita haben in der 2. und der 3. Person Singular des *indicativo presente* und der 2. Person Singular des *imperativo afirmativo* den Akzent ´: deténs, detém, detém.

trazer

indicativo presente	trago, trazes, traz, trazemos, trazem
pretérito perfeito simples	trouxe, trouxeste, trouxe, trouxemos, trouxeram
pretérito mais-que-perfeito simples	trouxera, trouxeras, trouxera, trouxéramos, trouxeram
futuro do presente	trarei, trarás, trará, traremos, trarão
condicional P./B. *futuro do pretérito*	traria, trarias, traria, traríamos, trariam
conjuntivo P./B. *subjuntivo presente*	traga, tragas, traga, tragamos, tragam
imperfeito	trouxesse, trouxesses, trouxesse, trouxéssemos, trouxessem
futuro	trouxer, trouxeres, trouxer, trouxermos, trouxerem

imperativo afirmativo	traz, traga, tragamos, tragam
imperativo negativo	não tragas, não traga, não tragamos, não tragam
ver (prever, rever)	
indicativo presente	vejo, vês, vê, vemos, vêem
pretérito perfeito simples	vi, viste, viu, vimos, viram
pretérito mais-que-perfeito simples	vira, viras, vira, víramos, viram
conjuntivo P./B. *subjuntivo presente*	veja, vejas, veja, vejamos, vejam
imperfeito	visse, visses, visse, víssemos, vissem
futuro	vir, vires, vir, virmos, virem
imperativo afirmativo	vê, veja, vejamos, vejam
imperativo negativo	não vejas, não veja, não vejamos, não vejam
vir	
indicativo presente	venho, vens, vem, vimos, vêm
imperfeito	vinha, vinhas, vinha, vínhamos, vinham
pretérito perfeito simples	vim, vieste, veio, viemos, vieram
pretérito mais-que-perfeito simples	viera, vieras, viera, viéramos, vieram
conjuntivo P./B. *subjuntivo presente*	venha, venhas, venha, venhamos, venham
imperfeito	viesse, viesses, viesse, viéssemos, viessem
futuro	vier, vieres, vier, viermos, vierem
imperativo afirmativo	vem, venha, venhamos, venham
imperativo negativo	não venhas, não venha, não venhamos, não venham

Verben mit geringeren Unregelmäßigkeiten

ansiar → odiar, atrair → sair, atribuir → diminuir, averiguar → enxaguar, cair → sair, cobrir → dormir, conduzir → traduzir

construir (destruir)	
indicativo presente	construo, constr**ói**s, constró**i**, constru**í**mos, constr**oe**m
imperativo afirmativo	constr**ói**, construa, construamos, construam

consumir → subir, contribuir → diminuir, crer → ler, descontrair → sair, despedir → pedir, despir → preferir, destruir → construir

diminuir (atribuir, contribuir, influir, restituir, retribuir)	
indicativo presente	diminuo, diminu**is**, diminu**i**, diminuímos, diminuem
imperativo afirmativo	diminu**i**, diminua, diminuamos, diminuam

distrair → sair, divertir → preferir

dormir (cobrir, tossir)	
indicativo presente	d**u**rmo, dormes, dorme, dormimos, dormem
conjuntivo P./B. *subjuntivo presente*	d**u**rma, d**u**rmas, d**u**rma, d**u**rmamos, d**u**rmam
imperativo afirmativo	dorme, d**u**rma, d**u**rmamos, d**u**rmam
imperativo negativo	não d**u**rmas, não d**u**rma, não d**u**rmamos, não d**u**rmam
enxaguar (averiguar)	
indicativo presente	enx**á**guo, enx**á**guas, enx**á**gua, enx**a**guamos, enx**á**guam
pretérito perfeito simples	enxaguei [enxagüei]
conjuntivo P./B. *subjuntivo presente*	enx**á**gue [enx**á**güe], enx**á**gues [enx**á**gües], enx**á**gue [enx**á**güe], enxaguemos [enxagüemos], enx**á**guem [enx**á**güem]
imperativo afirmativo	enx**á**gua, enx**á**gue [enx**á**güe], enxaguemos [enxagüemos], enx**á**guem [enx**á**güem]

imperativo negativo — não enx**á**gues [enx**á**gües], não enx**á**gue [enx**á**güe], não enxaguemos [enxagüemos], não enx**á**guem [enx**á**güem]

esculpir (wird in der 1. Person im *indicativo presente* und im *conjuntivo / subjuntivo* P./B. im *subjuntivo presente* und im *imperativo negativo* nicht konjugiert)

ferir → preferir, folhear → passear, franquear → passear, grampear → passear, homenagear → passear, impedir → pedir, influir → diminuir, investir → preferir

ler (crer, reler)
indicativo presente — le**i**o, l**ês**, l**ê**, lemos, l**ê**em
conjuntivo P./B. *subjuntivo presente* — le**i**a, le**i**as, le**i**a, le**i**amos, le**i**am
imperativo afirmativo — l**ê**, le**i**a, le**i**amos, le**i**am
imperativo negativo — não le**i**as, não le**i**a, não le**i**amos, não le**i**am

massagear → passear, medir → pedir

odiar (ansiar)
indicativo presente — od**ei**o, od**ei**as, od**ei**a, odiamos, od**ei**am
conjuntivo P./B. *subjuntivo presente* — od**ei**e, od**ei**es, od**ei**e, odiemos, od**ei**em
imperativo afirmativo — od**ei**a, od**ei**e, odiemos, od**ei**em
imperativo negativo — não od**ei**es, não od**ei**e, não odiemos, não od**ei**em

ouvir
indicativo presente — ou**ç**o/P. *auch* oi**ç**o, ouves, ouve, ouvimos, ouvem
conjuntivo P./B. *subjuntivo presente* — ou**ç**a/oi**ç**a, ou**ç**as/oi**ç**as, ou**ç**a/oi**ç**a, ou**ç**amos/oi**ç**amos, ou**ç**am/oi**ç**am
imperativo afirmativo — ouve, ou**ç**a/oi**ç**a, ou**ç**amos/oi**ç**amos, ou**ç**am/oi**ç**am
imperativo negativo — não ou**ç**as/oi**ç**as, não ou**ç**a/oi**ç**a, não ou**ç**amos/oi**ç**amos, não ou**ç**am/oi**ç**am

passear (folhear, franquear, grampear, homenagear, massagear, pentear, regatear, semear)
indicativo presente — passe**i**o, passe**i**as, passe**i**a passeamos, passe**i**am
conjuntivo P./B. *subjuntivo presente* — passe**i**e, passe**i**es, passe**i**e, passeemos, passe**i**em
imperativo afirmativo — passe**i**a, passe**i**e, passeemos, passe**i**em
imperativo negativo — não passe**i**es, não passe**i**e, não passeemos, não passe**i**em

pedir (despedir, impedir, medir)
indicativo presente — pe**ç**o, pedes, pede, pedimos, pedem
conjuntivo P./B. *subjuntivo presente* — pe**ç**a, pe**ç**as, pe**ç**a, pe**ç**amos, pe**ç**am
imperativo afirmativo — pede, pe**ç**a, pe**ç**amos, pe**ç**am
imperativo negativo — não pe**ç**as, não pe**ç**a, não pe**ç**amos, não pe**ç**am

pentear → passear

perder
indicativo presente — perco, perdes, perde, perdemos, perdem
conjuntivo P./B. *subjuntivo presente* — per**c**a, per**c**as, per**c**a, per**c**amos, per**c**am
imperativo afirmativo — perde, per**c**a, per**c**amos, per**c**am
imperativo negativo — não per**c**as, não per**c**a, não per**c**amos, não per**c**am

preferir (despir, divertir, ferir, investir, seguir, sentir, servir, vestir etc.**)**
indicativo presente — pref**i**ro, preferes, prefere, preferimos, preferem
conjuntivo P./B. *subjuntivo presente* — pref**i**ra, pref**i**ras, pref**i**ra, pref**i**ramos, pref**i**ram
imperativo afirmativo — prefere, pref**i**ra, pref**i**ramos, pref**i**ram

imperativo negativo	não prefiras, não prefira, não prefiramos, não prefiram

produzir → traduir, regatear → passear, reler → ler, restituir → diminuir
retribuir → diminuir
rir (sorrir)

indicativo presente	rio, ris, ri rimos, riem
conjuntivo P./B. *subjuntivo presente*	ria, rias, ria, riamos, riam
imperativo afirmativo	ri, ria, riamos, riam
imperativo negativo	não rias, não ria, não riamos, não riam

sacudir → subir
sair (atrair, cair, descontrair, distrair, subtrair, trair)

indicativo presente	saio, sais, sai, saímos, saem
conjuntivo P./B. *subjuntivo presente*	saia, saias, saia, saiamos, saiam
imperativo afirmativo	sai, saia, saiamos, saiam
imperativo negativo	não saias, não saia, não saiamos, não saiam

seguir → preferir, semear → passear, sentir → preferir, servir → preferir,
sorrir → rir
subir (consumir, sacudir, sumir)

indicativo presente	subo, sobes, sobe, subimos, sobem
imperativo afirmativo	sobe, suba, subamos, subam

subtrair → sair, sumir → subir, tossir → dormir
traduzir (conduzir, produzir)

indicativo presente	traduzo, traduzes, traduz, traduzimos, traduzem
imperativo afirmativo	traduz, traduza, traduzamos, traduzam

trair → sair, vestir → preferir

Verben mit unregelmäßigem Partizip

abrir	– aberto	fazer	– feito	pôr	– posto
cobrir	– coberto	ganhar	– ganho	ver	– visto
dizer	– dito	gastar	– gasto	vir	– vindo
escrever	– escrito	pagar	– pago		

Hinweise zur Aussprache

A

Vokale: betont

P./B.: [a, e, ɛ, i, o, ɔ u] – B.: etwas länger gesprochen.
Die Laute für i und o werden nicht behandelt, da sie kaum Schwierigkeiten bereiten.

	P. / B.	**D**
a	m**a**ssa, fal**a**r, b**a**(p)tizar P./B.: [a] offen – P.: ['masɐ] [fɐ'lar] vor *c* und *p* [bati'zar] B.: ['masa] [fa'lar/fa'la]	s**a**h
e	**e**la, p**é**, dir**e**(c)tor P./B.: [ɛ] offen – P.: ['ɛlɐ] [pɛ] vor *c* und *p* [dirɛ'tor] – B.: ['ɛla] ['pɛ] [dire'tor]	**E**llen
	ele, voc**ê** P./B.: [e] geschlossen – P.: ['elə] [vɔ'se] – B.: ['eli] [vo'se]	See
o	p**o**rto, av**ô** P./B.: [o] geschlossen – P.: ['portu] ['ɐvo] – B.: ['portu] [a'vo]	M**oo**r
	p**o**rtos, **ó**(p)timo P./B.: [ɔ] offen – P.: ['pɔrtuʃ] vor *p* und *c*: ['ɔtimu] – B.: ['pɔrtus] [ɔ'tʃimu]	v**o**ll

Vokale: unbetont

P.: [ɐ, ə, i, u] – B.: [a, e, i, o, u] – am Wortende: P. [ɐ, ə, u] – B. [a, i, u].
Die Laute für i und o werden nicht behandelt, da sie kaum Schwierigkeiten bereiten.

a	cas**a**, **a**b**a**cate P.: [ɐ]: ['kazɐ] [ɐbɐ'katə] B.: [a] offen: ['kaza][aba'katʃi]	 [ɐ] --- [a] **A**ra
e	**e**scova, t**e**lefon**e**, vint**e** P.: [ə] stumm oder [i] [iʃ'kovɐ] [tələ'fɔnə] [vitə] B.: [e] geschlossen: [es'kova] – [i] am Wortende: [tele'foni] ['vitʃi] siehe *d* bzw. *t*	**i**st **Es**korte
o	pr**o**fessor, port**o** P.: [u] im Wortinnern und am Wortende: [prufe'sor] ['portu] B.: [o] geschlossen im Wortinnern: [profe'sor] – [u] am Wortende: ['portu]	R**o**se Rep**u**blik

Vokale: betont vor -m, -n, -nh

B. in der Regel nasaliert: [ã, i, , ã, õ, u] – vor -nh: immer nasaliert: ['bãɲu] ['tẽɲu].

a	**cha**ma, **a**no, **ba**nho P.: [ɐ] geschlossen: ['ʃɐmɐ] ['ɐnu] ['bɐɲu] B.:[ã] nasaliert: ['ʃãma] ['ãnu] ['bãɲu]	B**am**bus
e	t**é**nue [t**ê**nue], pequ**e**no, t**e**nho P.: [ɛ] offen oder [e] geschlossen: ['tɛnwə] [pə'kenu] ['tɛɲu] B.: [ẽ] nasaliert: ['tẽnwe] [pe'kẽnu] ['tẽɲu]	T**e**nd**e**nz

i	m**í**nima, sard**i**nha P.: [i]: ['mi'nimɐ] [sɐr'diɲɐ] B.: [i] nasaliert – auch [i]: ['minima] [sar'dʒiɲa]	m**i**ndes- tens
o	est**ô**mago, s**o**nho, econ**ó**mico [econômico] col**ó**nia [colônia] P.: [o] geschlossen: [iʃ'tomɐgu] ['soɲu] – [ɔ] offen: [iku'nɔmiku] [ku'lɔnjɐ] B: [õ] nasaliert, auch [o]: [es'tõmagu] ['sõɲu] [eko'nõmiku] [ko'lõnja]	**O**men
u	**u**ma, **u**no, **u**nha P.: [u]: ['umɐ]['unu] ['uɲɐ] – B.: auch [ũ]: ['ũma] ['ũnu] ['ũɲa]	D**u**ng

Nasalvokal: betont / unbetont

ã, an, am	alem**ã**, m**an**ga, c**am**po, c**âm**bio, d**an**çarino, t**am**bém P.:[ɐ̃] [ɐle'mɐ̃] ['mɐ̃gɐ] ['kɐ̃pu] ['kɐ̃bju] [dɐ̃sɐ'rinu] [tɐ̃b'ɐ̃j] B.:[ã] [ale'mã] ['mãga] ['kãpu] ['kãbju] [dãsa'rinu] [tã'bẽj]	t**an**zen
em, en	d**en**tro, t**endên**cia, t**em**po P./B.: [ẽ] – P.:['dẽtru] [t'ẽdẽsjɐ] ['tẽpu], B.: [dẽntru] [t'ẽdẽsja] ['tẽpu]	T**ein**t
in, im	s**in**to, s**im**ples, s**im** P./B.: [ĩ] – P.: ['sĩtu] ['sĩpləʃ] ['sĩ] – B.: ['sĩtu] ['sĩples] ['sĩ]	s**in**gen
on, om	c**on**tente, b**om**ba, c**om** P./B.: [õ] – P.: [kõ'tẽntə] ['bõmbɐ] ['kõ] – B.: [kõ'tẽntʃi] ['bõmba] ['kõ]	B**on**b**on**
un, um	ass**un**to, com**um** P./B.: [ũ] – P. [ɐ'sũtu] [kũ'mu], B.: [a'sũtu] [ko'mũ]	d**un**kel

Nasaldiphthong

ão, am	profiss**ão**, mor**am** (Verbendung) P.: [ɐ̃w]: [prufi'sɐ̃w] ['mɔrɐ̃w] – B.: [ãw]: [profi'sãw] ['mɔrãw]	---
ãe	m**ãe**, p**ãe**s P.: [ɐ̃j]: ['mɐ̃j] ['pɐ̃jʃ] – B.: [ãj]: ['mãj] ['pãjs]	---
em	tamb**ém**, com**em** (Verbendung) P.: [ɐ̃j]: ['tɐ̃mbɐ̃j] ['komɐ̃j)] – B.: [aj]: ['tãbaj] ['komaj]	**en**g
ões, ções	profiss**õe**s, estaç**õe**s P./B.: [õj] – P.: [prufi'sɐ̃õjs] [iʃtɐ'sõjʃ] – B.: [profi'sõjs] [esta'sõjs]	B**oein**g

Halbvokal (Gleitlaut)

i	po**i**s, tamb**ém** P./B.: [j] – P.: ['pojʃ] ['tɐ̃bɐ̃j] – B.: ['pojs] ['tãbaj]	**Eu**gen

Konsonanten

Die Konsonanten, die keine Schwierigkeiten bereiten, werden hier nicht beschrieben.

c	**ca**sa, **co**la, **cu**lpa, **que**, a**qui** P./B.: *c* vor *-a, -o, -u*; auch *-qu* vor *-e, -i* wie deutsch *k*	**K**arte
	vo**cê**, **ci**dade, ca**ça**, suí**ço**, a**çú**car P./B.: *c* vor *-e, -i* wie stimmloses *s* – auch *ç* vor *-a, -o, -u*	hei**ß**, wi**ss**en
qu	**qu**ando, **qu**ota, fre**que**nte [fre**qü**ente], tran**qui**lo [tran**qüi**lo] P./B.: [kw] vor *-a, -o* – auch P.: que, qui; B.: qüe, qüi	**Qu**ark
g	**g**ato, lo**g**o, **g**ula, **gu**erra, **gu**ia P./B.: vor *-a, -o, -u* – auch *-gu*; vor *-e, -i* wie deutsch *g*	**g**ut, **g**ehen
	gente, **g**iz, **j**á, **j**eito, **j**ipe, **j**ogo, **j**usta P./B.: [ʒ] – *g* vor *-e, -i* – auch *j* vor *-a, -e, -i, -o, -u*	**J**ournalist
gu	á**gu**a, a**gu**entar [a**gü**entar], lin**guí**sta [lin**güí**sta] P./B.: [gw] – vor *-a, -i* – auch P.: gue, gui; B.: güe, güi	**Gu**ido
ch	**ch**efe, a**ch**ar P./B.: [ʃ] – P.: ['ʃɛfə] [ɐʃar] – B.: ['ʃefi] ['aʃar]	Ta**sch**e
d	**d**a**d**o, **d**e**d**o, **d**uro P.: wie deutsch *d* – B.: vor *-a, -e* betont, *-o, -u*, wie P.	**D**aten
	d**i**a, cida**de**, d**e** B.: [dʒi] vor *i* und vor *-e* unbetont am Wortende: ['dʒia] [si'dadeʒi] [dʒi]	englisch: **j**ingle
j	**j**ogo P./B.: [ʒ]	**J**ournalist
l	**l**uta, esco**l**a P./B.: am Wort- und Silbenanfang wie deutsch	**L**uther, **L**and
	álbum, Bras**il** am Wort und Silbenende: P.: [ɫ]: ['albũ] [brɐ'siɫ] – B.: [w]: ['awbũ] [bra'siw]	P.: B**all** B.: a**u**s
m, n	**m**ata, **n**ata P./B.: am Wort- und Silbenende als Marker für die Nasalierung des davor stehenden Vokals (siehe bei den Vokalen) – sonst wie deutsch *m, n*	**M**utter, **n**ie
nh	ba**nh**o P./B.: [ɲ] – P.: ['bɐɲu] – B.: ['bãɲu]	Co**gn**ac
r	**r**ato, ca**rr**o, gen**r**o am Wort- und Silbenanfang nach Konsonanten und bei Doppelkonsonanten *-rr*: P./B.: [R] Rachen-*r* oder mehrfach gerolltes Zungenspitzen-*r* ['ɹatu] ['kaɹu] ['ʒẽɹu] B.: auch [h] (wie deutsch *h*) [χ] (Rio de Janeiro)	**R**atte, **r**ichtig
	ma**r**, ca**r**ta am Wort- und Silbenende: P./B.: [r] gerolltes Zungenspitzen-*r* B.: auch: [h] [χ] – P.:['mar] ['kartɐ] – B.: ['mar] ['karta]	Ka**r**te

s	**s**ala, sen**s**o, pa**ss**o am Wort- und Silbenanfang nach Konsonanten und bei Doppelkonsonanten *-ss*: P./B.: [s] stimmlos – P.: ['salɐ] ['sẽsu] ['pasu] – B.: ['salɐ] ['sẽsu] ['pasu]	e**ss**en
	de**s**de, a**s** mala**s** P.: [ʒ]: ['deʒdə] [ɐʒ'malɐʃ] – B.: [z] auch [ʒ]: ['dezdʒi] [aʒ'malas]	P.: Ga**g**e B.: Su**san**-ne
	ca**s**a, o**s** ano**s** zwischen Vokalen auch bei Bindung: P./B.: [z] stimmhaft P.: ['kaza] [uz'ɐnuʃ] – B.: ['kaza] [uz'ãnus]	Ho**s**e
t	**t**alen**t**o, **t**es**t**ar, a**t**é P.: *t* wie deutsch *t* – B.: vor *-a*, *-e* betont, *-o*, *-u*, wie P.	**T**alent, **T**est
	discut**i**, t**i**t**i**a, se**te** B.: [tʃi] vor *-i* und vor *-e* unbetont am Wortende: [dʒisku'tʃi] [tʃi'tʃia] ['sɛtʃi]	**Tsch**eche
v	**v**oto: wie deutsch w	**w**o
x	Beispiele für die Aussprache von *x*: bai**x**o, e**x**emplo, pró**x**imo, tá**x**i, te**x**to, e**x**ce(p)ção P.: ['baiʃu] [i'zẽplu] ['prɔsimu] ['taksi] ['tɐjʃtu] [ɐjʃsɛ'sɐ̃w] B.: ['baiʃu] [e'zẽplu] ['prɔsimu] ['taksi] ['testu] [esɛ'sãw]	Ta**sch**e, Ro**s**e, **S**ituation, Ta**x**i, Te**st**
z	**z**ebra, a**z**edo, ve**z** P.: ['zebrɐ̃] [ɐzedu] – B.: ['zebra] [a'zedu] P./B.: [z] am Wortanfang und zwischen Vokalen – am Wortende: P. [ʃ] stimmlos: ['veʃ] – B.: [s] stimmlos: ['ves]	[z] **S**onne [s] Pa**ss** [ʃ] ra**sch**

Im brasilianischen Portugiesisch wird ein [i] hinzugefügt, wenn die Silbe mit -p, -b, -t, -d, -c, -n endet: aptidao → ap[i]tidão; absurdo → ab[i]surdo; atmosfera → at[i]mosfera; advogado → ad[i]vogado; pacto → pak[i]to etc.

Betonung und Akzente

1. In der Regel fällt die Betonung auf die vorletzte Silbe und die Wörter haben keinen Akzent: al<u>mo</u>ço, plurali<u>da</u>de, internacional<u>men</u>te.
2. Wörter mit den Endungen -i, -u, -ei, -l, -r, -z, -ia, -eu, -ão, -ção, -ães, -ões haben die Betonung auf der letzten Silbe und keinen Akzent: divi<u>di</u>, urubu, com<u>prei</u>, jor<u>nal</u>, mul<u>her</u>, ca<u>paz</u>, livra<u>ria</u>, a<u>teu</u>, ale<u>mão</u>, recep<u>ção</u>, alem<u>ães</u>, limões.
3. Betonung auf der drittletzten Silbe wird immer mit einem Akzent markiert: Akut (´) bei offenem Vokal oder Zirkumflex (^) bei geschlossenem Vokal: <u>ár</u>vore; <u>có</u>modo (offen: P.); <u>cô</u>modo (geschlossen: B.).
4. Bei Abweichungen von Regel 1 und 2 werden die Wörter mit einem Akzent (´) oder (^) markiert: maracu<u>já</u>, ca<u>fé</u>, vo<u>vô</u>, japo<u>nês</u>, de<u>tém</u>, secre<u>tá</u>ria, a<u>má</u>vel, <u>tá</u>xi.